出版四重奏

耿相新 著

中国书籍出版社
China Book Press

图书在版编目（CIP）数据

出版四重奏 / 耿相新著. -- 北京：中国书籍出版社，2023.12
ISBN 978-7-5068-9741-9

Ⅰ.①出… Ⅱ.①耿… Ⅲ.①出版工作—文集 Ⅳ.①G23-53

中国国家版本馆CIP数据核字(2023)第241141号

出版四重奏

耿相新 著

责任编辑	李　新
责任印制	孙马飞　马　芝
封面设计	东方美迪
出版发行	中国书籍出版社
地　　址	北京市丰台区三路居路97号（邮编：100073）
电　　话	（010）52257143（总编室）　　　　（010）52257140（发行部）
电子邮箱	eo@chinabp.com.cn
经　　销	全国新华书店
印　　刷	北京九州迅驰传媒文化有限公司
开　　本	787毫米×1092毫米　1/16
字　　数	375千字
印　　张	28.5
版　　次	2024年3月第1版
印　　次	2024年3月第1次印刷
书　　号	ISBN 978-7-5068-9741-9
定　　价	116.00元

版权所有　翻印必究

一个改革开放出版家的精神世界
（代序）

相新新著出版，雅意嘱序。我何德何能为他写序。退而思之，这确是走近他、阅读他的难得契机与方式。我便着意安排寒假相对从容的时段，回顾、梳理走近相新的过程与节点，试图理解和把握他的精神世界。

一、走近相新

耿相新于我，最早是个传说。1990年代前期我在郑州谋饭，他在中州古籍出版社工作岗位上策划了很多好书，如"新潮文史书系""中国边疆通史丛书"等。河南出版界流传的口碑里，范炯第一，耿相新第二。几年后，相新担任河南省新闻出版局图书处副处长，组织的培养意向就算明示了。我羡慕他年轻得志。惜无缘识荆。

第一次见相新是2008年4月底某日，第18届全国图书博览会在郑州隆重举行。中原出版传媒集团公司董事长宴请大百科全书出版社社长，社长是我任教北京印刷学院时的老领导，他邀我同去。那天下午，河南省出版系列高级职称评审委员会高票通过其编审职称。相新担任大象出版社总编辑多年，一直不申报职称，礼让社里合格同事先上。后来组织找他谈话，担任一家出版社的总编辑却只有编辑职称，一个中级职称的总编辑要签署三审意见，审决高级职称的一二审意见，极不利于工作。话说重一点是违反出版制度，由是他才申报编审。

那天晚上的宴请，主人有如释重负的轻松感。相新并不多言语，细察有些许腼腆，在领导的数落面前像做错事的孩子，有无之间，微笑的神秘更显其内心淡定的幽深。我由此认同，耿相新是一尊存在，一尊有个性有内涵的存在。正如他方正的脸庞、浓密洒脱略显放纵的头发显现的个性化身体形象，其丰富意涵诱人想象。

我们此后的工作并无交集，我对相新了解甚少。见识他冷门绝学是2011年11月26日。那天在北京师范大学文学院举办相新著作《中国简帛书籍史》出版座谈会。耿著于当年6月由北京三联书店出版，介绍者说该著是"国内第一部从出版人的视角来结撰的独立的中国书籍史。著者使用出土文物实证和当时文献互证的研究方法，尽可能地还原了简帛书籍——中国最早的书籍形态，先民原创性思想的载体——的精神生产、物质生产、传播及阅读的整个过程，揭示出书籍的遗传基因"。我于会前数月受赠此书，惊叹莫名。实际主持《中国出版通史》的魏玉山先生在会前发表书评指出："我们组织《中国出版通史》的研究编撰时，对于'先秦两汉'这一卷能否单独成册都有所担心。后来《中国出版通史》的'先秦两汉'虽单独成册，但字数比其他卷少。《中国简帛书籍史》的历史跨度比'先秦两汉'少了四百多年，并且限定在简帛书籍史的范畴，其史料搜集的难度更大。但难能可贵的是，作者把这样一个难题破解得很好。全书40万字，不仅内容丰满厚重，而且翔实全面，把与书籍出版的

·代　序·

方方面面都考虑到了。"①据说，《中国简帛书籍史》曾请国家图书馆专家匿名评审。

那天的座谈会由三联书店总经理主持，与会嘉宾以出版圈外的学者居多，如李零、王子今等简帛研究者，孙燕京、孙家洲等史学研究者，出版研究者并不多，仅北大肖东发等少数几位。印象尤其深刻的是肖东发先生的发言。他在国家社科基金重大项目"中国出版通史"中，主持先秦两汉卷，听他如数家珍娓娓道来，我才知肖先生优长在先秦出版史，这可能也是其师承所在。他在发言中肯定耿著填补空白，也希望进一步强化时间脉络，更充分解释简帛的影响。李零先生认为，面对简帛书籍史，值得探讨一个看似细节实则重要的问题：文字的起源、书的起源、文书的起源，这三者之间有一定的联系，但并非同一概念。就我当时的记录来看，李零还就耿著某几页中的某些表述提出了质疑。这具体知识点的商榷当然是专门专业的。李零发言更启发我的是，李、耿都高度重视中国简帛书籍史起源。关于书籍的诞生，耿著提出了三个必备条件：文字系统的成熟；知识体系的形成；思想传播的需要。如此专业的思想交锋，恰如"中国简帛书籍史"的专业讨论场域，启发我这一门外汉从另一角度认识其历史研究的思想理论前提。会议主持人情不自禁地以"感动""感谢""感慨"作结："会议讲真话"，"有水平"。

相新在座谈会结束前回应说，他"一直在出汗"，让人感到他的可敬可爱。他回应的主题是为什么写这书，现存的中国出版史有缺项，不把源头解释清楚，难以知后；出版学科很少关注读者和阅读，

---

① 魏玉山：《认识中国古代图书的一扇窗口——〈中国简帛书籍史〉读后》，《出版发行研究》2011年第9期。

更不把作者当作群体；他想对书籍史及其对文化的贡献做出自己的思考。他在该书后记中说："我像书的教徒，誓愿给书——中国的书，写一部通史，献到书的神前。"

已卸任国家新闻出版署署长、改任中国出版工作者协会主席的于友先先生也出席了那天的会议。他开门见山地说，河南的出版任务很重。说完他自己先笑了。说着说着，老署长拉起了家常：有人说耿相新像艺术家，不像学者；有人说他像河南美术出版社总编辑，而不像大象出版社总编辑、社长。这回轮不到他先笑，围坐者多人大笑。老署长弃套话官话而拉家常，是为看着相新的成长而高兴吧，是为《中国简帛出版史》出版座谈会能在北京师范大学这样的史学圣殿召开而高兴吧。当天晚上，我在《中国简帛出版史》的扉页记下这几句话：

> 今天会议上，于友先老署长言及相新形貌。我有同感。我更关心的是，耿出身北师大名校名师，为何以这样的方式写了这样一部书？勇于进军简帛这样"独门绝技"的专业领域，或者说，正因为出身名校名师，他才有那番心境与胸怀、师承与才干写这样一部书籍史。由此该进一步追问，耿相新的出版观是何、为何？他的出版研究的动力、激励何在？他所以要在书中将文辞写得那么优美固然与他青年时喜欢写诗难脱干系，另与他出版家的身份与经验又该是怎样的关联？他是否因为是出版家而更关注读者，而对出版研究的视角另有与其他类型学者们不同的取舍？

世界史研究专家杨共乐院长在那天的座谈会上发言的第一句话就是，"中国新一代的出版家在成长"。我深有同感。在出版史专

·代　序·

门讨论会上听说这一命题，令人耳目一新，记忆犹新。如果耿相新属于"中国新一代的出版家"，那"中国新一代出版家"的内涵如何界定，外延如何划分呢？其代际又将如何区分呢？如何在新中国出版家群体区分其代际以认识其群体和个体特征，如何在改革开放出版家群体中区分其代际以认识其群体和个体特征？相新以《中国简帛书籍史》为导引，把我带入改革开放出版家研究的问题情境。

2019年底，我兼事其中的《现代出版》改版，新定位提出办有一定学术性的专业期刊。为展示改版后强化学术的新气象，第一期策划并推出了出版史研究方法论专题。在叫好声中，执行主编又临时提议将该专题延续三期，且第三期要找一位重量级作者写篇厚重之作作专题总结。内心摸排多日后，我想到了相新。就约稿事宜琢磨多日后，我告诉了相新。他并未当即接受，只答应想想。三周后答应撰文，我总算踏实一点。2020年4月30日晚上，他把《论出版史研究中的定位分析方法》发我邮箱。我5月2日回复他："今天上午静静读了尊文。感谢您较全面、系统地表达了您出版学（史）方法论的思想。这是一篇出版学青年学人的必读文献，标引着第二代出版学家对第一代出版学家的超越。我想刊发后将有更多的同道认同我的观察，感谢您的思想。过几天我再细读一两遍后再复您。"耿文观点的铺陈，既有其概念谱系，更有其观点背后的专业逻辑。这就明显区分于过往出版研究中"我认为""我主张"为代表的出版家个人经验式认知，因而我说"标引着第二代出版学家对第一代出版学家的超越"。《现代出版》刊发耿文后，新华社读书公众号6月12日下午转发，浏览量后来达到111万+，如果不是置身其中，我简直难以置信。他次日上午给我发微信说："很吃惊现在有90万

+的浏览量，这是个论文传播现象，我们正好在现场，在场域内感受纸媒和互联网平台传播的落差。这个现象本身就是一篇文章。"我真想就此展开分析，后因材料困难而未果。这种共享成功的喜悦是我向相新约稿之前不可能想象的。

2020年8月22日，我应邀参加由河南大学举办的一个报刊史研讨会。21日顺访相新。我此前已将访谈提纲发给他，所以当天上午在他偌大的办公室里访谈紧凑、活泼而又轻松。访谈结束时，他通过微信退回访谈提纲，原来他事先逐一回答了我的问题。这让我很惊喜。让我更惊喜的是，在中午餐叙时，他告诉大家，当天早上他写了一首诗，题为《流向》。全诗如下：

流 向

水总是流向最简单的地方
但它经过了困难和复杂
正如我的影子，一遍又一遍
湮灭于黑暗，并不可避免
穿越了光的隧道，白昼的叽叽喳喳

我一直佩戴着叮当作响的问题
却经常忙于回答而忘记了回答
就像《诗》的南山上，开满纯净
然而，供养她们的却是粗砺和岩沙
驱赶无奈，不如在它的体内，生根发芽

· 代　序 ·

人们总是沿着来时的路寻找方向

走着走着，世界却变成了网状

迷路的我们，不得不成为中心

可是，也许，在迷宫里更加快乐，恰如

没有目的的箭，每一支都意味着准确无差

这次访谈，我后来略事整理疏证，以《数字时代出版理论的一种建构》为题发表于《中国出版》2021年第2期，新华社读书公众号转发后，浏览量达到150万。

二、观察耿相新的两个视角

编辑家出版家的精神世界在我看来是出版家研究中最值得探寻的前沿领域，对我也更具挑战性。为写这篇代序，静读相新赠我的诗集，我才意识到，相新"三位一体"，他的以诗词为代表的艺术实践，以出版史、出版理论研究为代表的科学实践，以出版活动为代表的文化实践，各自都取得了相当高的成就；分别看来，难免片面单维，难以理解其整体性的思想文化意义。他实际丈量、标示了一个改革开放出版家关于出版媒介思想、人文社会思想的可能达到的深广度。他固然"三位"，更是"一体"，只有全面综合地看，才更深切地感知、触摸到相新那感性与理性交织、单纯与复杂重叠、清澈洞明与模糊朦胧交融的精神世界。相新的出版修为、业绩曾召唤、激励我观察。循迹走近，凝望再三，发掘发现的欣喜与解释难全、求全无措的顿挫同生。近观之后反省自己的挫折，我才猛醒：面对包括相新在内的新一代改革开放出版家，可以也应该近观，但更需要远观；相新这个幽深甚至堪称博大的精神世界已然实然为一个开放的召唤结构，还将继续以某种不确定的方式召唤到另外不确定的探究者。单一视角在这一艺术、科学与文化交融的对象面前难免捉襟见肘，解释乏力。这恰是一个出版家的魅力，一个较充分发育的改革开放出版家的精神世界所释放出来的思想魅力。

　　面对相新的精神世界，我惟余言说的谨慎。有所认知认定而又不能完全回避断言，便转而展示走向推断的思想框架与思想向度，希冀观察相新的框架与向度更能承受时间的检验。心有不甘之后，以下两点不妨坚定：第一，相新的言行、业绩已经属于过去，他的心灵与思想属于未来。至于为什么要这样时空割裂地推断，我难以三言两语说清楚。第二，如果说改革开放出版家是中国出版史上的璀璨群星，那么相新就是其中亮丽的新星之一。因为相新是这一群体中精神发育更为充盈充分的个体。为何认定他精神发育更充盈充分，不仅在于他稳健积极的出版职业生涯，更在于他躬耕艺术、科学、文化三领域且交相辉映。明确了这一逻辑起点后，紧接而来的问题集中于，相新作为改革开放出版家的样本价值何在？我自信提出这一问题的出版史论价值，其逼近的答案未必由我给出。尽管目前还难以就改革开放出版家群体的总体性存在和功能性价值做出较为深入系统全面的内在结构性分析与陈述，但不妨以相新为样本予以例证或者进行部分检验。

　　改革开放出版家是1978年以来从事出版活动并以其思想、言行、业绩推进、影响了出版业乃至整个中国社会的改革开放历史进程的出版人。改革开放出版家重塑了中国社会四五十年的时间和空间。其时空意义被中外学者以不同的语言定义为人类历史上的伟大变迁。

·代 序·

这应该说是中国历史曾未有过的中长时段事件。改革开放出版家见证了历史的荣光,自然应该请他们从历史的纵深处走向前台,以他们为主角呈现历史变迁的机理。那是出版本有的知识生产和传播功能在中国历史偶然的缝隙中趁机有力释放,那是出版在数字化传播浪潮的前夜抓住最后的机会有效展示观念推广和知识传播的力量。中长时段的历史叙事有多种方式,改革开放出版家是其中之一。"书和人和我"的内在结构确证了这一叙事方式的解释力。出版家早已中外存在,改革开放出版家则只有 1978 年后的中国才有。称呼改革开放出版家首先出于历史的尊重与还原,其次以此称谓高度概括这一出版家群体的精神品格与历史功绩。中长时段事件的对象性要求与之对应的方法论,年代、首都—地方便成为观察改革开放出版家、叙述改革开放出版史最基础的两个维度与工具。

陈翰伯、陈原、范用、胡真、罗竹风、巢峰等是改革开放出版家的第一代,可称为一代宗师。陈翰伯以国家出版局代局长的身份,敢作敢为,大胆启程中国出版改革。胡真作为地方出版家,率先举起"立足本省、面向全国,走向世界"的旗帜,卷起千堆雪。"党内老革命"作为第一代改革开放出版家拨乱反正恰当时,为中国出版业的改革开放鼓与呼是他们的衰年担当。他们以最后的力气裹挟革命一生的智勇暮年一搏,可歌可泣。继往开来的"30 后"出版家,首都出版家以刘杲、沈昌文等为代表,地方出版家以李景端、刘硕良、李冰封、弘征等为先锋。革命曾是这一代出版家与生俱来的使命,他们又在人生的盛年欣逢告别革命。1980 年代是他们的人生盛年,文化启蒙是他们出版活动的使命和历史功绩。"40 后"出版家以董秀玉、郑元绪、王维钧等为代表,"将革命进行到底"曾是他们所受教育的核心，他们在告别革命之后的年代里作为主力参与1990年代中后期的出版改革，市场化是他们所处时代的主潮，也是他们出版理论和实践的主调。"50后"出版家以陈昕、李昕、汪家明、俞晓群等为代表，他们是改革开放后走上出版岗位的新生代，为中国出版业带来新风貌与新活力。"60后"出版家以李岩、于殿利、耿相新、佘江涛等为代表，他们沐浴改革开放的阳光成长，在和平时期完整地接受了国民教育和高等教育，相比前几代出版家，他们的综合素养更为全面，拥有更从容的职业时长。21世纪初叶是"60后"出版家的人生盛年，全球化时代的中国出版业由他们担当主力，他们创造也分享了这一代出版家才有的欢欣，当然同时也承受全球化之后再全球化的艰难阵痛，见证中国传统出版向数字传播转型逐步走向深水区，因此"60后"出版家经验更丰富。中国现代化进程及节点，传播技术始而浸润、继而强攻占领出版领域的节奏决定了"60后"出版家不一样的知识品格和文化风貌。

在改革开放出版家群体中至少存在三四个子类。董秀玉、陈昕、李昕等挂职香港中资出版企业的出版家，他们1990年代以后回归京沪，奏响了中国启动市场经济体制改革后出版业开放的华章甚至绝响。聂震宁从漓江出版社起家，"北伐"京都，执掌人民文学出版社后又执掌中国出版集团，是先地方后首都的出版家代表。汪家明创建山东画报出版社风生水起，后来投奔京城，泉城—北京便标识、标注其出版生涯及个性。俞晓群"一个人的出版史"以沈阳—北京为空间结构。

区别于首都出版家，区别于从地方走向首都的出版家，相新一直镇守郑州、耕耘中原，在出版家大类中属于地方出版家子类。地

·代　序·

方出版的崛起是中国出版业改革开放的第一声春雷，其改革的春雨润物无声，其开放的脚步接踵而至。地方出版和京沪出版是审察改革开放出版史的两个重要维度，齐驱未必节奏同步，并驾而又各有远近，如此才合成了改革开放出版史的动人交响与壮美华章。对耿相新这一位地方出版家又该如何认知呢？以首都出版家为参照是否可以有所发现呢？以反事实假设是否可以于幽微处显影另一番风景呢？试问一道极简单的问答题：如果在北京，相新还能经常赋诗填词吗？不写诗的那个耿相新将是怎样一个耿相新？当下诚然难以充分肯定也难以断然否定相新的精神充分发育与他一直没离中原故土之间的因果关系，我倾向于认定：中原文化滋养哺育了耿相新，耿相新个性及其陶冶而成，只能包容性地发生、成长于中原大地。出版史该为此庆幸，其意涵将随着时间的流逝而增厚加深。

　　从时间代际看，相新属于改革开放出版家群体中的"60后"，从空间地域看，相新属于地方出版家。从这两个视角聚焦耿相新，个性发现更真切，影响评估更清晰。

三、"耿相新密码"

　　相新是诗人，出版了两部诗集《复眼的世界》（2021年人民文学出版社）和《游戏的世界》（2023年作家出版社）。相新还是词人，出版有《窗外词》（作家出版社2021年）。其诗词自有众多诗家论评。诗学家吴思敬评《复眼的世界》"是一部文人之诗，一部哲人的思想录，一位精神漂泊者的歌吟"。汉学家顾彬为《游戏的世界》作序，题为《实存的澄明》，认为"如此纯净的诗句，在今天已经变得十分罕见。不谈政治，无须回顾，无涉历史，这是给所有遗忘者的一种慰藉";"诗人小耿在从游戏过渡到虚无的过程中看到了这样的秩序"——"所有事物都需要一种秩序,即精神的秩序。"

相新在《窗外词·跋》中说:"词,改变了我的精神生活,词重新塑造了我的精神世界。三年多来,唐宋词作品、词学及其史料,以及我的词创作伴我走过黎明黄昏,随我走过千山万水,陪我走过幸福伤痛。词已成为我生命的一部分,同时,我对词之探索也正是为了寻找生命的意义与价值。"

细嚼这看似轻描淡写的波涛汹涌,理解这波涛汹涌首先需要导入一段编辑实践作为前置的思想前提——相新在20世纪90年代中期担任责任编辑将唐圭璋先生《全宋词》的繁体字版转换成简体字版。其次要聚焦于社会变迁引致的精神心态变化:"在二十年后我又重新拿起了中华书局版《全宋词》,这一次的阅读与以往不同,此时我已不再留恋此时,我真切地希望——回到宋朝。几乎每个夜晚,睡前的一两个小时我都生活在宋代的词句里,我以这种毅力——活在宋代,生活了大约三年时间。"

一个功成名就的出版家"回到宋朝""活在宋代",其间的时空张力、发生机制耐人寻味。西方有哲人说:"生者在危机时期,诉诸对过去神话式的重演。"相新意外地"回到宋朝""活在宋代"也就可以赋予其改革开放出版史的"神话"和"重演"的文化追问意义。一个出版家难以依凭改革开放的出版业绩安心立命,到底该如何评估其中的偶然性与必然性?评测其间的特殊性与一般性?于相新,借填词疗伤。相新在本书第183页也说"诗是借以疗伤的一种文体"。可他为什么偏偏"回到宋朝""活在宋代"而不是"回到秦汉","活在唐代"呢?疗伤本身实证相新发生了重大的心灵事件。一个出版

·代　序·

家要借阅读和写作平复心灵，而不是借职业性的出版行为平复心灵，这并不由他人设计，也没有他人操控，而由相新自主选择实施的心灵实验是否例证了阅读的功能重于强于高于出版，一个出版家在异常精神状态下的阅读写作或者说舍出版取阅读写作，这样的个案难以重复，因为社会成本高昂而难以设计，但就出版与阅读写作的关系而言，不妨认定为具有重要的思想实验、精神实验价值。

张炜在耿相新诗集《游戏的秩序》的《序》中指出："这部诗集的许多篇章都可以看成'诗日记'。他记录的对象超出了一些事件、一些具体厘清之物，而是更为空阔更为邈远或稍纵即逝的灵思，是不可言传的异念与顿悟。诗人别无他法，只好采用这样的方式与形制：诗。这是晦涩的，又是朴素的。"

王守国在《精神到处词章老》中说："2018年4月25日至5月7日，在短短十余天的时间里，相新连续用《西溪子》《西地景》《三字令》《遐方怨》《长命女》《醉垂鞭》等六个不同的词牌写下了相同的词作《祈祷》。""还有那场无端飞来的奇葩事端，让一尚洁身自好的词人躺着中枪，连带着受了许多委屈、许多煎熬，但换个角度来看，这样的磨砺或许正是促成他从学人走向词人的深层动因之一。"

张炜和王守国当然深切理解相新的诗词与为人。他俩所言诱发了我对"耿相新诗词本事"及其价值的思考。这诚然是可以做，也应该做的，它是耿相新研究的突破口，甚至河南改革开放出版史研究的切入口之一。相新在《窗外词》略有记录。如他2018年7月17日写《扬州慢·感怀》："烟雨长安，满城倾盖，孤行还在人间。已三十三载，壮岁岁年年。尽文事、为君沥血，道旁往事，风过肩还。

出·版·四·重·奏

故国兮、何故花迟，激烈难言。"他2018年12月5日写《西江月·归晚》时说："雨中得沪上友人书，甚喜，记之。""戴月荷肩归晚，星稀路远孤行。几行劲写慰平生。扫尽红尘夜静。"

"耿相新诗词本事"整理甚至抢救潜存的相关史料，以基本锁定包括耿相新在内的过往出版事件的事实性。整理者当然必须熟悉、理解耿相新及其出版、传播等文化活动。"本事"并不成史，即使关涉旁涉到某些堪称重大重要的"事件史"。也大可不必以相新诗词为基础进行考证性、索隐式的比对，相新诗词追问的是中国后现代社会的人文理性和人文理想，出版仅是其中的一个组件或者说构件。相新诗词后附日期倒是可以也应该抓住的时间线索。更有价值的应对策略是，将相新诗词和折射、隐含（或诱发）的出版文化本事共同聚焦于河南改革开放出版史的某些交叉点上，让诗词与本事交相辉映，各具语言艺术和出版历史文化价值，而又在河南改革开放出版、河南改革开放文化史的整体意义上建构某些甚至系列性的链接与节点。

相新曾告诉他的日常作息安排：每日清晨读诗写诗，且就在手机上写诗改诗，然后上班，晚上和周末则读书和专业写作。这时的专业写作必须借助电脑而不是手机完成。他的日常和思想惯习如此，年年岁岁如此。这诱发我读他的诗，想象他的精神世界，想象他处理处置琐碎日常和纯粹精神的方式方法。

诗词透露了相新精神世界的核心机密。"耿相新密码"是其精神世界内在结构及核心指向的别称，有两个方面的含义：其一，他日常生活中精神场域的转换及精神状态；其二，相新诗词对当今信息社会以及将愈演愈烈的中国后现代社会的思想意义。

· 代　序 ·

　　诗歌是自由女神的代称，原来相新的一天从亲吻自由女神开始。他最私密的情感、最深切的社会观察和思想洞见都借诗的意象、歌的吟咏自由表达。日常工作的庸常刻板甚至无聊，都可以一笑置之。晚上则又重归他的专业世界，带着白天的经历和经验，予以沉思与批判。他在出版和出版史的专业理性世界以专业共同体通用的语言交流。出版专业论文以及以此积累而成的出版专著是他自觉与出版业界、学界共享的精神世界，有超前思想但并不振臂高呼。行动时机成熟时，将思想化约为创意与决策。因此，相新的一天三段论，既表征他精神场域的转换，更代表他精神世界的总体结构平衡。转换于他不是消解精神动力而是增强精神动力，连续持续的平衡在拓展精神疆域的同时又建构更丰满、立体的精神世界。诗人、职业出版人、学人是相新最引人注目的三个角色，他的时空分配成就了他作为改革开放出版家内在的心理机制。至于这种心理机制在一定时段内与社会机制的生成转换关系，值得收集材料予以更深入的实证研究。惜当下的出版史论研究就总体水平而言，未必有学人关注、潜心于此。

　　有西方智者说，诗歌是人类的母语；也有西方智者说，诗歌是儿童和原始人的自然语言。诗词才真是耿相新的母语，相新借诗歌这样儿童和原始人的自然语言与他的现实世界对话。他欣然如此，信然如此，他又别无选择。至于他为何欣然如此、只能如此，恰是相新作为中国后现代社会里精神充分发育样本的样本意义所在。理解不理解，以及居中的理解深浅，那是相新无心也无力关心关注的。他沉浸于观察，不断地追问，以他的方式言说并向往对话。

　　柯林伍德说："游戏的精神，即永恒青春的精神，是一切真实生活的基础和开始。"[①]相新以他诗人的敏感、学者的深刻"惊奇地发现，我们的生命以及我们所观察、所感知的秩序世界却构建在无序之上，这个世界由悖论构成，悖论构成了我们的物质世界和生命世界，而我们也成为悖论的一个组成部分，也许这才是我们世界的真相"（见本书第189页）。相新发现的真相不是人类、人生的尽头街，他以他的经验和知识明示了另一条开放路："面对矛盾丛生的世界与社会，我不再纠结，不再纠结于人的世界是游戏的秩序还是秩序的游戏，不再纠结于秩序创造了游戏还是游戏创造了秩序，甚至，我也不再纠结于生命的意义这个难解的问题。""现在，我终于可以放下了，我将自己放在了游戏里，放在了秩序里，放在了悖论里。"（见本书第189页）

悖论之后、悖论之上的游戏寄托着相新的新社会理想：在秩序中游戏，在游戏中重建秩序；以此告别封闭的自我，离开封闭社会的避难所，以此形成开放的自我，以开放的自我重建开放的社会。向开放社会前进的前提是向开放自我前进，开放自我是推进开放社会的根本力量。

"我在场的这个世界，你必须明白，这是一个巨大的和谐着的悖论。宏观的秩序的物质世界完全建立在微观的无序世界之上，它的稳定基础是不稳定，它的确定性源自不确定性，它的所在的必然性通向的是时时偶然性，不可控制和不可预测的偶然创造了这个必然的世界，大量偶然的紧密团结造就喧闹的粒子趋向一致、趋向稳定、趋向和谐。在秩序和非秩序之间，我们像个两面神，呼吸着彼此。

[①] [英]R. G. 柯林伍德著，赵志义、朱宁嘉译：《精神镜像或知识地图》，广西师范大学出版社2006年版，第97页。

·代　序·

我曾经相信眼睛，但此时，我更依赖思索。"（本书第179—180页）"我更依赖思索"，"你对新秩序的最大贡献就是心平气和地固定自己"（见本书第177页），就是主张开放的自我，以更开放更丰盈的自我应对积极的不确定性，化解消极的不确定性。自我是抵御信息社会不确定性首先的也是最后、最根本的"肉盾"。舍此，难有其他方法和路径；除此，其他都是幻想和麻醉。哲人早已明言："在封闭社会想要控制交往媒介、食物供给和忧虑根源以致引起恐惧、顺从和受到束缚的自我的场合，开放社会则想要扩大知识和技巧以及生存手段，以致每个社会成员在他或她的能力所及的范围都成为一个能动的、自主的和自发的创导者。对封闭社会来说人是被用来作为旨在获得权力的工具；而对开放社会来说人是目的，社会机构则是发展人的手段。开放社会是以人为中心的社会。它的目标在于增加每一个人变成自我创造者和文化创造者的能力。它的规划在于准备那些助长和维持有创造能力的个人的社会条件。"[①]

"无序，然后，重建"（本书第175页）。重建始于自我。开放的自我是积极应对社会变迁和竞争的自我，是社会变迁和社会竞争中的自我创造者和文化创造者。相新以"游戏的秩序"作为隐喻，为开放自我的开放社会这个新理想捅破了数字社会思想和行动的方向。这就是相新发现真相，启发他人后人应对真相的真知对于未来的价值与意义。

正如从学于刘杲，历久弥新最醇香的是他教导而又不明言的只言片语。理解相新，必须远观，近视难免雾里看花。远观的根本路

---

① ［美］C. W. 莫里斯著，定扬译：《开放的自我》，上海人民出版社1965年版，第133页。

径又只能是相新的诗与人，诗与真。只能由其诗与人、诗与真才能逼近，庶几通透相新出版生涯的言与行、思与物。一个改革开放出版家的精神境界如此，一个改革开放出版家的时代悖论如斯。

半年多前，收到相新书稿。题名"出版四重奏"让我怦然心动。这恰是相新钟情的"复眼阅读""复眼的世界"的另一视角与呈现呀。他那"出版四重奏"之内之间的总体精神联系又是什么呢？相新说本书是他的"出版应用文结集成册"，这"结集"有助于理解"成册"背后的精神与底蕴。只有理解了精神与底蕴，才能理解出版应用文的"应用"所自，价值所在。

写作本文延宕了近半年，颇感愧疚。但庆幸较深入梳理了对相新先生的认知，初步进入了一个改革开放出版家的精神世界。祝愿出版学界业界更热心关注地方出版家、"60后"出版家。谨以此代序。

李 频

2024年1月2—17日初稿，2月25日小改

目 录

视 点 / 001

世界出版极简史 / 003

基于生态文明的出版生态思考 / 010

汉籍西传的序幕：16世纪的中国与葡萄牙 / 015

书籍：在误解中前行 / 031

中国出版极简史 / 073

架起纸媒与数媒的桥梁 / 085

中国电子书的兴起 / 089

信息时代出版业的困境及其对策 / 097

多语种视野下的出版"走出去" / 108

中国传统文化出版的历史与现状分析 / 113

谈谈"作者型编辑" / 130

中原出版极简史 / 137

出版转型与突破 / 148

关于如何做好"四书四力"的思考 / 152

不忘初心，努力做好主题出版工作 / 157

序 跋 / 161

《华夏文库》发凡 / 163

《大地文库》序 / 165

量子：纠缠还是纠结——《秩序·量子态》序 / 174

《秩序·量子态》后记 / 176

透明：新神话的开端——《四维·神的苏醒》序 / 177

复眼，已经过时——《复眼的世界》序 / 179

《复眼的世界》跋一 / 181

《复眼的世界》跋二 / 183

《复眼的世界》后记 / 184

与时间和解——《奇点·时间的圆》前言 / 185

《游戏的秩序》前言 / 187

《游戏的秩序》跋 / 190

《窗外词》跋 / 193

《窗外词》后记 / 227

《百物杂咏》序 / 230

年画溯源——《朱仙镇年画史话》序 / 232

观沧海：在禁与拓之间
　　——《开放与挑战——全球变局下的明朝外贸》 / 235

《编辑档案》前言 / 239

《出版融合进路研究》序 / 243

虽死而不朽 愈远而弥存——《焦裕禄精神文献典藏》序 / 248

· 目 录 ·

评 论 / 257

乡关何处：小说的追问 / 259

诗・工具与心灵世界 / 264

《清代基层社会聚众案件研究》：基层权力博弈的标本 / 270

出版技术与经典文本的历史迁徙 / 279

为编辑立言——读《编辑岁月》有感 / 288

士是理想，也是行动 / 292

谈一谈编辑的角色定位 / 297

专业出版研究的一个向导
　　——评《日本农业出版与传播的社会学调查 1950—2003》/ 302

创 意 / 307

《中国边疆通史》策划旨意 / 309

"中国汉字文物大系"策划方案 / 312

《黄河文献汇编》策划方案 / 324

《民国史料丛刊》出版说明 / 328

《民国史料丛刊续编》策划方案 / 333

《近代史所藏清代名人稿本抄本》策划方案 / 340

《清代缙绅录集成》策划方案 / 361

《汉唐书籍实物分类叙录》研究课题报告 / 364

《中原文库》编纂出版方案 / 369

学科学术书评年刊策划案 / 378

《中国文献全书》策划提纲 / 387

"海外中国词学研究丛书"拟目 / 392

"上海图书馆藏词学文献集成"策划案暨拟目 / 398

《中华文脉——从中原到中国》编纂方案 / 404

二里头遗址暨夏文化研究出版传播方案 / 416

"自主知识产权的立体化数字教材"策划方案 / 423

附　录 / 435

《历代全集丛刊》前言 / 437

《中国地方志分类史料丛刊》出版说明与凡例 / 440

后　记 / 446

SHI DIAN

视点

出·版·四·重·奏

·视　点·

世界出版极简史

　　出版的本义是"公之于众"，它是一种将一定的约定俗成的符号系统所承载的信息、知识和思想复制于载体材料之上的活动。构成出版的要素主要有：符号系统、载体材料、复制技术、载体内容和组织模式、传播方式。以此定义的全球出版活动，大体上经历了出版萌芽、人工写本、手工与机械印刷、工业印刷和数字出版五个历史时期。

　　文字符号系统的发明是出版诞生的先决条件。载体材料和复制技术决定了出版物传播的地理空间和传播速度。文字的发明是人类进入文明时期的标志之一。人类历史上最古老的文字符号系统主要有尼罗河流域埃及象形文字、两河流域楔形文字、印度印章文字和铭文、中国甲骨文和美洲玛雅象形文字。诞生于公元前3500年左右的埃及象形文字的载体早期主要是石质，以僧侣体和世俗体的石质铭文为主，公元前3000年左右开始以莎草纸为载体材料。莎草纸书一直延续到古希腊、古罗马时期，历时3000多年，流传至今的莎草纸文献约10万件。发明于公元前3400年左右的楔形文字以手掌大的泥板为载体，以芦苇秆或木棒在软泥板上刻写，楔形文字延续使用到公元元年左右。公元前3000年左右，古代印度河流域创造了印章文字，以石器、陶器、象牙为载体，印章文字失传于公元前18世纪，公元前 3 世纪印度兴起以婆罗米文和佉卢文为主体的阿育王铭文，以石质为主要载体，其后印度又兴起梵文，以贝叶为主要载体，佛教典籍基本上依赖贝多罗树叶传承至今。

文字复制技术的进步是推动出版发展和文明前进的动力源之一。早期的文字复制手段因以硬质材料为主，其转移手段多依赖刻写、压印和铸铭。随着公元前 3000 年埃及开始使用莎草纸、公元 1 世纪欧洲开始使用羊皮纸、公元 2 世纪中国开始使用纤维纸，软质文字载体材料开始占据主流，复制手段也随之转向人工抄写，书写工具主要是芦苇笔、鹅毛笔和软毛笔。埃及的职业出版人是书吏、军队书吏和神庙书吏三大类。古希腊、古罗马的职业出版人是职业抄写人，包括为官方服务和为私人服务两大类，抄写员成为手工行业的一个门类，世代相传的书商和发行商开始出现，他们雇佣奴隶抄写书籍，在固定的书铺、书店内进行销售，出版产业开始形成。中世纪时期（公元 476—1453 年）书籍出版主要集中于修道院的抄写室，教会建立了宗教书籍抄写和翻译制度，出版几乎成为教会垄断的行业，世俗出版物数量极少，世俗抄写工匠主要采取定制化的方式为领主、贵族和骑士提供复制服务。

雕版印刷复制技术发明于公元 8 世纪的中国唐代，并很快传入朝鲜和日本。公元 11 世纪上半叶，中国人毕昇发明泥活字印刷术。1450 年左右，德国人谷登堡发明铅活字手工机械印刷机，引发了西方世界第一次出版革命。谷登堡印刷机的书籍材料是植物纤维纸，纸于公元 8 世纪由中国传入阿拉伯世界，12 世纪初在西班牙出现了欧洲第一座造纸厂，至 13 世纪晚期纸张取代羊皮纸成为书籍的主要材料。谷登堡活字印刷技术的发明和使用标志着欧洲近代出版业的

· 视 点 ·

诞生。自15世纪下半叶起,机械印刷术迅速从德国向意大利、法国、英国等欧洲国家传播,大量印刷书籍加速了知识和思想传播,直接推动了欧洲的文艺复兴、宗教改革、启蒙运动和资产阶级革命的发展,对资本主义制度的确立起到了巨大的推动作用。自15世纪中叶至1810年蒸汽印刷机的发明,欧洲的印刷出版业以手工工场和家庭作坊为主要特征,以家族传承为主要经营方式,前后经历了两个历史时期:前一个时期是自谷登堡发明印刷术至17世纪初的印刷商主导出版行业的综合型印刷商时期,印刷商购买设备、原料,雇佣印刷工,筹措资金选择决定印刷书籍,并将书销售到市场上去,基本上是以印刷商为市场主导,其身份兼及书商和出版商的功能;后一时期是自17世纪初至18世纪末期和19世纪初的印刷商与书商的分离时期,是以掌握大量经典图书"出版权"的书商为主导的出版型书商时期,书商经营书店,也向小零售书店和殖民地书店批发图书,同时,书商还筹划资金组织图书生产,书商兼有出版商功能,而自17世纪初印刷商开始只承接来自书商或其他印刷业务订单,印刷商成为独立的行业系统。手工印刷时期,自16世纪下半叶,欧洲各国开始相继成立书商、印刷商协会,出版同业规范肇始。同时,随着15世纪末的航海大发现和海外殖民地的拓展,印刷术也逐步传播到美洲、亚洲和非洲等全球各地。

发端于18世纪60年代的工业革命将世界带入工业化现代化的历史进程。现代出版业的诞生具有两个明显的标志:一是自1770年以来至1810年间,出版商逐步独立于书商,开始成为筹集资本、选择书稿、联系印刷商、将成书销售给书商的出版行业的关键人物,出版商不再经营印刷和售书业务,出版产业开始进入以出版商为中心的现代化出版商时期；二是印刷技术完成了由手工印刷机向机器印刷机的转变，1811年德国印刷工弗里德利克·康尼格在英国发明蒸汽印刷机并开始应用，1814年《泰晤士报》开始使用双滚筒蒸汽印刷机，在此前后，机械造纸机、石版平版印刷机、卷筒轮转印刷机相继被发明，出版产业开始进入以规模化、标准化、专业化、社会化、规范化为特征的工业印刷印本时代。与复制技术工业化和出版商成为产业核心相配套的出版产业新变化还包括：作者群体成为独立的市场主体、职业编辑成为市场和内容的把关人、行业协会制度建立、图书定价竞价协议开始规范、版权保护和版权交易制度逐渐完善、图书批发商和连锁书店崛起、书市和图书广告兴起，出版行业在19世纪越来越走向产业化。

20世纪依然是以出版商为中心的世纪，但与19世纪相比，随着工业化、城市化、教育大众化和以电力技术为引领的第二次工业革命的深入，世界出版格局也随之相应地产生诸多变化。印刷技术领域，电力印刷机诞生，胶轮转印技术、平版胶印技术和照相排版技术引领的间接印刷使高速轮转机的速度获得巨大提升，大型、超大型印刷企业崛起，印刷商的两极分化也越来越严重，至20世纪70年代，传统铅版活字印刷逐步退出历史舞台。图书发行领域，图书俱乐部于20世纪20年代自西方兴起并成为出版发行行业的一个重要组成环节，20世纪80年代美英等西方国家兴起超大规模的超级连锁书店，这些连锁中心书店除经营图书外，还经营音像、文具、乐器等文化用品，还提供咖啡、饮料、面包、简餐等生活服务，超级书店已成为文化服务综合平台和休闲场所。在媒介竞争领域，大众媒体兴起，20世纪20年代广播开始普及，20世纪50年代电视开始普及，而与

· 视　点 ·

图书出版相伴随的是同属平面媒介的报纸与期刊进入辉煌鼎盛时期。图书出版领域，20世纪30年代后期至50年代，西方兴起的平装书革命，促成了西方社会的阅读大众化和消费化的形成，掀起了大众图书市场的流通革命，大众出版、教育出版、专业出版的三大出版系统开始形成。在出版组织领域，家族出版企业自20世纪初以来，尤其"二战"之后开始陷入危机，开始转向股份制和合作制的公司模式，由职业经理人、专业财务管理人、上市融资、股票持有人、控股人等控制人组成的现代出版企业制度开始成为出版的主流组织模式。随之而来的是自20世纪60年代兴起出版企业的并购狂潮，出版业开始走向集团化和全球化，先后经历了出版业与其他行业兼并的多元合并，以广播、电视、新闻巨头为先锋的大型传媒集团并购出版业，大型出版投资商并购出版产业的三个时期，跨国并购的出版国际化也带动了综合性传媒集团开始走向专业化道路，国际并购的势头一直延续到21世纪的数字出版时代。

20世纪90年代中期以来，随着计算机技术和互联网技术应用于出版产业并不断深入，世界出版业逐步进入以平台运营商为中心的数字出版历史时期，目前我们正处在纸质出版与数字出版的并存时期。以计算机技术引领的信息技术革命是人类历史上的第三次技术革命，它也是继谷登堡印刷术发明以来对出版业影响最具颠覆性的一次出版革命。以计算机技术为基础的数字技术重新定义了出版诸元素，出版符号系统由文字、图像而扩展到音频、视频并以虚拟方式呈现；符号载体材料从纸介质转为磁介质、光介质和磁光混合介质；产品呈现方式由纸封装型转变为由电子控制的计算机终端屏幕（液晶与触摸显示屏），其产品是存储于计算机的硬件设备的磁光介质的电子文档或文件；复制技术从间接印刷于纸介质上转变为通过网络传播或通过粘贴、移动、剪贴、下载等方式从一个电子介质复制到另一个电子介质，其复制边际成本几乎为零；产品发行、销售方式从物理书转变为在线网络阅读、电子书传输和销售，或在其他阅读设备终端阅读。世界出版业自21世纪之交，开始进入一个全新的历史发展时期。

21世纪以来，世界出版业发生了前所未有的革命性变革。其一是数字出版作为一种全新的出版业态，崛起于21世纪，经过20多年的发展，世界出版已进入新型数字出版和传统纸质出版并驾齐驱的并行时期，就其产业规模而言，数字出版产值已经超过传统出版产出。其二是出版产业对技术的依赖度越来越高，出版产业链的全流程已经实现了全程数字化，编辑领域的编纂系统，复制领域的数字化直接印刷技术和数码印刷机，发行领域的网上交易系统，数字出版物呈现的电子图书、数字图书馆、数据库、数字报纸、互联网期刊、网络游戏和动漫、移动端所承载的诸如移动阅读等数字产品，新兴的桌面出版、移动出版、按需出版等新型出版形式无一不依赖于数字技术的进步。其三是世界出版的资本化、国际化、规模化、专业化程度越来越高，21世纪以来，随着信息技术、计算机技术、智能技术和移动互联网的快速迭代，外部资本大量涌入出版产业，外部资本并购和出版产业内部并购的资金规模越来越大，跨国并购和跨语言并购的案例越来越多，国际型的超级出版传媒集团规模越来越大，以垄断为目的的大型集团不断剥离非主营业务而走向专业化，超级专业化集团涌现并开始主导全球出版市场，它们基本上完成了由内容提供商向平台运营商、信息服务商的转变。这些超级专

· 视 点 ·

业集团主要是：以教育出版为主的培生集团、麦格劳·希尔出版集团、圣智学习集团、霍顿·米夫林·哈考特出版公司，以专业出版为主的励迅集团、汤森·路透集团、威立出版集团、施普林格—自然集团、维科集团，以大众出版为主的企鹅兰登书屋、阿歇特出版集团、哈珀·柯林斯公司、学乐集团、西蒙&舒斯特出版公司。

21世纪，在数字化、信息化和互联网化的技术背景下，世界出版业形成了三大格局：一是形成了由内容提供商、技术提供商、电信运营商、设备提供商和平台运营商互相竞合互相渗透的融合发展格局；二是在历史、地理、文化、政治、经济以及科技等诸多因素的综合作用与影响下，世界出版形成了以英语、汉语、法语、西班牙语、德语、俄语和阿拉伯语为主导的七大出版板块的主导格局，但英语出版是主导中的主导；三是世界出版结构形成哑铃状的格局，世界50强的上市出版传媒集团的规模越来越大，其所占全球市场份额越来越大，而数量巨大的小出版企业也遍布世界各国和各语言出版中，出版的活力逐渐转向线上和平台上，数字化和智能化仍将深度改变世界出版格局。

2020年11月

基于生态文明的出版生态思考

从某种程度上说，生态文明是对工业文明的一种反思。生态，是指生物在一定的自然环境下生存和发展的状态；生态系统指在自然界的一定空间内，由生物群落及其生存环境共同组成的动态平衡系统；生态文明则是指人与自然、人与人、人与社会和谐共生之中所取得的物质与精神成果的总和，它也可以作为一种社会文明状态概念而独立存在。人类文明经历了农业文明、工业文明、信息文明三大历史时期，我认为，生态文明作为一种物质和精神创造的成果形式而在此三大历史发展时期发挥着不同的作用和功能，生态文明是三个历史发展阶段中的一部分，并不是农业文明、工业文明之后又发展出一个生态文明。生态文明与三个历史发展阶段是整体与部分的关系而不是历史文明的递进关系，明晰这一点十分重要，这是我们思考生态文明和出版生态的基础和基点。

每个历史发展时期，生态文明发展的特点各不相同。农业文明时期，人与环境的总体关系是天人合一、和合；工业文明时期，生态文明的发展特点是竞合，既有竞争又有合作；信息文明时期，生态文明发展的显著特征是和谐、共享、共赢。

基于以上认识，让我们来思考对应的出版生态问题。农业文明时期，是出版生态的形成时期。文字符号系统的发明，为出版业的

· 视　点 ·

诞生提供了先决条件。宗教的产生、科学知识的发现、艺术的创造、信息的增多、思想的积累，为出版奠定了内容基础。各种载体材料，尤其是纸的发明，用于承载内容，为出版提供了物质基础。手工抄写、雕版印刷、手动印刷机印刷等技术的进步，为出版的繁荣提供了技术基础。马、车、船等交通工具，城市、市集、游商等为出版物交易提供了地理空间和交换的条件。个人、家庭作坊、宗教场所、学校、手工专业工场等为复制书籍提供了生产条件。行会等组织为出版提供了社会保障。国家的法律、禁令、许可证制度、登记制度等管理手段，为出版提供了政治保障。以上种种，共同构成了工业文明之前的出版生态系统。这一时期的出版生态系统创造了人类不同文化区域的宗教经典和世俗经典，不同地域的文明社会和国家形成了各自独具特点的知识结构和体系，这一时期的信息交流相对缓慢，思想发育相对独立，精神状态追求身心合一、天人合一、神人合一与社会和合。

　　工业文明起源于技术革命，以18世纪60年代英国珍妮纺纱机发明为起始，以蒸汽机使用为主要特征；19世纪70年代至20世纪初，西方世界进入以电力广泛使用为标志的第二次工业革命；20世纪40年代中期以后，西方开始第三次科技革命，以信息技术革命为主要特征。工业文明的最重要特点是大机器生产、规模化生产、产品产业标准化、生产组织集中化，伴随而来的社会特征是城市化、法治化和民主化。工业文明的生态系统以资本为基础，生产方式是机械化和自动化，人与自然的关系是掠夺自然，人与人之间的关系是竞争合作关系并具有剥削性，人与社会的关系常常处于对立状态，其文化形态追求科学文化，其知识生产追求从物质生产部门中独立，其哲学思想是人类统治自然。这些工业文明的生态特点也显著影响到了出版生态系统的构建。一是造纸技术和印刷技术进入工业化、机械化、机器化、自动化阶段，为大规模化工业化生产知识产品奠定了技术基础。二是以资本为中心的社会组织形态，奠定了出版业和出版产业的经济基础。三是以出版法、版权法、著作权法、知识产权法等法律条文为基础的国家管理体系，奠定了出版业的政治基础。四是以科学技术、工程技术、人文社会科学组织和机构、教育、医学等机构和组织为主体的知识生产体系，为出版业提供了出版资源和读者资源等文化基础。五是以非政府组织为主体的行业协会、学会、教育培训组织、展会交易组织等为出版业的国内外交流提供了社会基础。以上五个方面的基础以及在其基础之上生发出来的出版活动，共同构成了工业文明时期的出版生态系统。工业化的出版生态具有资本化、技术化、规模化、国际化、专业化、品牌化的特点。工业化的出版生态发展的普遍规律是高效的分工合作，高度的文化竞争与冲突，广泛的交流和融合，这一生态系统创造了前所未有的高度文化繁荣，但让人与自然、人与人和人与社会也处在了高度紧张的精神状态。

信息文明发端于1946年美国第一台电子计算机的问世。尽管计算机的发明标志着信息时代的开始，但全球的工业化并未完成，某些地区和国家甚至还处于农业文明发展阶段。严格来说，我们正处于农业文明、工业文明和信息文明的交汇时代，尤其是在中国的当下，城市化率仅仅达到44.6%，工业化率还落后于西方发达国家，是比较典型的三种文明同场进步和发展。在这一特殊的历史发展时期，无论是生态文明，还是出版生态都具有独特的个性。

信息文明的基础是计算机技术，以数字和信息技术为基本特征。

· 视 点 ·

其后，在此基础上延伸出一系列的革命性技术，如互联网技术、宽带技术、通信技术、无线通信技术、大数据技术、云计算、云存储、人工智能等，一起构成了信息文明时代的生态系统。信息文明的理论基础是控制论、信息论、系统论、突变论、协同论、耗散结构论，其中最重要的是控制论、信息论和耗散结构论。在计算机技术应用层面，通信技术是基础性的技术，推动社会快速变革的卫星技术、互联网技术均是在通信技术之上发展起来的。建立在通信技术之上的互联网体现了信息文明的最基本特征：开放、和谐、共享、共赢。这些基本特征也随之影响到出版生态系统的重建，并且具有颠覆性和普遍性。

信息文明时期的出版生态，其重点在于探讨出版行为与社会环境之间的关系。出版行为的主体是作者、编辑、出版商、发行商、复制商、读者。因此，出版生态首先要研究和关注的是：作者生态、编辑生态、出版商生态、发行商生态、复制商生态、读者生态系统，这六个生态系统是出版生态的种群和群落，它们之间的关系是相互依赖和相互制约的，它们在同一价值链、利益链、生物链上竞争并合作、共生并共利、互动并共同进化。出版生态的社会环境包括政治环境、文化环境、技术环境、经济环境、国际环境等。具体而言，影响出版生态环境的因素主要有：出版语言生态和出版符号系统、出版材料和复制技术、出版内容和出版资源动态系统、出版组织形式和业态、出版传播技术和控制、国际出版管控和出版法律、知识产权交易和交流、出版行业非政府组织、出版教育和培训等，这些要素构成出版生态系统，并影响出版生态的平衡。信息文明时期的出版生态最基本特点是数字出版模式的确立并逐步成为主流形态，这一系统最大的特征是循环再生，信息、知识、思想的传播和复制全部基于网络，其内容可以随时随地复制和传递。

信息文明时代的出版生态呈现四个方面的显著特点：技术的数字化，资源的国际化，呈现的多样化，功能的清晰化。目前，出版流程的全过程已实现了数字化、计算机化和网络化；出版资源的挖掘和组织已经实现跨语种、跨国界和跨文化；出版呈现方式已实现纸介质、电子图书、有声书、音频书、数字图书馆、数据库等出版形式同步和一并出版；出版功能不仅可以高度实现其意义——记录、存储、积累、传承文化、传播知识和思想、教育大众、娱乐民众，同时还可以最大限度实现其利益——经济利益系统、话语和权力系统、名望和权威系统、社会和社交影响力系统、自我价值实现系统。相较于农业文明和工业文明的出版生态，信息文明时代的出版生态系统更为去精英化而大众化，更为去中心化而个性化，更为去单向化而互动化，更为去整体化而碎片化，更为去封闭化而社交化，更为去集中化而民主化。

总体而言，不同的文明形态形成了不同的文化生态环境，不同的文化生态环境又进而影响到不同出版生态系统的形成，反之亦然。认识和把握这一规律，对营造和谐的、协调的、平衡的、可持续发展和繁荣的出版生态环境具有重要的意义。

2020 年 10 月

· 视 点 ·

汉籍西传的序幕：16世纪的中国与葡萄牙

明代郑和的船队在印度洋上消失了65年之后，印度洋迎来了葡萄牙人达·伽马[①]及其船队，1498年5月达·伽马的4艘大帆船抵达印度洋西海岸的卡利库特，并于次年返回里斯本，欧洲人终于从海上发现了印度。与航海大发现同样震惊世界的是1456年德国人谷登堡用活字机械印刷术排印的《42行圣经》正式出版，印刷术从此改变了世界文明进程。葡萄牙人的商队与舰队沿着非洲西海岸南下绕过好望角而开始经营非洲大陆东海岸，沿着莫桑比克、蒙巴萨而驶向印度西海岸的卡纳塔尔、科钦，并于1510年攻占果阿[②]，1511年又军事占领马六甲[③]，此后的一个世纪葡萄牙人垄断了欧洲通往亚洲的海上通道。马六甲就是明代皇帝眼中南洋朝贡国满剌加，是郑和下西洋船队重要的交易和补充给养港口，是连接印度洋与太平洋的海上交通咽喉，是中国人海上贸易最西陲的港口城市。16世纪初，中国人与葡萄牙人终于在马六甲相遇与相识，由此拉开了长达500年的东西方交流与交易、敬仰与误解、和平与战争的历史序幕。中西书籍作为文化交流史上的一串串珍珠，同样也从此进入了飘洋过海的颠沛历史。

作为一本有关中国的书，没有比《马可·波罗游记》[④]一书更能激起欧洲人探险东方的激情了。中世纪旅行家马可·波罗（Marco Polo，1254—1324）的回忆录完成于1298年，之后便以法文、拉丁文、意大利文等抄本形式风靡欧洲。1456年古登堡印刷《42行圣经》不久，1477年《马可·波罗游记》（德文）首次以排印方式出版。《马可·波罗游记》的诞生地是意大利热那亚城的一间囚室，1451年哥伦布[5]出生于热那亚城，这种历史的巧合点燃了哥伦布航海的热望，拉丁文版《马可·波罗游记》一直追随着哥伦布的航海事业，直到哥伦布去世时，这本书依然是其随身物，书页上面落满了他的批注以及希望。1502年，对开本葡萄牙文《马可·波罗游记》出版于里斯本，这个葡语版游记对达·伽马与斐迪南·麦哲伦（Magellan Ferdinand，约1480-1521）[6]影响甚巨，前者发现印度后又重返印度，后者则实现了人类首次环球航行。然而，令人匪夷所思的是，这本关于中国的风行于西语国家的畅销书，竟然长达600年不为中国人所知，直到20世纪初的1913年方由正蒙书局印行魏易译《元代客卿马哥博罗游记》，这一东西方信息的落差与错位，是否意味着某种神秘的文化命运呢？

葡萄牙的达·伽马于1499年抵达印度的卡利卡特时，当地人问达·伽马的船队："你们为何来这里？"达伽马的一个船员回答道："我们来寻找基督徒和香料。"[7]这句地理大发现时期的最经典套话，似乎是对军舰与火炮、殖民与占领、奴隶与黄金的最好注释，似乎是"听从上帝指引，谋求自身福利"。然而，事实是葡萄牙的商队总是伴随着军队；事实是10年之后其军队便攻占了果阿与马六甲，并先于教堂而建立了市政厅；事实是其宗教、商业、政治及军队几乎是并行而互相支援的。无论是西班牙还是葡萄牙，其航海的目的

· 视 点 ·

都是为了寻找通往中国的航线,葡文《马可·波罗游记》的出版者瓦伦丁·费尔南德斯在出版前言中直言道:"想往东方的全部愿望,都是来自想要前去中国,航向遥远的印度洋,拨旺了对那片叫做中国(Syne Serica)的未知世界的向往,那就是要找到契丹(Catayo)。"[8]

中国像一个谜,悬浮在欧洲、伊比利亚半岛以及葡萄牙王宫的上空。葡萄牙国王曼努埃尔在组织了达·伽马首航印度和卡布拉尔发现"巴西"之旅后,大概已经从地图上知道了印度的位置。达·伽马首次航行不久,曾做过哥伦布领航员的胡安·德·拉·科萨(Juan de la Cosa)于1500年将此航线绘制于一份世界地图的手稿上,这份手绘的地图上出现了比例严重缩小和扩大的印度和东南亚。曼努埃尔国王组织的第二支远航印度的由13艘船组成的船队由卡布拉尔率领,1500年3月9日从里斯本向大西洋启航,因偏离航线驶向南美洲发现巴西,之后又转回非洲南端好望角回归到达·伽马的首航航线,抵达印度卡利卡特之后于1501年7月返回里斯本。这一航行也被绘制于地图之上。1502年,葡萄牙赫尔克里斯·德斯特(Hercules d'Este)公爵的代理人阿尔伯托·坎提诺(Alberto Cantino)送给他一份地图作为礼物,这幅可能绘于里斯本的平面球形图,印度、马来半岛、锡兰和苏门答腊的轮廓更加接近事实。[9]更重要的是,此图是葡萄牙文献中对中国的最早的明确记载。在此图中有关马六甲的图注是:"这个城市的所有的物产,如可香、檀香、大黄、象牙、名贵宝石、珍珠、细瓷及其他各种货物,绝大部分从外面进来,从中国(terra dos China)运来。"[10]这幅地图及图注具有指示意义,9年之后,葡萄牙攻占了马六甲。

地图是葡萄牙国家的秘密。葡萄牙为了垄断在非洲的勘探和开发权利，为了垄断航海交通和海外经济利益，葡萄牙航海家亨利王子（1394-1460）[11]在15世纪中期创立了一套关于地理发现和商业活动的保密制度。为了维护海外利益的垄断性，葡萄牙王室甚至促使教皇颁发诏书以限制其他国家进入葡萄牙人所发现的海域。1455年，尼古拉五世（Nicholas V）颁布诏书《教皇谕令》（Romanus Pantifex），禁止所有的基督教徒进入葡萄牙人"在海岸东南方向"发现的地域。葡萄牙若昂二世在位时期（1481-1495），采取了更加残酷的手段防止国家秘密成为公众的常识。曼努埃尔国王于1504年11月下令对所有东南和东北方向的航海信息保密，泄密者将被处以极刑。曼努埃尔国王规定，"所有前往非洲、印度和巴西的线路的航海图、地图和航海日志都被保存在王室的海图室里面，由D.豪尔赫德·瓦斯孔塞洛斯（D. Jorge de Vasconcelos）负责监管"[12]。这一禁令维持到了16世纪末，但自16世纪中叶起，耶稣会士书简信息不断以其他语种出版，葡萄牙的海外香料商业贸易的垄断也备受挑战，海外信息垄断系统越来越变得力不从心了。

在西班牙、葡萄牙航海大发现之前，中国已经被绘制到欧洲的航海图上了。在现存的地图中，最早将马可·波罗旅途绘于地图的是1351年的劳伦琴航海图（Laurentian Portulan），这幅图上印度是个半岛，东南亚的模糊轮廓已经显现。将中国的半圆形海岸线和马可·波罗所描述的中国城市绘于一幅地图上的是亚伯拉罕·克雷斯克斯（Abraham Cresques）所绘制的《加泰罗尼地图集》，这幅当时的世界地图于1375年由其作者献给了法国国王查理五世（King Charles V）。这幅地图的依据除了《马可·波罗游记》之外，还包括鄂多立克修士的《鄂多立克东游录》[13]。这幅地图过于强调北京，

· 视 点 ·

它认为东亚的河流均源自北京周边。1457年，葡萄牙国王阿方索五世出资委托意大利修士弗拉·毛罗绘制世界地图，1459年弗拉·毛罗完成后送往葡萄牙，这幅直径约两米的绘于羊皮纸上的地图被认为是"中世纪地图学最伟大的记载"，日本（津帕古，Zimpagu）第一次出现在西方的地图上。整个15世纪，关于中国的地理知识全部局限于马可·波罗和鄂多立克的描述，教皇庇护二世（Pope Pius Ⅱ，1458-1464年间在位）于1461年出版的《罗马史地考》（Historia Rerum Ubique Gestarum，1461年）和德国人恩里克斯·马提勒斯（Henricus Martellus）于1492年制作的地球仪，关于东方中国的知识也仅限于中世纪的东方游记。⑭

基于游记的充满想象的世界地图随着全球航海探险的进展而不断被亲眼目击的实际数据所修正和重绘。16世纪的世界地图绘制基础是航海指南和水手们使用的航行手绘地图。葡萄牙人是16世纪航海指南的伟大开创者和制作者，海上线路和海岸地形被跟随远征舰队的航海者和图表绘制者真实描绘出来，这些航海指南和图表、地图随着每一次航行被不断地记录下来并成为国家机密。随着葡萄牙的舰队驶向中国，中国在葡萄牙的地图上越来越准确。

中国被葡萄牙以地图的形式准确记录的年代最早可追溯到1512年。葡萄牙领航员和制图师弗朗西斯科·罗德里格斯（Francisco Rodrigues）于1512年跟随安东尼奥·阿布雷乌（Antonio de Abreu）的由三艘船组成的舰队，自马六甲航行到索洛群岛（Solor Island）、帝汶岛（Timor Island）、马鲁古（Molucas）和班达岛（Ben de Island），他可能从马六甲码头的中国水手手中搜集了关于中国的航海指南资料和相关口头信息，他也肯定搜集了大量关于东印度群岛、南亚和中国的绘制地图方面的知识,并根据自己直接观察的信息,于1513年左右他完成了一本小书,书后附有26幅地图草图。其中的4幅图,"勾勒出了中国南部海岸、广东河入口、中国东北海岸和台湾基本形状的模糊轮廓"[15]。根据罗德里格斯的地图,我们可以得知,关于中国的地图信息已经成为葡萄牙国王的重要情报来源。

早在1508年2月,葡萄牙国王曼努埃尔一世诏令海军将领迭戈·洛佩斯·德·塞奎拉(Diogo Lopes de Sequeira)远征马六甲,他指示塞奎拉:

> 你必须探明有关秦人(Chijs)的情况,他们来自何方?路途有多远?他们何时到马六甲或他们进行贸易的其他地方?带来些什么货物?他们的船每年来多少艘?他们的船只的形式和大小如何?他们是否在来的当年就回国?他们在马六甲或其他的任何国家是否有代理商或商站?他们是富商吗?他们是懦弱的还是强悍的?他们有无武器或火炮?他们穿着什么样的衣服?他们的身体是否高大?还有其他一切有关他们的情况。他们是基督教徒还是异教徒?他们的国家大吗?国内是否不止一个国王?是否有不遵奉他们的法律和信仰的摩尔人或者其它任何民族和他们一道居住?还有,倘若他们不是基督教徒,那么他们信奉的是什么?崇拜的是什么?他们遵守的是什么样的风俗习惯?他们的国土扩展到什么地方?与哪些国家为邻?[16]

这一连串的长得令人窒息的疑问充分说明了葡萄牙人对于中国的无知,但同时也表明了葡萄牙国王急切了解中国的渴望心情。这之后的一个世纪,甚至更长的时间,这些提问,成为西方人探索中

· 视 点 ·

国的经典指南。1509年8月，塞奎拉抵达马六甲，在这里葡萄牙人遇到了三艘中国船，其中一艘的中国船长改乘小舟登上了葡萄牙的塞奎拉司令舰船，拜见塞奎拉司令，据一位葡萄牙船队的目击者称："他们谈论很多事情，互相询问对方国王和王国的事情。"这位佚名的当事人继续写道："谈了好长一段时间后，中国船长邀请司令和船长们改天去他们的船上吃饭，司令接受邀请前往赴宴。"以下的文字就是对中国的美食表达的惊讶了，在愉快的几个小时之后，中国船长将葡萄牙司令送回到了大帆船上。[17]这是中国人与葡萄牙人的首次相遇，这一马六甲的偶遇，改变了其后500年的中国历史。

葡萄牙人是16世纪杰出的地图绘制家。葡萄牙人对于中国的认知不断地被描绘到新的地图上。16世纪前期最有影响力的制图学家是雷内尔家族（Pedro Reinel School）和洛波·奥曼家族（Lopo Homen），他们都是葡萄牙地理大发现早期效力于王室的最重要的制图学家。佩德罗·雷内尔（Pedro Reinel, C., 1462-1542）与若热·雷内尔（Jorge Reinel, C., 1502-1572）父子的地图为葡萄牙王室组织航海事业发挥了重要作用，甚至在与西班牙争夺海外殖民地归属上也发挥了巨大作用。据研究，16世纪初叶的关于东方的地图大多出自雷内尔父子之手，最为重要的地图是：1510年可能由若热制作的没有签名的印度洋地图；1517年可能由佩德罗制作的没有签名的印度洋地图；1519年米勒世界地图（*Atalas Miller*），一般认为由若热制作；1519年的无人签名的南半球的环球投影地图；约1522年使用极地投影法（polar projection）制作的无人签名的南半球地图等。[18]其中，1510年若热的关于印度洋的地图是葡萄牙人根据诸如达·伽马等人的航海经验以及对于非洲东岸、阿拉伯半岛地区和印度西海

出·版·四·重·奏

岸马拉巴地区的知识描绘的，它是人们所知的有关东方的最早地图之一。关于中国最准确的地理信息被绘制于西方地图的功劳也要归功于雷内尔父子。他们在1519年完成的一幅未署名的航海图（南半球的投影图）中，图上印度支那海岸线向东北方向一直延伸到广州附近的地区。[19] 图上"有一条大河从中国内陆流向南海，这条河流应是珠江"。珠江口边画着一面葡萄牙旗帜，在南海还画了一艘葡萄牙船只，这些画面应是实录了葡萄牙人的海上航行。[20] 而图上的中国海岸线的清晰度也来自葡萄牙人的海边观察，观察的时间大约在1513年至1518年之间。

1514年初，葡萄牙人终于从海上到达中国广东附近。[21] 第一位被记录下来的到达中国的葡萄牙人是Jorge Alvares（欧维士，或译为豪尔赫·阿尔瓦雷斯），他受马六甲要塞司令路易·布里托（Jorge Rui de Brito）委派，搭乘一艘满载胡椒的中国帆船前往中国，他未进入广州港，他在广东近旁Tamao（又写作Tumon，屯门岛）立了一块刻有葡萄牙文的石碑，欧维士成为首航中国的葡萄牙人。自此，葡萄牙人发现将香料运往中国与运往葡萄牙同样可以获得高额利润。葡萄牙国王曼努埃尔一世从中国海岸获得越来越多的一手消息，这些信息点燃了他接通中国的梦想。1515年3月，曼努埃尔一世派遣费尔南·安德拉德（Fernao Peres de Andrade）率领一支船队从里斯本出发，远航中国，同年9月Tome Pires（托梅·皮雷斯，又译为多默·皮列士）被新任葡印总督罗博·阿尔伯加瑞亚（Lopo Soares de Albergaria）任命为首任赴华使节。1517年9月底，费尔南·安德拉德船队抵达广州城下，10月底多默·皮列士等8人进入广州城。1518年3月，费尔南·安德拉德在征得了广州守臣同意下，又派若尔热·马

· 视 点 ·

斯卡雷尼亚斯(Jorge Mascarenhas)取道福建漳州前往琉球,若尔热·马斯卡雷尼亚斯被季风阻在漳州滞留半年之久。[22] 我们可以确定关于广东、闽南的海岸新知识已被雷内尔父子绘制到了他们完成于1519年的地图上,而在1519年洛波·奥曼与雷内尔父子共同绘制的《米勒地图集》中,其中在《东印度地图》中,确凿无疑地绘出了珠江入海的清晰图案,这些情报肯定也同样是来自漂泊在中国沿海的葡萄牙人船队。[23]

葡萄牙人打开中国的大门并非一帆风顺。直到1557年葡萄牙人才得以在澳门长期留居。尽管如此,但葡萄牙人将中国情报绘于地图上的传统却始终没有停止。随着葡萄牙人与中国人交往的日益深入,葡萄牙的关于中国的地图也日益准确。到1584年,由葡萄牙制图师路易·豪尔赫·德·巴尔布达(Luis Jorge de Barbuda)绘制的一幅单独的中国地图终于问世,这幅地图试图显示中国"十五个"省的位置,这一参考资料的来源当是巴尔布达看到了中文地图和有关地理著作,而中文书籍和地图正是我们讨论的主题。在回望作为情报的地图之后,我们将把目光转向中文书籍和葡文书籍的对视领域。

2019年9月

注释:

① 达·伽马,全称瓦斯科·达·伽马(Vasco da Gama, 1460-1524),于1460年出生于葡萄牙一个贵族军官家庭。1497年7月8日奉葡萄牙国王曼努埃尔一世之命,率4艘帆船从里斯本出发,沿非洲西海岸南行,于11月上旬绕过好望角进入印度洋,1498年3月

出·版·四·重·奏

2日抵莫桑比克港，4月7日进泊南纬4度的蒙巴萨（郑和下西洋分舟宗首领到达的最远点）。5月28日进泊印度西海岸的港口城市卡利库特港（今科泽科德）。8月29日开始返航。1499年3月20日，达·伽马船队绕过好望角，9月9日，达·伽马返抵里斯本。1502年，瓦斯科·达·伽马率领一支由25艘舰组成的无敌舰队再次进入印度洋，抵达卡利库特港、科钦和埃纳诺尔。1502年12月，瓦斯科·达·伽马率领10船启航返回葡萄牙，其中7艘满载香料于1503年9月回到里斯本。1524年，达·伽马去世。

曼努埃尔一世（Manuel I，1469-1521），葡萄牙国王。1495—1521年在位。在位期间，继续推动向海外扩张政策，派遣达·伽马发现了印度，派遣卡布拉尔发现了美洲巴西。1505年曼努埃尔任命阿尔梅达为驻印度首任总督，1510年第二任驻印度总督德阿尔布克尔克占领果阿，次年又征服马来半岛的马六甲，从此葡萄牙垄断了东方的香料贸易。1513年葡萄牙人到达中国。

② 果阿，今属印度，位于印度西海岸，西濒阿拉伯海。1312年，果阿属于德里苏丹国，1469年被巴赫曼尼苏丹国占领，随后又被比贾布尔苏丹国占领。1498年葡萄牙人瓦斯科·达·伽马抵达果阿，1510年葡萄牙人葡属印度第二任总督阿尔伯奎克（Afonso de Albuquerque，1453-1515）击败旁遮普王，军事占领果阿旧城，成为葡萄牙的一处殖民地及海军基地。果阿位于控制西北部阿拉伯海的战略位置上，1511年葡萄牙在此设立市政厅，设立总督以及司法机构，建筑教堂，成为葡属印度的首府。1534年，罗马教宗克莱门七世通谕，正式成立果阿主教区，管辖从好望角到中国的广大区域。

③ 马六甲，是马来西亚近代重要的国际贸易交通港埠。马六甲

· 视 点 ·

海峡因此而得名，是马六甲海峡的咽喉性港口城市。马六甲海峡位于马来半岛与印度尼西亚的苏门答腊岛之间，其西端起于缅甸海，东南端连接南中国海，是连通印度洋与太平洋的国际水道，自古是"海上生命线""海上十字路口"。公元4世纪时，阿拉伯商人开辟了从印度洋穿过马六甲海峡经过南中国海进入中国的航线，将中国的丝绸、马鲁古群岛的香料运往罗马等欧洲城市。公元7—15世纪，中国、印度、中东阿拉伯海上贸易船只，均以此海峡为通道。1506年，葡萄牙国王曼努埃尔派遣阿方索·德·阿尔伯克基（Afonso de Albuquerque）率军舰前往印度，1507年他攻陷霍尔木兹。1509年，阿尔伯克基成为印度总督，1510年他攻陷果阿，1511年他攻陷马六甲城。但在阿尔伯克基之前，迭戈·洛佩兹·德·塞奎拉（Diogo Lopes de Sequeira）率分舰队向印度东部航行，于1509年达到马六甲。阿尔伯克基于1515年去世，此时他创建了以马六甲为起点，到卡利卡特、果阿、莫桑比克，再回到里斯本的海上霸权航线。

按照中国文献记载，马六甲为明之纳贡国。《明史·外国列传六》记载，明永乐元年十月永乐皇帝派遣尹庆出使满剌加，其首领拜里达苏剌为满剌加国王。永乐六年郑和使其国。永乐九年拜里达苏剌国王率妻子陪臣亲使北京朝见永乐皇帝。永乐之后，宣德、正统、景泰、天顺、成化、正德年间满剌加或国王或王子，或大臣入朝朝贡。葡萄牙入侵后，其王苏端妈末出逃，并向明朝廷求救告难，其时为明武宗正德六年（1511）。《明史》对此记载也颇为清楚，为便于读者进一步了解史实，录之如下："后佛郎机强，举兵侵夺其地，王苏端妈末出奔，遣使告难。时世宗（嘉靖皇帝）嗣位，敕责佛郎机，令还其故土。谕暹罗诸国王以救灾恤邻之义，迄无应者，满剌加竟

出·版·四·重·奏

为所灭。时佛郎机亦遣使朝贡请封，抵广东，守臣以其国素不列王会，羁其使以闻。诏予方物之直遣归，后改名麻六甲云。"

④ 张箭：《地理大发现研究（15-17世纪）》云："地理大发现前一阶段的重要人物，几乎都读过《游记》，探险家们每到某个新地，总要找一阵《游记》中描绘的城市、地区或国家，例如亨利王子、迪亚士、托斯堪内里、马丁·信海姆、哥伦布、卡博特父子、达·伽马、卡伯拉尔、麦哲伦等。对促动欧洲人前来东方探险起过一些作用的著述，如虚构人物的《曼德维尔游记》，皮内·德·艾里的《世界的面貌》、教皇庇护二世的《漫游无涯述略》，则广泛吸收和反映了《游记》的内容和提供的信息。"

马可·波罗是意大利威尼斯商人，1271—1295年从欧洲到亚洲旅行，其中在中国逗留17年。马可·波罗的父亲及叔父先马可·波罗而向东方旅行经商，1260年波罗兄弟前往伏尔加河流域蒙古帝国西部的拔都汗国经商，之后又向东方旅行，于1265年到达蒙古帝国夏都上都（今中国内蒙古自治区多伦县西北）。波罗兄弟受命忽必烈为皇帝特使，拜见访问罗马教皇，于1269年返回威尼斯。1271年波罗兄弟第二次向东方旅行，17岁的马可·波罗随行。他们经今土耳其东部、伊朗进入阿富汗，越帕米尔高原进入今中国新疆喀什，自沙洲（今敦煌）而于1275年抵达上都。之后，他们随忽必烈到达冬都大都（今北京），马可·波罗在中国生活17年。约1292年，波罗一家从福建泉州启航，经现在的越南、马来西亚半岛、苏门答腊、爪哇、斯里兰卡、印度等地，从波斯于1295年返回意大利。不久，马可·波罗在一次冲突中被热那亚俘去，在狱中结识来自比萨的作家鲁斯蒂恰诺，后者将其口述的东方见闻，笔录成书，这就是中世

· 视 点 ·

纪的游记经典《马可·波罗游记》。

此书共四卷。第一卷记载马可·波罗自地中海岸赴大汗忽必烈驻夏之上都沿途所经之地及传闻之地；第二卷记大汗忽必烈及其宫殿都城朝廷政府节庆游猎事，自大都西南行至缅甸记沿途所经诸州城事，自大都南行至杭福泉州记东南沿海诸州事；第三卷记日本、越南、东印度、南印度、印度洋沿岸及诸岛屿，东非洲；第四卷记"君临亚洲之成吉思汗系诸鞑靼宗王之战，亚洲北地"。

冯承钧译《马可·波罗游记》上海书店2000年版邬国义前言称："据现有的材料，中国之介绍马可·波罗和他的《游记》，最早约始于1874年，当时上海出版的《申报》第264号上刊有求知子的《询意国马君子》。北京同文馆出版的《中西闻见录》第22号上有映堂居士写的《元代西人入中国述》，率先介绍了马可·波罗的事迹及其《游记》。"1949年前，汉译本共有5种：第一种为魏易、林纾合译《元代客卿马哥博罗游记》，1913年北京正蒙书局出版；第二种为张星烺译《马哥孛罗游记导言》及第一卷，20年代出版；第三种是冯承钧译《马可·波罗游记》，1936年商务印书馆出版；第四种是李季译《马哥孛罗游记》，1936年出版；第五种是张星烺译《马哥孛罗游记》全本，1937年出版。

⑤哥伦布（Columbus Christopher, 1451-1506），意大利热那亚人，探险家，航海家，美洲发现者。他会意大利文、西班牙文、拉丁文、葡萄牙文。他喜欢阅读枢机主教比埃尔·德·埃利的《世界的形象》《马可·波罗游记》等书。1484年他向葡萄牙国王提出航海建议，遭到拒绝。哥伦布不得不转向西班牙，1492年1月西班牙斐迪南国王和伊莎贝拉王后批准了他的航海计划。1492年8月3日哥伦布率3艘

船驶出帕洛斯港，10月12日他发现了美丽新世界——他命名为圣萨尔瓦多（巴哈马岛）。1493年1月16日启航返回欧洲，3月15日哥伦布返回帕洛斯港。1493年9月25日至1496年6月11日，1498年5月30日至1500年11月，1502年5月9日至1504年11月7日，哥伦布第二次、第三次、第四次航行至美洲。1506年5月哥伦布在失去国王信任的沮丧焦虑中去世。

⑥麦哲伦（Magellan Ferdinand，约1480-1521），葡萄牙著名航海家和探险家，是第一位环球航行的航海家。1505年他参加葡萄牙海军前往印度作战，1511年参加了攻占马六甲战役，1512年返回里斯本。1513年参加攻打摩洛哥要塞时受伤而跛脚，因要求晋级和增加年金而遭国王拒绝转而投向西班牙国王查理一世并放弃本国国籍。1518年出任西班牙远征船队队长，1519年9月20日启航，抵巴西，绕过南美洲，发现麦哲伦海峡，然后横渡太平洋，抵今菲律宾群岛马萨瓦，麦哲伦在菲律宾麦可坦岛上与当地人作战时被杀。其随从埃尔卡诺率船西行到达摩鹿加，1522年9月"维多利亚"号返回西班牙。生还者只有17名欧洲人和4名印第安人，但最终完成了人类历史上第一次环球航行。

⑦[新西兰]M.N.皮尔森著，郜菊译《葡萄牙人在印度》，第22页，云南人民出版社，2014.

⑧姚风：《中外文学交流史·中国—葡萄牙卷》，第16页，山东教育出版社，2015.

⑨[美]唐纳德·F.拉赫著，周云龙译：《欧洲形成中的亚洲》第一卷第一册（上），第267页，人民出版社，2013.

⑩刘梦溪：《世界汉学》第一期，第152-153，世界汉学杂志

· 视 点 ·

社，1998. 转引，《澳门：从地图绘制看东西方文化交流》第29页，纪念葡萄牙发现事业澳门地区委员会，澳门，1994年.

⑪ 亨利（Henry，1394-1460），葡萄牙王子，航海家。以资助沿非洲西岸的航行、发现马德拉群岛而闻名，在他的资助下，建立起了著名的葡萄牙多桅快速帆船队，改进了制图技术与航海仪器，发起寻找新土地的航行，极大地促进了海上贸易，为葡萄牙建立海外帝国作出了巨大贡献。

⑫ [美] 唐纳德·F. 拉赫 著，周云龙译：《欧洲形成中的亚洲》第一卷第一册（上），第195页，人民出版社，2013.

⑬ 鄂多立克，意大利弗里乌黎省人，约生于1286年，方济各会修士，1318年开始东游，1321年抵达西印度，由此从海道到达中国，从斯里兰卡至苏门答腊，经爪哇、越南抵中国广州，再行至福建泉州、福州，北上至杭州和南京，从扬州沿大运河北上元大都，约在1322年至1328年之间在中国旅行。他从陆路返回，西行至西藏拉萨，然后经中亚、波斯返回意大利，死于1331年。

⑭ [美] 唐纳德·F. 拉赫 著；周云龙 译：《欧洲形成中的亚洲》第一卷第一册（上），第89页，人民出版社，2013.

⑮ 同上，第268页。又见，图书，第一卷第二册，第368页。并见吴志良、汤开建、金国平主编：《澳门编年史》第一卷，第16页，广东人民出版社，2009.

⑯ 吴志良，汤开建，金国平主编：《澳门编年史》第一卷，第11页，广东人民出版社，2009.

⑰ 《文化杂志》编：《十六和十七世纪伊比利亚文学视野里的中国景观》，第16-18页，大象出版社，2003. 资料来源，无名氏所

著纪事的手稿，约写于1521年，手稿收藏于大英博物馆。载《葡萄牙人发现和征服印度纪事》，路易斯·德·阿尔布克尔克出版，里斯本，国家出版局一造币局，1986，第370-371页。

⑱张曙光，戴龙基主编：《驶向东方：全球地图中的澳门》（第一卷·中英双语版），第64页，社会科学文献出版社，2015.

⑲[美]唐纳德·F.拉赫 著；周云龙 译：《欧洲形成中的亚洲》第一卷第一册（上），第268页，人民出版社，2013.此图由雷内尔父子绘制于西班牙塞维利亚，目前存放在土耳其的伊斯坦布尔，一般历史学家认为它是为麦哲伦的环球航行做准备的。

⑳戴龙基，杨迅凌主编：《全球地图中的澳门》（第二卷），第39页，社会科学文献出版社，2017.

㉑关于葡萄牙人到达中国广东沿海附近的时间争论颇多。《澳门编年史》第一卷在"正德八年"条的两条注释里进行了较详细的概述。第一个到达中国广东附近Tamou岛的是欧维士（Jorge Alvares），与《欧洲形成中的亚洲》所写的豪尔赫·阿尔瓦雷斯为同一人，Tamou的考证分歧很多，金国平认为是屯门，作岛解时应为大屿山。对于欧维士到达中国的时间，多数人认为是1514年，《澳门编年史》将之系年于1513年。

㉒《澳门编年史》第一卷，第29页。

㉓《全球地图中的澳门》第二卷，第39页。

· 视 点 ·

书籍：在误解中前行

见于确切文献记载，最早传入欧洲的一本中文书籍于1514年3月抵达罗马。与这本书一同作为礼物献给教皇利奥十世（Pope Leo X）的还有印度的奴隶、波斯的马匹、两只豹子、彩色的鹦鹉和一头驯养的大象。这些礼物均属于葡萄牙国王曼努埃尔一世。此时距葡印总督阿方索·阿尔布克尔克攻占马六甲仅仅31个月，在这两年多的时间里，曼努埃尔一世在东方搜集了这些礼物，并借这些礼物向罗马教皇证明葡萄牙在东方的探险成就，证明葡萄牙人已经控制了印度、波斯、马六甲、马鲁古群岛以及通往中国的所有海域和航道。利奥十世是佛罗伦萨共和国统治者洛伦佐大公的次子，1513年3月被选为教皇，曼努埃尔一世于6月8日向新教皇写信，通报了葡萄牙在东方的航海和商业情况[①]。葡萄牙王室与佛罗伦萨共和国统治者和商人保持着长期的友好关系，葡萄牙不断战胜穆斯林的圣战战绩也给几任教皇留下了深刻印象，在葡萄牙与西班牙争夺东方尤其是香料群岛所有权和控制权时，教皇明显地偏向了葡萄牙一方。教皇利奥十世支持葡萄牙在东南亚的军事行动和商业行为，于1514年6月7日颁布诏书宣布赐予葡萄牙"在非洲以及海外所有其他地方的教会圣职的任命权"，并于11月3日再次颁布诏书重新确认葡萄牙与西班牙于1494年签订的《托德西利亚斯条约》，确认两国在全球航海发现的陆地所有权以佛得角群岛以西 2056 千米（或西经 48 度—49 度之间）为分界线，分界线以西归西班牙所有，以东归葡萄牙所有，但利奥十世同时批准葡萄牙拥有东方所有已拥有的和未发现的所有地方的所有权。无疑，利奥十世教皇给予了曼努埃尔一世更为丰厚的回报。

曼努埃尔一世送给利奥十世教皇的这本中文书籍是在何时何地由何人购买已不可知。在实施禁海的情形下，中国的民间商船最远到达的地方是马六甲，我们推测这本书是葡萄牙人攻占马六甲之后在此地从中国商人手中购买的。在 1511 年前后，葡萄牙远征军抵达马六甲的将领有狄奥戈·萨奎罗、葡印总督阿方索·阿尔布克尔克、马六甲要塞司令路易·布里托（Jorge Rui de Brito）以及首航中国抵达珠江口屯门岛的商人欧维士，我们推测后两人属于下一级别的官员和商人，实际上能直接送礼给国王的应是总督阿方索·阿尔布克尔克和萨奎罗。事实上，被国王任命的远征首领回国时给国王送礼已是惯例，时间稍晚一些，1516 年至 1517 年在中国广东海域活动的费尔南·佩雷斯·德·安德拉德回国后向国王送上了"几幅（中国）画和图案"。[②] 因此，我们认为应是阿尔布克尔克或萨奎罗其中的一位将这本中国书籍连同大象、瓷器、丝绸等作为礼物一道献给了曼努埃尔国王。

不同的史料均记载了曼努埃尔一世的这次表达忠诚的献礼，不同的报告也记载了利奥十世教皇"曾迫不及待地向他的朋友炫耀来自中国的书籍"。[③] 这本书被收藏于梵蒂冈图书馆。罗马教会梵蒂冈图书馆始建于教皇尼古拉斯五世（Pope Nicholas V，1447—1455 年在位）时期，1451 年正式创建，当时拥有 1160 卷图书。从 16 世纪

· 视 点 ·

利奥十世（1513—1521年在位）起，图书馆始藏东方手稿和书籍，至1590年新的图书馆建成。1596年正式迁入新馆之后，图书馆管理者对所藏文献进行了系统整理、编目和编号，按内容和著者重新上架和著录。整理后的文件有近5000件拉丁文献写本，其中包括一些带有插图的写本，此外还特别选出8件"异国情调写本"的镇馆之宝向访客展出，这8件镇馆之宝中包括两件中文文献。④关于查阅中国收藏的最早记录距教皇利奥十世收到中文书籍礼物过去了半个多世纪，1576年来自法国奥尔良的旅行者和人文主义者Nicolas Audebert抄录了他在梵蒂冈图书馆中看到的一些文献，其中包括一份《中文字母表》，这份字母表原件目前被发现粘贴在一册木刻本内，收藏于图书馆的善本书库。Nicolas Audebert声称梵蒂冈图书馆中还收藏有"多件"（plures）中文书籍。⑤这一记载可以证明利奥十世之后梵蒂冈图书馆陆续还有中文书籍收藏，但同时也可证实中文书籍收藏的数量十分有限。五年之后，同样来自法国的作家蒙田来到梵蒂冈图书馆，他十分惊奇地观看到"一本来自中国，用奇怪的文字写成的书"，他在《旅游日志》中说：这本书用"非常奇特的字"写在那些遥远之地所使用的"那奇特的柔软而吸水的纸张上"。⑥蒙田所看到的这本书是否就是曼努埃尔一世献给教皇利奥十世的那本中国书籍呢？我们不能确认。到16世纪末，梵蒂冈图书馆的拉丁文献"旧藏"中只有四本中文书籍，其中有两本是图书馆向外展出的8种"异国情调"文献，"一本是明刻本十四至十六世纪带插图的通俗百科全书，另一本是《四明先生续资治通鉴节要》其中的一本，蒙田看到的是两者之一"。⑦

目睹教皇利奥十世中文书籍的还有一个人，他是教皇的朋友意

出·版·四·重·奏

大利的人文主义历史学家保卢斯·约维乌斯（Paulus Jovius）。与蒙田相比，他是 1514 年 3 月 20 日葡萄牙使团首领特里斯坦·达·库尼亚（Tristao de Cunha）在罗马与教皇利奥十世见面的现场目击者。利奥十世向朋友展示中文书籍的朋友中就包括保卢斯·约维乌斯。保卢斯·约维乌斯是 45 册之多的巨著《编年史》（Historiarum sui temporis）的作者，这部记述 1494—1547 年之间世界重大事件的历史著作出版于 1550 年的意大利。作者在书中叙述了葡萄牙使团 1514 年拜会利奥十世的事情，用大量的篇幅叙述了葡萄牙人在印度和马六甲的胜利，他还写到葡萄牙在 1514 年已经将自己的统治范围从非洲的埃塞俄比亚扩张到中国海岸。作者在关注中国时，还对中国广州的印刷术和印刷工人表示了浓厚兴趣，他写道："他们采用的方法和我们一样，在一张长长的、向内折成方形的纸张上印制图书，这些书有的是历史方面的，有的是礼仪方面的。利奥教皇非常慷慨地让我亲眼目睹了一卷这样的书，那是葡萄牙国王送他大象时一起送给他的礼物。"⑧这是一位当事人的口述，从其形容的书的形式看应是一本印刷本书籍，因此，这本书可能是《事林广记》或《四明先生续资治通鉴节要》。⑨在法国伯希和所编《梵蒂冈图书馆所藏汉籍目录》梵蒂冈旧藏远东收藏品（Vaticano Estr. Oriente）中著录为：

[xu]zizhi tongjian jieyao《续资治通鉴节要》第 6-10 和第 11-13 卷——即司马光《资治通鉴》的续编。[明代张光启编纂]广亲堂版的古老重版本。一条古老的按语给出了用广州话和普通话（所写）的编号（16 世纪末？）。第 11-13 卷今已佚失，因而不能看到出版者和出版说明。⑩

检索伯希和所编目录，涉及《资治通鉴》的著作还有：《通鉴直解》，

· 视 点 ·

张居正注,崇祯辛未(1631)重版;《资治通鉴》,有1625年序,1696年版;《通鉴纲目》,1701年郁郁堂重版;《通鉴纲目前编》,有1706年宋犖序,以上四种书时间均晚于16世纪末,可以排除。此外,伯希和在1902年传信部移交给梵蒂冈图书馆的巴贝里尼藏品中著录一条为"《通鉴节要》,司马光史书的节略本",传信部成立时间为1622年,此书在时间上不符。⑪由此,我们依然可以推论教皇利奥十世所拥有的那本中文书可能就是伯希和所著录的《续资治通鉴节要》或者《事林广记》。

依据中文文献,明张光启编纂的《续资治通鉴节要》刊刻于福建建阳。张光启在宣德年间(1426—1435)曾出任过此县县令,其所订正的、刘剡编辑的《增修附注资治通鉴节要续编》刊刻于明弘治十年(1497)。⑫此本刊行后,大受参加科举考试的举子们欢迎,以获利为目的建阳书商纷纷重刻重印,据统计,以《增修附注资治通鉴节要续编》题名的有7种版本,以张光启撰、刘剡编辑《四明先生续资治通鉴节要》题名刊刻的有10种版本。⑬据《福建古代刻书》记载,主要版本有:余近泉克勤斋新刊《四明先生续资治通鉴节要》30卷,明张光启撰,刊刻具体年代不详;建阳刘文寿于宣德七年(1432)刻《增修附注资治通鉴节要续编》30卷,题"翠岩后人京兆刘文寿刊行",书前有宣德四年(1429)张光启《序》、宣德七年(1432)刘剡《后记》;⑭建阳刘氏安正堂宣德四年(1429)刻明张光启撰《四明先生续资治通鉴节要》20卷;嘉靖二十八年(1549)刘氏安正堂重刻此书;未详刊刻年,刘氏安正堂合刊《少微先生资治通鉴外纪节要》5卷、《少微先生资治通鉴节要》20卷、《卷首》1卷、《四明先生续资治通鉴节要》20卷;建阳刘洪(字弘毅)慎独斋嘉靖十六年（1537）至二十四年（1545）刊题名张光启撰、刘剡编《四明先生续资治通鉴节要》20卷；其后又刊题名为明张光启撰、明刘剡辑、明刘弘毅校正《续资治通鉴节要》30卷；建阳叶氏翠轩于明嘉靖三十七年（1558）刊题名刘剡撰《新刊四明先生高明大字续资治通鉴节要》20卷；建阳杨氏清江书堂弘治十年（1497）刊题名明刘剡辑、明张光启订正、刘弘毅释义《增修附注资治通鉴节要续编大全》30卷；杨氏清江书堂又刻题明刘剡辑、明张光启订正、明不才子释义《增修附注资治通鉴节要续编大全》30卷；詹氏长卿就正斋嘉靖三十二年（1553）刻题名同西清堂之《新刊古本四明先生续资治通鉴节要》30卷；建阳黄秀宇兴正堂万历九年（1581）刻题名宋江贽撰、明张光启撰、明刘剡编辑《新刊高明大字少微先生资治通鉴节要》20卷、《外纪》5卷、《卷首》1卷、《续资治通鉴节要》20卷；建阳江氏宗德书堂弘治十五年（1502）刻题名明刘剡辑、明张光启订正、明刘弘毅释义《增修附注资治通鉴节要续编》30卷等。以上标注明确刊刻年代并早于1513年的有关福建建阳知县汀江人张光启的刻本有：刘文寿宣德七年（1432）本、刘氏安正堂宣德四年（1429）本、杨氏清江书堂弘治十年（1497）本、詹氏西清堂弘治十一年（1498）本、江氏宗德书堂弘治十五年（1502）本。以上五种版本的关涉张光启的书并不能证明教皇利奥十世收藏的中文书籍出自这五个版本之中，但以上所举版本至少可以证明张光启的《续资治通鉴节要》一书在1513年之前的确刊刻过多次，它们的存在与行世为葡萄牙人得到此书提供了前提条件。让我们重新回到梵蒂冈图书馆的藏品上，据查核原书，藏品题名《新刊四明先生高明大字续资治通鉴节要》，残存卷六至卷十五卷，半页13行25字，白口，

· 视点 ·

四周双边，双鱼尾。缺牌记，无法确认刊刻时间和刻地。核福建建阳刻书，嘉靖己亥（十八年，1539）集义书堂刊《新刊四明先生高明大字续资治通鉴节要》二 20 卷，[15] 嘉靖三十七年（1558）建阳叶氏翠轩刊《新刊四明先生高明大字续资治通鉴节要》20 卷、嘉靖四十一年（1562）建阳张氏新贤堂刊《新刊四明先生高明大字续资治通鉴节要》20 卷，张氏新贤堂在嘉靖二十年（1541）曾刊《四明先生高明大字续资治通鉴节要》20 卷，嘉靖四十一年之本应是二十年的重刊本。[16] 嘉靖十八年集义书堂本在日本国会图书馆藏有残卷三、四、九至二十。梵蒂冈图书馆正式向公众开放的时间是 1451 年，如果以此时间对照集义书堂本刊于 1539 年，仅此而言，此本是有可能传入梵蒂冈的。但此刊本时间大大晚于 1514 年，教皇利奥十世的那本中文书当不是《新刊四明先生高明大字续资治通鉴节要》。

伯希和在《梵蒂冈图书馆所藏汉籍目录》中还著录了另一本 16 世纪的中文刻本，书名为《事林广记》。伯希和在附注中写道："实用知识小百科，分五卷。"[17] 梵蒂冈图书馆研究员余东女士在介绍馆藏早期藏品时说，其中"一本是明刻本（十四至十六世纪）带插图的通俗百科全书"。比对之后，查核梵蒂冈图书馆所藏原书题名为《纂图增新群书类要事林广记新集》（上、下卷），《外集》（上、下卷），此本即余东所言之书。[18] 此书是残本，仅存《新集》《外集》各上下卷，刊本内不题编纂人姓名，也未见刊刻堂号，但从纸张和版刻风格显然属于坊刻本。此书成书于宋元之际，是一部大型日用类书，今日所见最早的版本是元至顺年间（1330-1333）所刊本《新编纂图增类群书类要事林广记》（42 卷），分《前集》《后集》《续集》《别集》，尾题"西颖陈元靓编"。[19] 从梵藏之本文"圣朝官制"

中有明代官职来看，梵藏本肯定是明刻本无疑。此书故其内容广博，包罗万象，遍及"天、地、人、物、事"，"事无不该，物无不贯"，涉及当时社会之各种实用知识，因此元明坊间不断有新刊本问世。据梵蒂冈图书馆所藏版本之目录、题名，此本半页19行，行31字，黑口，四周双边，卷首、卷尾题"纂图增新群书类要事林广记前集目录"。此本与明弘治壬子（1492）建阳詹氏进德精舍、弘治丙辰（1496）詹氏进德精舍新刊本相类，这两个版本的《事林广记》，均为《前集》《后集》《续集》《别集》《新集》《外集》6集，每集作上、下卷，共12卷。这两个版本均有牌记，分别为"弘治壬子孟冬吉旦詹氏进德精舍新刊""弘治丙辰孟冬吉旦詹氏进德精舍新刊"，尽管这两个版本为一家书肆所刊，但"两本的文字和插图不一样，显然异版，不是同一本片版印刷的"。[20]弘治五年（1492）版本为半页18行，梵藏本为半页19行，且右上角花饰也不一样，梵藏本当不是此版本。据此，我们认为梵藏本应是明福建建阳詹氏进德精舍弘治九年（1496）所刊之《纂图增新群书类要事林广记》。[21]

书籍是与地图同等重要的信息情报。书籍情报主要有三种形成方式：一种是葡萄牙派往亚洲的商人，根据实地考察而写成书籍；一种是上述人员以书信、报告、游记、文书等形式寄回国内，供国王或印度局管理人员阅读，这些原始文献被用作书籍参考文献而形成书籍；另一种是直接搜集中文书籍和地图，直接寄往或随身携带传入葡萄牙，或呈国王或归档印度局专门收藏。这三种书籍情报形式贯穿于整个16世纪的中葡交往史。

以书籍形式写成的涉及中国的第一部葡萄牙文书籍是葡萄牙第一位派往中国的使者多默·皮列士所撰写的《东方志》（又译作《东

· 视 点 ·

方概说》《东方概要》）。[22] 这部书撰写于1512—1515年的马六甲，是作者1517年出使中国之前完成的。这本书是以稿本形式献给国王曼努埃尔一世的，更准确地说，这是一份自其撰写之日起就具有明确目标的情报报告。作者在"序言"的开篇第一句是"至最高神圣的君王，至高至强的国王，吾人之主国王陛下，这里开始《东方志》"，献给国王之意图由此而拉开。作者在"序言"中一再强调其真实性，作者说："我不是以大胆的想象力来撰写这部书，因为那会有失真实，但我要求，在发现我有所缺失之处，要给予原谅，因为我的撰述是诚实的。我曾看到许多大事的发生，以至于不得不得罪某些从事写作的人，他们的著作需要改正。我认为，把这些事迹写下来，是一件正当的事。"作者声明他的书与托勒密等学者的地志有所不同，"因为他们的知识基于第二手材料而非经验，而我在这里则了解一切，体验过并且亲眼见到它们"。多默·皮列士很认真地声称："我要谈的事情是为陛下服务的，我是你的子民，并且我有理由撰写。"当然，多默·皮列士也希望这些真实的事，"别人能够有益地花时间来阅读它"。[23]

多默·皮列士是一位勤奋的药剂师、药物经纪人、商人和会计师，也是一位利用业余时间记录所见所闻的作家。他于1511年4月离开葡萄牙里斯本，约同年9月抵达印度，甫一抵达就开始了《东方志》的撰写。作为"药物监察人、书记和工场的会计师"，他于1512年6月或7月到达马六甲，1515年2月从马六甲抵达印度科钦，在科钦他完成了《东方志》的写作。1515年9月多默·皮列士被新任印度总督阿尔伯加瑞亚（又译为奥伯加里亚）选为出使中国使臣。1516年2月，多默·皮列士奉印度总督之命随费尔隆·伯列士·德·安

039

德拉吉（Fernao peres de Andrade）船长离开科钦前往马六甲，并准备前往中国。在离开科钦之前，多默·皮列士可能将其稿寄往或让人带往里斯本，而他自己则留了原稿或抄本在身边。寄往里斯本的稿本可能藏于帕索·达·利伯拉（Paco de Ribeira）皇家图书馆或印度局（Casa de India）档案室，而留在身边的抄本则为西蒙·德·安德拉吉舰队的一名船长弗朗西斯科·罗德里格所抄写。西蒙是费尔隆的弟弟，他所率领的船队，1519年8月抵达广州屯门，皮列士此时仍在广州。皮列士的原稿可能毁于里斯本地震大火，而罗德里格的抄本则流传到了今天，收藏于巴黎法国公立图书馆。

多默·皮列士离开葡萄牙时被任命为印度"药物经纪人"，但他肯定还肩负着另一使命——搜集当地情况，并向里斯本报告。他在一封信中两次感谢葡萄牙"米纳和印度局"（Casa de Mina e India）局长佐治·德·瓦斯康塞罗（Senhor Jorge Vasconcelos），这个机构是葡萄牙海外事务日常管理机构，是殖民地的总管理机构，同时也是关于海外发现的国家秘密管理机构。瓦斯康塞罗给予了皮列士以帮助，也许包括职位和资金的帮助，而皮列士的回报便是撰写海外国家的地理、经济、商业贸易、物产、民俗、军事等方面的情况报告。皮列士在1512年11月7日写给他兄弟的信中说："我广泛撰写有关马六甲的事，送给吾人之主国王陛下。"随后又补充说，这份报告及其他信函已交佐治·德·瓦斯康塞罗。[24]此信告诉我们多默·皮列士在撰写《东方志》的过程中，即已将部分内容寄交米纳和印度局。葡萄牙自亨利王子时代即对海外地理发现信息实行严格保密制度，1504年11月13日曼努埃尔一世甚至下令对所有东南和东北方向的航海信息保密，泄密者将被处以极刑。与此同时，曼

· 视 点 ·

努埃尔一世命令所有前往非洲、印度和巴西的线路航海图、地图和航海日志都被保存在王室的海图室内，由 D.豪尔赫·德·瓦斯孔塞洛斯（D Jorge de Vasconcelos）负责监管。[25]从《东方志》的手稿迟迟未予正式出版，可以确证葡萄牙的信息保密政策得到了有效执行。《东方志》被官方严格保密，一份里斯本1522年的抄本流传了下来，这份抄本可能源自多默·皮列士的原稿。此抄本是一个删节本，它删去了或者说不允许誊抄有关摩鹿加及印度群岛、香料等方面的信息。直到1550年意大利编纂家拉木学（又译赖麦锡）根据里斯本残缺的抄本将《东方志》由葡萄牙文翻译成意大利文，并于威尼斯正式出版。直到此时，拉木学还不知道作者的任何信息，他仅仅知道这"是一位葡萄牙绅士撰写的"。[26]

　　《东方志》除序言外，正文共分为6部分：第一部，从埃及到坎贝，以及红海、阿拉伯、忽鲁模斯和波斯；第二部，从坎贝到锡兰，以及德坎、果阿、坎纳拉、纳辛加和马拉巴尔；第三部，从孟加拉到印度支那，以及缅甸和暹罗；第四部，从中国到浡泥，以及琉球、日本和菲律宾；第五部，印度群岛；第六部，马六甲。本书记录的重点，作者说："在这部《东方志》中，我将不仅谈地域、省份、王国和地区的划分及其疆界，还将谈到它们彼此间进行的贸易。"由此可见，关注各国疆界地理和互相的商业贸易是皮列士的两大书写中心。以第四部"中国"部分为例，多默·皮列士分13个主题进行了叙述，依次是：中国，中国的女人，国王所在的地方，使臣晋见国王的方式，国王的产生，防止航行到别国的国法，中国海岸的地方，马六甲船只停泊的岛屿，广州陆海将官的任命，马六甲运往中国的有价值的商品，中国向马六甲商人征收的关税，中国的大小重量，中国出口的商品。皮列士书中的中国部分的文字只占很小的分量，最主要的原因是此时皮列士还远未到达中国，关于中国的信息他是在马六甲等地听人叙述的，这与他一直强调亲眼所见与体验的撰写宗旨相吻合，因此他尽可能简要叙述。但第四部分的文字与其他五部分相比过于简略，怀疑此部分在传出里斯本保密档案室的抄本中有不允许泄密的内容。

尽管皮列士在《东方志》中对中国的叙述只有5000多字，但此报告却是西方人第一份地理大发现之后关于中国的最为详细的书面情报。对比曼努埃尔一世在1508年给海军将领薛奎罗的指示，多默·皮列士几乎满足了国王的所有提问，下面让我们来对比一下曼努埃尔一世的问题与皮列士的回答：

你必须探明秦人的情况，他们来自何方？路途有多远？他们的国家大吗？

他们何时到马六甲或他们进行贸易的其他地方？带来些什么货物？

他们的船每年来多少艘？他们船只的形式和大小如何？他们是否来的当年就回国？

他们在马六甲或其他任何国家是否有代理商或商船？他们是富商吗？

他们是懦弱的还是强悍的？

他们有无武器或火炮？

他们穿什么样的衣服？他们的身体是否高大？

他们是基督徒还是异教徒？国内是否不止一个国王？

是否有不遵奉他们的法律和信仰的摩尔人或其他任何

· 视 点 ·

民族和他们一道居住？

倘若他们不是基督教徒，那么他们信奉的是什么？崇拜的是什么？

他们遵守的是什么样的风俗习惯？

他们的国土扩展到什么地方？与哪些国家为邻？

皮列士的回答是：

中国是一个有大量漂亮马匹和骡子的大国。向中国进贡和献礼的藩属国有：占婆、交趾、琉球、日本、爪哇、暹罗、巴昔、马六甲。他们在6月末从这里顺利启航，随着季风能在15天内到达。中国出口的商品主要有生丝、麝香、樟脑、瓷器、盐等。

他们说中国有一千艘船，每艘都做贸易。中国距我们（葡萄牙）的船只有20天的航程。

任何中国人，如无广州官员的许可，不能去暹罗、爪哇、马六甲、巴昔等地及更远的地方。中国肯定是一个重要、良好并且十分富有的国家。

他们是软弱的民族，没有什么了不起。我们的400吨的船，其中一艘就能够消灭广州。

他们穿黑棉料袍子、大衣、靴子、毛袜、裙子。他们是白人。他们身体瘦弱。

中国国王是一个异教徒，拥有大片国土和很多百姓。中国国王只有一个。

据说在中国土地上有来自鞑靼地（Tartary）的人，叫做鞑靼人（Tatars），他们骑马，很好战。

出·版·四·重·奏

> 中国人吃猪肉、牛肉和其他动物肉。经常喝得大醉。他们用两根棍子吃饭。在中国人和鞑靼人之间有高丽人,而在鞑靼地那一边是俄罗斯(Russia)。

由以上对比可见,皮列士只有一个问题没有回答。皮列士在《东方志》中没有得满分的另一个原因可能是皮列士专门写了一部关于中国的书,与皮列士同时代的编年史学家加斯帕·哥赫亚曾说过:1524年前皮列士送给印度总督"一部他叙述中国富庶和伟大的书"。[27]但这本只见于记载的书已无踪无影,但此说法出自加斯帕·哥赫亚之口,绝非空穴来风。我们信任哥赫亚,不单是因为他是严肃的历史学家,更重要的是他是皮列士的朋友,他于1512年继皮列士之后到达印度,长期生活在印度直到去世。他曾担任过多种职务,曾任葡萄牙印度总督阿方索·德·奥布魁克的书记,他的信息即便较同时人,也更有根据和更全面。哥赫亚在他的书中对多默·皮列士多有记述,《印度传奇》中有过这样的记述:皮列士"在唐·杜阿特·德·麦涅兹(D. Duarte de Menezes,从1522年1月到1524年12月管治印度)任总督的时期,送给他(总督)一部记述中国皇帝的伟大的书,那看起来难以置信"。[28]哥赫亚和皮列士在印度有过交集是可以肯定的。皮列士1517年10月抵广州,到1520年1月23日离开广州,5月抵南京,后又北上北京,1521年5月离开北京并于9月22日返回广州,1522年8月24日被加上镣铐严加囚禁。这漫长的时间,以他热心观察、充满好奇、精力充沛、不知疲倦记录所见所闻的写作追求,同时又肩负着搜集地理信息和情报使命的他,不可能不记录中国的充满异国情调的人和事。遗憾的是,这本有可能媲美《马可·波罗游记》的书永远湮没在了历史的尘沙里。

· 视 点 ·

作为作者，皮列士无疑是成功的，但作为使者，他却是彻底的失败者。多默·皮列士是继马可·波罗、鄂多立克之后到达中国首都北京的欧洲人，他所率领的使团包括3名葡萄牙使团正式人员，3名来自葡萄牙和忽鲁模斯的奴仆，12名其他男仆，5名舌人（翻译），共25人。[29]他与使团的命运紧紧地拴在大明帝国官员、葡萄牙舰队船长、马六甲国王交织的网上，任何一方的言行举止都影响着局势的进展。正德皇帝在南京接见过多默·皮列士使团之后，准许使团前往北京正式觐见。多默·皮列士在北京同时交给正德皇帝三封信，一封是国王曼努埃尔一世的，一封是费尔隆·伯列士·德·安德拉吉船长的，一封是广州官员致正德皇帝的，当打开曼努埃尔一世的信时，发现和安德拉吉的信内容完全相悖。中国翻译安德拉吉的信时按中国可能被接受登陆的习惯译为："大船长和使臣奉佛郎机人之王的命令，携贡礼来到中华的国土；前来按照习惯向世界之主神子请求印信，向他臣服。"[30]而曼努埃尔一世的信则是"按他对那部分地区异教国王习惯用的语气写成，保持了君主的高傲态度。因为他的帝国和武力强大"[31]，非但不是表示臣服，除了通商之外可能还有威胁。正德皇帝宽大地表示这可能是"这些人不知我们的律法"，但明朝廷的其他官员则认为这是欺诈行为，意在窥视中国的土地。此时，另外三封信支持了北京朝臣的看法，一封是广东邱道隆的奏章，一封是被葡萄牙战败的马六甲国王的求救信，一封是北京朝廷御史何鳌的奏章。马六甲国王控诉了葡萄牙的军事占领行为，广东的奏章称"有佛郎机人携带大量武器和大炮到来，强壮的人，而且不照惯例交纳关税，并构筑堡垒"，他们甚至掠夺"普通人的家的童男童女，炙烤食之"。[32]葡萄牙在广州的船队的负面消息决定了

045

出·版·四·重·奏

多默·皮列士使团的命运，他们在正德皇帝去世不久就被从北京驱逐到广州，并很快关押入狱。与皮列士分开关押的同伴克里斯多弗·维埃拉（Cristovao Vieira）在狱中写往葡萄牙船队的信中说多默·皮列士死于1524年5月。而与维埃拉同押一狱的葡萄牙商人瓦斯科·卡尔渥（Vasco Calvo）却在自己的信中说"吾王陛下派遣的大使和人员在监狱中，已在该地有二十年"，[33]说明多默·皮列士此时未死于狱中。生死未明的多默·皮列士及其使团最终以悲剧告终。这一失败的出使造成明朝廷更坚决的禁海、新皇帝嘉靖命令自1521年8月31日禁绝中国与佛郎机的任何交往，广州港的交易大门关闭。[34]

尽管多默·皮列士撰写的关于中国的书已经遗失，但是与他共同关押在监狱的两位同胞的信却详细记录了他们出使的经过和关于中国的尤其是广东的情报信息。这两封来自中国监狱的信成为里斯本的史学家们和政治家们极为重要的参考文献。这些信的内容成为若昂·德·巴罗斯（Joao de Barros）《亚洲十年》第三卷的主要原始史料来源，同时也是加斯帕·达·克路士（Gaspar de Cruz）《中国志》的重要史料依据。尽管这两个人的信在16世纪的葡萄牙没有正式出版，但其内容却在前面所说的两本书中被转述并分别出版于1563年、1570年。

克里斯多弗·维埃拉是葡萄牙使团的正式成员之一，而瓦斯科·卡尔渥的身份则是一位前来中国冒险的商人，他乘坐其兄迪奥戈·卡尔渥的大帆船于1521年2月抵达广州东海。迪奥戈的使命是接替引惹诸多麻烦的西蒙·安德拉德，试图帮助多默·皮列士使团完成出使任务。在多默·皮列士使团久无结果的情势下，曼努埃尔一世于1521年3月7日又派出以末儿丁·多·灭儿（Martin Afonso

· 视 点 ·

de Melo Coutinho）为首领的第二支赴中国使团,但这支使团明显具有侵略性,国王同时还任命末儿丁·多·灭儿为将在中国建立的中国要塞司令。[33]1521年为多事之年,3月16日受命于西班牙的麦哲伦航海发现菲律宾群岛（Philippine Islands）,葡萄牙的老敌人闯入自己的势力范围。4月15日,明正德皇帝去世,谅解并与多默·皮列士交好的大明皇帝的去世,改变了中葡两国交流的命运。[36]5月14日,嘉靖皇帝朱厚熜登基。5月22日,葡萄牙使团被驱逐出北京。5月,广州官员诱捕葡萄牙船5艘,斩首20余人,其余的葡萄牙人则被投入广州监狱,其中即包括瓦斯科·卡尔渥。7月11日,明朝廷诛杀葡萄牙多默·皮列士的5名翻译。8月31日,明朝廷礼部、兵部决议正式宣布断绝与葡萄牙的往来,下令全面禁海。9月8日,中葡双方在东海再次发生海战,葡船遭到重创,此日突然下起暴雨,曼努埃尔一世的第二批使臣末儿丁·多·灭儿的船队趁机逃出明海军50艘船组成的包围圈,葡使逃向马六甲。9月22日,多默·皮列士使团抵广州并随即被投入监狱。12月2日,以航海大发现而称霸全球的葡萄牙国王曼努埃尔一世病逝。19日,若昂三世（Joao Ⅲ）登上葡萄牙王位。次年8月20日,中国的97艘大小战船将闯入东三角港的葡萄牙第三使团末儿丁·多·灭儿的6艘葡船包围,中葡稍州海战爆发,明军大败葡军,击毁葡船一艘,缴获葡船两艘,葡萄牙海外扩张第一次遭到军事重挫。中葡稍州海战,让若昂三世充分认识到了通过战争无法征服中国,通过使团正式通商交流也因前线船长的鲁莽、傲慢和诸多误解而被大明朝廷关上大门,在承认武力和通商均遭失败的前提下,他开始承认现实,开始调整武力政策转向和平,由谋求与朝廷接触转向交好地方官员,由正规渠道贸易

047

转向民间或走私贸易。

　　1522年之后,葡萄牙的军舰便很少游弋于中国沿海,但其商舰不久即转向广东北面的福建漳州港、浙江宁波双峪港开始进行走私贸易。葡萄牙海外军事扩张的政策转向也直接影响到多默·皮列士使团在广州监狱中的命运。巴洛斯在《亚洲》第三卷书卷六中写道,1521年之后的两三年(1524)后广州监狱中的瓦斯科·卡尔渥、克里斯多弗·维埃拉的信到达里斯本,他们在信中除了控诉一系列悲惨遭遇外,更多地将重点放在了中国为何不堪一击,并且极其细微地制定了一套又一套的进攻广州的作战计划,维埃拉甚至认为,中国是"在太阳底下没有像这样易于征服的地方"。但经过稍州海战之后,末儿丁·多·灭儿向若昂三世报告使华失败经过时,开始认真反思从前关于中国情报的严重错误,情报缺失、盲目轻敌是最大的失败原因,他说:"那些人(指葡人)评估中国人的军队时,只看到他们称麝香的重量,而没有看到他们在制造铁的炮弹。"[37]

　　让我们吃惊的是商人瓦斯科·卡尔渥居然认识中文并会书写,他收藏"有一本记录十五省的书",这本书可能是《大明一统志》。瓦斯科·卡尔渥在信中说:"先生,我会读和写当地的文字,因生病,我去找中国人而且认识文字。"[38]我们推测,卡尔渥学习中文是在监狱中学会的,他在向收信人推荐一位狱友,这个狱友很可能就是将维埃拉、卡尔渥的信送往某位葡萄牙海船船长的人,而这个人也可能就是卡尔渥在狱中的中文老师。卡尔渥在信中是这样说的:

　　　　这个人,先生,介绍给您做向导,是个老实的人。他是有财产的人;长时被囚禁,得到释放,受到贬斥,设法到马六甲去。先生,他是值得信赖的人,而且是个对地方

· 视 点 ·

十分了解的人。先生,如他在马六甲谋求得到供养,而且寻找译员,那是有必要的。[39]

卡尔渥的这段话告诉我们,他所推荐的这个人可能是中国人,可能是与卡尔渥关押在一起的将要被释放的人,这个人将要去马六甲谋生。因此,卡尔渥有可能是将信交给此人让他带到马六甲的葡萄牙的兵头(总管),由兵头再转送里斯本。既然这个人可作译员、可见他通葡萄牙语,在狱中教授卡尔渥汉语也是顺理成章的。还可提供旁证的是卡尔渥的这封信是用中国的毛笔写成的,卡尔渥在信快要结束时特意说明:"我没有办法用我们的笔写信,只能用中国笔,不能作更多的申诉,克里斯多弗·维埃拉用我们的笔写,因为他的处境不错。"[40]我们可以肯定地说,卡尔渥的信送到了里斯本,巴洛斯在撰写《亚洲十年》时引用了卡尔渥和维埃拉信中的内容,这些内容可与现存的书信去对比,从中可发现大量的数字和事实,巴洛斯都是抄自卡尔渥和维埃拉的书信的,对于这一点,巴洛斯也坦诚地说:根据在广州被囚两名葡人瓦斯科·卡尔渥(Vasco Calvo)——迪奥戈·卡尔渥的兄弟,及克里斯多弗·维埃拉(Cristovao Vieira),两三年后(指皮列士返回广州和被囚之后)送达我们的信札,令人痛心地看到牺牲者的遭遇以及当地官员对外国船只的抢劫,包括抢走葡人携带的东西。[41]巴洛斯还接着写道:"在马尔丁·阿方索·德·梅洛(Martin Afonso de Melo)抵达当地的时候,我们留下的一些人遭到杀害,多默·皮列士则死在监牢,他携带的礼物被盗走,据葡囚书简所述,他被夺的货物如下……。"[42]这些信息一再证明他们两位的信的确被巴洛斯所使用。更可证明维埃拉、卡尔渥书信真实性,的确是在里斯本东坡国家档案馆(Arquivo Nacional de Tarre do Tombo)

"发现了克里斯多弗·维埃拉原信的几页残卷,用细毛笔在中国纸上写成"。㊸我们很难想象不认识或不会书写汉字的欧洲人为何用毛笔书写字母文字,因此我们判断这几页信当为卡尔渥书写。卡尔渥为了防备书信丢失,将信抄写了多份以备万一,卡尔渥在信中说:"这些信札写了几遍,因为如丢失一封还总有另一封留下",并一再盼咐"所有大小信札请保留,不要撕破或丢失,以免遗忘。"㊹

能够读写汉字的卡尔渥拥有一本中文书籍。他在信中是这样描述这本书的:

> 先生,我有一本记录十五省的书,每省有多少城、镇及其他地方,都记载详细,还有整个土地的形势和状况,其规章制度,都清清楚楚;城市的建筑,及其他地方,因此对君王陛下是有用的。㊺

接着,卡尔渥开始介绍广东省和海南省,他说:"在本页中,先生,描绘了全广东,标明河流、城市,共十座,都有名字,附在本页下。"卡尔渥还特别交代:"记这些省份的这两页,不可分开,因为谈到这里将描绘的东西。"卡尔渥所说的本页和两页均应是附在书前的中文地图,中国的线装书由两个半页对开而成一幅完整的地图,卡尔渥将中国所称的半页理解为西方的一页,故有不可分开之说。两页应指对开之中国地图,一页应是广东省之地图。这两幅地图维埃拉也曾阅读过并认真研究过,他在信中对地图中的15个省尤其是广东省、广州府进行了颇为准确和细腻的解读。维埃拉说:

> 中国的土地分为十五省。近海的是:广东、福建、浙江、南京、山东、北京;以下的,虽接触海,仍伸延至附近内陆;广西、河南、贵州和四川;陕西和山西与北京毗邻;这几

· 视 点 ·

省在中央：江西、云南、河南[湖广]。这十五省中，南京和北京是全国的首府。对于所有的说北京尤其重要，国王在那里施政。[46]

维埃拉对中国行政地理和山川水路的描写尤为认真，很难想象如果维埃拉不是面对地图而凭记忆或听人叙说而能写出中国的15个省。

身为葡萄牙几内亚暨印度事务府总监的巴洛斯应当得到了卡尔渥的中文地图和中文书籍。但巴洛斯在里斯本获得的那幅绘有长城的中国地图不是卡尔渥所拥有的那份地图。巴洛斯所获得的地理书籍和地图应是费尔隆·伯列士船长所提供的。费尔隆·伯列士就是护送多默·皮列士使团从广州上岸的船长，1515年3月葡萄牙国王曼努埃尔一世任命费尔南·伯列士·德·安德拉德（Fernao Peres de Andrade）为总船长，率领一支四艘船组成的船队从里斯本出发，其使命即是"发现孟加拉湾及中国"。费尔南·伯列士先后在印度果阿、科钦、马六甲、苏门答腊的巴昔、中国广东东莞东涌岛、广州等地活动。1520年7月费尔南·伯列士返回里斯本，受到国王多次接见和询问中国情况。[47]巴洛斯所说的几本中文书甚至翻译，可能就是费尔南·伯列士1520年带回葡萄牙的。巴洛斯在《亚洲十年》第三卷中很惊奇地谈到中国的长城，他说在纬度43度之间有一道城墙，始自西方的嘉峪城，直到东海滨的海角。他之所以知道这道墙，是因为葡萄牙得到了一张中国的中文地图，他说：

这道墙绘在由中国人自己制作的一张该国土地的地图上，其中所有的山、河、城、镇的名字，用他们的文字标出。为此我们从那里找来一个中国人（chim）把它们译出来，同时让他翻译我们得到的几本他们的书。在这张图之前，

出·版·四·重·奏

我们有一本小卷的地志,上面有地形图表,以及有关的说明,像是旅行路线,虽然上面没有这道墙的图形,但有它的信息。[48]

巴洛斯说,那张地图,没有纬度,而在此之前所获得的那本载有图表的书都标注了中国的路程里数。根据地图和书,巴洛斯列举了15个省的名字,将其分为沿海的省和内地的省,与维埃拉所写下的15个省大体相同,但比维埃拉所述更加准确,同时巴洛斯也提到全国有244座城,由此可见巴洛斯的确使用了经过翻译的中国地图。巴洛斯在叙述了中国的国土辽阔、行政分野、国王权力、司法行政、宗教仪式、印刷术和其他工艺、朝贡制度、禁海政策、风俗习惯、城市城防等之后,还特意注明这些情报的出处是:

这个大国的种种情况,及其治理和风俗习惯,见于几本地理书籍的记载,以上仅限于载录费尔隆·伯列士在此提供的情报,我们尽量予以简述。[49]

我们应当相信巴洛斯的话,他在1533年至1567年任几内亚暨印度事务府(又译为印度商行,即Casa de India)总监,这个部门接受来自东方的献给国王的商品礼品,在印度任职的官员回国后要到这里述职,一切来自远东的信函、资料和报告均需送到这里保留和存档。因此,巴洛斯收藏和管理了来自远东的第一手文献,这为他撰写的四卷本的《亚洲十年》奠定了坚实的史料基础,这也是他之所以能够撰写葡萄牙航海事业的最重要因素。巴洛斯的这部书的初稿完成于1539年,之后陆续增补和修改,1552年第一卷正式出版,1563年第三卷出版。他没有到过中国,但他从派往印度的官员和职员那里得到大量手稿、地图和用各种东方文字出版的图书。在《亚

· 视 点 ·

洲十年》第三卷的另一个中文译本文本中，译者如此翻译前文引用过的巴洛斯的话：

> 我们曾命令将地形图连同中国翻译及若干书籍一并送回。在此之前，我们还曾搞到一本小册子《环宇志》，书中有一些地理位置图及说明。
>
> 尽管这张地图不符合比例，但和小册上的地图很相似。[50]

译者在注中说："巴洛斯可能从曾在广州被囚禁过的葡萄牙人克里斯托弗·维埃拉和瓦斯科·卡尔渥手中得到这本《环宇志》。"巴洛斯主管印度事务的时间是1533年，此处的"我们曾命令"中的我们显然不是他本人，但这些书和地图，以及翻译显然是到达了里斯本。在这里还提到了中国翻译，根据巴洛斯在《亚洲十年》第三卷的文字，他也提到了当时费尔隆·伯列士获取中国情报时也涉及中国人，巴洛斯记载说："费尔隆·伯列士到达的广州城，我们不仅得到他本人以及他随从提供的消息，还得到一个我们从那里带回来的当地人的描绘。"[51]我们不能说，这个人就是"我们"命令带到里斯本的那个中国翻译，但巴洛斯在里斯本拥有中文地图和中文书籍，以及"并有一个聪慧的中国奴仆为他阅读并摘录这些书籍"，这些事实当是毋庸置疑的。[52]

根据卡尔渥、巴洛斯提供的十分有限的关于中国中文地图和地理书籍的信息，并根据有可能获得地图和书籍的人的活动范围，我们认为无论是费尔隆·伯列士或者其部下，以及卡尔渥，他们的活动地域最远到达福建的漳州［费尔隆·伯列士曾在1518年3月在广州官员许可的情况下派若尔热·马斯卡雷尼亚斯（Jorge Mascarenhas）抵漳州，并在此滞留约半年时间］，由此可推测他们获取图书和地图的地理范围基本在广东和福建两省。而福建建阳恰是中国自宋以来最重要的全国刻书中心，建本书籍行销全国。明代刻书集中于南北直隶、浙江、福建和江西，而福建数量最多，福建书坊所刻书数量占福建刻书的80%左右，坊刻书籍集中于科举应试、医术、通俗文字和民间日常实用之书，这四类书都是当时知识分子的必备书，都是当时的畅销书，距离福建最近的广州的书籍货源基本来自福建建阳。明代的广州是全国唯一官方许可的海外贸易口岸，广州也成为建阳书坊书籍销往日本、越南等国的交易地。据今人研究统计，"传播至异域他邦的建阳坊本为数也不少，不仅亚洲的日本和朝鲜、就是远在大洋彼岸的美国和欧洲的英、法、德等国家也多有收藏"[33]。地图史专家李孝聪在研究了大量海外藏中文地图之后也说："我们从现存海内外的明朝刻本地图还发现，明代地图的民间刻印本多出自闽省（福建），这恐怕与福建省从南京以来刻书业的发达不无关系。此外，福建是中国明朝出海远洋贸易的到发地，一些闽版舆图之绘制的目的也许是为了外销。"[34]基于以上认识，我们认为传入葡萄牙里斯本的书籍和地图源于福建刻本的可能性最大。

明代福建建阳所刻地理类书籍数量很少。嘉靖之前所刻唯一一本地理书是弘治十八年（1505）建阳刘弘毅慎独书斋刻印明李贤、万安等奉敕纂修的《大明一统志》90卷，行款为半页10行，行22字，小字双行同，黑口，四周双边，史称"明慎独斋小字本"，校勘颇精，字体明式，颇类元代刊本。此外，还有一本涉及地理的类书，即弘治九年（1496）詹氏进德精舍刊印《纂图增新群书类要事林广记》12卷，成化十四年（1478）刘廷宾刊印《新编纂图增类群书类要事林广记》40卷，一本地方志书，弘治十六年（1503）建阳

· 视 点 ·

张好、刘成庆刊,明周瑛、黄仲昭纂修《大明兴化府志》54卷。《纂图增新群书类要事林广记》一书早在1514年之前即被葡萄牙人获得并作为礼物送到了罗马,而《大明兴化府志》之兴化府在漳州之北,又与巴洛斯所述内容不一致,可以断定传入里斯本的中文书不是《兴化府志》。只有建阳刘氏所刊《大明一统志》与两位广州葡囚和巴洛斯所描述的相类,从分列15个省之位置,可知他们所拥有的地图是一幅明全国地图,地图之外还有文字说明,而文字部分可能就是巴洛斯所说的我们拥有几本中文地理书的《大明一统志》的正文,巴洛斯所拥有的也许是个残本。而根据巴洛斯所说的"在这张地图之前,我们有一本小卷的地志,上面有地形图表,以及相关的说明,像是旅行路线"这句话,此"地志"可能是《纂图增新群书类要事林广记》一书中的全国地理里程之类的部分。巴洛斯所拥有的地图上绘有长城,而卡尔渥和维埃拉均没有提到他们地图上绘有长城,可见他们参考的不是同一幅中文地图。卡尔渥所说的"记这些省份的这两页"可能就是《大明一统志》书前所附的《大明一统之图》,两个版刻半页。《大明一统志》成书于明天顺五年(1461)第一个版本为天顺五年内府刊本,但其民间通行坊刻刊本最早出版于弘治十八年(1505)的福建建阳,此版本距卡尔渥到达广州的1521年时间十分接近,卡尔渥在广州获得《大明一统志》的可能性较大。《大明一统志》在京师卷前有《大明一统志图叙》《大明一统志之图》《京师畿内地理之图》,各省前有一幅《××地理图志》,在总图上长城的位置标注得十分醒目,"长城之外,按'外夷'地区标示,与周边大小诸国图例相同,另在各省之首还绘有本省区的《山川大势图》《州县鳞次图》,其中《山西州县鳞次图》《北直隶州县鳞次图》《陕西州县鳞次图》等地图上，长城画得也十分突出"⑯。由此可见，巴洛斯很惊奇地描述的绘有长城的地图也出自《大明一统志》。

在中文书籍和地图实物作为情报直接送往里斯本之外，16世纪上半叶，来自中国的情报还包括几位旅行东方的葡萄牙人的报道，但这些报道都很简短。他们从不同角度介绍了中国文明和书籍文化。在1545年之前居住在印度的杜亚尔特·巴尔博札（Duarte Barbosa）于1516年左右完成一个《东方纪事》稿本，其中有一千多字介绍了中国的地理、风俗习惯、政治制度、宗教信仰、商品货物、航海贸易等情况，这是较早用葡萄牙文撰写的中国信息之一，其内容几乎与多默·皮列士《东方志》中内容雷同，此文本于1550年在意大利出版。⑯ 葡萄牙人文学家D. 热罗尼莫·奥索里奥（D. Jeronimo Osorio）曾长时间在国外旅行，1542年回到葡萄牙后撰写了一本《光荣之歌》的书，其中涉及中国的有一节，书中写到中国的教育和科举考试，尤其是提到了中国的印刷术，他说："在印刷术方面，人们几乎不知道他们在多少个世纪之前才开始使用这种技术的。"⑰ 此文本1549年出版于葡萄牙科英布拉。费尔南·洛佩斯·德·卡斯塔内达（Fernao Lopes de Castanheda）在《葡萄牙人发现和征服印度史》第四卷中介绍了"中华帝国"和"广州城"，在介绍中国的偶像崇拜和佛教信仰时提到的中国的宗教经书，在介绍中国的手稿（？）和教育时说："他们中间有谙熟各种学科的文人，都在出版许多好书的公立学校念过书。"⑱ 卡斯塔内达于1528年抵达印度，10年后返回葡萄牙科英布拉，1551—1554年在科英布拉出版11卷本《葡萄牙人发现和征服印度史》。与在广州监狱里的囚徒不同，以上三位葡萄牙的东方旅行者对中国的印象基本上是积极的、正面的，甚至

· 视 点 ·

是羡慕的。从中国与西方早期的最初的相遇与交往中，不同的葡萄牙人写下的对中国和中国人的不同印象，正面的和反面的形象在16世纪上半叶已经形成分野，这一奇特的观感甚至一直延续到21世纪。

自1522年（明嘉靖元年）明朝廷正式禁绝与葡萄牙商贸往来之后，葡萄牙国王若奥三世放弃武力征服中国的政策，不再谋求官方往来，转而鼓励葡萄牙商人和商船绕过广东北上至浙江宁波双屿港、大厦门湾南端语屿岛和目港进行走私贸易。1542年葡萄牙人发现日本后，在日本长崎建立了稳固的贸易据点。1553年葡萄牙商船被当地官员允许停泊上川岛，1557年葡萄牙商人被允许进驻澳门半岛盖屋居住，澳门成为中葡商业贸易的正式交易地，中国基层官员提调、备倭、巡稽也入驻澳门进行管理。1561年12月新任葡印总督弗兰西斯科·库蒂尼奥（D. Francisco Coutinho）为了稳固葡萄牙在中国获得的澳门侨居地，并希望以耶稣会为先锋将天主教传入中国，他决定派富商迪奥戈·佩雷拉（Diogo Pereira）出使中国，这个第三次使团在澳门迟迟未得到中国批复，葡印总督于1563年7月任命吉尔·戈伊斯（Gilde Gois）以国王特使身份组成第四支使团，此使团进入了广州，但到1565年年中明朝廷正式回绝其入华请求。1565年5月西班牙远征军司令黎牙实比（Miguel Lopezde Legazpi）率军占领菲律宾南部宿务岛，西班牙势力侵入葡萄牙传统势力领地，西班牙开始谋图武装侵略中国。西班牙开始积极搜集中国的地图和书籍，并将之送往马德里。[89]1575年6月西班牙菲律宾总督派出第一支使团出使中国，以奥古斯丁修士马丁·德·拉达（Martinde Rada）为团长。1580年葡萄牙陷入王位继承危机，西班牙国王菲利普二世在教皇格里高利十三世的支持下继承葡萄牙王位，成为葡萄牙王菲利普一世

（Filipe I），1581年葡萄牙并入西班牙成立联合王国，葡萄牙之海外殖民地也一并归入西班牙，西班牙由此成为当时世界上最强大的国家。中国由此开始遭遇另一个野心勃勃的西方国家。

在葡萄牙被西班牙兼并之前的30年，对于中国，葡萄牙已失去了殖民的信心，对于中国情报的收集也处于懈怠之中。若奥三世（1521—1557在位）、年幼的唐·塞巴斯蒂昂（D. Sebastiao, 1557—1578年在位）、摄政王太后唐·卡塔琳娜（D. Catarina）对中国的进取心主要表现在经营马六甲、日本长崎、澳门的走私商业贸易上。16世纪60年代初摄政王太后曾两度派遣使团使华，无果而终后开始转向认真经营澳门，并将其视为类似马六甲一样的综合性要塞，中葡之间的关系在若明若暗中趋于和平。这期间，关于中国的情况报道，主要来源于三个葡萄牙人的回忆录，即：盖略特·伯来拉（Galeote Pereira）的《中国报道》、加斯帕·达·克路士（Gaspar de Cruz）的《中国志》、费尔南·门德斯·平托（Fernao Mendes Pinto）的《远游论》。

盖略特·伯来拉是以商人身份来到中国的。1534年他从葡萄牙前往印度，1539年之后在马六甲工作，在马六甲期间他曾前往中国进行走私贸易。1548年盖略特·伯来拉经暹罗随商人迪奥戈·佩雷拉船长赴中国福建进行走私贸易。而此时因倭寇频繁侵扰东南沿海，明廷于1547年任命朱纨督抚福建、浙江，决心清剿海盗和走私，1548年5月、6月朱纨捣毁葡萄牙走私老巢浙江宁波双屿港，之后明海军在福建沿海与葡萄牙船队、海盗船发生多次海战。1549年2月，迪奥戈·佩雷拉率葡船停泊福建诏安县遭驱逐后返回马六甲，但盖略特·伯来拉所乘之船有两艘留在此地，3月19日福建都拨将使卢

· 视 点 ·

镗开始对葡船围剿,史称"走马溪之役",葡方大败。盖略特·伯来拉也是被擒葡人之一。1549年5月朱纨遭弹劾,1550年9月朱纨自杀,盖略特·伯来拉等51名葡萄牙人及仆役,被从福建送往广西梧州安置。盖略特·伯来拉在广西桂林、梧州被监管两年多后逃出,1553年2月即逃至澳门附近上川岛。随后,他返回印度,并在某个时间写下他在中国南部俘囚生活的回忆录。盖略特·伯来拉的《中国报道》在16世纪被译为意大利语在威尼斯出版,其葡萄牙文原稿一直到1953年前未正式出版,尽管这是一名囚犯所写的回忆录,但作者却在书中盛赞中国司法和监狱管理制度,并对中国文明给予高度评价,这与关押在广州的他的前辈维埃拉对中国刑法的控诉形成了鲜明的对比。

  加斯帕·达·克路士的《中国志》被认为是大航海时代以来第一部欧洲出版的专述中国的书。克路士是葡萄牙多明我会修士,1548年乘船赴果阿。其后,1554年到达马六甲,1555年传教柬埔寨王国,1556年冬天进入广州城并留居一个月左右。1569年返回葡萄牙,不幸的是此时正是里斯本大鼠疫的高发时期,1570年2月克路士去世。同一个月,其著作《中国志》在埃武拉出版。克路士《中国志》的史料来源有三个主要方面:一是他在广州和中国沿海停留期间他的观察和访谈,二是他努力去寻找的中国政府文件和私人信函,三是他大量引用了盖略特·伯来拉的著作《中国报道》。作者自己也说,他的著作是"根据我们见到的,也根据我读到的由内地当过俘囚的一位先生所撰的文章,及根据我听到可信的人所谈到的"而写成的。[60]《中国志》有作者的"书序"和卷首"致读者"的引言,全书分29章并有一个附录,这与以往的信笺、报告、回忆录不同,作者在写作时即是按照一本完整的书来撰写的。克路士告诉读者说："首先，我将总的谈中国，既谈他的土地，也谈他的人民，由此进而评述该国家及其省份。然后我将谈建筑和船只，接着，土地的耕作和人们的职业，男人和女人的服饰，他们的一些风俗习惯，再详谈治理国家的人及其政府。最后，我要谈祭礼和宗教信仰，及我在该国发现的有利于传播基督教的倾向，和不利于传播的障碍。虽则法论必须简短，我却要详述中国的事物。"[62]克路士的书中，对马可·波罗遗漏的长城、茶叶、汉字、印刷术、妇女缠足、鸬鹚捕鱼等进行了几乎是有意弥补式的叙述。克路士说："在中国听说中国人使用印刷术已有九百年，他们不仅印书也印各种图画"，这是对中国印刷术的较早报道之一。[62]克路士对汉字和汉语也表示了浓厚的兴趣，他说"我多次跟有心人谈起，怎么可能这么多民族文字相通，语言却不通"，直到有一天他终于弄清楚了"天""地""人"的写与说的不同。

费尔南·门德斯·平托也许是16世纪葡萄牙最著名的作家和旅行家，他所著的《远游记》在其1576年完成手稿后就名声大噪，1614年正式出版后很快就被译成西班牙语、法语、荷兰语、德语及其他语言，在当时之影响堪与塞万提斯的《唐吉诃德》并肩，"据不完全统计，自《远游记》问世以来，已有包括中文本的摘译本、全译本达一百七十种之多"。[63]平托可能出生于1514年前后，1537年前往印度，其后在埃塞俄比亚、霍尔木兹、马六甲、苏门答腊、中国、日本等地游历达21年之久，做过商人、士兵、传教士、使节等职业，在1540年至1550年间曾多次在中国沿海甚至内地旅行，在其书中有三分之一的篇幅是回忆中国的。1558年平托返回里斯本，

· 视 点 ·

1576年完成了《远游记》的写作。全书共226章，其中89章讲述的是关于中国的故事。作者在书中描述了宁波港、南京城、北京城、长城等大量的类似小说家言的细节，以至于这本《远游记》在其出版之后即引起巨大的分歧，一些人将其视为小说，另一些将其视为非虚构的游记。但无论如何评价其文字，我们认为它是具有史实基础的，至少是其对中国文化的称许和批评都是在与葡萄牙社会和与其他文明的比较中得出的。作为个人，他的好奇心胜过征服心；作为传教士，他记录了天主教在中国内地的传播，记录了多默·皮列士的女儿和瓦斯科·卡尔渥在北京附近的活动；作为商人，他记录了宁波港的兴衰；作为旅行家，他记录了中国文明的各种细节。他的文字可以作为不是史料的史料而看待，可以透过文字的语言去揭开真实的客观的存在。

在我们回望16世纪的时候，我们不得不反思书籍和地图在人类文明之间交流中的作用与地位。可以说，《马可·波罗游记》点燃了欧洲人寻找东方的激情，而来自马六甲的中文书籍激起了天主教教皇的宗教热情，而多默·皮列士的《东方志》和中文地图的传入激发了葡萄牙国王曼努埃尔一世征服中国的欲望，而克路士的《中国志》让欧洲人开始阅读到一个正面形象的中国。还可以说，发现中国是地理大发现的重要动力之一，而地图和书籍在这一航海大发现的进程中，起到了信息情报、现场目击观察记录、对比研究反思不同文明和社会异同的沟通交流作用，而第一批中文书籍和地图也是在这一历史巨流的文明动荡中从东方传入西方的。它既让人燃烧，也让人冷静。

2019年12月

出·版·四·重·奏

注释：

①利奥十世（1475—1521,1513—1521在位），教皇，原名乔凡尼·德·梅迪契（Giovannide Medici），佛罗伦萨共和国洛伦佐大公次子。他在位期间，使罗马成为欧洲文化的中心，他加快速度修建圣彼得大教堂，扩大梵蒂冈图书馆藏书，组建东征土耳其的十字军。他支持并扩大发售赎罪券，导致马丁·路德（Luther Martin）于1517年10月31日将《九十条论纲》张贴在维滕贝格万圣教堂大门以示抗议，利奥十世于1520年6月15日颁发教皇谕令反对路德并在罗马焚烧路德的作品，结果导致关于神学的辩论越发紧张，最后酿成了改变历史的宗教改革运动，导致了统一的西方教会解体，路德由此创立了新教，与天主教、东正教分庭抗礼，并成为基督教三大神学分支之一。

②[美]唐纳德·F.拉赫著，刘绯、温飚译：《欧洲形成中的亚洲》第二卷第一册，第12页，人民出版社，2013.

③同上，第39页。

④"百度文库"，余东（Clara Yu Dong）：《梵蒂冈图书馆中国古籍文献的收藏整理及其电子化现状》（讲稿），余东为梵蒂冈图书馆东亚馆员，其邮箱是yu—dong@vatlib, it，此文见邮箱？（待查）。余女士在文中还说："目前本馆所见的对这八件异国情调写本"的最早著录见于Domenico Ranaldishi始作于1595至1596年间，由不同的抄写，Alessandro Ranaldi标注新的书号，并在以后年间不断补充在拉丁文献目录草稿中。

梵蒂冈图书馆的中国收藏共约7000种，其中包括2000以上的中国古籍善本，以及200多件东亚、东南亚和南亚国家的古文献写本，

· 视 点 ·

此外还藏有上万件日本 17 世纪的写本文献。余东说:"梵蒂冈教廷与东方国家的外交关系可上溯自 13 世纪,但梵蒂冈图书馆第一次对其所收藏东方语种文献的记录仅开始于 1481 年,而有关其中国文献及其他远东文献收藏的最早记载则更是延迟到十六世纪下半叶。"

⑤同上,见余东文章。余东说,大英图书馆收藏有 Nicolas Audebert 的当时旅行日记,日记里面记载了他的这些抄录。"中文字幕表"应是西方人到达中国后学习中文的工具。

⑥同上。又见《欧洲形成中的亚洲》第二卷第二册,第 373 页。

⑦引文是余东女士的原话。

⑧[美]唐纳德·F. 拉赫著,姜智芹译:《欧洲形成中的亚洲》第二卷第二册,第 290—291 页,人民出版社,2013.

⑨《四明先生续资治通鉴节要》一书,《中国古籍总目》史部第 112 页著录为:"克勤斋新刊古本少微先生资治通鉴节要五十卷外纪节要五卷首一卷、克勤斋新刊四明先生续资治通鉴节要三十卷 宋江贽撰(克勤斋新刊四明先生续资治通鉴节要)明张光启撰 明刘剡辑 明书古本克勤斋余近泉刻本 人大(存节要一至五十、外纪首全、续节要一至二十六)。"此书在中国藏于中国人民大学图书馆,也是残本。参考谢水顺、李珽著《福建古代刻本》第 258 页、259 页可知以克勤斋为堂号刻书的最早年代是正德四年(1509),本书所著录的张光启《四明先生续资治通鉴节要》30 卷同《中国古籍总目》刊刻年代仅著录为明、具体年份不详。《资治通鉴》及其衍生书籍是明代科举考试的参考书,但《资治通鉴》本身部头浩大、所以考生更喜欢纲要、节要、纲目、纲鉴、纂要、纲领、详节等简明读本以应考试之需,当时福建书商适应此市场需求刻印了大量的当时辅

导材料供应全国。

　　四明先生为张光启号,张光启为明町江(今江西抚州人),永乐年间进士,宣德年间(1426—1435)出任福建建阳县令,成化年间(1465—1487)著有《新刊四明先生高明大字续资治通鉴节要》、《增修附注资治通鉴节要》、《增修附注资治通鉴节要续编》等。建阳是宋元明刻书重地,张光启在此任县令,喜爱读书的他推动了建阳刻书的商业性发展,我们所知的张光启编撰的几本书也是刻于建阳,尤其是《节要》一书,问世后多次刊刻。张光启传见万历《建县县志》卷四"名宦传"。

　　⑩汉语拼音为《梵蒂冈图书馆所藏汉籍目录》一书校订、补编者日本人高田时雄所加、非伯希和原稿。

　　⑪以上参考[法]伯希和编,[日]高田时雄校订补编,郭可译:《梵蒂冈图书馆所藏汉籍目录》,第3页,第33页,中华书局,2006。

　　⑫涂秀虹:《"按鉴":明代历史演义的编撰方式及其意义——从建阳书坊刊刻通鉴类图书谈起》,福建师范大学学报(哲学社会科学版),2011,1,第70页,第71页。

　　⑬同上,刘剡,生年不详,约生于洪武初年,正统五年(1440)刻《诗经疏义会通》。刘剡为建阳书坊世家之后,刘氏祖上刘君佐在元代创翠岩精舍,从至元三十一年(1294)始以翠岩精舍刻《翰苑集》,一至延续到明嘉靖年间。刘剡是刘君佐玄孙,嘉靖《建阳县志》有传:"刘剡,字祖章(应为'用章'),自号仁斋,崇化人,世居书坊,博学不仕、凡书坊刊行书籍,多剡校正。尝编辑《宋元资治通鉴节要》等书刊于世。卒年七十。"(见嘉靖《建阳县志》卷十一《列传·人物类》关于刘剡史料,还见于民国九年重修《贞

房刘氏宗谱》卷三,《皇明人文》中周尚文撰《刘剡小传》(转引自《中国善本书提要补遗》第4页,转引自《福建古代刻书第262页,第365页),二书内容大同小异,均提到刘氏翠岩精舍明代刻书最早的一本是永乐十六年(1418)刻《纂图增新群书类要事林广记》。

⑭谢水顺、李珽:《福建古代刻书》第264页,注见第365页,张光启等转引自《中国善本书提要》第102—103页。此序云:"余昔家食,切(应为"窃")有此志。今幸作宰东阳,公隙即与书林君子刘剡取四代史所载君臣行事功绩,岁月日时,先后精译,敛博合一,核略致详。以宋为统,辽、金分书之,元则直续宋统,纂辑校订,附《通鉴详节》之末,名曰《增修附注通鉴节要续编》,庸备考索而已。书成,士庶刘文寿请寿诸梓。"

⑮此版本可与马德里自治大学东亚研究中心编《西班牙图书馆中国古籍书志》著录圣·洛伦索·德·埃尔·埃斯科里亚尔修道院皇家图书馆藏《少微先生高明大字资治通鉴节要》二十卷,半页十三行二十五字,有格,四周单边,双鱼尾,正文书名旁题:京兆刘氏慎独斋增校。前有"少微先生资治通鉴节要目录"、"新刊高明大字资治通鉴节要外纪卷之一、二、三、四、五"等字样,卷之二旁题"书林张氏新贤堂重刊",卷之三旁题"陈氏积善堂按京本正"。书末牌记为"嘉靖己亥年张氏新贤堂"。牌记后题"新刊高明大字资治通鉴卷之二十终"。此本可证张氏新贤堂在嘉靖二十年的确刊刻有《资治通鉴节要》一书。

⑯据周振鹤《在罗马》"随便翻翻"一文记,他在意大利罗马的一家私人图书馆安及利卡图书馆看到一册《新刊四明先生高明大字续资治通鉴节要》,其所藏恰好是最后一册,书末牌记注明为

出·版·四·重·奏

"嘉靖辛亥孟秋新贤书堂新刊"，嘉靖辛亥年为嘉靖三十年，即公元1551年。安及利卡图书馆由安吉罗·洛卡主教奠基，他曾负责梵蒂冈教廷印刷所，热衷于收藏各种珍稀版本。

⑰《梵蒂冈图书馆所藏汉籍目录》第94页。

⑱梵蒂冈图书馆所藏书之PDF电子文本，任大援先生扫描。

⑲王珂：《事林广记》版本考略，《南京师范大学文学院学报》2016年6月第2期，第167—175页。此文列元刊本三种、明刊本七种、刊刻年份不详六种、明抄本两种和刻本一种。《中国古籍总目》子部、类书类·类编之属·通编类列：北大藏元后至元六年郑氏积诚堂刻本《纂图增新群书类要事林广记》十集二十卷，宋陈元靓辑；山东省图书馆藏明初刻本《纂图增新群书类要事林广记》前集二卷、后集二卷，宋陈元靓辑；辽宁省图书馆藏，明嘉靖二十年宗氏敬贤堂刻本《新刊纂图大字群书类要事林广记》，宋陈元靓辑；台北"国家图书馆"藏明成化十四年（1478）刘廷宝等福建刻本《新编纂图增类群书类要事林广记》四十卷，宋陈元靓辑、明钟景清增补。《总目》所列四种均不是梵蒂冈图书馆所藏之版本。王珂所述之元刊本三种，也不是梵藏之本，梵藏之本中之"圣朝官制"中之"迪功郎"只有宋、明清时设有此官，元代未设，可知梵藏是明本无疑。梵藏残本不题纂辑者陈元靓，关于陈氏，胡道静在《中国古代典籍十讲》中之《元至顺刊本〈事林广记〉解题》中考证说，此人系宋末元初福建崇安人，当系佣书于书肆的一名下层人士。

⑳日本奈良大学森田宪司之《关于在日本的〈事林广记〉诸本》（载《国际宋史研讨会论文选集》）对藏于日本的诸版本进行了考证。此文称：日本米泽市立图书馆所藏弘治五年（1492）詹氏进德精舍

・视 点・

刊本，内阁文库所藏弘治九年（1496）詹氏进德精舍刊本，这两个版本不是同一木板刷印的，属于两个版本。

㉑方彦寿：《建阳刻书史》第270页也记载此书。胡道静在《中国古代典籍十讲》（复旦大学出版社，2004）中未言及建阳詹氏此刊本。

㉒多默·皮列士，又译为皮莱资、托雷·皮莱资。约生于1468年，他的父亲是国王若昂二世的药剂师，本人是阿方索王子的药剂师。1511年4月20日从里斯本登船赴印度，9月7日抵达。1512年6月或7月到达马六甲，1513年3月至7月，在爪哇。其后一直居住在马六甲，1515年1月离开马六甲到印度利钦。1515年9月被任命为出使中国的使臣首领。1516年2月离开利钦，8月自马六甲准备前往中国，但因气候原因而推迟到次年6月再度出发，1517年8月15日抵达屯门，9月底到广州，约一个月后登岸。1520年1月23日离开广州，5月到达南京。1521年2月他沿运河前往北京，于同年5月22日离开北京，9月22日返回广州。到广州后遭到拘留。1523年底或1524年初，他从广州被流放到Samitay（今江苏省邳县），约1540年前死于中国。另一说是他死于广州的监狱。《多默·皮列士的注》见《东方志——从红海到中国》，何高济译，中国人民大学出版社，2012年版，第5—37页。

㉓以上所引均出自多默·皮列士《东方志》"序言"第2—4页。《东方志从红海到中国》，中国人民大学出版社，2012。

㉔同上，见《东方志》第44页"多默·皮列士《东方志》简介"部分。

㉕佐治·德·瓦斯康塞罗（Sen—hor de Jorge Vasconcelos）见《东方志》"多默·皮列士传注"第9页。D.豪尔赫·德·瓦斯孔塞洛

斯（D.Jorge de Vasconcelos）见《欧洲形成中的亚洲》第一卷第一册第四章"印刷文献"第195页。此二人是否为同一个人，待考证。

㉖[葡]多默·皮列士著、何高济译：《东方志从红海到中国》"多默·皮列士《东方志》简介"第45页，中国人民大学出版社，2012。

㉗同上，"多默·皮列士传注"第36页。

㉘同上，"多默·皮列士传注"第20页。

㉙[葡萄牙]巴洛斯、[西班牙]艾斯加兰蒂等著、何高济译：《十六世纪葡萄牙文学中的中国、中华帝国概述》"广州葡囚书简"第107页，中华书局，2013。

㉚同上，"广州葡囚书简"，第83页。

㉛同上，《亚洲》第三卷书，卷六，第49页。

㉜同上，《亚洲》第三卷书，卷六，第52页。

㉝同上，"广州葡囚书简"，第158页。多默·皮列士去世的时间争论主要在两点，一是按其同伴维埃拉在信中说他死于1524年的广州狱中，一是皮列士并未死于狱中，他在中国的其他地方生活了很多年。据《东方志》"多默·皮列士传注"记载，有两个同时代的人叙述说皮列士并未死于广州。哥赫亚在印度很多年，他很肯定地说："正是（中国的）国王有意命令逮捕我们的使臣，把他押往另一座城，他在那里生活了一段较长的时间（Leuas a outra terra em que esteve muyto tempo），迄今国王有意跟他谈话：但他不允许他返回，最后他死在哪里。"费尔隆·曼德斯·品脱在《远游记》中说，1543年他从南京到北京，途径Sampitay城，遇到一个基督徒妇女，她把她臂上黥的十字架给他看并邀请他及其同伴去她家，然后

· 视 点 ·

告诉他们她的名字是依内丝·德·莱里亚（Ines de Leiria），她的父亲叫做多默·皮列士，作为大使从这个国家[即葡萄牙]到了中国，但因我们的一个船长在广州引起骚扰，中国人认为他是间谍，不是他自称的使臣，把他和12名随员逮捕。品托还在书中描写说，在1544年他在离北京不远的Quansi遇到了一位老人、此人说自己是一位葡萄牙基督徒，名字是瓦斯科·卡尔渥，自称："我和多默·皮列士被俘，至今已有21年，皮列士是罗波·索阿列斯派去见中国国王的使臣，后来因一个葡萄牙船长的捣乱遭到悲惨的结局。"品脱于1582年10月在葡萄牙的奥马达（Almada）居住时接受了耶稣会士马菲埃（G.Maffei）、赫别罗（J.Rebelo）和贡萨维斯（G.Gencalves）的访问，他们去向他收集有关中国和日本的消息，马菲埃留下一个记录他们和品脱交谈的笔记，其中也记录到品脱多默·皮列士，"第一个赴那里病死在中国的使臣"，同时也提到皮列士的女儿。由以上记载，我们更倾向于相信皮列士并没有死于广州监狱。

㉞据《澳门编年史》第一卷第41页，1521年条记载：8月31日，世宗批准礼部兵部决议，正式宣布断绝与葡萄牙的往来，遣其使臣还国。同时致信驻马六甲、印度各要塞司令以及致函葡王，"令归满剌加之地"，并且下令"禁绝番舶"，全面禁海。自是海舶竟行禁止，例应入贡诸番亦鲜有至者，贡舶往漳泉，广城市贸萧然。

㉟据《澳门编年史》第一卷第37页。末儿丁·多·灭儿（Martin Afonso de Melo Countinho）何高济在《十六世纪葡萄牙文学中的中国》中译作马尔丁·阿丰索·德·梅洛·库蒂诺，简称马尔丁·阿丰索。巴洛斯在《亚洲》第三卷第V章说："马尔丁·阿丰索在中国的滞留不超过十四天，经历了苦难，于五百二十二年十月抵达马六甲，

069

出·版·四·重·奏

并在二十三年一月趁季风前往印度，五百二十五年安全回到本国。这是葡萄牙第二使华团的结局。"

㊱ 正德皇帝对葡萄牙使臣抱有好感，他在巡幸南京时曾私下接见过多默·皮列士。在20世纪初，德国外交官恩斯特·渥列茨希（Ernst Arthur Voretzsch）在里斯本东坡国家档案馆中发现葡囚手稿残卷，他在整理后发表的《有关首次葡萄牙遣使中国的文献》论文中，其补充的史料为维埃拉所写，记述正德皇帝在南京接见皮列士："我们在南京见到国王本人，他表现随便，违背该国的风俗习惯，按习惯国王从不离开他的宫室，中国一直是一个国王不违背风俗的国家，外国人看不见中国国王，如所说我们看到他那样。他对我们表示恩宠，高兴看到我们，并且与多默·皮列士玩棋（tavolas=tabulas，西洋跳棋），有时我们都在场。同时他命令我们参加所有大人物的宴会。至今我们已这样三次见到。他进入我们乘坐的船。他命令取出所有箱子，穿上他认为好看的衣服。而且他恩赐多默·皮列士，叫我们去北京，把我们遣走。"《明史》本纪记载，武宗（正德帝）南巡，于十四年（1519）十二月南下至南京，十五年（1520）闰八月，始离南京北返，十二月回到北京。多默·皮列士使团到南京时，正德皇帝正在南京。

㊲ 见《澳门编年史》第一卷第49页。

㊳ 见《十六世纪葡萄牙文学中的中国》文《广州葡囚书简》，第153页，中华书局，2013.

㊴ 同上，第152页。

㊵ 同上，第159页。

㊶ 见《十六世纪葡萄牙文学中的中国》之《亚洲》第三卷，第57页，中华书局，2013.

㊷同上，第 58 页。

㊸同上，《广州葡囚书简》序言，第 76 页。

㊹同上，第 159 页，第 160 页。

㊺同上，第 153 页。

㊻同上，第 110 页。

㊼见《澳门编年史》第一卷第 34 页。编年史作者说："（1520）7 月，费尔南·安德拉德返回葡国，受到国王接见。国王多次向他们询问中国的情况，而费尔南·安德拉德的回答对葡王 1520 年的'印度敕令'产生影响，葡王决定对往返中国的航行实行国王垄断，并将往返船队保持的季节性接触变为建立持久的关系，使葡国与东方的贸易成为日常的生意。"

㊽见《十六世纪葡萄牙文学中的中国》之巴洛斯《亚洲》第三卷，第 27 页。

㊾同上，第 35 页。

㊿[澳门]《文化杂志》编：《十六和十七世纪伊比利亚文学视野里的中国景观》之《亚洲十年》（第三卷），第 62 页。

(51)《十六世纪葡萄牙文学中的中国》，第 33 页。

(52)[美] 唐纳德·F. 拉赫著、胡锦山译：《欧洲形成中的亚洲》第一卷第二册，第 739 页，人民出版社，2013.

(53)谢水顺、李珽：《福建古代刻书》第 348 页，福建人民出版社，1997。

(54)刘迎胜主编：《大明混一图》与《混一疆理图》研究——中古时代后期东亚的寰宇图与世界地理知识，第 182 页，李孝聪《传世 15—17 世纪绘制的中文世界图之蠡测》，凤凰出版社，2010。

(55)巴兆祥：《论述<大明一统志>的刊本及其历史贡献》，《中国地方志》2015年第1期。管彦波：《明清史地图籍中的长城图像》，《史学集刊》2014年第5期，第54页。

(56)[澳门]《文化杂志》编：《十六和十七世纪伊比利亚文学视野里的中国景观》第11—15页，大象出版社，2003。

(57)同上，第36—40页。

(58)同上，第41—49页。

(59)同上，第38—39页。

(60)同上，第45页。

(61)吴志良、汤开建、金国平主编：《澳门编年史》第一卷，第137页。1565年5月8日，西班牙舰队司令黎牙实比（Miguel Lopez de Legazpi）率领西班牙远征军占领菲律宾南部宿务岛，葡萄牙人贡萨罗·马拉拉马克（Goncalo Pereira Maruramaque）派遣安东尼奥·龙博（Antonio Rombo）率两艘船前往宿务岛去拜见黎牙实比，向西班牙领航员出示了一张海图，这张海图可以找到前往中国和日本的航线以及所有菲律宾群岛的航线，西班牙人用高价购买了这张航海图。

(62)[英]C.R.博克舍编注、何高济译：《十六世纪中国南部行纪》克路士《中国志》第39页，中华书局，1990。

(63)同上，第40页。

· 视 点 ·

中国出版极简史

　　中国是世界四大文明古国之一，也是最早出现出版活动的文明古国之一。中国为世界出版史贡献了造纸术和印刷术两大发明，尤其是纸张，直到今天还依然是世界出版和人类文明的基石。

　　中国成熟的文字符号系统是诞生于公元前1500年左右的刻于龟甲或兽骨上的文字，后世将发现于河南安阳殷墟的这套文字符号称为"甲骨文"。至今发现的刻有文字的甲骨约10万多片，文字单字约5000个。由甲骨文开创的文字符号系统，摆脱了两河流域楔形文字、埃及象形文字、印度古文字和美洲玛雅文字消亡的命运，奇迹般地延续了3500年，直到今天它还是中国及华人使用的书面语和出版符号。甲骨文是以载体材料而命名的，至商代晚期它也开始出现在青铜器物上，至西周和春秋时期，青铜器物成为文字的主要载体材料，至战国时期竹简和木牍成为文字的主要载体材料，缯帛是春秋战国时期文字载体的支流，但其作用也不容忽视，"书于竹帛，琢之盘盂"，表明竹、帛和铜器是春秋以至战国时期文字的三大载体。秦汉时期，文字载体材料主要是竹简、木牍和缯帛。西汉时期，中国已发明纸，至东汉时期蔡伦改良造纸技术，并于元兴元年（105年）将造纸法上奏汉和帝，其所造"蔡侯纸"始风闻天下。三国时期，竹简、木牍、缯帛和纸并用，至两晋时期，纸已成为文字载体的主要材料。

至404年，桓玄诏令全国以纸代简，自此，纸张作为书籍和出版材料的统治地位得以确立。汉魏时期，也偶有两次将书籍刻于石上以供传播的个案，但石头作为文字材料载体一直处于辅助地位。

依据构成出版活动的符号系统、载体材料、复制技术、出版物形态、传播方式和组织业态六大要素，我们将中国出版史分为雏形时期、写本时期、雕版印本、工业印本和数字出版五个时期。

成熟的文字符号系统、载体材料和复制技术是中国出版活动起源的必备条件。据此，我们将商代至东汉时期定义为中国出版活动的雏形时期。

中国早期的复制技术随着载体材料的变化而变化。中国最早的文字记录行为是以契刻的方式将文字刻于龟骨或牛肩胛骨上的，西周时期工匠和史官结合将文字铸造于青铜器上，东周时期开始流行在青铜器上镂刻文字，同时也在玉和石上用毛笔书写文字，将文字用毛笔书写于竹简、木牍和缯帛并成为主流的记录和传播行为。贞人、史官（官员）、士（教师和学生）成为早期记录、存储、传承文明成果的知识群体。中国最早的比较成熟的书籍是《易》《诗》《书》等，诞生于西周时期，早于孔子而存世。进入战国时期，"六经"《道德经》《墨子》等诸子百家之书均以竹简的卷子方式传播，这一出版物呈现方式一直延续到秦汉时期。其复制方式以个人抄写为基本形式，其传播以师徒、家族、赏赐、传抄为主要途径。西汉时，都城长安还有书肆，西汉末年设于长安太学附近的综合性贸易集市——"槐市"，销售图书已是常态，东汉时期洛阳书肆已成为专业的零售书店，并随之而出现专门以抄书为谋生手段的佣书职业。中国早期的出版活动始终处于官府的控制之下，流传至今的甲骨文献、青

· 视 点 ·

铜铭文、玉石盟书、木牍文书均不能视为有意识的出版活动,作为以收藏、阅读、传承、传播和商业为目的的书籍传抄行为出现于西汉,至东汉时期开始出现了现代意义上的以复本为流通目的的出版行为。

写本时期的出版活动始于魏晋,历南北朝而至隋唐时期达到鼎盛。发明于东汉时期的纸至三国时期开始较多用于书籍抄写,西晋时竹简、纸并存,东晋期间纸取代竹简成为书籍的基本载体材料。这一时期,作为更适合于在纸上书写的楷书字体取代汉代隶书,同时并起的行书字体与楷书一并成为书籍的主要书写字体。以生产精神产品为专长的佣书群体日益壮大,官府、佛教寺院、道观均配备有专职的楷书手,佣书大多受雇于官府寺观和贵族世家,也有极少抄书人自己抄书而卖于集市。写本时期的出版组织机构主要集中于朝廷中央官府,如唐代主要集中于史馆、集贤院、弘文馆、秘书省、崇文馆、司经局等,各级地方官府则基本不参与出版活动,私人参与出版活动的现象也很少,但私人编纂图书尤其是编纂自己或他人文集的出版活动在唐代则成为一个文化风习。儒家经典在政府各级官方学校、私学学校,道教道观编纂道家经典,佛教寺院翻译印度佛经是除中央官府之外的三大出版机构和主要出版行为。写本时期形成了古代中国完备的知识体系,所形成的上万部各类著作,被分为经、史、子、集、佛、道六大类经籍。这些以传播为目的的出版物通过上奏、赏赐、赠送、遗传、传抄、购买、翻译、借阅等方式进行流通和传播,有约一半的出版物流传到了日本、朝鲜和越南,但他们更多地收藏在中央官府和皇家图书馆、学校、寺院与道观和个人的图书室里。写本时期中国出版业的繁荣远远超过同时期中世纪的欧洲文明世界。

雕版印本时期指从五代开始，历宋元明、到晚清结束的 1000 年间，中国以雕版印刷书籍为主要出版特征的历史时期。雕版印刷术是中国贡献给人类的文化遗产，它起源于 8 世纪唐代玄宗的开元、天宝年间，其最初是雕印佛教密教经咒《大随求陀罗尼经》，之后又扩大到雕版印刷其他佛教、道教经籍，以及民间世俗历日、韵书、阴阳杂记、占梦相宅等，晚唐时出现个人诗文集的雕印版本。唐代零星的雕版印刷主要集中于寺观和民间的刻坊，直到五代时期后唐冯道于长兴三年（932）在开封上奏朝廷雕版刊印儒家经典"九经"，由此开创中央朝廷官方设立专门机构从事雕版出版事业。

雕版印本时期，出版物材料均为纸，复印技术主要是雕版印刷技术。其间，北宋庆历年间（1041—1048）平民毕昇发明泥活字印刷术，比欧洲谷登堡发明铅活字印刷术早 400 年。活字印刷技术在元明清时期不断得到发展和应用，在元代则有杨古的泥活字和王祯、马称德的木活字印刷技术的应用，明代用木活字印刷书籍的数量大大增多，明代无锡华燧所发明的铜活字印刷技术，得到了广泛应用。除华氏家族外，无锡、常州、苏州、浙江、福建、广东等地书坊也以铜活字印刷书籍，清代泥活字、木活字、锡活字、铅活字和铜活字印刷技术更加成熟，所印品种数和应用地域均较明代有巨大进展，尤其是清内府武英殿铜活字印刷的《古今图书集成》在中外印刷史上均具有重要地位。在出版组织业态方面，自北宋开始形成官府刻书、家族私家刻书、商业书坊刻书、寺院道观刻书、书院学校刻书五大出版系统，尤以中央朝廷所组织的专业刻书出版机构为主导，历代各级地方官府也出版了大量乡邦文献。以出版机构的数量和规模而

· 视 点 ·

言，宋元明清时期形成了一些全国性的出版中心，主要有开封、杭州、北京、南京、成都、福建建安与建阳、山西平水、江西抚州、江苏苏州、安徽徽州、浙江湖州等地。五代时期国子监刻书出版机构是集编纂、校勘、雕版、刷印、发行于一体的，但至北宋，国子监的出版活动将雕版一事有时发往成都、杭州等地的现象，雕版完成后将版片运回汴京，刷印则在京师完成，然后由国子监书库官负责颁赐和向全国销售，而销售收入归入国库。其地方官府刻书也以国子监为例，官府既是出资人、雕印组织人、发行人，收入也充入国库，官刻的组织模式元明清时期也多沿此例。以营利为目的的书坊出版活动集书籍选择和请人编辑、自己编辑、雕版、印刷和销售于一体，与欧洲早期印刷所类似，是以雕版印刷为中心并兼有出版商和书商的功能，往往是前店、后厂模式，其所出版的书籍在自己家的书店零售并批发到全国各地，这一模式一直延续到19世纪末期。家刻、私刻、寺观刻书和书院刻书多不以营利为目的，但有的也兼有商业行为。在书籍流通和传播领域，尽管赏赐、赠送、传承等方式的传播依然存在，但随着印本数量的增多，以商业为目的的交易性传播越来越成为书籍流通的主流。专业性零售书店出现于重要的文化城市，自北宋开始出现全国性的大型书籍交易集市和集中街区，由出版商、印刷商和书商为一体的前店后厂的坐商门店交易模式，兼有零售和批发功能。到明清时期，出版商聚集地和书籍批发零售中心已发生分离，有的城市是出版中心，也有的城市仅仅是书籍销售中心，出版业的分工和商业化程度越来越高。到清代雕版印本出版业达到了鼎盛阶段。

工业印本时期发端于19世纪末20世纪初，以电力为动力的工业印刷机器大批量大规模标准化复制书报刊为主要特征，直到今天，我们依然生活于工业印刷机时代。依据出版业态演变特点和特征，我们将中国的工业印本时期分为前后两个历史阶段，19世纪末至1949年为工业印本前期，1949年迄今为工业印本后期。

以机械操作为基本特征的西方印刷术，依其动力源不同分为人工动力、蒸汽动力与电力动力三种基本形式。自19世纪初西方印刷术开始传入中国，整个19世纪陆续传入的印刷工艺技术，主要包括凸版、凹版、平版和孔版四种印刷术，其动力基本上是人工动力。自19世纪80年代中国引进蒸汽石印印刷机、1906年中国从英国购进以电气马达为动力的华府台单滚筒印刷机之后，中国印刷业和出版业进入新的动力阶段。工业印刷完全不同于随用随刷的雕版印刷，印本的成本随单本印量的增大而降低，印数越多单本工价越低，由此而将按需求生产推向先生产再销售，印刷术再次改变出版业态，发行环节越来越成为行业"龙头"，印刷商、出版商、书商（发行商）的分工更进一步明确，现代出版产业链形成。因出版商主动承担起了资本风险和经营风险的主要责任，工业印本时期的产业中心依然是出版商。

工业印本前期，中国出版业保留了浓厚的中国文化传统和商业模式，但同时又广泛而充分地引进了西方的印刷技术和出版物内容。其特点主要有：一、出版业主体由官营逐步转向民营。与雕版印刷相对应的以西方印刷术为基础的新式出版，在1860年前由西方教会垄断，洋务运动兴起后，官方出版和教会出版开始并行，20世纪以来以商务印书馆为代表的民营出版主体逐步确立。雕版时期私人出版、寺观出版和书院出版衰落，官方出版和民营商业出版转向

·视　点·

新式出版，同时新兴的出版主体兴起，如大学出版和西方教会出版机构。二、以民营出版为主体的商业出版体系，其组织模式是集出版商、印刷商和发行商于一体，大的出版机构既有自己的编译所，还办有大型的印刷机构，又在全国各地设立分馆、分店、分局进行批发和零售，具有连锁书店的性质，在民国年间形成了商务印书馆、中华书局、世界书局、大东书局、开明书店和贵阳文通书局六大民营出版机构。但同时，民国年间的印刷出版主体又呈极端多元化的状态，曾经印刷出版过书刊的出版机构多达万家以上。三、出版物内容结构变化剧烈，随着自晚清以来的由经史子集、四部之学转向文、理、法、农、工、商、医"七科之学"，中国传统学术形态向现代学术形态转变，出版物内容也转向教科书、工具书、翻译书、文艺著作、社会科学和自然科学几大门类，尤其是从国外翻译而来的各门类书籍，数量巨大，民国年间出版有4万多种，约占出版总量的三分之一。四、现代出版企业制度诞生，以商务印书馆、中华书局为代表的大型民营出版机构，均以股份制有限责任公司的形式进行民营管理，以股份制公司形式经营成为民国年间出版业态的主流，对推动出版的发展起到了巨大作用。五、中国共产党领导的印刷出版机构兴起，并贯穿于1949年建立新中国前的党的各个历史时期，中国共产党直接领导了在苏区、根据地和解放区的出版事业，并在国民党统治区间接领导了生活书店、读书出版社、新知书店等出版活动，这些出版活动为中国共产党取得革命胜利起到了重要作用。

　　1949年中华人民共和国成立之后，中国出版进入新的工业印本发展时期。以1978年12月党的十一届三中全会召开为界，将中华人民共和国的出版事业分为改革开放前和改革开放后两个历史发展时期。

1949—1956年是中国社会主义新型出版事业的初创阶段。这一时期党和国家所确定的有关出版事业的基本制度、路线、方针和政策，奠定了社会主义出版业的发展基础，其措施主要包括：一是建立了中央人民政府出版总署管理机构，管理全国的出版、印刷、发行业；二是完成了对私营出版业的社会主义改造，1950年全国有私营出版社163家，至1965年初基本上完成了对私营出版社、私营印刷业和私营图书发行业的社会主义公有制改造；三是陆续建立了一批国有国营出版机构，如人民出版社、人民教育出版社等综合、教育出版社，如科学出版社、人民卫生出版社等科技专业出版社，如各省、自治区、直辖市的综合性人民出版社等；四是将兼营出版、印刷、发行的新华书店进行专业分工，分离出独立的出版社和印刷厂，编、印、发独立经营的格局形成；五是建立了一系列的规章制度，如《管理书刊出版业印刷业发行业暂行条例》等。党和国家在新中国成立初期所确立的建立在公有制基础之上的基本制度，直到今天我们还依然坚守并始终遵循。

党的十一届三中全会之后，中国出版进入改革发展时期。改革开放以来，中国出版业进入高速发展阶段；无论是出版技术、出版规模，还是出版体制机制、出版组织业态，都发生了翻天覆地的变化。1950年，全国公营和公私合营出版社29家，1978年，图书出版社的数量是105家，2019年增长到580家。图书出版品种：1950年为1.22万种，1978年为1.49万种，2018年为51.93万种，2019年为50.59万种。图书总印数：1950年为2.75亿册，1978年为3.77

· 视 点 ·

亿册，2018年为82.91亿册，2019年为61.96亿册。期刊、报纸、音像制品、电子图书出版品种、数量和规模已进入世界出版前列。

改革开放以来，中国出版不忘本来，吸收外来，面向未来，日益面向世界，面向高新技术，在探索走向市场化、产业化和数字化的道路上取得前所未有的巨大成就，从一个出版弱国，逐步迈向出版大国和出版强国行列。行业发展成就主要体现在：第一，始终坚持正确的政治方向和舆论导向，坚持"两为"方向，坚持"双百"方针，坚持高举中国特色社会主义伟大旗帜，尤其是党的十九大以来，坚持学习贯彻落实习近平新时代中国特色社会主义理论，牢固"四个意识"，坚定"四个自信"，做到"两个维护"，为改革开放和现代化建设创造了良好的舆论环境。第二，出版管理体制改革规范、科学，国家出版管理机构相继进行了国家出版事业管理局、文化部出版事业管理局、新闻出版署、新闻出版总署、国家新闻出版广电总局、新闻出版署多轮改革，在此宏观指导下，又进行了出版管理与出版经营单位政企分开，出版事业单位转企改制，出版集团组建，出版企业上市融资，混合所有制改革，《著作权法》《出版管理条例》《印刷业管理条例》等法律法规制订、修改和完善，中国出版协会等出版行业组织建立与行业管理不断健全，出版生态环境不断得到改善和完善。第三，图书出版业自改革开放以来，开启市场化改革转型之路之后，图书出版进入腾飞阶段，在图书种类、数量、内容、形式上都得到极大丰富和发展，自身实力稳步提升，出版的数字化和产业化特征明显增强，国际影响力日益增大。2018年出版图书51.93万种，年印数82.91亿册（张），无论是出版品种还是总印数，都已稳居世界首位。第四，在复制技术方面，中国在20世纪

出·版·四·重·奏

80年代之前一直落后于西方发达国家，1987年王选汉字激光照排技术的发明与应用，开创了汉字印刷的崭新时代，中国印刷业"告别铅与火，迈入光和电"。为以北大方正"书版""维思"等为代表的计算机软磁盘、CD-ROM光盘存储与复制提供了技术基础和支持，同时也打通了数字印刷（使用数据文件控制相应设备，将呈色剂/色料直接转移到承印物上的复制过程）、数字印刷机、按需印刷的技术通道，印刷技术开始与世界出版接轨和并行。经过30年的发展，中国目前已经成为世界上最大的印刷基地。第五，在图书发行领域，自1982年开始进行图书发行体制改革，打破了原有的图书经销全部由国营新华书店垄断的局面，集体经济和私人经济开始进入图书零售和批发领域，新华书店系统又相继进行了连锁经营、发行集团组建、股份制改造等改革。自2006年，中国出版业分销领域对外国资本开放，外资书店也成为中国图书发行业的组成部分。至2011年，我国民营发行网点数量开始超过国有新华书店。第六，改革开放以来，中国出版快速走向国际，版权贸易迅速发展，国际交流日益频繁，国际化水平稳步提升，中国出版"走出去"取得巨大进步。1986年第一届北京国际图书博览会的举办，标志着中国出版业向世界敞开大门，目前已成为全球除法兰克福书展之外规模最大的国际书展。

1946年电子计算机的发明标志着人类进入计算机时代，计算机技术与出版活动的结合诞生了电子出版（又称数字出版）。数字出版是指以数字形式存储和传播信息，用户必须通过各种形态的计算机（如平板电脑）或具有计算机特征的智能终端（如智能手机、电子阅读器）阅读使用的出版行为和形式。1991年5月，陈光祚制作的《国共两党关系通史》（磁盘）是中国第一种正式出版的数字出

· 视 点 ·

版物，1992年中国第一种多媒体数字光盘《邮票上的中国》出版发行，1993年中国第一种数据库光盘《中国企业、公司及产品数据库》出版发行，20世纪90年代初中国进入数字出版时代。1994年4月，中国与Internet全功能网络连接，标志着我国进入互联网时代，基于互联网的出版活动也以此为发端。在计算机技术和互联网技术共同推动下，中国进入数字出版时代。

数字出版改变了中国的出版格局。第一，它扩大了作为出版对象的符号系统，除了传统的文字、图像符号系统外，音频、视频也成为重要的出版符号系统，出版的对象不再局限于知识与思想，数据与信息也成为重要的出版内容。第二，符号系统的载体材料从纸介质转移到了磁介质（固定磁盘、可移动硬盘）、光介质（CD光盘、CD-ROM只读光盘、CD-RW与DVD-RW可擦写光盘、CD-R与DVD-R一次写入光盘）和磁—光盘混合介质。第三，复制方式不再借助印刷机，而转为通过有线或无线方式相连接的计算机终端设备元间拷贝粘贴、下载或移动的方式实现符号系统的转移。第四，出版物呈现方式不再是封装型的纸介质的书本，而是各种阅读器的物理屏幕，如PC机、智能手机、平板电脑、电子书阅读器等。第五，构成数字出版产业的内容类别扩大到了电子书、互联网期刊、数字报纸、博客、在线音乐、移动出版、网络游戏、网络动漫、在线教育、互联网广告等。第六，内容传播和交易行为从线下转移到了固定互联网和移动互联网上。第七，数字出版时代的行业和产业核心主导者，从出版商转移到了互联网平台运营商，中国出版进入平台运营商与传统出版商并存共行的时代。

数字出版改写了中国出版的历史。2009年，中国数字出版产业收入达到 799 亿元，超过图书销售收入 780 亿元。经过 10 年的发展，数字出版产业收入已远远大于传统纸质图书销售收入。2017 年，数字出版产业整体营业收入为 7071.9 亿元，2018 年为 8330.8 亿元。中国出版已进入全球出版强国之林。

2020 年 3 月

· 视 点 ·

架起纸媒与数媒的桥梁

在移动互联网、云计算、大数据时代，我们正在经历从纸媒到数媒的转变，正在同时体验阅读纸媒与阅读屏幕，正在同时享受阅读、听读和观看影像的快感，这种立体阅读新体验形式之所以能够实现，我们要感谢 MPR 复制技术和 MPR 出版物的出版。我们有幸较早介入 MPR 出版，下面我要与大家分享两点：一点是对 MPR 出版物的新认识，一点是我们正在进行和即将展开的出版活动。

众所周知，MPR 是多媒体印刷读物的英文缩写，MPR 出版物是出版行业所进行产业化生产的新的出版物种类，从产品结构上讲，它是纸质印刷读物、电子产品和互联网的综合利用，是一种典型的跨媒体组合读物。从技术上讲，它应用了二维条码编码解码技术。从出版物呈现方式上讲，MPR 出版物可同时呈现文字、图像、声音与影像。毫无疑问，这是连接纸媒与数媒之间的过渡性出版物。

初听起来，或者刚刚接触 MPR 出版物，马上感知的是借助于电子阅读器和播放器——点读笔的识别功能，是可看可听的有声读物，它的最大优势是"听懂看不懂的文字，学会不会说的语言"，在语言教育领域和音乐学习领域具有广阔应用空间。但随着对 MPR 出版物的进一步了解，随着对 ISDL 国际标准和 MPR 国家标准的进一步理解，随着对二维码技术的进一步领悟，我们已经深刻地认识到由这一技术所引发的将是一场真正的出版革命。

MPR出版物兼有纸质印刷出版物、音像出版物、电子出版物等共有特点于一身，它将推动图书、报刊、影视等不同媒体进一步融合，它将极大限度地拓展书籍的内涵与外延以及功能，它将拓展与创造纸媒与数媒即时互动的新商业模式，它将让纸书成为新的内容平台、传播平台乃至广告平台。以上种种变化，对于书籍而言，无疑都是具有革命性的。MPR出版物的应用前景，无疑是可以被赋予充分想象空间的。我们认为，MPR出版物在未来的发展中，将有五种趋势值得关注：

第一，MPR出版物的识读将会朝着与智能手机结合的方向发展。传统的点读笔可以发声，但如果实现可观看，还需要转换器和其他屏幕对接，而智能手机可以直接解决视频问题，可以实现识读与播放，可以一揽子解决阅读、听读与观看的技术问题，因此，智能手机成为MPR出版物新的阅读器只是一个时间问题。当然，点读笔目前还是市场的主流。

第二，MPR出版物在市场应用领域将越来越多地借鉴二维码技术应用与推广的经验。MPR出版物的技术基础是二维码，其最大的技术突破是可以将图、文、音、视频四者完美结合，如果MPR出版物与智能手机结合，借鉴二维码的市场推广经验与商业模式，其应用范围将大大拓展。同时，MPR出版物还可以解决即时性问题，其更新速度将大大提高，伴随着即时视频的组合，其市场空间将大大拓展，应用价值也随之提高。MPR出版物与二维码技术应用深度结合，将是未来的方向之一。

第三，MPR出版物的载体呈现方式将呈多元化。目前，MPR出

· 视 点 ·

版物的载体是纸质印刷品，但在未来铺有MPR码的纸介质的呈现方式将不再局限于书本的形式，纸可大可小，纸可以附着于各种物体，也可以在任何空间粘贴，其应用空间可扩大到人们生活的各个角落，如电梯间、卧室、教室，甚至书包、文具盒上，等等，非图书化的MPR出版物将是未来方向之一。

第四，MPR出版物的内容将朝着泛化的方向发展。MPR出版物的内容将不再局限于由信息、知识、思想所构成的书的形式，它可以是单条信息的载体，也可以是十分小的知识性的阅读载体，信息型、知识型的MPR出版物可以广泛应用于各行各业，如发票、个人账单，甚至门票、药品说明等，经过组织策划、编辑加工、权威认定的各种各样的内容资源均可以转化成MPR出版物的内容，拓展MPR出版物内容外延将成为未来的重要方向。

第五，MPR出版物将成为综合各种媒体优势的新平台。MPR出版物不仅仅是文字、图像、声音的内容载体，同时它还是影像的载体，这四者的结合兼有纸媒优势与数媒优势，这种融合的趋势将使MPR出版物成长为一个新的媒体平台，多元化的MPR出版物内容可以替代目前各种媒体的部分功能，它可以成为混合型的内容载体精准地投放于不同的目标客户，从而转化为基于内容的传播平台，这一变化将形成新的MPR出版商业模式。

基于以上认识，作为MPR推广应用的三个试点单位，经过一年来的努力，我们正在做和将要做的工作主要有以下六个方面：一是与深圳天朗时代公司紧密合作，对编辑、制作、市场推广、印制等一系列相关人员进行多次培训，制定从MPR出版物选题策划到市场推广的整体方案和整体布局，力争做好市场推广工作。二是成立了

出·版·四·重·奏

全媒体数字加工中心，和天朗时代对接MPR出版物的制作技术，按照MPR国家标准规模化制作产品。更主要的是，通过与天朗时代公司不断的深度沟通，力争早日实现阅读器的多样化，力争早日实现MPR出版物与智能手机的结合。三是以语言教育为突破口，先后策划了1000种左右的MPR出版物选题，目前已出版20种55册，涉及类别包括幼儿教育、义务教育、生活娱乐、农业实用技术、科普、少儿阅读、工具书、安全防灾等八个领域，MPR出版物的出版规模正在扩大，出版速度正在加快。四是积极推动MPR出版物市场推广体系的建立，依托省新华书店建立MPR体验中心，依托全省150家左右市县级门店建立MPR出版物体验区，建立可覆盖全省的MPR出版物及阅读器的销售网络。五是正在搭建MPR出版物内容资源管理中心，拓宽MPR出版物内容组织渠道，拓展MPR出版物应用范围，拓延非图书产品线，以MPR国家标准技术应用为中心，重新进行产业化思考，重新进行MPR产业化布局，以建立MPR内容投送平台和技术应用平台为突破口，重建MPR出版物出版商业模式，以开放的心态在开放的网络上吸纳开放的内容资源开放式地投送给千家万户。六是加大资金投入力度。目前，股份公司每年拿出2000万元资金用于出版产业发展，MPR出版物是重点支持项目，同时，还通过其他融资渠道进行融资，数字出版和MPR出版也将是重点投入领域。

总之，我们力争把国家交办的事办好，把我们应做的数字化产业项目做好，把MPR出版项目的市场化推广做好。

2014年7月

· 视 点 ·

中国电子书的兴起

数字出版的技术基础是信息技术。信息技术以计算机技术、微电子技术和通信技术为特征，它包含：通信、计算机与计算机语言、计算机游戏、电子技术、光纤技术等。进一步地说，信息技术是指在计算机和通信技术支持下用以获取、加工、存储、变换、显示和传输文字、数值、图像和声音信息，包括提供设备和提供信息服务两大方面的方法和设备的总称。简言之，数字出版是随着计算机技术、微电子技术、通信技术、网络技术的发明与应用而兴起，而发展，而革命的。信息技术发轫于美国，数字出版业以美国为先导，中国的数字出版略晚于美国，但中国在用户规模、产品数量、内容类别等方面也多具独特性、规模性和创新性，在某些领域中国的数字出版甚至具有引领性。以信息技术为引导，40 年来中国的数字出版大体经历了三个发展阶段：电子出版兴起阶段，自 20 世纪 80 年代中后期至 2000 年；网络出版崛起阶段，自 2000 年至 2005 年；移动数字出版叠起阶段，自 2005 年至今。与西方所不同，中国的数字出版及其发展由政府主导，无论是数字出版机构的设立、管理以及政策，也无论是数字出版技术标准、版权保护、教育培训，数字出版的生态构建均采取"政府主导、企业经营"的模式。电子出版的发展也同样是在政府的指导和管理下有序进行的。

所谓电子出版是指在出版的整合过程中，从编辑、制作、复制到发行，所有信息都以统一的二进制代码的数字化形式存储于光、磁等介质中，信息的处理与传递必须借助计算机或类似设备来进行的一种新型出版形式。[1] 电子出版的技术源头是计算机技术，自从1946年世界上出现第一台电子计算机起，人类便开始探索将计算机用于文献信息检索与管理。1961年美国化学文摘服务社用计算机编制《化学题录》，由此而标志电子出版物的正式诞生，自此也标志着人类进入电子出版的新时代。

电子出版的技术成果体现于电子出版物。对于电子出版的定义，新闻出版署曾在1998年、2008年对之进行了不同的定义。在1998年颁布的《电子出版物管理条例》中，对电子出版物的定义是：以数字代码方式将图文、声像等信息编辑加工后存储在光、电、磁介质上，通过计算机或者类似功能的设备读取使用，用以表达思想、普及知识和积累文化，并可复制发行的大众传播媒体。[2] 在2008年颁布的《电子出版物管理规定》中，对电子出版物的定义进行了更加清晰的界定，电子出版物是指：以数字代码方式，将有知识性、思想性内容的信息编辑加工后存储在固定物理形态的光、电、磁等介质上，通过电子阅读、显示、播放设备读取使用的大众传播媒体，包括只读光盘（CD-ROM、DVD-ROM等）、一次写入光盘（CD-R、DVD-R等）、软磁盘、硬磁盘、集成电路卡等，以及新闻出版总署认定的其他媒体形态。[3] 以政府管理部门对电子出版物定义的前后变化，我们可以得知中国对于电子出版物的认识经历了一个不断深入的过程，后者的定义更加强调了介质载体与读取设备，并对载体形态进行了明确的界定，这一定义无形中对电子出版与网络出版进

· 视 点 ·

行了区分。

相对于20世纪90年代中期兴起的计算机互联网，电子出版最初是基于单体计算机而起源的。准确地说，电子出版起源于机读书目数据库的开发。书目数据库的雏形可追溯到1959年美国匹兹堡大学卫生法律中心创建的全文检索系统。60年代，书目数据库的代表是美国俄亥俄州律师协会开发的OBAR法律条文与案例检索系统。70年代，以二次文献检索为主要特征的数目数据库开始向全文数据库转向，并涌现出一批专门的电子出版公司，如米德数据公司（Mead Date Central），1973年其开发的LEXIS法律全文数据库正式开始提供商业服务。整个80年代，以全文数据库为主要特征的电子出版，在西方得到了快速发展。

中国的电子出版得益于改革开放，得益于大量引进西方电子计算机技术，也得益于PC计算机的快速普及。中国早在1958年就已研制成功第一台电子计算机——103型，并在技术研发方面一直与美、日相并行，但早期的计算机技术民用并不普及，自1984年我国计算机和半导体电子器件产业从"创新为主、引进为辅"转向以"引进为主"之后，计算机快速进入应用普及阶段，中国的信息时代由此而展开。伴随计算机技术而产生的中国电子出版物相应起步于20世纪80年代中期。尽管比欧美跨入信息时代的1969年晚十数年，但出版作为国家、民族文化的载体自有其发展的独特性，中国的电子出版就走出了与欧美电子出版不同的发展路径。

中国的电子出版首先是以印前排版系统起步的。由王选教授主持的汉字激光照排系统研发工作始于1974年，1979年研制成功，1981年通过国家鉴定，1985年华光Ⅱ型激光照排系统通过国家鉴定，并在新华社投入运行，我国第一个印前实用排版系统开始进入商用。1987年《经济日报》首家试用华光Ⅱ型激光照排系统，从此标志着中国的书刊报纸印刷正式进入电子排版新时代，1989年华光Ⅳ型系统通过国家鉴定，次年由山东潍坊计算机公司批量生产。1991年至1993年，"北大方正出版系统"开始被市场广泛接受，到1993年，国产照排系统迅速占领了国内报业99%和黑白书刊出版印刷业90%的市场，以及80%的海外华文报业市场，并进入欧美、日本等国外市场。1994年北大方正彩色桌面出版印刷系统研制成功并由《深圳晚报》全面应用，这一事件标志着中国印刷制版技术正式告别铅与火且正式进入光与电的新时代。

几乎与电子排版系统进入市场应用的同时，中国的电子出版也自20世纪80年代中后期开始兴起。中国早期的电子出版可分为以磁介质载体（磁盘、磁带）为主和以光介质载体（CD-ROM）为主的两个时期。中国最早的电子出版物制作研究开始于1987年的武汉大学图书情报系的陈光祚教授，其课题是"全文数据库研究"。其后，拥有计算机和设备的其他大学、科研院所也相继开始将计算机应用于信息处理、教育、管理和新闻出版软件开发，软件读物成为中国最早的电子出版物雏形。软件读物必须借助计算机程序，才能让用户进行阅读或操作，因此它是一种借助计算机而产生的全新出版物。早期的研究人员将其编制的计算机软件作为出版物通过出版社出版，以获得版权保护，内容主要是教学软件、资料信息库、实验模拟系统和管理软件，其载体均为软磁盘（FD），如中国第一部全文检索电子出版物《国共两党关系通史》（150万字）于1991年7月由武汉大学出版社出版，即是以软磁盘形式向社会公开发行的。除武汉

· 视 点 ·

大学出版社外，最早开展电子出版业务的还有上海交通大学出版社、光明日报出版社、清华大学出版社、北京大学出版社、电子工业出版社等。20世纪90年代初，以软磁盘为载体的电子出版在我国兴起，1992年北大火星人公司与人民出版社合作推出《邓小平文选》电子版（磁盘），1993年江苏电子音像出版社出版《世界童话故事精选》（磁盘），1993年武汉大学出版社出版《中国名胜诗词大辞典》（磁盘）。

20世纪80年代中期，随着光盘载体技术的成熟与广泛应用，美、日等国的电子出版迅速进入光盘载体时代。光盘可分为只读光盘（CD-ROM）、交互式光盘（CD-I）等，光存储技术大大提高了信息存储容量，使大规模存储文字、图形、图像、声音成为可能，因此以CD-ROM为代表的光盘存储迅速成为电子出版物的主要存储介质，整个90年代是光盘载体最为辉煌的时代。我国以光盘为主要载体的电子出版虽然起步于90年代初，相对美日较晚，但发展速度却很快，发展规模也具有超越之势。1992年中国专利文献出版社成功试制出我国第一批专利文献CD-ROM光盘。由北京万方数据公司开发的《中国企业、公司及产品数据库》（光盘）于1993年1月正式发行，这是我国第一部数据库光盘。1993年，清华同方电子出版社正式出版《邮票上的中国——历史与文化》，这是中国大陆第一张自主版权的多媒体光盘电子出版物。同年，经新闻出版署审批，国内第一批36家电子出版单位正式建立。1993年可谓是中国光介质电子出版元年，国产CD-ROM行业迅速崛起，标志着我国电子出版业开始进入一个新阶段。

据有关资料统计，1994年我国正式出版的电子出版物（光盘）

有12种；1995年有100种；1996年有300种；1997年有1025种；1998年有1442种。至1998年我国累计出版光盘版电子出版物近3000种，约占全球多媒体光盘出版物总数的2.5%。[④]这一时期，比较重要的优秀的多媒体光盘版电子出版物有：《故宫》《侵华日军南京大屠杀》《中国玉器全集》《大唐诗录》《唐诗三百首》《中国美术全集》《布达拉宫》《快快乐乐学语文》《火星人——三维动画大制作》《中国帝王陵》《赤壁》等。从电子出版物的内容范围而言，光盘载体呈现出了非凡的装载能力，它将装载存储的内容快速扩大到了社科人文、理工农医等几乎所有学科，这是早期的软磁盘所远远不能比拟的。

进入21世纪，我国的以光盘为载体的电子出版仍在继续向前发展，出版品种数量翻番增长，复制规模不断上扬。据《中国出版业发展报告——新千年来的中国出版业》一书所载两表我们可以概知至2011年的中国电子出版的数量与规模。

表1 2000—2011年全国音像与电子出版单位数量

年份	音像出版单位总数	电子出版物出版单位总数
2000	290	86
2001	294	98
2002	292	109
2003	320	121
2004	320	162
2005	328	170
2006	339	198
2007	363	228
2008	378	240
2009	380	250

·视 点·

续表

年份	音像出版单位总数	电子出版物出版单位总数
2010	374	251
2011	369	268

表2　2000—2011年全国录音制品出版、发行、增长率统计

年份	出版品种	出版数量(亿盒/张)	发行数量(亿盒/张)	发行总金额(亿元)	与上年相比品种增长率(%)	与上年相比出版数量增长率(%)	与上年相比发行数量增长率(%)	与上年相比发行总金额增长率(%)
2000	8 982	1.22	1.16	7.82	0.4	7.33	5.66	8.03
2001	9 526	1.37	1.16	8.42	6.06	12.71	0.55	7.62
2002	12 296	2.26	2	13.66	29.08	64.96	72.41	62.23
2003	13 333	2.2	1.96	13.25	8.43	−2.55	−1.65	−2.94
2004	15 406	2.06	1.72	11.29	15.55	−6.36	−12.24	−14.79
2005	16 313	2.30	1.89	15.8	5.89	11.65	9.88	35.96
2006	15 850	2.6	2.2	15.51	−2.84	13.55	15.96	1.04
2007	15 314	2.06	2	11.52	−3.38	−20.93	−8.91	−25.73
2008	11 721	2.54	2.49	11.21	−23.46	23.49	24.53	−2.69
2009	12 315	2.37	2.62	11.90	5.07	−6.79	5.28	6.16
2010	10 639	2.39	2.57	12.08	−13.61	0.84	−1.91	1.51
2011	9 931	2.46	2.60	10.35	−6.65	3.30	1.43	−14.28

近年来，随着互联网、移动互联网、电子图书阅读器、智能手机、平板电脑等新的载体形式的快速发展，以 CD-ROM 为主要形式的全球封装型电子出版物市场已呈萎缩与下滑的趋势，我国也不例外，封装型光盘电子出版物正在走向没落。

2018 年 5 月

注释：

① 谢新洲：《电子出版技术》，北京：北京大学出版社2006年版，第3页。

② 1998年新闻出版署《电子出版物管理条例》。

③ 2008年新闻出版总署《电子出版物管理规定》。

④ 《中国新闻出版业改革开放30年》，第152页。

· 视 点 ·

信息时代出版业的困境及其对策

站在互联网的角度，我们如何去理解视频课堂这一场景？我想有三个维度可以让我们深入思考一下，并由此而引发我们进一步思考我们的整体出版产业。第一，从教育学的角度理解，这是典型的线上教育，传统的在教学楼里教室的课堂活动现在转移到了网络平台上，网络平台成为新的教学空间。线上教育改变的不仅仅是教育系统，它也同样改变着出版业，它日益成为出版业的一个重要组成部分。第二，从传播学的角度而言，网课的内容——声音、影像和知识，不仅是在网络空间传播，也是在异地、即时和同时传播，线上传播扩大了出版的边界，快速地拓展了传播的地理空间。第三，从出版业的角度去理解，进入 4G 时代之后，声音传播和短视频传播也成为出版产业的新的利润增长点，有声书和视频所占出版利润总额的比例逐年上升，甚至线上直播课程的利润远远超过同类纸质图书的水平，如薛兆丰的经济学课程，付费订阅用户超过 30 万，利润以数千万计。从今天的视频课堂来看，出版行业已经完全进入数字化时代和信息时代。从技术的角度而言，内容产业与通信产业进入融为一体的时代，出版的对象发生了革命性的变化、出版的传播方式发生了革命性的变化、出版的盈利模式也随之发生了革命性的变化。这些颠覆性的变化对传统出版人而言，是一个巨大的挑战，也是一次巨大的机遇，这就是一个出版人、一个出版机构，以及整个出版行业和出版产业面临的和身处的时代。作为一个行业，我觉得就像一个习惯于纸质出版的出版人双脚站在信息时代的大地上，但脑袋还停留在过去的时代。我所身处的出版行业正是在这种困境中摸索前进的。根据我所从事的出版实践活动，也根据我的观察，我想和大家交流五个方面的问题。

问题一：在出版事业和出版产业之间徘徊

1. 出版事业与出版产业的争论

出版究竟是精神性的还是商业性的？这一问题是一个古老的话题。西方有作家说，书籍是"神圣的商品"，还有人说，出版商长着三只眼睛，一只眼睛盯着作者，一只眼睛盯着读者，第三只眼睛盯着别人口袋里的钱。中国的出版家邹韬奋说，为了出版事业我们要赚钱。我们的老署长刘杲先生有一次问我：你是做教育出版的，你们出版社赚了钱以后怎么办？刘杲之问至今让我记忆犹新。

这个问题知易行难。大多数人往往从业一辈子也很难处理好这个问题。这也是一直困扰着我的核心问题。单纯从理论层面上解决，上一代出版家将此问题简化为社会效益与经济效益之间的关系问题，要把社会效益放在首位、实现社会效益和经济效益相统一作为指导思想和基本原则。但就我本人的出版实践经验，社会效益和经济效益的概念并不能完全概括出版的价值和意义。我的理解是出版是一个共同体，是由意义共同体和利益共同体构成的一个共同体。

意义共同休：我们将出版的意义共同体分为五个子系统，即出版的文化记录、存储、积累系统，文化传承系统，信息、知识和思想传播系统，教育教化系统，文化娱乐系统。

利益共同体：出版创造的利益主要由"五个利益系统"构成，即经济利益和利润分配系统，话语和权力系统，名望和权威系统，社会和社交影响力系统，角色自我价值实现系统。

2. 国有出版事业单位转企改制背景下的上市公司

政策性文件：

①《国务院办公厅关于印发文化体制改革试点中支持文化产业发展的通知》（国办发〔2003〕105号）文件

②《国务院办公厅关于印发文化体制改革中经营性文化事业单位转制为企业和支持文化企业发展两个规定的通知》（国办发〔2008〕114号）文件

③新闻出版总署《关于进一步推进新闻出版体制改革的指导意见》《关于印发〈关于进一步推进新闻出版体制改革的指导意见〉的通知》（新出产业〔2009〕298号）文件

④《关于支持文化企业发展若干税收政策问题的通知》财税〔2009〕31号

⑤《文化体制改革中经营性文化事业单位转制为企业的若干税收优惠政策问题的通知》财税〔2009〕34号

以上5个文件成为出版事业转向出版企业的政策遵循。由此也拉开了出版企业上市的序幕。

截至2020年，国内出版业共有22家上市公司，其中17家国有上市公司，5家民营公司（分别是：掌阅科技、天舟文化、新经典、中文在线、世纪天鸿）。

序号	简称	上市时间	股票代码	证券交易所
1	中原传媒	2011.12.2	000719	深交所
2	中南传媒	2010.10.28	601098	上交所
3	皖新传媒	2010.1.18	601801	上交所
4	新华文轩	2016.8.8	HKQQ811	港沪两地
5	城市传媒	2015.9.17	600229	上交所
6	中文传媒	2011.4.14	6Q0373	上交所
7	时代出版	2008.11.5	600551	上交所
8	长江传媒	2012.3.26	600757	上交所
9	新华传媒	2016.8.8	600825	上交所
10	山东出版	2017.11.22	601019	上交所
11	南方传媒	2016.2.15	601900	上交所
12	出版传媒	2007.12.21	601999	上交所
13	读者传媒	2015.12.10	603999	上交所
14	中将厕国出版	2017.8.21	601949	上交所
15	凤凰传媒	2011.11.30	601928	上交所
16	中国科传	2017.1.18	601858	上交所
17	中信出版	2019.7.5	300788	深交所
18	掌阅科技	2017.9.21	603533	上交所
19	天舟文化	2010.12.15	300418	深交所
20	新经典	2017.4.25	603096	上交所
21	中文在线	2015.1.21	300364	深交所
22	世纪天鸿	2017.9.26	300654	深交所

3.出版单位社会效益评价考核体系

政策性文件：

《中共中央办公厅、国务院办公厅印发〈关于推动国有文化企业把社会效益放在首位、实现社会效益和经济效益相统一的指导意见〉的通知》（中办发〔2015〕50号）

· 视 点 ·

《中共中央宣传部关于印发〈图书出版单位社会效益考核试行办法〉的通知（中宣发〔2018〕45号）

主要内容和分值：

①出版质量：内容质量（42分）、编校印装质量（8分）

②文化和社会影响：重点项目（10分）、奖项荣誉（6分）、社会评价（4分）、国际影响（3分）

③产品结构和专业特色（15分）

④内部制度（7分）和队伍建设（5分）

出版集团的对策：

导向管理

项目管理

资本化：合作、投资、并购

多元化：非主业探索

问题二：在纸介质出版和数字出版之间徘徊

作为出版业，我们这个时代最大的变量是计算机技术渗透到了出版的各个环节，数字技术、互联网技术和通信技术的结合，彻底改变了传统出版的面貌。以数字化为基础的数字出版方式和以纸质印刷为基础的传统出版，目前进入并存的对峙阶段。我们不能预测什么时间数字出版会取代纸质出版。但如果从经济数据统计角度去分析，按中国新闻出版研究院所发布的行业报告，在2009年中国的数字出版销售总额已超过传统的纸质出版。出版集团已经越来越感受到来自数字出版方面的压力，尤其是在广电系统、报业系统断崖式的下滑之后，出版人内心也是忧心忡忡。大家都意识到了数字出版的重要性，也都意识到必须转型升级到数字出版阶段，但究竟如何转怎么转都仍然处于探索阶段，而这一探索过程至少 20 年。出版业始终处于困惑中，目前的状况可概括为三个特征：

1. 图书出版业基本处于纸质出版主导阶段

目前全国 580 家图书出版社和 45 家出版集团，没有一家没试水数字出版，但也没有一家出版机构转型成为数字出版商业机构。

2. 国内成功数字出版商全部来自传统出版集团之外

新闻出版研究院所发布的年度数字出版产业报告将数字出版产品类型划分为电子图书、数字报纸、数字期刊、网络游戏、网络动漫、数字音乐、手机出版、在线教育、数据库、数字图书馆等。目前比较成功的如：阅文集团、掌阅、知网、中文在线、咪咕阅读、天翼阅读、沃阅读、喜马拉雅 MF、得到、超星数字图书馆等，没有一家是由传统出版集团主导的。

3. 中国与国外数字出版集团差距越来越大

在教育出版、专业出版、大众出版三大出版领域中，欧美的出版集团在教育出版和专业出版方面已完成数字化转型，在大众出版领域已完成纸质书与电子书、有声书的同步出版。在专业数据库出版方面，欧美已牢牢占领学术制高点，如励讯集团、汤森·路透集团、威利出版集团等。在教育出版方面，以培生集团为代表的教育出版集团已完成全球化布局和在线化、数字化、平台化升级。

造成现有出版集团不能实现数字出版转型升级的原因主要是：

①管理体制

②资源分割

③动力不足

· 视 点 ·

④缺乏技术

⑤人才不足

出版业的主要对策：

①国家政策支持：财政部中央文化产业发展资金。

②利用资本市场融资。

③与技术提供商、平台运营商等合作。

④发挥专业优势、探索线上教育、数据库出版。

⑤探索纸书、电子书、有声书、视频书、数据库融合出版，一体化出版。

问题三：在综合型（多元）和专业型（主业）之间徘徊

在中国的出版格局中，原分为三大系统，包括中央部委出版社、地方出版社和大学出版社，目前地方出版社基本上完成了集团化改造，一些部委出版社也完成了集团化的组建，据统计全国有45家出版集团。就出版的专业程度而言，我们可以将出版集团分为综合性和专业型两类。专业型出版集团非常少，如中国教育出版集团、中国科学出版集团、中国财政出版集团等，其余则多是综合型出版集团。这种出版格局与欧美的专业出版集团居多形成鲜明对比。形成这一格局的主要原因是欧美大多是通过市场化手段并购而形成的，中国则是通过行政化手段而组建的区域性集团。造成中国出版产业竞争格局的原因主要有三个：

1. 行政化手段组建区域性出版集团

地方出版集团原有的格局是4大板块业务，即出版社、印刷、发行、物供，出版集团则基本上原封不动地组合成新的出版机构。

出版板块则基本包括人民、教育、科技、少儿、文艺、美术、古籍等，如按三大出版领域划分则包括教育出版、大众出版、专业出版。

2.产业化层面管理层倾向于非主业化

自出版集团转企之后，追求利润指标和销售收入成为新趋势。但传统的出版业务具有天花板效应，且时间周期较长较慢。于是借助大宗贸易或其他非出版业务以迅速扩大营业收入规模成为诱人的选择。

3.出版理念上追求经济效益快速实现

作为单体出版社，经济效益考核的压力迫使大多数出版社管理层选择追求快钱。路径主要是与民营合作，或者进入市场份额较大的教材教辅领域、少儿出版领域。中国的出版社设立之初，基本上都是专业型的出版社，但经过20年来的市场洗礼，绝大多数变成了综合型出版社，其特色大多也丢失了。

在多元化和专业化之间摇摆是中国出版产业竞争无法与西方大型出版集团竞争的主要原因。从内部竞争来看，这也是出版社和出版集团不能做强的主要原因，同样的原因，这也是我国的出版集团不能真正走向全球的主要因素。

出版集团的应对策略：

1.国家层面组建更多专业出版集团

如大学联合出版集团、科技联合出版集团、地图联合出版集团等。

2.地方集团层面剥离非出版主业业务。

3.出版社层面树立专业化理念。

4.数字出版层面整合全国专业型资源。

· 视 点 ·

问题四：在线上和线下之间徘徊

在此所说的线上不是指数字出版，也不是指数字平台，而是指线上电商平台、网络书店。互联网普及之后，尤其是移动互联网普及之后，线上发行已经居于主流。大多数出版社通过网上书店销售的图书已经大大超过实体书店的册数。实体书店的数量经过剧烈的下降之后，近两年在慢慢回升，但其销售图书的份额并没有增加多少。出版社在此情况下，不得不兼顾网上销售和地面店销售。目前，更是陷入困局，存在的问题是：

①全国市场未形成，全国性中盘缺位，传统的新华书店渠道以省级行政区域为分割。

②头部电商垄断市场的格局形成：当当网、京东商城、天猫、博库、新华文轩。

③促销活动成为常态、折扣混乱。产业链商业逻辑扭曲，退货率居高不下。

出版业应对策略：

①国家层面管理部门出台相关法律法规。

②行业协会强化行业自律规范市场行为。

③出版集团层面统一行动强化集中度。

④出版社层面抛弃急功近利思想，经营好天猫旗舰店。

问题五：在国内资源（原创）和国外资源（版权）之间徘徊

"走出去"和"引进来"的话题已经争论了20年，至今问题依然很多。无论是"走出去"，还是"引进来"，说到底是出版资源问题。从出版史的角度看，无论什么时代，出版物的流动总是从文明程度高、

105

文化发达地区向文化欠发达地区流动,这是一条规律。出版物也是一个国家软实力的体现,甚至也是一个国家综合实力、综合国力的体现。你的科技水平发展到什么地步、你的发明创造到达什么程度,你的出版物才能达到什么样的水准。因此,也可以说,专业出版、科学出版的竞争实际上是科学技术的竞争。如何看待版权的出超、入超,我们一定要清醒地认识到这实质上要看国家的思想力、科技力和创新力。

目前,出版业在出版资源、出版对象方面面临的问题主要是:

1. 版权引进数量依然大于输出版权数量。

2. 国内市场头部产品引进版权图书占据主流位置。

  畅销书:小说、童书

  财经类:大数据时代

  科技类:数据库

  社科类:甲骨文、理想国

3. 国内原创能力偏弱,国际影响力偏低。

  两个例外:

  ①网络小说

  ②学术论文

4. "四老"现象:

  ①老面孔

  ②老作品

  ③老故事

  ④老观点

出版业的应对措施:

· 视 点 ·

1. 国家层面版权资源管控措施前置、规划在先。

对引进和输出国家层面给予宏观指导。

对引进版要有国家规划。

2. 国家层面培育国际一流作者。

各个领域：

  人文、社科

  自然科学

  对外推广计划

  经典中国

3. 出版社层面要有国际视野。

4. 出版社层面挖掘新人、培育新人。

5. 出版集团层面给予特殊政策奖励。

2020 年 7 月

出·版·四·重·奏

多语种视野下的出版"走出去"

出版的基石是语言文字。从某种程度上说,某一种语言文字的疆界有多大,那么,它的出版疆界就有多大。当然,不同语种间的翻译作品则可视为该语种出版边界的扩大。本文的视角是,从世界主要语种出发,去关注世界出版格局,最后落脚于中文出版如何"走出去"。

以母语人口数量排名,排名世界前 10 名的语言有汉语、英语、西班牙语、印地 / 乌尔都语、阿拉伯语、孟加拉语、葡萄牙语、俄语、日语、德语。瑞士社会学家 GeorgeWeber 根据该语言母语人数、第二语言人数、该语言国家经济实力、科学与外交中该语言的重要性、使用该语言的国家数和人口数、该语言的社会与文学地位 6 项指标,最后综合排名前 10 名的大致顺序为:英语、汉语、法语、西班牙语、俄语、阿拉伯语、德语、日语、葡萄牙语、印地 / 乌尔都语。联合国日常工作的官方语言按英文字母首字排序为阿拉伯语、汉语、英语、法语、俄语、西班牙语,秘书处日常工作用语为英语、法语,但主要是英语。以上排名也许有不科学之处,但大致反映了目前世界主要语言的强弱现状。从以上排名我们可以得出几点结论:英语是排在首位的全球性交流的强势语言;法语尽管母语人口排在 10 名以外,但其跨洲跨国使用,其重要性却排在第二位;其他跨洲跨国使用的语言还有西班牙语、俄语、阿拉伯语、葡萄牙语;德语、日语尽管

· 视 点 ·

不是跨洲交流语言，但其母语与第二语言使用人数均居前10名内，因其经济实力强大，故其语言重要性也榜上有名；印地/乌尔都语、孟加拉语尽管母语人口数居前，但均属区域性交流语言，其重要性大大减弱；葡萄牙语属洲际跨国交流语言，巴西是其主要使用国；汉语尽管母语人口排在首位，第二语言排在德语、法语与印地语前，又是联合国官方语言，国家经济实力日渐上升，但其重要性却不及英语、法语，可见其科学用语与文学地位落后于英语、法语世界。以上是2012年世界语言版图的简要情况。

根据美国《出版商周刊》（Publishersweekly）与法国《图书周刊》（LivresHebdo）联合公布的2010年全球出版业50强排行榜，前10名的出版商依次为：英国的培生集团；英国、荷兰、美国的励德·爱思唯尔；加拿大的汤森路透；荷兰的威科集团；德国的贝塔斯曼；法国的阿歇特；美国的麦格劳—希尔教育集团；西班牙的行星集团；加拿大、美国的圣智学习出版公司；美国的学士公司。从排名前10的国家分布情况看，全部是北美、西欧国家，所涉语种则为英语、德语、法语与西班牙语，这一特点与语言排名大致吻合，德语出版稍有例外。

综合分析前50强的国家分布情况大致为：美国公司7家，控股3家，共10家，居榜首；德国公司7家；日本公司7家；法国公司4家；意大利公司4家；英国公司3家，控股1家，共4家；韩国公司3家；加拿大公司2家，控股1家，共3家；西班牙公司2家；荷兰公司1家，控股1家，共2家；瑞典公司1家，控股1家，共2家；其余国家丹麦、挪威、芬兰、比利时、中国、巴西各1家；新加坡与瑞典共同控股1家。从以上榜单我们分析，从地域分布来看，欧美国家出版商占据绝大多数席位，亚洲出版商居11席半，拉丁美洲只有巴西1家。从语种来看，英语出版绝对居首位，其次是德语出版、日语出版，再次是法语出版、意大利语出版、韩语出版、西班牙语出版。汉语与葡萄牙语出版各占一席，居于末位。世界语言实力排名前10名的俄语、阿拉伯语、印地/乌尔都语则没有一家进入世界出版前50强。

从世界出版50强的排名我们还可以认识到，出版的强盛与否与语言的实力紧密相连，而语言背后的力量又来自科技的发达、经济的实力以及文化的影响力等诸多因素。如德语、日语尽管母语、第二语言人数均不在世界前列，但其科技与经济均居世界前列，因此它们的出版也跃居世界重要位置。韩语出版更是如此，可视作后来居上的典型，同时韩语出版的崛起，还与政府推动以科技立国、以文化立国，鼓励大公司先行的文化政策有关。

就语言与出版的关系而言，还有一点值得我们深思，英语的强势地位尽管有历史的、科技的、经济的等因素的影响，但与英、美全球推广英语教学与教育还有着直接的关系。尤其是英国，将英语推广列为文化的国策，列为经济发展的动力之一。目前全球有75个国家将英语列为官方语言之一，而英国的出版不仅仅局限于英语国家，同时还将同步出版非英文版本视为最重要的盈利手段之一。在输出文化、输出版权，在拓展语言版图、拓展出版版图方面，英国是最成功的典范之一。

目前，随着中国国力的上升，汉语的实力也在逐步增强。世界各国学习中文也随着中国商品的热流热遍全球，这是可喜的现象，但与语言紧密相连的中文出版却与经济发展、汉语热潮并不同步，也不匹配。研讨中文出版"走出去"，我们不应当忘记语言的力量，我们只有将语言推广与出版推广有机结合起来，才能真正实现两个

· 视 点 ·

版图的共同扩张。有鉴于此，我认为中文出版"走出去"今后要重点做好以下五个方面的工作：

第一，实施"双跨双联"发展战略。所谓"双跨双联"，就是要实施跨语种联合出版、跨简繁体中文联合出版。也就是一方面要与主要语种国家的主要出版公司结合起来，联合并购，用当地语言文字出版中国主题的图书以扩大中华文化的影响力；另一方面要与香港、澳门、台湾地区使用中文繁体字的出版公司结合起来，充分利用原有的各自优势，将华文出版形成联合体，共同走向其他语种国家的市场。

第二，是建立两个平台。所谓两个平台就是建立一个公益传播平台，一个商业传播平台。无论公益平台，还是商业平台，均分政府与民间两个层次。政府主导的公益出版平台可以语言推广、免费提供教育机会、赠送出版物等形式进行；民间主导的公益传播平台可以各种基金会名义资助学术研究、资助出版物出版等形式进行。政府与民间主导的商业传播平台则主要以并购形式、股份形式、独立创办商业出版机构形式直接进入其他语种国家，以当地语言推广中华主题文化，以商业功能为支点达到实现教育功能的目的。

第三，充分利用两种介质载体。目前是传统纸介质与现代数字介质并存的时代，我们在重视传统介质的同时一定要将新介质作为出版"走出去"的突破口。历史的经验证明，每一次文字载体形式与复制技术的变化，都带来了文化格局的变化，谁拥有了新的传播技术谁便拥有了更多的话语权。因此，我们要在政府的推动下，构建具有全球影响力的代表国家水准的多语种的民间数字出版平台，致力于商业性文化传播。以数字技术为引领的数字内容传播是中文出版"走出去"的最快捷的途径。

第四，专注两个主题。任何文化传播不外乎传播两种文化，一种是物质文化，一种是精神文化，只有专注于这两种文化的传播才有可能被其他语种国家所接受。我认为，传播精神文化要关注古典精神文化与当代精神文化两个层面，传统文化是中华民族的根，当代文化是中华民族的魂，二者并重才是完整的中华民族精神文化。以前大多关注传统文化传播，忽视当代文化对外推广，作为文化传播主阵地的出版业在未来应当以传播当代文化为重点，用多语种的形式鲜活地推介当代中国。物质文化不能等同于商品文化，出版业应当更关注传播当代中国的生活方式，从衣食住行、琴棋书画等方面推介中国。也许，独具特色的中国式的生活方式恰恰是华文世界文化影响力之所在。

第五，充分把握两种人力资源。语言的疆界实际上是人的疆界，人是打破语言疆界的中介。中文出版"走出去"的最大障碍是语言，因此，我们应当建立国家级以及企业集团级的外语人才资源数据库：一个是国内的翻译人才资源数据库，一个是国外的汉学家资源数据库，对列入两个人才资源数据库的人员予以政策性的扶持。要通过这些跨语种的人才打通语言的障碍，从而拓展汉语的边界，从而实现中文出版"走出去"。

总之，在思考中文出版"走出去"的路上，认真研究如何借助语言的影响力进入其他语种的主流出版中，当是一个迫切而又急需的研究课题，也许，事半功倍，正在于此。

2013 年 9 月

· 视 点 ·

中国传统文化出版的历史与现状分析

随着人类诞生，传播活动也随之出现，但人类最初的传播活动还仅仅局限于生存技能的传承。传播在人类社会发展中扮演着极为重要的角色，为人类文化的承继和发展提供了必要条件。曾经辉煌一时的古印度、古埃及文明之所以会消失，在很大程度上是因为文化传播的中断或者终止。而中国古代文明虽然在时间上稍晚于古埃及、古巴比伦、古印度文明，但中国古代文明自诞生起直到今日，一直绵延不绝，很大程度上得益于文化的传播。出版是文化传播的重要媒介，不同的文化通过出版物得以记录、传播和传承，人们也通过阅读分享接触到人类更丰富多彩的文化。因此，出版业的发展，对于保护民族传统文化有着深远意义。出版实际上是从小众传播到大众传播的过程，由少数人到多数人的过程。在出版发展的过程中，造纸技术和印刷技术的发展起到了决定性的作用。

一、中国书籍出版的历史演进

书的发明改变了中国历史，纸与印刷术的发明改变了世界历史。人类文明之所以能够数千年绵延不绝，推陈出新，主要得益于文字、纸、印刷术与书的发明，文字的发明将人类从蒙昧与野蛮引向文明，纸的发明使人类记录自己的理想与抱负、思想与行为变得简单而易行，印刷术的发明则是孕育人类现代文明的"文明之母"，而书的发明为人类文明的进阶与加速奔跑立下了汗马功劳。中国贡献给世界的纸与印刷术这两大发明，对古代乃至现代人类政治、思想、学术文化与社会秩序变迁产生了极其深远的影响。

迄今为止的考古发现证明，中国最早的成熟文字是甲骨文，它的载体是龟甲骨或牛肩胛骨，这是公元前1600年至公元前1046年之间的事，当时是中国的商代。周革商命后，甲骨文朝大篆字体过渡，仍然以考古发现为依据，至迟到周宣王时期（公元前9世纪），大篆的载体开始转向青铜器，并逐渐蔚然成风。但以中国传统的书籍概念来看，这还不能视为真正意义上的书籍，尽管文字已附着于甲骨以及青铜器物并表达了某种思想与行为。

汉代许慎在《说文解字》中说："著于竹帛谓之书。"由此可见，在汉人的心目中文字写在竹片、木片或缣帛（丝织品）上并加以编排，才是真正的书的样式，也就是说，中国书籍的最早材料是竹片、木板或缣帛，这是中国最早最完整的书籍概念。如果从这一概念出发，我们依据文献记载发现早在周朝立国时，武王克商后，《尚书·多士》中就说："惟殷先人，有册有典，殷革夏命。""册"字最早见于殷商甲骨文中，象征着一捆竹简，中间编以两道绳子，而"典"字则象征着将"册"放置在案几上。也就是说，早在殷商甲骨文时代就已经有将文字书写在竹简上的现象，因此，我们可以肯定地说，中国的书籍至迟在商代就已诞生，尽管我们还没有商代竹简实物的发现。

以简牍（木片）为载体形式的书籍在东周春秋时期（公元前770—公元前476年）已开始放射光芒。孔子开创私学，为学子授业，

· 视 点 ·

曾编定六经，其读《易》以致"韦编三绝"，就是说他将编连竹简的绳子翻断过多次。比孔子稍晚的墨子在其书中说："今天下士君子之书，不可胜载。"这说明，诸子充分利用了书籍的力量，以书为利器，纷纷著书立说，互相攻评。到了战国时期（公元前475—前221年），书籍已从官府王宫普及到民间，不仅成为传播知识、宣扬思想、普及教育的重要工具，而且成为推动社会变革的重要工具之一，甚至还成为个人炫耀财富与知识的重要工具。公元前4世纪时，诡辩家惠施"行事多方，其书五车"，而吕不韦主编长达20万言《吕氏春秋》，集各种学说之大成，对秦国的施政方针产生了重要影响，我们不能不说，这也是书的力量。

晚于竹木载体形式的是帛书。根据文献记载，春秋时期缣帛已用于书写，战国时期用于书写的缯书实物在长沙出土过，而文献记载则更多，因此我们可以肯定地说，自公元前7世纪的春秋时期，中国的书籍已进入竹帛并用时期。

公元前的西汉时期中国发明了纸，公元后东汉时用于书籍材料，但竹帛并未立即退出历史舞台，竹简、木牍直到公元3世纪或4世纪的晋代才被纸所取代，而缣帛延续的时间则更长，直到公元5世纪或6世纪才最后寿终正寝。

在竹帛并用以至纸本书时期，以石版为书籍材料的特种书也数次作为插曲写入书籍历史，如东汉的《熹平石经》、西晋的《正始石经》、唐代的《开成石经》，以及始刻于隋而终于明的佛经刻石《房山石经》。前三部石经的内容为儒家经典，相当于朝廷颁布的标准教科书，尽管这些石经不是现代人心目中的书籍标准样式，但它们的确起到了介绍知识、普及教育的书的功能。

总的来说，竹木自殷商至公元3世纪或4世纪被中国人用于书籍材料，缣帛自公元前5世纪或前6世纪至公元5世纪或6世纪被中国人用于书籍材料，但因竹木太过笨重、缣帛又太过昂贵，自公元前后质轻价廉的纸开始用于书籍材料，中国开始进入纸本书时代。

竹帛并用时期，正是中国建立巩固国家、开疆拓土、统一国家、确立国家制度与社会秩序、思想哲学与文化奠基、科技发轫与发展、经济逐步繁荣时期，书籍作为一种传播媒介，无疑为中国文明的进步起到了不可磨灭与不可替代的作用。

纸作为书籍材料的起始年代我们还不能具体确定，但文献中纸作为书籍材料的最早记载年代我们则可以确定。据《后汉书·贾逵传》记载，东汉章帝建初元年（76年）诏贾逵入宫讲《左氏传》，有学生20人，"教以《左氏》，与简、纸经传各一通"。文物发现最早的实证是居延所发现的一张残纸，上面书写有隶草文字20多个，据专家鉴定年代为公元109年或110年，相当于蔡伦造纸的年代（105年）。现存最早的纸卷书籍实物，大都写成于公元3世纪，现藏日本东京书道博物馆的三国魏甘露元年（256年）用"六合纸"抄写的《譬喻经》是最早的写本之一。

依据文献与实物，我们可以推定自公元1世纪中国开始进入纸本书时代。但纸并没有立即取代竹帛，纸与竹木并存了300年，与帛书并存了500多年，到了公元3世纪的晋代"纸卷本完全取代简牍，而帛书直至唐代仍在使用"。

自公元3世纪至21世纪，纸介质成为中国书籍材料的主流，居统治地位长达18个世纪，并且仍将继续。因为公元7世纪中国人发明了一件惊天动地的技术——雕版印刷术，所以，中国的纸本书时

· 视 点 ·

代又被划分为写本书、印本书两个大的时期；而印本书时期又因为19世纪西方传教士马礼逊将西方印刷机械与铅活字引入中国，被划分为雕版手工印刷与活字机械印刷两个阶段，其年代的大致界定为自公元1世纪至7世纪为中国的写本书时期，自公元7世纪至18世纪为中国的雕版手工印本书时期，18世纪中叶以来为活字机械印本时期。当然，这只是一个以主流为依据的大致的时间划分，实际上抄书直到20世纪六七十年代还有人孜孜不倦。

  自从纸被用作书籍材料，抄书成为时尚，以至朝着专业化的方向发展，抄书成为一种职业。我们已经知道，晋代纸逐渐取代竹帛，公元3世纪两晋朝廷在秘书监内设专职抄书手，抄写典籍，以供收藏，如东晋初荀勖（231—289年）将新发现的汲冢竹书抄写到纸上，一本藏于中经，一本藏于三阁。隋炀帝时（605—617年在位），曾选图书3.7万卷，每书抄写正、副本，分别藏于东宫修文殿、观文殿，如此大批量的抄写任务都是专业抄书手抄写的。在敦煌发现的大量佛经写本，有许多是由以抄书为生的抄书手们以规范的书法体抄写而成的，这些写本是标价出售的，如现藏英国不列颠图书馆的《中阿含经》卷八，全卷共10663字，公元602年由经生张才抄录，用纸25张，注明抄书人张才名字的做法似乎有点现代书籍上标明出版人的意味，这也同样说明，抄书的确是能养家糊口的。

  雕版印刷术发明及普及之前，中国的书籍靠手工抄写。唐代尽管已发明了雕版印刷术，但真正普及雕印书籍还是五代、北宋时期的事，因此，唐代基本上还属于写本书时代。中国的写本书时代，正是中国儒家独尊后魏晋玄学兴起的阶段，而佛教开始传入中国并迅速发展，道教也开始诞生并得到初步发展，本土文化与外来文化不断冲突、交锋、融合，以至唐代开始三教合流。因为政治与宗教的发展需要，书籍越来越成为一种占领人们思想滩头的工具，因此在新的社会文化思潮的推动下，写本书相较于竹帛书也获得了空前发展。我们对比一下《汉书·艺文志》（著录书目596种）、《隋书·经籍志》（存书4626种，佚书6450种）、《旧唐书·经籍志》（著录书目3062种）、《新唐书·艺文志》（著录书目3277种）的著录书目数量就可以得出明显的结论。同时，从以上四部书著录的图书内容范围也可以明确地认识到，中国人的思想文化观念与知识视野在写本书时代变得更加丰富与开阔。因为书籍材料的变化，书籍数量有了显著增加，传播的速度得到加快，而中国文明的影响范围也得到扩大，以至连域外的日本等国也开始被汉文化所熏染。无疑，写本书在文化与文明交流中起到了推动与推进作用。

雕版印刷术的发明引发了一场世界意义上的书籍革命，对于西方，它还引发了一场社会革命，而对于中国由书籍革命带来的出版革命，维护并光大了中国文化传统，推动了学术兴盛，儒家开始复兴并促进了教育制度的变革，强化了科举选官制度并影响到社会文化风尚，同时汉文化的影响力波及东亚其他国家，并通过中西交通对西方也产生了部分影响。

雕版印刷术的发明并应用于图书印刷，标志着中国开始进入现代意义上的书籍出版历史时期。自公元7世纪至公元10世纪，中国逐步完成由写本书向印本书的过渡。印本书无论从开本、装帧、版式、字体等形式，还是复制手段、编辑校勘等流程都与写本书有较大的变化。印刷术的发明以及普及，使书籍形式与内容开始逐步统一，版面字数与行数逐步标准化，字体逐步由书写体改为宋体字的印刷

· 视 点 ·

体，插图作为艺术进入书籍，书页内还装饰有鱼尾、象鼻等折叠图示，书籍外形逐步由卷轴形式演变为经折装、蝴蝶装、包背装、线装，甚至在书内还出现了带有广告性质的"牌记"，内容校勘也更为精确，这些都是由印本书带来的书籍的新变化。

印本书革命带来的新变革更重要的文化意义在于它使书籍大批量生产成为可能，传播知识的速度与广度加快、加大，它可以使同一本书流传到更为广大的地区并在后世流传更长的时间。印刷术的发明导致生产书籍的成本大大下降，据钱存训博士研究，晚唐时期（公元9世纪初），专业抄书的工作是每卷书1000文，每卷书5000—10000字，相当于一文钱5—10字，而同时期印本佛经的价钱每卷平均售价100文，印本与抄本的价钱比为1∶10，也就是说印刷术使书籍的成本降低90%。无疑，成本的降低与图书内容的校勘精确以及书籍外形的艺术精美，使得印刷术得到了较快的普及。

推动印刷术发明、发展的原动力主要是佛教，但两个多世纪以后，五代后唐朝廷开始大规模介入雕版印刷，刊印佛家经典，从这时开始，由历代朝廷所主导的大量印行儒家经典，使儒学得以复兴，而佛教的影响力则开始减弱，宋代理学家的思想开始长期支配中国社会，直到19世纪下半叶西方的思想与制度传入中国，宋代理学才开始衰落。

同时，依然是由朝廷主导，印刷术被广泛运用于科举考试领域。科举考试的主要内容为儒家经典学说，以"四书五经"、诸史、律令、诗赋等为主要考试科目，由此，宋元明清时期，为准备考试印行了大量的教科书、工具书、类书、字典与韵书，反过来我们也可以说科举考试对于大量应试图书的需求也是推动书籍出版的动力之一。

出·版·四·重·奏

中国自公元 10 世纪开始，出版书籍的机构逐步形成官府、私家、书坊、学校学院和寺院道观五大系统，印本内容也逐步依社会知识的需求变化开始延伸到社会生活的各个领域，印本内容依经、史、子、集、道、佛而分为六大类，子、集两部带有知识分子的个人取向与旨趣，而经、史两部基本上是为考试以及练习做官而准备的。在正统的文化之外，民间书坊们还刻印了大量的唱本、日历等与百姓日常生活有关的书籍，同样这也是印本书内容中不容忽视的一股来自民间的力量。

总的来说，自公元 10 世纪至 19 世纪，中国的雕版印本书的影响力与西方相对比，更多地保护与延续了中国固有的传统思想、哲学与文化，使得中国的汉字文献与文化更加多产、连续与普及。而西方的印本书则促成了文艺复兴，造成了拉丁语系的分裂，民族方言、语言、文字、文学得以独立发展，并鼓励了民族主义以及民族国家的兴起。反观中国，雕版印本书的推广与普及，反而促进了汉字音、形、义的标准化与统一，提高了教科书内容的标准化与影响力，维护了国家的统一与社会的稳定。

中国印刷术维护了中国文明的存续与发展，宋元明清时期毕昇等人进行了泥活字、木活字、锡活字、铜活字等活字印刷的伟大创制与实践，但与手工雕版的蔚然大观相比，活字印刷仅仅是几段插曲而已，囿于整体的科技水平，中国的印刷术直到 19 世纪还依然处于手工作坊阶段。而西方，晚毕昇四个世纪的德国人谷登堡发明了铅活字，并迅速进入半机械化操作阶段，随后印刷机械不断改进，进入完全机械印刷阶段，并于 19 世纪初由传教士马礼逊将活字机械印刷反哺中国。1815 年英国东印度公司制造了世界上最早的一副中

· 视 点 ·

文铅合金汉字用于机械印刷《中国语文字典》，中国从此开始有了机械印刷的纸本书。步马礼逊后尘，19世纪来自西方的基督教传教士纷纷在中国设立印刷所与出版机构，引进印刷机械并不断改进汉字活字铸造技术，出版了一大批反映西方科技、思想与制度的中文印本图书。19世纪60年代，石印技术传入中国。70年代王胜、黄韬创办中华印务总局，开始运用机械印刷书籍，这是中国人最早创办的一家具有现代概念的民办出版社。直到19世纪末中国人才开始较大规模地运用机械印刷书籍，中国的活字机械印刷书籍才开始真正进入新时代，雕版手工印刷开始式微。

同雕版印刷应用于书籍一样，机械印刷使书籍形态再次发生变化。纸张逐步改用工业造纸，装订形式引入西方书籍形制分精装、平装等多种，内容版式设计更加灵活多变且容量大大增加，开本与封面材料更加丰富，色彩也由单色走向多色。

就书籍出版行业的流程而言，机械印刷出版图书效率的提高，促成了行业内的编辑校对、印刷商、发行商等社会分工的专业化，书籍出版的组织机构、经营模式以及管理方式、生产流程等方面也都发生了深刻的变化。但就书籍的文化功能而言则没有性质上的变化，书籍依然是介绍知识、普及教育、传承文化、影响社会变革的重要工具之一。

中国印本书的机械印刷阶段自19世纪初至今，正是中国政治、经济、文化与社会发生深刻变化的历史时期。伴随着西方印刷机械而来的还有西方人的新思想与新学说、新文化与新制度，在西方先进的枪炮和战舰的护卫下自1840年蜂拥进入中国。机械印刷使得图书成本更加低廉，知识信息得以更大规模交流，并迅速突破时间与地域的限制，加速了中国封建社会的解体，使中国社会沦为西方列强的半殖民地，同时还促进了民族资本主义的发展与中国救亡图存运动的广泛开展。从1840年到1949年乃至21世纪的今天，中国一直在变革、探索、创造、复兴与振兴，中国的政治、经济、文化与社会领域的革命与变迁，我们都可以在印本书中找到见证，同样，我们也可以说，书籍毫无疑问有力地推动了中国两个世纪以来的社会革命与变迁。

二、中国古代出版的文献典籍

我国是世界上文化典籍最为丰富的国家之一，据全国古籍整理出版规划小组统计，目前所存古籍约有8万种，《中国古籍善本书目》中共收录全国781个单位所藏古籍6万余种、13万册。而实际上现存的古籍远远不止上述这些，仅以全国几个著名图书馆所藏古籍及善本为例：国家图书馆所藏古籍27万余册；清华大学图书馆所藏近30万余册，其中善本图书有2.8万余种；中国人民大学图书馆所藏善本2400余种、2800余册；上海图书馆所藏善本885种、18889册；著名的天一阁所藏善本图书有3万余册。所谓善本图书是指宋、元、明刻本以及清代精刻本和一些旧抄本、校本、精抄本和稿本。除唐写本外，目前我国尚存有少量弥足珍贵的宋元刻本，如国家图书馆收藏的宋刻本《周易玩辞》、元大德九年宁国路儒学刻本《后汉书》、宋刻本《入注附音司马温公资治通鉴》、宋绍兴两浙东路茶盐司刻本《外台秘要方》、元大德间刻本《风俗通义》、元大德三年茶陵陈仁刻本《增补六臣注文选》等，无不以核校精细、刻工精美所著称。

中国存世古籍不仅数量多，内容也异常丰富。若按传统的"四

· 视 点 ·

分法"即"经、史、子、集"来分,"经部"有易类、书类、诗类、礼类、春秋类、孝经类、群经总义类、四书类、乐类、小学类等;"史部"有纪传类、编年类、纪事本末类、杂史类、传记类、史钞类、史评类、政书类、时令类、地理类、目录类等;"子部"有儒家类、道家类、法家类、兵家类,农家类、医家类、天文算法类、术数类、艺术类、谱录类、杂家类、类书类、小说类、宗教类、丛书类等;"集部"有总集类、楚辞类、别集类、词类、曲类、诗文评类等,可谓是洋洋大观。

三、中国传统文化典籍的出版现状

当历史的步伐迈入到近现代以后,真正现代意义上的传统文化典籍整理才算开始。民国时期,一批新型出版社纷纷建立,其中以商务印书馆在出版传统文化典籍上影响最大,他们出版的《四部丛刊》和百衲本"二十四史",迄今仍具有文化影响力。1949年中华人民共和国成立,党和国家在高速建设社会主义的同时,也十分重视传统文化的整理、出版工作。中华书局、古典文学出版社(上海古籍出版社前身)、人民文学出版社、文物出版社等相继出版了大批传统文化典籍图书,有哲学、文学、总集、个人文集、史学著作;也有语言文学、金石、戏曲、科技类。尤其是中华书局出版的《资治通鉴》点校本、《甲骨文合集》《殷周金文集成》《中华大藏经》《王力古汉语字典》等都被视为经典之作。20世纪70年代整理点校的"二十四史"及其后的《清史稿》更是公认的新中国成立以来最伟大的古籍整理工程。

1978年后,中国进入改革开放时代,传统文化出版呈现出百花齐放的新局面，随着一批地方古籍专业出版社相继成立，传统文化的图书出版开始进入繁荣时期。1981年，国务院古籍整理出版规划小组恢复，1982年3月召开第一次全体会议，并规划了1982年至1990年古籍整理出版选目。此次选目分为7类、3100余种。1990年，国务院古籍整理出版规划小组又规划了1990年至2000年10年间的古籍图书重点出版书目，共计2000余种；2000年10月，全国古籍整理出版规划小组召开会议，规划了自2000年至2005年"十五"期间古籍出版项目，共约800余种。2005年，全国古籍整理出版规划小组召开会议，规划了"十一五"期间古籍整理出版项目。可以说，改革开放，不仅使中国的社会主义建设取得巨大的成就，而且也是中国传统文化出版史上最明媚的春天和最美好的时光。

自改革开放以来，古籍出版队伍增丁添口，阵容越来越大。目前全国拥有22家专业古籍出版社，除中华书局、人民文学出版社、文物出版社、上海古籍出版社、中国书店等为中国古籍出版事业作出重大贡献的出版社外，还有一批地方专业古籍出版社，在出版传统文化方面，各具特色，成绩斐然，像齐鲁书社、岳麓书社、巴蜀书社、中州古籍出版社等。他们不仅出版基本的传统文化典籍，而且还注重地方文献的挖掘整理，并取得丰硕成果。

据专家统计，新中国成立以来到"文革"前，已整理出版或影印2000余种古籍。自1982年古籍整理出版规划以来，出版的规划项目有七八千种，若再加上影印、各种选本、普及读物本（白话、注释、绘图本，儿童少年版）等则不计其数。目前，传统文化的出版，仅在纸质书方面已是硕果累累，试举例如下：

在哲学、诸子百家、群经方面，几乎所有有影响的古籍均已影印，

· 视 点 ·

或点校、注释整理过。如《十三经注疏》《诸子集成》《新编诸子集成》《孔子大全》《孙子集成》《朱熹全书》《二程语录》《船山全书》《王阳明全集》《黄宗羲全集》等。在史学方面，也取得了巨大的成就。除几种"纪事本末"《续通鉴长编》《纲鉴易知录》等外，还有《建炎以来系年要录》《大金国志》、诸家《会要》《唐六典》《通志》《元和姓纂》《建康实录》《华阳国志》《东观汉记》《战国策》《国语》《清史列传》《明季北略》《明季南略》《圣武记》《碑传集》等，以及投入巨资，已启动的"国家大清史工程"等。资料汇编丛刊类的有《清代近代资料丛刊》《宋人轶事汇编》《中国近代史资料汇编》《清史资料丛刊》《南明史料丛刊》《清代档案史料丛书》《中国科学技术通汇》《中外交通史籍丛刊》及中国古籍中有关周边国家史料汇编等。地理类的图书有《中国古代地理总志丛刊》《清史方舆纪要》《大唐西域记校注》《元和郡县志》等。笔记类的图书有《明清笔记丛书》《唐宋史料笔记丛刊》《宋元笔记丛书》《全宋笔记》《元明史料笔记丛刊》《清代史料笔记丛刊》。史学类的图书整理，还十分注意边疆史料或流失域外史料的整理出版工作，如出版有《吐鲁番文献集成》《敦煌文献合集》《俄藏黑水城文献》《俄藏敦煌文献》《法藏敦煌西域文献》《英藏敦煌佛教文献》等。在宗教典籍方面，整理出版一批有分量、有价值、有影响的佛道典籍，如《道藏》《续道藏》《中国佛教典籍选刊》《中国道教典籍选刊》《五灯会元》《法苑珠林》《高僧传》《续高僧传》《广弘明集》等。在丛书、类书方面，影印或整理出版了一批传统文化中的巨帙鸿篇。如著名的《四库全书》和《续四库全书》《四库珍本丛书》《古逸丛书三编》《玉函山房辑佚书》《说郛》《白孔六帖》《北堂书钞》

《册府元龟》《山堂考索》及现存的残本《永乐大典》等。在文学、艺术方面，出版了大量文学作品、戏曲和文学理论名著，以及总集、个人文集、诗集等。如《全宋文》《全宋诗》《全元诗》《全元文》《全明诗》《全明词》《先秦汉魏晋南北朝诗》《汉赋全集》《列朝诗集》《明经世文编》《清经世文编》《文心雕龙》《元诗纪事》《明诗纪事》《中国话本大系》《中国近代文学大系》等，以及如屈原、陶渊明、李白、杜甫、白居易、李商隐、韩愈、苏轼、柳宗元、欧阳修、范仲淹、辛弃疾、冯梦龙等个人的或全集或文集或诗集。戏曲作品则整理出版有《古本散曲丛刊》《全元戏曲》《古本戏典丛刊》等。此外，在语言方面，文学音韵训诂、碑刻、简牍、出土文献、书学画谱、方志、工具书等方面，也先后整理出版了大量的传统文化典籍。

与此同时，地域性的传统文化典籍在地方专业古籍出版社的努力下得到很好的挖掘。如《江苏地方文献丛书》《徽学研究基本资料》《中州文献丛书·说嵩》《山西商业史料集成》《上海乡里志》《粤海关志》《天津通志》《楚宝》等。

在整理出版传统文化基本典籍的同时，为使传统文化得到更广泛的普及，各专业古籍出版社在近些年来还出版了大量的普及读本。有的是加注释、题解（评点）的选本，如诸子选本，唐诗、宋词、元曲选本，文言小说选本，史学名著如《史记》《资治通鉴》选本，有的是加白话翻译的选本；还有配插图供低幼儿童阅读的图文本。品种繁多，形式多样，方便了不同读者的阅读，对提高国民传统文化修养很有意义。但同时也存在鱼龙混杂、参差不齐、雷同重复现象。

传统文化典籍出版有一个值得肯定的现象，是近几年的各相关出版社比较注重挖掘的有关诸如医学、农学、水利、园艺、天文等方面的文化遗产。在"十五""十一五"全国古籍出版规划项目中，科技类古籍占有一定的比例。如已出版的医学方面的《黄帝内经·太素校注》《宋元明清名医类案》《中医古籍孤本大全》，农学方面的《中国农学遗产选集》《荔枝谱集注》《茶经校注》《中国荒政全书》，水利方面的《水经注》，气象方面的《中国三千年气象记录总集》等，无疑对我们今天的经济建设和文化建设有着直接的借鉴意义。

四、中国传统文化出版存在的问题

总体上看，自改革开放以来，中国传统文化出版硕果累累，取得了很大的成就，在国家大力扶持和倡导下，一大批有价值、有分量，对当今精神文明建设有作用、对文化建设有积累的文化遗产得到了深入、全面的挖掘；一大批或濒临损毁或流失海外的文化遗产得到抢救性的整理出版，为学界、为读者所用，为经济建设服务；一些新的学术成果、学术研究在传统文化典籍中得到充分的展现；古籍整理和古籍出版中偏重于经、偏重于史、偏重于诗文的比例失衡初步得到纠正；一些传统上被看成是"奇技淫巧"或"下里巴人"的传统文化也开始登大雅之堂，为社会、为读者服务。同时，随着社会的进步和人们观念的解放，过去仅习惯于校雠、训诂、点校的古籍整理方法逐渐多样化。随着对传统文化的普及及重视，采用图文式、栏目式、鉴赏式、白话翻译式、解说式等形式越来越为一般读者所接受，显示出中国传统文化强大的适应力和黏合力。虽然取得了斐然的成绩，但不可否认的是，中国传统文化出版中还存在着诸多问题，有些问题还相当严重和突出。

第一，雷同化严重，带来出版资源的极大浪费。中国传统文化延续几千年，是中国人的智慧之源，立世之根，故而是中国人的"看家书"，拥有广泛的读者群便不足为奇了，以至于出现不管谁出《论语》或《唐诗三百首》都能销售的现象。目前出版业界大多数已"转企"，追求经济效益是其所需，所以纷纷"哄抢"这块"蛋糕"。四大名著、《唐诗三百首》、《论语》、《老子》目前市场上究竟有多少版本，恐怕谁也统计不清。而又囿于出版体制，出版业界各自为战，这样不免带来大量"复制"的图书，造成出版资源的极大浪费。更为严重的是，一些非专业出版社，或因古籍编辑人才和作者资源不足，造成出版物质量低下，错误百出，甚至误人子弟。

第二，出版方式滞后，与时代发展不相称。随着信息时代的到来，互联网的飞速发展，阅读的革命已悄然兴起——数字出版已经诞生。虽然传统文化的数字出版物已经问世，有些做得相当成功，但不可否认的是大多数传统文化出版物还停留在纸介质书层面上。

虽然普及性的传统文化出版物在形式上已大为创新，但这种创新仅仅是一种"新瓶装旧酒"，没有革命性的改观。反观西方一些国家，已经使用新的出版形式，将中国传统文化反哺给我们自己。因此，如何让传统文化出版物更适应当今社会发展，更能"取悦"当代读者，当是从事传统文化出版者们应不断思考的一个问题。

第三，缺乏国际竞争力，"自给自足"。随着国际经济交往的日益密切和中国加入WTO，作为传统文化出版产业中的一分子，当然也要融入世界，也必须融入世界。中国传统文化走向世界是一个必然选项。一是伴随着中国综合国力日益强大，国际地位越来越高，中国博大精深的传统文化对于一部分对中国有兴趣的人士产生吸引力，"孔子学院"的开办并受到欢迎便是明证。二是遍及世界各国

· 视 点 ·

的华人华裔，以及他们的后代，也是中国传统文化潜在的读者。但事实上，中国的传统文化方面的出版物鲜有能走出国门的（除了供汉学家们研究使用的出口图书和政府资助项目外），基本上属于"自给自足"。因此，如何能让中国传统文化之花走出国门，盛开于他国异乡，当是从事传统文化出版者思考的又一问题。

第四，宣传推介不到位，"酒香也怕巷子深"。与其他出版产业不同，中国传统文化出版有很大的优势。一是中国文化汗牛充栋，博大精深，拥有的出版资源十分丰厚，"取之不竭"，能够自由灵活地去取用。二是中国传统文化与其他文化有着不可比性，属于"垄断文化"，且有着磁性般的吸引力。这种"优越性"倘若通过恰当的中介张扬昭展出来，便能产生强烈而巨大的震撼。中华书局出版的《正说清朝十二帝》，便是通过央视"百家讲坛"这种影响很大的媒介，取得了30多万册的骄人销售量；而于丹的《〈论语〉心得》更是带来销售500万册的神话。问题是，中国传统文化出版这方面的事例实在是太少太少了，更多的非常优秀的文化资源因为宣传推介不到位，或因为缺乏创意人才和手段而泥牛入海，"酒香也怕巷子深"。

2007 年 12 月

谈谈"作者型编辑"

在出版产业的角色分工上,编辑角色具有多方面的双重属性:就其创造的价值而言,编辑既有意义属性又有利益属性;就其创造的成果而言,编辑既有物质属性又有精神属性;就其职业活动场景而言,编辑既有企业内部属性又有社会活动属性;就其职业活动的特点而言,编辑既有技术属性又有艺术属性;就其角色的职责而言,编辑既有原创属性又有规范属性。明晰编辑角色的多重属性,有助于青年编辑了解职业定位、形成角色认同。

编辑的原创属性,可对应于编辑的作者功能,编辑的规范属性,可对应于编辑的编审功能。如何界定和理解"作者型编辑"?顾名思义,"作者型编辑"强调的是编辑具有双重属性,一是技术加工整理规范属性,二是作者的智力成果属性。如何做一个优秀的"作者型编辑",在这里我想与青年编辑做几点交流。

编辑工作也是创造性的工作

我在给《编辑档案》一书所写的序言中说道:"在出版实践活动中,实际上存在着三种类型的编辑——作者型编辑、策划型编辑、加工型编辑。"以前我们关注比较多的是"编辑学者化",对这一话题的讨论发轫于20世纪80年代末,至今仍未结束。我认为"作者"

· 视 点 ·

与"学者"这两个概念有大小之分,"作者"包括"学者",用"学者"去讨论编辑的创造性劳动有以偏概全之嫌。因此,我更倾向于用"作者"这个概念与"编辑"这一概念相对应。

在出版实践活动中,作者与编辑是两个特点鲜明、责任各异的角色。作者是创作之源,是创作作品的自然人或组织机构,创作是直接产生文学、艺术和科学作品的智力活动,作品是指文学、艺术和科学领域内具有独创性并能以一定形式表现的智力成果,原创和独创是作者的最大特点;而编辑,则是表现作者智力成果的必不可少的参与者,在规划策划、组织作品、鉴别优化、审读加工、流程管理、宣传推广等环节居于中心地位,是整个出版活动中的核心。刚入职的青年编辑,首先要对作者和编辑角色的不同定位有个明晰的认识,遵循各安其位的原则。

但是,随着对出版业和出版史了解的不断深入,我们发现,作为出版活动中的自然人,作者和编辑的智力活动和智力成果并不能截然分开,甚至二者的智力劳动往往也存在不同程度的叠合。这种叠合及编辑在其中的创造活动主要体现在以下三个层面。其一,就创造性而言,编辑所提出的选题创意,往往是作者创作的起点,显然,选题创意往往具有原创性、独创性。其二,就学识性而言,作者所提出的创意或提交的智力成果,往往参考了编辑的建设性意见。如何选择和确认作者的智力成果,往往考验编辑的学识、识见水平。选择和确认作者智力成果的过程也是一种创造性行为。其三,就技术性而言,编辑对作者智力成果的科学化、规范化、社会化的过程就是固化智力成果的过程,编辑对其进行的整理加工同样具有智力劳动式的创造性。由此可见,在智力成果的固化过程中,编辑的智力劳动和作者的智力创造具有同等重要的作用。

事实上，中国古代、近现代乃至当代最优秀的编辑家大多也是优秀的作家和作者。中国古代如孔子编辑整理《诗》《书》《礼》《乐》，赞《周易》，修《春秋》；刘向编辑《楚辞》《说苑》《新序》，著《别录》；欧阳修编辑《新唐书》《集古录》，著《欧阳文忠公集》《六一诗话》等；司马光主编《资治通鉴》，著《涑水记闻》《司马文正公传家集》等；解缙总编辑《永乐大典》，著《解文毅公集》；纪昀主编《四库全书》，著《阅微草堂笔记》等。近现代乃至当代如梁启超主编《中外纪闻》《时务报》《新民丛报》等，著《饮冰室合集》；张元济编辑校勘《百衲本二十四史》，著《张元济诗文》《张元济傅增湘论书尺牍》；邹韬奋主编《生活》周刊，著《韬奋全集》；叶圣陶主编《小说月报》《中学生》，著《叶圣陶集》；巴金主编"文化生活丛刊""新时代小说丛刊"，著《灭亡》《秋》《寒夜》等；周振甫编辑加工《管锥编》《历代诗话》，著述《文心雕龙注释》等。以上列举的著名编辑家，在他们的编辑身份之外，与之平齐甚至更为响亮的名头是作家、著作家或大学问家。

综上所述，我提出"作者型编辑"，一是基于作者和编辑身份往往重合的历史事实，二是基于智力成果固化过程中作者和编辑共同进行了不可或缺的创造，三是基于一种倡导，目前编辑的创造性、原创性正在减弱，我想提醒青年编辑，编辑不仅仅是将内容规范化的整理加工者，更是智力成果的发起者、参与者和智力成果社会化的推广者，编辑工作也是一种创造性的工作。

· 视 点 ·

两种身份你中有我，我中有你

与"作者型编辑"相对应的是"编辑式作者"，后者强调的是有相当一部分作者的创造性活动具有编辑属性，含有相当程度的编辑功能。二者是相辅相成的。

为了更好地理解以上两个概念，我们首先要明确作品分类和创作形式分类，这两个维度，一个通向编辑的对象，一个通向作者的类型。我国著作权法中罗列的作品形式主要有文字、口述、音乐、戏剧、曲艺、舞蹈、杂技艺术、美术、建筑、摄影、视听、图形、模型、计算机软件等，这些作品都是编辑活动的对象，都对应着不同类型的编辑，如文字作品可对应于文字编辑。至于作品的创作形式，大体上可分为著作、编著、编纂、汇编、摘编、翻译等类型，不同的创作形式对应于不同的作者类型。综合以上两个维度，我将"作者型编辑"归纳为四种类型，即主编型编辑、汇编型编辑、编纂型编辑、著作型编辑。

提出"作者型编辑"，并不是吁请每位编辑扔下本职工作转向成为作者，只是在相当长的历史阶段和相当多的知识门类中，编辑身份和作者身份常常处于你中有我、我中有你的状态，这是一种不容忽视的历史事实。

从知识生产的历史来看，中国古代的作者和编辑合而为一的现象较为普遍。19世纪末20世纪初随着西式出版机构的出现，二者才逐渐分离并各自独立为专职作者和专业编辑，但编著合一的现象并未完全退出出版历史舞台。如商务印书馆和中华书局的教科书编写依然是由本组织机构中心专职编辑完成的，这一模式一直延续到新中国成立之后的人民教育出版社，新中国的教科书绝大多数依然是由人民教育出版社的编辑撰写完成的。改革开放之后，由本社编辑编纂而成并公开出版的出版行为还依然存在于诸如古籍、教育、少儿等类出版社中。进入 21 世纪后，出版社内编著合一的出版现象就日趋式微了。

让我们检视一下历史上著名的"作者型编辑"。一是主编型编辑，可分为单本书主编、套书主编和丛书主编，单本书主编如鲁迅主编曹靖华译《苏联作家七人集》、茅盾主编《中国的一日》、杜亚泉主编《植物学大辞典》；套书主编如舒新城主编《辞海》、张静庐主编《中国近代出版史料》《中国现代出版史料》；丛书主编如张元济主编《百衲本二十四史》、王云五主编《万有文库》等。二是汇编型编辑，大多数的丛书、合集和文献史料编辑属于汇编型出版物，如张元济编辑《四部丛刊》、郑振铎编辑《中国版画史图录》《中国历史参考图谱》《明季史料丛书》、顾颉刚编辑《古史辨》、赵家璧编辑《中国新文学大系》等。三是编纂型编辑，类书、百科全书、辞典、年鉴、书目等工具书属于编纂类图书，历史编纂、文献编纂也是重要的编纂类图书类型。工具书编纂如胡乔木、姜椿芳、梅益、杨牧之总编辑《中国大百科全书》，陆尔奎编纂《辞源》；历史书籍编纂的典型——司马光编纂《资治通鉴》；叶再生《中国近代现代出版通史》属于在大量的文献史料基础上完成的编纂类书籍。四是著作型编辑，著作类书籍主要包含由作者或机构群体所创作并出版的文学、艺术和社科人文科学、工程等原创性作品，涉及出版的各个门类，站在编辑的角度，著作型编辑主要是指从事出版行业的各门类编辑在编辑工作之外还是一位作家、著作家、原创性著作作者。如现当代编辑家叶圣陶、茅盾、林语堂、胡风、巴金等除了在编辑

· 视 点 ·

出版领域取得巨大成就外，同时还是影响现当代的著名作家。又如现代编辑家、出版家杜亚泉、夏丏尊，现当代的周建人、郑振铎、邓拓、胡绳、陈原等，他们同时还是语言学、历史学、科学等领域的顶尖学者、优秀专家。又如现当代编辑家钱君匋，他既是优秀的美术编辑，又是装帧设计艺术大师，在编辑和艺术创作两个领域均作出了突出贡献。

如何成长为"作者型编辑"

编辑具有多种类型，如组稿编辑、文稿加工编辑、美术编辑、技术编辑、策划编辑等，具备作者属性的"作者型编辑"只是编辑角色中的一种。我们不必要求每个人都要成为"作者型编辑"，但如果立志成为一个兼具作者身份的编辑，我认为核心是要提高三种能力：创意策划能力、专业研究能力、艺术创作能力。

首先，要努力提高个人创意策划能力。编辑的核心竞争力是其创造性和创新性，而编辑的创造性具体体现在能够提出具有创意性的选题。要想提出创意性选题，一是要增强个人的社会、知识和技术的洞察力，拥有敏锐感知读者需求的能力；二是要着力提高个人的知识发现力，见人所未见；三是要在拥有广博知识的基础上，着力增强个人的知识整合力，在系统论视角下找到创新突破点。

其次，要努力提高个人专业研究能力。在知识门类越来越细分的当下，拥有、熟知、精通并坚守一个学科的专业知识是任何一位编辑立身的必备条件。编辑职业化的同时还要专业化。只有专业化的编辑才能策划、编辑并出版内容一流的出版物。只有具备学术研究能力，才能提出有创见的优秀选题。提高个人专业研究能力，一是要全面、系统、完整地掌握一个学科的知识体系，创建自己稳固的专业根据地；二是要对本专业的研究现状了如指掌，对本专业的前沿问题始终保持警觉；三是要牢牢掌握本学科的研究方法，从方法论的突破切入到思维方式的突破、研究方向的突破和学术成果的突破。

最后，要努力提高个人艺术创作能力。艺术创造依赖于个人的天赋、基本功、灵感，当然，坚持不懈地刻苦勤奋工作也是完成伟大创作的必备条件。提高个人艺术创作能力，一是要对自己的天赋有十分清醒的认识，运用自己所长，不断努力攀登高峰；二是要锤炼出过硬的本专业基本功，熟练掌握本门类艺术的各种创作技巧；三是要不断突破自我、突破现实和时代的限制，在捕捉灵感的同时，保持巨大的创作热情和激情，保持长久的艺术生命力。

总体而言，一位优秀的"作者型编辑"的成长，关键在于身受时代的生态滋养，关键在于自身的悟性灵性，关键在于持之以恒地坚守努力。

2021 年 6 月

· 视 点 ·

中原出版极简史

中原是中华文明的发源地。中华民族早期的物质发明和精神创造大多首创于中原。与出版活动相关联的出版诸要素，如文字符号系统、载体材料、书写工具、最早的知识和思想体系以及传播等也大多起源于中原。依出版活动的历史发展规律，我们将中原出版史分为六个时期。

中原出版活动的起源，最早可追溯到公元前 14 世纪的殷商时期。商帝盘庚迁殷（今安阳）后，商人开始使用系统的文字符号将其契刻龟甲和牛胛骨上，现今发现的刻有文字的甲骨约 10 万多片，单字约 4670 多个，总字数约一百六七十万字。这些文字记录的内容主要是祭祀、天象、征伐、王事、田猎、农事以及日常生活等，其时间跨度自盘庚至商灭亡，大约 270 年。1936 年在安阳殷墟小屯村发现的一个包括 17096 片甲骨的窖藏，甲骨上的文字很多为朱墨书写，多数为契刻，这是王室的占卜文献档案库，其存档排列有序、井然不紊，这批甲骨文字的创作者和管理者均是贞人，这也是中国最早的文字创作群体。甲骨刻辞，少者几个字，多的几十字，最长的达到上百字，其文字已具有叙事散文功能。由此可知，商代后期中国先人已将成熟的文字符号系统用毛笔蘸朱墨或黑墨将其书写在龟甲载体材料上，复制工具是毛笔，载体材料为龟甲兽骨，创作人是贞人，此项活动已经具备出版活动的特征。因此可以确知，中原是中国出版活动的发源地。

文字符号是出版活动的基础。在商代，掌握文字符号系统的贞人或史官，已将文字书写于陶器、玉石和铸刻于青铜器等载体材料上。甲骨文字已具备"六书"结构规律，与今天的汉字基本相同，我们今天所使用的文字正是从甲骨文字演变而来。西周文字与商代文字一脉相承，其区别主要在于西周主要将文字铸造或刻写于青铜材料之上。公元前770年周迁都洛邑（今洛阳），至公元前256年灭亡，整个东周时期的文化中心是洛阳，我们也可以将洛阳视为全国性的出版活动中心。东周时期已进入青铜、竹简、木牍、缯帛材料并用的时代，春秋时期的文字载体材料主要是青铜器，战国时期载体材料主要是竹简木牍。西周时期的字体主流为大篆，春秋中期以后字体则开始在不同的诸侯国之内分化演变，随着竹简、帛书占据书写材料主流，大篆向小篆开始过渡。至秦始皇统一中国，秦实施"书同文"文化政策，由河南上蔡人李斯统一六国文字而将小篆作为标准字体。其后，西汉时期书写字体又向隶书演变，汉字书写的规范化无形中推动了出版活动的普及化。东汉时期，河南汝南召陵（今郾城）人许慎著《说文解字》，集小篆字体之大成，以此解说经典，在文字规范化的道路上具有里程碑的意义，为中国早期的出版活动奠定了基础。

中原早期的出版活动在中国出版史上具有原创性、奠基性和引领性。除文字发明、载体材料技术创造和书写工具应用外，中原还是作者聚集中心和著作创作中心。中华文明源头性的发明创造、知识和思想均可追溯到"三皇"伏羲、炎帝、黄帝和"五帝"颛顼、

· 视 点 ·

帝喾、尧、舜、禹及其随从群体，他们是中国最早的知识创造者，而他们的活动区域大多集中在中原地区。"五经"《易》《书》《诗》《礼》《春秋》的诞生地和内容产生地多在中原。诸子百家中的《道德经》《庄子》《墨子》《邓析子》《鬼谷子》《列子》《商君书》《申子》《尉缭子》《吕氏春秋》《韩非子》的作者均为河南人。汉魏之间，洛阳是中国的出版中心和作者聚集中心，河南籍作家是当时中国最大的作者群体，他们传承两周文化，依然保持了旺盛的原创力、思想力和知识整合力。在中国文化史上具有重要地位的作者有贾谊、京房、戴德、戴圣、许慎、张衡、张仲景、荀悦、蔡邕、桓宽、晁错、何晏等。自春秋直到汉魏，洛阳是全国的藏书中心、书籍交流中心和交易中心。东周王室的书籍藏于洛阳，藏书机构是太史府藏书室和图室，老子首在此任柱下史，史载孔子曾观书于洛阳周王室藏书室。东汉初年，全国士人"抱负坟策，云会京师"洛阳，洛阳成为全国藏书中心，朝廷藏书机构主要有兰台、石室、东观和仁寿阁。东汉时，书籍的传播依靠抄书人的抄写，在洛阳已出现职业人"佣书"，佣书既供职于官府，也到集市上佣书，王溥"于洛阳市佣书"，甚至"善笔而得富"，佣书人在一定意义上扮演了出版人和书籍发行商的角色。由于佣书的职业化和足以养家糊口，洛阳市肆上开始出现专业书肆，专业卖书，以谋取利润为目的，所售书籍包括经典和诸子百家之书。洛阳市肆和西汉末年长安槐市是中国最早的书市记录，此可视为后世以追求复本数量为盈利手段的出版活动的直系源流。

中原出版自纸发明之后开始进入纸写本时期。纸的发明改变了人类文明的面貌。纸的应用和广泛传播改变了世界出版的历史和格局。公元105年，蔡伦在洛阳发明"蔡侯纸"，纸"自是莫不从用"，

139

从此改变了书写载体材料"缯贵而简重"的历史。西晋时,纸在洛阳已开始广泛使用,史载左思《三都赋》一出,洛阳人士争相传抄,洛阳一时为之纸贵。以此可证纸已成为当时书籍的主要载体材料,尽管如此,在当时畅销书问世之时,新材料仍难以应付。从另一侧面理解"洛阳纸贵"这一历史事实,可以说明当时洛阳作为全国的出版中心,其出版活动是比较活跃的。

依据中国历史和出版活动的特点,我们将魏晋南北朝隋唐时期作为中原纸写本时期。这一时期的主要特点是:其一,洛阳依然是全国的出版活动中心之一。东晋和南北朝时期尽管中国历史进入南北对峙状态,南京成为南方的政治、经济、文化中心,但北方仍以洛阳为统治中心。隋唐时期实行两京制,长安是西京,洛阳则以东都与长安并行,洛阳依然是全国的文化中心之一,这里依然是全国的书籍编纂中心和作者聚集中心,西晋时洛阳宫廷藏书 20935 卷,隋东都洛阳藏书 37000 多卷,唐代东都的藏书与西京长安基本相等。其二,第一个国家编纂出版机构秘书监由魏文帝曹丕于公元 220 年在洛阳设立,此秘书监不同于东汉桓帝延熹二年(159)在洛阳设立的秘书监,曹丕所设立的秘书监专职负责图书典籍收集整理和保管、复制,不再参与其他政事,这是中国专职编纂机构的开始。这一专业机构一直延续到清代,其间只有很少的朝代未设此专事图书出版的机构,由此可见其影响之深远。秘书监设秘书令、秘书丞、秘书郎、秘书校书郎等官职。其后,魏明帝太和年间(227—232)又因修撰国史,而于洛阳设置著作郎,隶中书省,其属官有著作佐郎,这是中国专职图书撰写的官职之始,到西晋时著作郎又发展成为著作局,此后著作官和秘书省为历代常设之机构和官职。其三,洛阳成为儒

· 视 点 ·

家标准教科书"五经"的刻石中心和传播中心。东汉陈留郡（今河南杞县）蔡邕于汉灵帝熹平四年（175）主持校订五经，在太学门外以古文、篆、隶三种字体书写五经，刊于石碑，以此作为全国的五经文字标准，以此订误正讹，以此平息学术纷争。此刊石一出，到洛阳传抄石经的士人一时倾盖如云。汉石经的刻立开创了我国历代石经的先河，自公元2世纪至18世纪，我国大规模的石经刊刻有7次之多，立于河南的还有魏在洛阳的"正始石经"、北宋在开封的"国子监石经"。中国石经教科书的刊立在世界出版史上也居有一席之地。其四，洛阳在写本时期是全国的佛经翻译中心、复制中心、国内国外交流的传播中心。东汉时期佛教传入洛阳，摄摩腾、竺法兰二僧在洛阳白马寺开始翻译《四十二章经》，此为中国内地汉译译经之始。此后，东汉末安世高、竺佛朔、支曜、康巨，曹魏时康僧铠、昙无谛，西晋时竺法炬、竺叔兰、安法钦，东晋时竺难提，北魏时的昙摩流支、菩提流支、勒拿摩提、佛陀扇多、瞿昙般若流支，隋达摩笈多，唐地婆诃罗、玄奘、实叉难陀、菩提流志、义净、宝思惟、不空等译师均在洛阳开展了不同规模的佛经汉译，大量佛经在这里翻译复制，传播到了国内各地，并陆续传播到了日本、朝鲜和越南。其五，以洛阳为中心，在魏、晋间，河南荥阳人郑默编制官方图书目录《中经》，首创中国知识分类"四分法"，西晋河南颍川人荀勖沿用《中经》而编制《中经新薄》，进一步明确图书"四分法"，他们所开创的分类法影响了整个古代图书的分类，为历代官修目录所承袭，并不断完善。这一知识分类不仅是对原有典籍的归纳整理，更重要的它还影响到了后世知识的创作和书籍出版的方向。以此分类法而观察作者的地域变化，写本时期中原士人依然在全国作者群中出类拔萃。其六，写本时期的书籍复制和流通完全依赖"佣书"抄写，佣书分为五类，一类是供职官府的，一类是供职私人贵族的，一类是供职寺院道观学校等机构的，一类是具有商业性在城市开设书馆的，最后一类是个人随时抄写随时售卖的，此五类佣书在洛阳、邺城、许昌等地均见诸史籍记载。著名的中原佣书人士有：范汪、谢灵运、袁峻、庾震、赵隐、李商隐等。在邺都北齐高澄曾纠集佣书和其他抄书人一日一夜抄写完毕620卷《华林遍略》的记录，由此可见佣书之盛。

五代宋元明清是中原出版的雕版印本时期。北宋时期是中原出版的鼎盛时期，在全国30多个具有出版活动的城市中东京开封居于绝对的中心地位。金元以来，中原失去了出版中心位置，全国出版中心向北向南转移。明代的中原出版保持了增长的总趋势。但至清代，中原出版与江浙闽粤以及北京、上海相比，其衰落之势较为明显。雕版印本出版活动的发展曲线与中原政治、经济、文化发展的规律完全吻合。

自五代开始，中原出版中心从洛阳转向开封。自古以来，都城始终是全国的出版中心。北宋时期是中国文化发展的高峰，而出版作为文化的主要组成部分，其都城开封也达到了古代中原出版的高峰。在雕版印本时期，开封的出版业具有开创性、引领性和核心性。第一，开创了朝廷官方刻书的先河。发明于唐玄宗时期的雕版印刷术在唐代主要由寺院、私人、书坊零散地进行了雕版出版，至后唐长兴三年（932）冯道在洛阳奏请依唐开成石经文字雕印"九经"，其后历后晋、后汉、后周，"九经"在开封雕版完成，这是中国出版史上第一次官府刻书。第二，以开封为中心，形成了中国雕版出

· 视 点 ·

版五大系统,即官方刻书系统、坊肆刻书系统、私人刻书系统、寺院道观刻书系统、学校学院刻书系统。尤其是官方刻书系统,十分完备和发达,从中央到地方都设有专门的出版机构,如在开封的中央出版机构,国子监行使政府出版的职责,也是最高的出版管理机关。除此外,崇文院、秘书省、礼部、刑部、进奏院、尚书度支部、编敕所、印历所等,均具有出版功能,并出版了大量图书。第三,中央政府首创新型出版机构组织模式,中央政府出资设立临时出版机构和常设出版机构,名为编书机构,实际也是出版机构,名称为书局,如五代史书局、太平御览书局、文苑英华书局、册府元龟书局等,此类中央官方编纂出版机构在北宋时期设立的有100多所,这一模式为以后历代朝廷所袭用。第四,北宋中央政府开创超大规模出版工程模式,出版了大量史无前例的大部头书籍,如刻本大藏经《开宝藏》(5048卷)、《万寿道藏》(5387卷)、《太平御览》(1000卷)、《册府元龟》(1000卷)以及"十三经""十七史"等,这些印本的规模直到500年后的清代才被超越。第五,北宋时期,开封不仅是出版中心、印刷中心、藏书中心,并且是全国图书交易中心、交流中心,也是出版物国际传播中心。北宋时期,朝廷先后赠送高丽三部《大藏经》、日本一部《大藏经》、越南一部《大藏经》,《大藏经》同时也传播到了与北宋对峙的辽、西夏。第六,北宋朝廷确立了一系列的关于雕版出版管理制度,这些出版和出版物管理制度成为后世封建王朝的基本法则。这些制度主要包括出版物雕印禁令、出版物传播禁令、出版审验制度、管理机构、出版物查验、奖励检举、法律追惩、出版保护等。

中原出版在雕版印本时期,以宋室南渡为分界分为前后两个时期。南宋与金对峙以来，金短暂地以开封为都城，出版活动稍有恢复。元代的出版中心从中原转向平水和北京。明代中原出版中官府出版以地方志为重点，藩府刻书较为发达，私人刻书也颇兴盛。清代中原的出版活动主要体现在官府的方志出版上，坊刻以木板年画为主，私家刻书呈衰落之势。

中原机械印本时期开始于清同治年间（1862—1875），光绪年间引进铅印印刷机，进入雕版、石印、铅印并存时期。晚清时期，石印、铅印初步引进，民国年间西式印刷开始兴起，石印厂家约有200多家，铅印、胶印厂家约有210多家。民国年间各类出版机构共291个，大多是规模较小、存活时间不长的出版商，专事图书出版的单位较少。中国共产党领导下的根据地、解放区共有48个出版单位，分为党政军机关、报社和新华书店三类。清末至民国年间，私营图书发行业一直居主导地位，私营书业开始由大城市向县城普及，大多为兼营，规模较大的书店全部为外埠在豫开办分馆、分局、分店，基本上垄断了河南图书市场的书源，尤其是教科书发行。中国共产党成立之后，1925年在河南创办的开封河南书店、商城书社影响较大，其后又有开封秋水书店、南阳新生书店、开封山河书店等10余家共产党创办的书店，为传播革命起到了巨大的推动作用。

新中国成立以后，河南出版进入到了快速发展新时期。根据中华人民共和国的历史发展，我们将河南出版分为三个时期：1949年至1978年为第一时期，1978年至2012年为第二时期，2012年至今为第三时期。

1949年至1978年为新中国社会主义出版事业建立和发展时期。1949年5月河南文教出版社在开封成立，归河南省人民政府教育厅

· 视 点 ·

主管；1952年7月平原人民出版社在新乡成立，由中共平原省委宣传部主管；1953年3月，河南人民出版社在平原人民出版社和河南文教出版社的基础上在开封成立，由中共河南省委宣传部主管，至此一直到1979年11月河南人民出版社是河南唯一一家出版社。发行领域，1944年在濮阳成立的冀鲁豫新华书店是河南省最早的新华书店，1948年其改建为新华书店平原省分店。1948年9月，中原新华书店在宝丰县成立，后改名为中原新华书店总店，其下属有洛阳分店和开封分店，是河南省新华书店的前身，1949年6月中原新华书店河南省分店由开封迁至郑州，改名为新华书店总店中南总分店河南分店，1958年5月定名为河南省新华书店。随着新中国建立，各省县新华书店网点纷纷建立，全省国有发行网络形成。新中国建立之初，河南印制书刊的印刷厂有38家，主要是社会私营印刷厂，公营印刷厂主要是河南省大众印刷厂、平原印刷厂、省营第一印刷厂、郑州人民印刷厂等。1959年河南新建河南第一新华印刷厂、1960年河南第二新华印刷厂组建，两厂以印刷河南人民出版社编辑的书刊为主，为河南省新闻广播出版局直属的书刊印刷厂家，河南省国有书刊印刷骨干企业得以确立。中华人民共和国成立后，出版管理体制即得以确立，最早由中共河南省委宣传部主管，其后由河南省人民政府文教委员会主管，1955年由河南省文化事业管理局主管，1958年由河南省新闻广播出版局主管，1962年由河南省文化局主管，1966年由毛主席著作河南省印刷发行办公室主管，1973年由河南省出版局主管。出版管理体制的建立和逐步完善确保了出版事业的健康发展。从数据上来看，1949年国营书店发行网点为9个，1978年为333个，发行册数1949年1469千册，1978年达到184399

千册；在本版图书出版方面，1952年出版52种，1978年出版262种；在印刷厂方面，1949年具有书刊印刷能力的有38家，到1978年则上升为70多家。

1978年至2017年为河南出版改革开放时期。这一时期，出版社数量由河南人民出版社一家增长到17家，其中图书出版社有中州古籍出版社（1979）、河南科学技术出版社（1980）、海燕出版社（1982）、河南文艺出版社（1984）、河南美术出版社（1984）、河南教育出版社（大象出版社，1984）、中原农民出版社（1985）、郑州大学出版社（2001）、黄河水利出版社；音像出版社有黄河音像出版社、河南省文化艺术音像出版社（1992）、河南电子音像出版社（1996）、河南教育电子音像出版社（1988）、河南省银海音像出版社（1997）。出版物品种、规模、数量得到突破性的发展，1978年出版本版图书262种，总印数为181690千册，总印张为511504千印张。发行方面，1978年国有发行网点333个，集体网点1878个，发行册数184399千册。河南省出版事业在这一时期进入全面繁荣和高速发展。

改革开放以来，河南省出版管理体制和管理机构不断改革与完善，出版管理能力不断加强。1980年1月河南省出版事业管理局成立，与河南人民出版社合署办公，1983年3月河南省出版事业管理局撤销。1983年9月中共河南省委、河南省人民政府决定河南人民出版社既为出版实体，又行使出版管理职能。1987年9月，成立河南省新闻出版局，局、社为两块牌子一套机构。1992年局、社分家，河南省新闻出版局主管全省新闻出版工作。2004年，河南出版集团组建，政企分开。2010年，新闻出版局与广电局合并，改称河南省新闻出

· 视 点 ·

版广电局。2017年，两局分开，出版业务划入省委宣传部，新闻出版局成立。

2007年，河南出版集团转企改制，中原出版传媒集团成立。2011年12月，中原大地传媒股份有限公司成功上市，标志着中原出版传媒集团进入新的历史发展阶段。中原出版传媒集团自组建以来，也取得了长足的进步。

2012年11月党的十八大召开之后，河南出版与中国出版一道进入中国特色社会主义新时代，高质量发展成为新时代的显著特征。在河南出版和文化产业格局中，中原出版传媒集团占据绝对的龙头地位。集团公司的综合发展实力、核心竞争力、社会影响力持续提升，集团公司连续进入"全国出版行业10强"，第四次荣膺"全国文化企业30强"，第五次进入"全国服务业企业500强"，首次入选"全球出版50强"。

2020年11月

出版转型与突破

【案例简介】

2011年9月,我被任命为一家出版传媒公司总编辑。出版传媒公司组建于6月份,2011年12月2日在深交所正式复牌上市。其主营业务是图书出版,包括九家出版社,其中一家是电子音像出版社。公司董事会决定由我分管九家出版社,尽管已从业26年,并一直在出版一线和管理部门工作,但仍感压力很大。

近年,因为信息技术的突飞猛进发展,数字出版仅仅用了不到十年的时间,就在出版规模和销售收入方面超过了传统纸质出版的总量。而我们公司此时数字出版可以说还未起步,还依然停留在纸质出版的原始阶段。更为让人忧心的是,传统纸质出版和国内其他五家出版上市公司相比也处于劣势,一方面是规模偏小,总量不大,新书品种仅仅是先进公司的五分之一,另一方面是特色不明显,影响力弱,缺乏核心产品和品牌产品市场动销品种少,市场占有率很低,公司整体经济基础严重依赖教材教辅,可谓内忧外患。

针对以上情况,我经过一个多月的广泛调研,利用制订下一年度选题计划的机会,提出一套解决方案,分三个层面:第一,发展思路方面提出了特色发展、专业发展、统筹发展,也就是要在细分专业领域和细分专业市场,非均衡、差异化拓展,要充分利用现有

· 视 点 ·

优势资源，统筹传统出版和数字出版；第二，确定重点出版领域，提出要以教材出版、教辅出版、大众出版、专业出版、引进外版、数字出版六个领域作为重点，培育核心产品，重点突破特色产品，充分利用国外出版资源，全力探索数字出版，力求传统出版转型，力争数字出版突破；第三，调整产品结构，将产品结构总体分为基础性产品（现有优势）、核心性产品（现有特色专长）、政策性产品（国家扶持项目）、增长性产品（新增长点）、多元性产品（相关产业延伸）五类，力图从公司全局出发，引导各出版社全面调整原有出版产品格局，在夯实经济基础的前提下，通过调整产品结构，以达到传统出版转型、数字出版升级的目的。

经过全公司上下一年的努力，出版业务在2012年营业收入比上年同期增长12.76%，净利润整体增长37.31%；9家出版社共确定57条产品线；教辅市场覆盖率从20%提高至50%；出版新书品种增长20%以上；数字出版方面中国教育出版网、完美手工网整体上线运行，数字出版有了新的突破。

传统出版转型是一项长期而艰巨的任务，为了进一步巩固原有成果，在2012年9月份我又针对下一年的选题计划，提出在坚持专业化、特色化、品牌化的基础上，在未来要实施六大出版工程，即：第一，实施主题出版工程，围绕党和国家大政方针和社会热点，做好热点书、畅销书、长销书的出版，打造反映时代精神的传世精品；第二，实施重大项目库建设工程，以项目规划为第一要务，重点解决专业出版、数字出版和数据库出版；第三，实施大教育出版工程，拓展教育出版领域，重点解决教育出版学龄段、教育出版产品、教育出版介质全覆盖问题；第四，实施全媒体出版工程，重点解决电子书包、专业网站群、数字阅读等数字出版转型问题；第五，实施版权合作出版工程，重点解决中华文化"走出去"、有效利用国际出版资源问题；第六，实施一流人才建设工程，重点解决人力资源问题。同时，在公司层面，为实施以上工程提出为各出版社提供五个支撑体系，即政策、资金、资源、项目、培训五个方面的支持。而上市公司整体则围绕着"上总量、调结构、促转型、树品牌"的总体构想开展工作。

至 2013 年三季度结束，上市公司在出版转型方面还实现重大突破。公司组建了天中数媒公司，搭建了数字内容资源管理平台、投约稿平台；建设了一条在国内领先的按需印刷生产线，已投产运营，有效地解决了数字印刷问题；充实与完善了全媒体加工中心，这是全国唯——家由出版集团成立的数字加工基地；电子书包项目完成并进入中小学校园；专业网站已达到 8 个，覆盖面继续扩大；数字阅读还实现与中国移动阅读基地对接，已成为新的经济增长点；新出版业态 MPR 出版物 50 多个品种已上市；完成了智慧教室、数字教材、电子书包、MPR 出版、全媒体加工 5 个上市募投项目论证，融资额度达到近 3 个亿。总体而言，已基本实现传统纸质出版与数字出版的完整结合，一条全媒体的数字出版产业链已初步完成，出版转型已初步实现突破性的进展。

【案例评析与启示】

1.要注重调查研究，面对新技术、新业态、新的商业模式和市场挑战，要充分了解自身的优势和劣势，要充分了解国内外同行的发展状态，要充分了解新产业的发展规律和特点，在充分调研的基

· 视 点 ·

础上发现问题、解决问题。

2. 要抓主要矛盾。在社会、技术和产业的转型期，领导干部要有战略思维、理论思考和前瞻意识，要善于找出主要问题、主要矛盾，重点解决、重点突破。

3. 要制定实事求是的落实方案。战略方向明确后，要有分阶段的实施方案，要有支持方案落实的具体措施，要有综合解决问题的保障体系，要持之以恒，敢于坚守。

2013 年 11 月

关于如何做好"四书四力"的思考

通过系统的学习，尤其是通过读原著、学原文、悟原理，我感觉以前不明确的认识现在有了新的认识，以前不太理解的现在有了新的理解，以前片面的不连贯的认识现在变得系统起来连贯起来了。比如对文化的认识，过去的认识是不系统的不全面的，现在通过学习，我系统地认识到文化要抓住三个层面的根本：一是继承和弘扬好三种文化，即中华优秀传统文化、革命文化和社会主义先进文化；二是深刻领会文化的三个来源，也就是不忘本来、吸收外来、面向未来；三是更加明确了文化的目的，就是要更好地构筑中国精神、中国价值、中国力量，达到一个终极目标，就是"为人民提供精神指引"。再比如对坚定文化自信的认识，以前的认识是缺乏逻辑性的，现在我找到了其中的逻辑关系，这就是：要坚定文化自信，就必须通过以下五条路径达到社会主义文化繁荣，这五条路径就是：1.要坚定文化自信，就必须建设具有强大凝聚力和引领力的社会主义意识形态；2.要坚定文化自信，就必须用社会主义核心价值观凝心聚力；3.要坚定文化自信，就必须推动中华优秀传统文化创造性转化，创新性发展；4.要坚定文化自信，就必须进行无愧于时代的文艺创造；5.要坚定文化自信，就必须提高国家文化软实力。

"不忘初心、牢记使命"主题教育让我思考，什么是出版的初

· 视 点 ·

心？什么是出版的使命？我想出版的初心和使命就是为人民提供"思想精深、艺术精湛、制作精良"的优秀出版物，为人民提供精神指引，就是为中华民族伟大复兴提供智力支持。具体到我们出版社的出版工作，就是要做好"四书四力"，就是要落实好《河南出版出彩计划纲要》。结合原著理论学习，结合主题教育集中学习，结合我的实际出版工作，围绕如何做好"四书四力"，我思考主要是做好以下六个方面的工作：

一、围绕强化党对意识形态的全面领导，以重要时间节点为突破口，全力做好主题出版和获奖书，以增强"出版豫军"的影响力。

主要是抓住三个关键。

1. 做好主题出版，关键在于选题策划。对重大时间节点的重点出版方向要提前策划，要找到与众不同的角度选择具有国家级意义的主题，找到国内一流作者才有可能列入国家年度主题出版项目。

2. 做好获奖书，关键在于找到重大题材。获奖书包括三大奖，中国好书、茅盾文学奖和鲁迅文学奖，要对每个国家级奖项的评奖标准和重点方向进行透彻研究、精准把握和精心统筹，有针对性地策划专业性很强的选题才有可能获得成功。

3. 做好获奖书和主题出版，关键在于分类指导和突出重点。每个出版社都有自己的专业方向，每个奖也都有重点方向，要二者结合，各自守住自己的阵地，如人民社、科技社、文艺社、美术社、海燕社等各有专业重点，所以要各有侧重，重点突破。出版部已经列出了各自的重点，今后关键是逐社落实。

二、围绕供给侧结构性改革，以三大出版领域比例结构调整为主线，努力调整产品结构，做好资助书、畅销书和市场书，扩大图书市场竞争力。

如何扩大市场竞争力，要从三观上下功夫。

1. 改变传统出版认识，从宏观上调整教育出版、专业出版、大众出版在集团层面、社级层面的比例结构。目前是各家社均有教育、专业和大众出版，根据各社不同社情和出版方向，各社要对三类出版构建一个相对清晰的产品结构，如人民社的三个三分之一：教育类选题占三分之一，原创专业类占三分之一，合作类大众出版占三分之一。如科技社，三者比例是否可以是4:4:2，这是一个出版方法问题。

2. 聚焦"四书四力"，从中观角度规划"获奖书、资助书、畅销书、版贸书"四书选题比例。从源头上，从选题策划与论证开始，从思想上明确提出"四书"在全社所有选题中的比例，做到心中有数。

3. 推动机制创新，从微观上要建立资助书、获奖书、畅销书、版贸书项目责任人制度。要建立集团、出版社、编辑室三级重点选题项目管理责任制，具体到书，具体到人，具体到全流程。

三、围绕创新、协调、绿色、开放、共享的新发展理念，以IP知识产权为起点，尽心尽力做好资助书项目规划、出版融合发展和转型升级，提高出版物的生命力。

如何提高出版物生命力，要抓住三个重点。

1. 提高出版物的生命力，重点在于抓好重大出版工程项目。具有国家级重要意义的、能够代表国家出版水平的、能够走向国际的重大项目，往往能够获得国家和省部资助，也往往具有长久的生命力，具有时间上的传承意义。重大项目，重点在于顶层设计和出版勇气，今后我们将高度重视策划和规划工作。

2. 提高出版物的生命力，重点在于促进媒体融合，拉长出版产

·视　点·

业链。以 IP 孵化重点项目为突破，将纸质书、电子书、有声书、视频书四者结合起来，一种版权资源多种呈现方式，这种出版模式，不仅提高了书籍的生命力，也提高了经济效益。

3.提高出版物的生命力，重点在于出版具有重大理论和技术突破意义、原创的奠基意义的具有经典性的重要出版物。需要各家社在自己的专业出版领域，针对学术前沿，策划本专业领域的学术专著选题，策划本学科或本领域的最具突破性的选题。

四、围绕高质量发展理念，以创新为第一动力，打造畅销书出版生态，全面提升图书市场竞争力。

如何提高图书市场竞争，需要三个创新。

1.提高图书市场竞争力，需要创新出版社畅销书运行机制。目前是各社缺乏畅销书运作经验，考核和管理办法均无法满足畅销书运行条件，各社要从制度上思考如何运作和鼓励畅销书运作。

2.提高图书市场竞争力，需要创新社店合作模式。在《河南出版出彩计划纲要》中提出了"实施协同联动战略"，已经进行了一些有效的尝试，取得了一些成效，但还需要创新合作模式，以真正实施双方共赢。

3.提高图书市场竞争力，需要创新编辑和营销发行人员的业务能力。如何策划畅销书选题、如何营销畅销书，目前是我们的短板，弥补该短板的核心是如何提高人才队伍的素质，引进人才与培养人才是关键。

五、围绕提高国家文化软实力，以"一带一路"国家合作计划为重点，努力做好"版贸书"，提高国际影响力和传播力。

如何提高国际影响力和传播力，必须在三个顶层设计上下功夫。

1.提高国际影响力和传播力，必须在顶层设计上形成共识，要坚持把争取国家政策支持与走市场结合起来。一方面，国家有关部委和出版集团均设置了奖励资金，另一方面各社也要将"版贸书"设为"出版特区"，给予政策性的倾斜。

2. 提高国际影响力和传播力，必须在顶层设计上确定重点方向。结合中原文化的历史和特色，我们将以汉字、汉语教学为重点，以中医、武术为重点，以中国文化元素原创绘本为重点，策划"版贸书"选题与出版。

3. 提高国际影响力和传播力，必须在顶层设计上创新合作模式。目前，我们已经探索了与阿拉伯语国家、与法语国家、与西班牙语国家、与僧伽罗语、与越南语合作的不同模式，均取得了一些成果，创新与世界主流语言国家合作模式是我们今后的努力重点。

六、围绕坚定文化自信，以切实提高出版单位社会效益为重点，以重点项目规划和申报为突破口，全面提高"出版豫军"在全国的影响力。

如何做好？主要有五个路径。

1. 确保两个质量：一是政治质量，一是编校质量。

2. 顶层设计两个规划：一是国家级"十三五""十四五"重点项目规划，一是集团级"十三五""十四五"重点项目规划。

3. 建设两个项目库：一是集团层面的"双百重点出版项目库"，一是出版社一级层面的年度、中长期项目库。

4. 创新两个机制：一是项目领导责任制，一是重点项目组负责制。

5. 抓好两个队伍建设：一是编辑队伍，一是发行队伍。

2019 年 6 月 27 日

· 视 点 ·

不忘初心，努力做好主题出版工作

7月26日，党中央举办省部级主要领导干部"学习习近平总书记重要讲话精神，迎接党的十九大"专题研讨班，习近平总书记在开班式上发表了重要讲话。讲话系统总结了十八大以来取得的辉煌成就，深刻阐述了近五年来党和国家发生的历史性变革，为继续推进中国特色社会主义事业凝聚起强大信心与力量，是我们党在新的历史起点上不忘初心、继续前进的行动纲领。深入学习贯彻习近平总书记重要讲话精神，就要切实增强"四个意识"，牢固树立"四个自信"，更加奋发有为地努力工作。下面结合大地传媒工作实际，围绕做好主题出版工作，汇报一下我们的工作安排。

一、全力抓好迎接十九大重点图书项目。为迎接十九大，新闻出版广电总局在全国范围内确定了100种重点图书，公司所属河南人民出版社的《共和国日记》、河南文艺出版社的"中国创造故事丛书"荣幸入选，总局从中又精选了22种图书，作为国家级项目向十九大献礼，"中国创造故事丛书"再次入选，是我省唯一入选的图书。《共和国日记》编委会主席由全国政协副主席陈奎元同志担任，原中共中央政治局常委、组织部部长宋平同志非常关心此书的编辑和出版工作，并多次提出具体意见。"中国创造故事丛书"包括《中国智慧：中国高铁创新探秘》《吉祥天路：见证青藏铁路修筑奇迹》

出·版·四·重·奏

《中国超算："银河""天河"的故事》《海底7000米：深海"蛟龙"号的故事》《追逐太阳的人：杂交水稻之父袁隆平》《挺进太空：中国载人航天纪事》《中国之翼：解密C919大型客机》7本，主要以讲中国故事的形式，向青少年读者讲述我国近年来的重大科技成果和高科技领域优秀人物的动人故事，使青少年读者真切感受祖国科技发展的伟大成就，增强民族自豪感和科技强国自信心。我们确保《共和国日记》（1950年至1959年10卷）在十九大召开之前出版，"中国创造故事"正在紧张的书稿加工中，因书中涉及党和国家现任、曾任主要领导人的对话、贺电、讲话、文件等，目前正履行重大选题备案手续。

二、提前规划、策划学习、贯彻、落实十九大精神的选题，全力抓好图书出版。结合公司自身出版资源优势，针对党员、干部和一般群众、学生等不同群体，从政策解读、理论讲解、实践检验等不同角度，采取传统出版与数字出版的不同出版形式和不同载体，提前规划、策划《解读"十九大"精神》系列丛书，在第一时间，全方位、全覆盖、全媒体宣讲十九大精神。

三、全力以赴、始终不渝抓好"主题出版"。继续完善"'双百'主题出版工程"，即在"十三五"期间出版两百种在社会上产生较大反响的主题出版出版物，重点策划反映中华民族优秀传统文化和中华民族精神、文化精神的选题，弘扬当代社会主义核心价值观、总结当代中国伟大成就和对世界贡献的选题，反映党领导中国人民奋斗追求历程的选题。十九大胜利召开后，公司会根据十九大精神，在部署2018年度选题工作中，围绕新中国成立70周年、建党100周年和改革开放40周年，精心策划和组织，做好主题出版工作。

· 视 点 ·

四、牢牢树立中国特色社会主义道路自信、理论自信、制度自信、文化自信，力争在中国文化"走出去"上实现突破性进展。实施"主流语言国家合作出版计划"，即选择除汉语以外的英语、德语、法语、俄语、西班牙语、日语、阿拉伯语、韩语（朝鲜语）、葡萄牙语这9种主流语言，在每种语言中选择两个国家开展合作出版，促进出版"走出去"输出中国文化，提开中国文化的影响力和软实力。此外，策划、组织《"一带一路"国家读本》丛书，为"一带一路"联系起来的65个国家策划、出版讲述该国历史文明和最新国情的"国家读本"，每种读本均为汉语和该国的母语双语出版，合计为65卷、130种，为中国和"一带一路"的读者提供优秀的出版物。

五、集中精力策划、规划和出版原创理论著作、原创文艺精品图书。启动"十大主题出版计划"，重点抓好中国社会科学院研究员司马云杰《中国精神通史》等重点选题的编辑出版工作。《中国精神通史》是一部研究中国最高精神的著作，旨在揭示中国文化博大精深的精神特性与精神史的巨大潜能与力量，唤起中国人对维护国家民族文化生命精神的赓续绵延的自觉。"十大主题出版计划"包括重大理论问题出版、重大纪念活动出版、社会主义核心价值观出版、中华优秀传统文化传承发展出版、中原文化与河南精神出版，围绕一流作家、歌颂真善美的由报告文学、纪实文学、长篇小说、儿童文学组成的文艺原创精品出版，以及传播新科技和创新发展、介绍新经济与信息文明、关注社会文明与民生问题、宣扬生态文明与美丽中国的出版，共计十个方向。

2017 年 8 月

序跋

XU BA

出·版·四·重·奏

· 序 跋 ·

《华夏文库》发凡

　　毫无疑问,每一个时代都有属于自己时代的精神追求、文化叩问与出版理想。我们不禁要问,在 21 世纪初叶,在全球文明交融的今天,在信息文明的发轫初期,作为一个中国出版人,我们正在或者将要追求什么?在一连串的追问下,于是,有了这套《华夏文库》的出版。

　　自信才能交融。世界各大文明在坚守自身文化个性的同时,不约而同地加快了探视其他文化精神内涵的步伐,世界不同文明正在朝着了解、交流、碰撞、借鉴与融合的方向前进。五千年中华文明与文化正在不断地被其他文明所发现、所挖掘、所认知,汉语言正在生长为世界语言,儒文化正在世界各地落根发芽。为了顺应这一历史潮流,我们决心用我们这个时代的学术眼光全面系统地梳理中华五千年的文明与文化,向其他各大文明与文化圈正面展示自我,让中华优秀文化成为世界文化的重要组成部分正是我们出版这套文库的目的之一。此其一。

　　知己才能知彼。身处五千年文化浸润的今天,重新思考我们先人的人生思考、价值思考与哲学思考,找到一个民族、一个国家的价值所在、立命所在、安身所在,这已经是我们这个时代的学人与出版人不得不再思考的问题。作为中华民族的一分子,我们在思考的同时，还必须了解我们的先人创造了如何优秀的精神文明与物质文明以及社会文明。只有熟知自己的文化，热爱自己的文化，悟明自己的文化，我们才能宣说自己、弘扬自己、光大自己。因此，我们策划组织这套《华夏文库》的初衷，还在于让当下的知识青年全面系统地瞭望中华文明与文化的全景。此其二。

顺势才能有为。我们正处在农耕文明、工业文明、信息文明的交汇处，信息文明带领我们从读纸时代进入读屏时代，以智能手机屏幕为代表的书籍呈现方式正在与纸质书籍争夺阅读时间与空间。我们正在领悟数字技术，正在以信息文明的视角，去整理、分析和研究农耕文明与工业文明的文化遗产，不仅仅是为了唤醒优秀的传统文化，我们还在生发和原创着当今时代的文化。由此，我们试图架起一座桥梁，由纸质呈现而数字呈现，由数字呈现而纸质呈现，以多媒介的书籍呈现方式，将文字、图像、声音与视频四者结合，共同筑成《华夏文库》以奉献给信息文明时代的新读者。此其三。

总之，这是一套专家大家名家写小书；以最小的阅读单元，原创撰写中华精神文化、物质文化与社会文明系列主题与专题；以图文、音视频多媒介呈现的方式；全面介绍与传播中华文明与优秀文化，系统普及与推介中华文明与文化知识；主旨是为了让世界与中国共同了解中国的——大型丛书，藉此，复兴文化，唤起精神，融入世界。

2013 年 6 月 27 日

· 序　跋 ·

《大地文库》序

　　解读经典与创造经典是出版人的两大精神追求。如果说创造经典是出版人的最高理想，那么，解读经典则是创造经典的必由之路。

　　所谓经，是经天纬地，纵横千古，更是历久不变，愈久弥新。所谓典，是常道准则、制度法则，更是记载法则、制度的重要文献或书籍。合而论之，经典，当是指具有持久影响力的权威性著作。出版史一再证明，一部人类的出版史实质上就是一部人类经典的生产史与阐释史。开宗明义，"大地文库"的出版方针就是挖掘经典与发现经典，阐释经典与出版经典。

　　我们对于经典书籍的定义主要聚焦于：原创性，指首创，指最早创作，是著与作，发人所未发，揭示前所未有的知识和思想，具有奠基意义。权威性，是一个时代、一种语言或者一个民族的代表性作品，带有典范性，具有标杆或者标准意义。持久性，历经千百年来长时段的岁月洗礼而保持持续的影响力和震撼力，具有传承意义。超越性，文本的价值与意义超越民族、国家和语言的限制，上升为人类的共同精神追求，具有广泛的世界传播意义。象征性，文本的意义成为一个国家或民族语言和思想的象征符号，具有特殊的教育意义。以上，也是我们入选"大地文库"书籍的标准。

　　本文库将以开放的心态持续推出古今中外的经典著作和阐释之

出·版·四·重·奏

作,将以美的眼光创制最便于阅读和最值得收藏的精品图书,将以发现的惊喜不断挖掘属于我们这个时代的新的精神文本。

作为出版人,向着经典,我们正在努力。

2017 年 5 月 31 日

· 序　跋 ·

附："大地文库"出版方案

李雪涛

意义

在人类文明的知识延续中，文库本的丛书起到了举足轻重的地位。不论是英国的企鹅丛书（PenguinBooks，现已出版5000多种），还是德国的雷克拉姆（Reclam，其万有文库Universal-Bibliothek已经出版了几万种。日本岩波书店的"岩波文库"，以及我国商务印书馆的"万有文库"都是仿效而来的），都产生过广泛且深刻的影响。地处中华文化发祥地的"中原大地传媒有限公司"，肩负着传承中国乃至世界文明的重任，拟议编辑"大地文库"丛书。我们认为，中华文明只有在与各种外来文明的互动中，才能得以不断发展、壮大。因此本套文库的编辑，既包括翻译的文字，同时也包括中国学者的专论，篇幅一般限定在10万字以内。我们希望，这些文库本的丛书所蕴藏的思想财富和学术价值，能为更多的人所了解。希望海内外读书界、著译界的人士能够给予我们批评和建议，以协助我们更好地出好这套丛书。

规划

2015年争取出版20本，以后每年以20—50本的规模出书，2020年以后，每年出版100种。这样几年内奠定在业界和学术界的地位。

同类图书市场现状分析：

出·版·四·重·奏

目前，由于信息量愈来愈大，人们的阅读习惯也随之改变。以往少则20万字以上，多则好几卷之多的学术著作，愈来愈少有人问津。而10万字以下的学术著作在学术界却广为流传。即便是大部头的学术著作，其核心和精彩的部分，也都可以在10万字以内说清楚。而目前国内还没有大规模且能持续出版的文库，"大地文库"正是填补这一方面的空白。

随着读图时代的来临，人们对图书装帧与设计的要求不断提高，对图文并茂的视觉需求大幅提升，图文书（插图本、铜版书、胶版纸彩印）已成为诸多出版社的人文社科类选题的出版重点。精装、精印也是这套文库本丛书的特点之一。

学者、大学教师、大学生、部分对中外文化学术持一定爱好的读者及社会上一批新兴的"第三阶层"，他们对此类书有购买欲望。具有猎奇性的"第三阶层"的兴趣需要正确引导。

同类书出版情况：改革开放以来，不同的出版社都尝试着出版一些文库本丛书，但至今没有一家最终取得成功。1.20世纪80、90年代上海文艺出版社出版的"五角丛书"，这是一套面向大众的普及型图书，十几年间共出版了普及本150种，总发行量逾1500万册，成为出版社的看家书。该丛书虽然价格低廉，每本只要0.5元钱，但题材丰富，涉及人文历史、天文地理，以及许多与人们生活密切相关的内容，比如《人体语言》《开发人的右半脑》《穿着的艺术》等。2.1984—1988年的五年间，四川人民出版社出版了"走向未来丛书"。该套丛书涉及社会科学和自然科学的多个方面，包括了外文译作和原创著作。丛书计划出100种，到1988年共出书74种。3.从1996年至2005年的十年中由辽宁教育出版社出版的"新世纪万有文库"。

· 序　跋 ·

全书着眼于文化的普及和传播，按常备、实用、耐读、易存的原则，在海内外各学科专家的指导下，将中外名著的珍善版本，精选收入文库。每年出书百种，积累至千册。共分三个书系：传统文化书系，近世文化书系，外国文化书系。

此外还有一些类似的丛书，但由于种种原因，都没有能够延续至今。

内容与形式特点

本丛书尽管大部分是学术的内容，但在写作上尽量做到雅俗共赏。在有图片、书影的情况下，尽量配以当时的图像资料，图文并茂，相得益彰。在装帧上，也以日本、西方的文库本为样式，从版式设计到用纸，尽量做到精美、耐看。

分类

以往的分类常常是将中外分开，将译文和原创分开，在我们的分类中，我们仅仅以问题意识为导向，按照内容分为以下几个系列：

思想文化

语言文学

学术理论

学科导论

编委会

主编：耿相新 李雪涛

顾问：腊碧士（AlfonsLabisch）、顾彬（WolfgangKubin）、安

乐哲（Roger Ames）、张国刚、王刘纯

编委：汪民安（首师大，后现代）、夏可君（人大，西方哲学）、沈国威（日本关西大，语言史、观念史）、内田庆市（日本关西大，语言史）、王立志（北外，科学史）、白滇（北外，翻译史）、柳若梅（北外，汉学史）、顾钧（北外，汉学史）、何乏笔（Fabian Heubel，台湾中研院，哲学、美学）、培高德（Cord Eberspächer，德国杜塞大，中国近代史）、陈怀宇（美国亚利桑那州立大学，佛教史）、党宝海（北大，中国历史）、季进（苏州大学，海外中国现代文学）、沈卫荣（清华，藏学）、肖鹰（清华，哲学、美学）、王锦民（北大，中国哲学）、夏继果（首师大，世界史）、张柏春（中科院，自然史）、刘经树（中央音乐学院，西方音乐史）、钱婉约（北语，日本汉学）、温海明（人大，中国哲学史）、杨炳菁（北外，日本文学）、金京善（北外，韩国文学）、梅谦立（Thierry Meynard，中山大学，中国哲学史）、孙立新（北师大，德国史）、叶农（暨南大学/澳门大学，传教士汉籍）、吕凌峰（中科大，科技史）

启动的工作会议

我建议在 5 月 30 日（周六）在北京举行。我尽量多请一些上面的编委。之前会跟他们商量好，到时由他们分别负责来组稿。

大地文库·思想文化（首批的 5 本书）

1.《阐释学与海外汉学研究》（暂定名）

李雪涛，北京外国语大学教授

本书以伽达默尔（Hans-Georg Gadamer,1900—2002）的阐释学（Hermeneutik）为依据，对海外汉学研究做了梳理，同时给予海外

· 序 跋 ·

汉学以正当性存在的理论基础。实际上，多年来中国学者认为汉学文本、人物、思想有唯一正确解释的想法本身，是不符合阐释学的基本理论的，汉学家们有着独特的问题意识、一套自己的话语系统，以及其背后的社会思想背景。本书认为，只有透过与海外汉学的对话和交流，我们才能真正认清自身，也才可能使国内的中国学术研究进入国际学术的语境，从而使得中国学术获得世界性的意义。同时，包括西方在内，当代的理论也必须接受中国当代的挑战，才能扩展自己的理论视野，成为名副其实的全球性理论。篇幅为7万字。

李雪涛，男，1965年生于江苏，德国波恩大学文学硕士、哲学博士。现任北京外国语大学教授、博士生导师。主要从事德国汉学、德国哲学以及中国佛教史的研究。

2.《严复和新国语》（暂定名）

沈国威，日本关西大学教授

主要是1900年前后严复的翻译在语言方面不得不受到的限制和严复的奋斗。会对严复翻译研究有一个冲击。因为以前没有人从语言的角度分析严复的局限性。8万字左右，但是需要对读者层做一个精确定位。这一点请出版社指示。

沈国威，现任日本关西大学外语学部教授，日本关西大学东西学术研究所、亚洲文化交流研究中心研究员。

3.《庖丁解牛——庄子的无用解释学》

夏可君，中国人民大学副教授

夏可君的《庖丁解牛》是对庄子思想最新的解释，是与西方当代哲学以及汉学研究深入对话之后，在后现代重新发现庄子。该书集中于对庄子《养生主》"庖丁解牛"这个文本逐字逐句的多方式解读，试图重建器物—身体—自然这三重世界的共感关系，而这正是中国思想有待于展开的潜能。该书尤其对庄子的"无用解释学"给予了当代的解释，对汉语思想的国际性有着可能的激发意义。篇幅为10万字。

夏可君，男，1969年出生于湖北，哲学博士。北京·上苑艺术馆——艺术委员会常务委员。曾留学于德国弗莱堡大学和法国斯特拉斯堡大学，现任教于中国人民大学文学院。

4.《动物》（暂定名）

汪民安，首都师范大学教授

汪民安从庄子、韩非子等先秦思想家对动物的描述，进而与德里达（JacquesDerrida，1930—2004）、福柯（MichelFoucault，1926—1984）对动物的描述进行有趣的比较，展现出当代中国哲学家对动物这一重要主题的深刻且独特的思考。7万字。

汪民安，男，1969年生。文学博士，现为首都师范大学教授，博导。主要研究方向为批评理论、文化研究、现代艺术和文学。

5.《回到过程哲学的原点》（暂定名）

王立志，北京外国语大学副教授

怀特海（AlfredNorthWhitehead，1861—1947）是以分析哲学为主流的英美哲学界复兴思辨哲学的先驱，他所创立的过程哲学在现代西方哲学中占有重要地位。过程哲学的问题来源于哲学史，思想材料来自经验科学，思想方式深受数学影响。在自然机体论的基础上提供一个生生不息的宇宙观，从而摆脱机械唯物论带来的思想困扰；在进化论、相对论、量子论展现的动态宇宙中研究人类经验的种种变化、探究理解事物性质的方式是过程哲学的内在动力。通

· 序　跋 ·

过创造性的解读从笛卡尔（RenéDescartes，1896—1650）到休谟（DavidHume，1711—1776）的西方哲学思想，使哲学回到通俗的构思方向上来，从而为西方文化的危机寻找出路是过程哲学的基本价值取向。本书旨在通过回到过程哲学产生的数学、物理和哲学背景，深入阐发过程哲学的核心概念，从而彰显过程哲学对于思想方式的更新所具有的建设性作用。著作规模6万字左右。具体内容如下：

第一章　怀特海

第二章　事件思维

第三章　机体宇宙

第四章　摄入与合生

第五章　思想方式

第六章　观念的历险

王立志，男，河北冀州人。先后毕业于河北师范大学物理系、北京师范大学哲学系，获理学学士、哲学硕士、哲学博士学位。现为北京外国语大学副教授，从事科学思想史与过程哲学研究。在《哲学研究》《光明日报》等刊物发表论文多篇。

2017年9月

量子：纠缠还是纠结——《秩序·量子态》序

这本诗集源自我的眼睛的受伤。七夕节前两天的傍晚，我在如意河岸边散步，却无意中被一丛松针划伤了眼球，以至于次日以及次日的次日，我每眨一下眼睛都感到刺痛无比，而此时的眼泪是最充满希望的眼药。两只眼睛不能聚焦，书上的字摇摇晃晃，以读书为使命的我，一旦不能读书，生命顿时失去了意义的重心。那种精神无所傍倚的痛苦完全超越了眼睛的疼痛。那两个阳光灿烂的下午，于我都是伸手不见五指的黑夜。无奈之中，我想起了诗句，我企图用诗治疗黑暗。于是，有了《左眼与右眼》《七夕之歌》和《受了伤的眼睛》。

我在诗中说："黑暗是如此美丽，一只短短的蜡烛就能将其点燃。"的确，我试图以手代替眼睛，去抚摸有声音的世界。我感觉到了新生，感觉到了从光明走到黑暗是如此容易，同样也感觉到了从熟悉到陌生是真的易如反掌。我尝试以耳朵感知世界，以嗅觉分辨真假，以意念品味时间。我感觉这是新的生日，因此我在《左眼与右眼》的正标题下写下副标题"关于生日之歌"，生日是一种释然。

然而，生活的问题总是接踵而至。我不得不学会适应。我在《适应》一诗中写道："我的眼睛本是为了光明而生"，但此时，"我

· 序　跋 ·

的眼睛慢慢适应了黑暗"。但是，平衡无论如何是被打破了，无论你是否能够适应。

　　寻找秩序、创造秩序、保持秩序是人类的也是每个人的永恒追求，但秩序并不能在幸福的平衡木上长久停留。来自微观世界的内部和来自宏观世界的外部，总是不能势均力敌。宏观世界也许是能量守恒的，但当我们撞进原子核内的微观世界，那里面的粒子的活动轨迹是不可确定的、是不可知的、是不可预测的，这个世界的面貌粉碎了我们的传统认知。我们的体内每一毫秒都在快速地运动着不可确定的运动，尽管我们健康状态下的大脑也正在指挥着我们的脚步。两个似乎相互矛盾的世界共同构成了我们的肉体以及我们栖身的自然世界和物质世界。的确，保持一个姿势的秩序似乎都是短暂的，它总是被来自不确定的微观粒子所打破，而这个微观粒子无论是人还是物质的元素，它都具有天赋的生存权利，走动或者停留，生存或者死亡，保持现状或者突变为其他的生命形式，它是不能被控制和预测的自由粒子，但它总是以微弱引起巨大的力，破坏秩序。无序，然后，重建。

　　起始于一次意外，一次不可预测的事件，我试图以诗重建我的生活平衡。这一努力，持续了整整一个月，这些诗句全部作于深夜或者清晨的五六点钟。为了更好地疗伤，我将它们收拾起来，打包起来，留作纪念，借以提问："量子：纠缠还是纠结。"

2019 年 9 月 21 日

/ 量子：纠缠还是纠结——《秩序·量子态》序 /

《秩序·量子态》后记

　　每一个字都是有生命的。词和句子构成了意义。而意义有时是瀚海沙漠古道边的骨架或者小小的绿洲，警示或者满足。我不能确定前面的文字是什么颜色。但我的同道张胜先生一直在努力为这些文字安排些许意义的秩序，并为它装上眼睛，以供瞄准或者阅读，对视或者互悦，提醒或者沉默。这些文字的脸上因此有了生机。感谢书的世界宽容我们。

2019 年 9 月 21 日

· 序　跋 ·

透明：新神话的开端
——《四维·神的苏醒》序

2020年，注定将成为一个新纪元的开始。一个物理的世界停摆，一个虚拟的世界敞开。渺小得不能再渺小的一种病毒摧毁了人类编织的观念大物，并分娩新冠一代元年的光。人类的两只脚，一只沾满了旧秩序的泥土，另一只还在空中。

作为个体，你来不及选择便被新角色定格。你对新秩序的最大贡献就是心平气和地固定自己。在人们对新至高一无所知时，你最理性的行为是作茧自缚。此时，新至高的光，将有可能沐浴你。

我又重新回到部落。思想的篝火试图与满天繁星对话，而我更大面积地陷入光与光之间更大面积黑暗的泅渡中。随时，被呛醒的历史和记忆，汹涌而来。这时，我抓住了一个记忆的救生圈——神话，这是部落时期人们的共同故事，这是人类精神的一次次满足，这是一次次自我安慰的解释，像双螺旋的基因，构成一个民族的文化面孔。于是，我开始痴迷于中国上古的神话，伏羲与女娲，夸父与刑天，盘古与精卫，等等。我的穿越让我更加深信德国哲学家谢林（F. W. J. Schelling）的话："每个美丽的神话都不过是经过改装的想象和爱，它们用象形文字的表述来表达周围的自然，除此之外还能是什么呢？"因为爱，爱这个部落，爱她和他，并自爱，由此我开始

177

思索未来。

未来是一长串的不确定性。连最不能容忍秩序破坏行为的诸神，也不免时常犯下一个个偶然的失误和错误。秩序正是由无序构成，正确正是生长于错误，未来正是发源于现在。此时，当下的花枝招展正在涂抹未来的眉眼。只是，此时，我们正深深地呼吸着源于空气的恐惧，难道我们将成为新神话的祭品，从而成为历史的标本，存活于后人的唇齿之间。然而，依然，这是不确定的。

神不能创造神，这是一个幸运的悖论。正像时间不能留住自己一样，神也不能自我言说。我之所以选择言说中国的神，主要是想让中国的神与西方的神坐下来对话。我不知道这场对话将是何等场景，我所明白的只有一点：空间加上时间就是四维世界，在这个世界，一切都是透明的。

透明，将是新神话的开端。

2020 年 8 月 3 日

· 序　跋 ·

复眼，已经过时——《复眼的世界》序

我与这个世界的距离越来越近还是越来越远？我感知这个世界的时间越来越快还是越来越慢？我对这个世界的感情越来越浓还是越来越淡？我已不能再问下去。这个世界是不确定的。正如我也不能锚定自己一样。

但是，世界的表面，它的脸，甚至眉毛，肉眼所及之处，都全然被秩序所笼罩。无论是被迫静止的，还是顺势而动者；无论是本能的喧哗，还是选择性的沉默；无论是凝固的音乐般的建筑，还是内心冲动的飞鸟，所有的物质世界都是秩序井然的存在，它们独立于我、独立于被感知、独立于一切外部而独立存在。毫无疑问，一切的我，也是一个不能被分割地行走着的物质存在。

然而，这个巨大世界的内部，一切众相的物质存在内部，构成物质核心最基本的粒子，它的运动却是无序的、测不准的、不能确定的。构成世界的最基本的原子最里面——基本粒子完全无视外部的禁锢，在自己狭小得几乎可以忽略的空间里，享受着完全自由，它不需要预设目的，也不能选择方向，它的随时轨迹完全随机，它们在无序的不稳定的内部随心所欲，这里是量子力学的天下。

我在场的这个世界，你必须明白，这是一个巨大的和谐着的悖论。宏观的秩序的物质世界完全建立在微观的无序世界之上，它的

出·版·四·重·奏

稳定基础是不稳定，它的确定性源自不确定性，它的所在的必然性通向的是时时偶然性，不可控制和不可预测的偶然创造了这个必然的世界，大量偶然的紧密团结造就喧闹的粒子趋向一致、趋向稳定、趋向和谐。在秩序和非秩序之间，我们像个两面神，呼吸着彼此。

我曾经相信眼睛，但此时，我更依赖思索。

复眼，已经过时。

2021 年 1 月 14 日

· 序 跋 ·

《复眼的世界》跋一

原本，我对复眼充满憧憬和好奇。一只雄性蜜蜂的每只复眼约有8000只小眼，一只蜻蜓的每只复眼至少有30000只小眼，一只蝴蝶的每只复眼约有14000只小眼。每一只复眼的小眼都是一个独立的感光体、视觉器官和成像点，这些成千上万只小眼的成像点共同拼合成一幅完整的图像。复眼的最大美妙之处在于，它可以以180度的视域在0.01秒的极短时间内分辨从它们眼前高速经过的任何物体，无论是善意的食物，还是恶意的猎杀。因此，它们总是能快过人类的各种手。复眼擅长捕捉任何移动的东西，但与人类的单眼相比，它的影像解析度偏低，人类比昆虫更能看清物体，甚至本质。现在，我开始对复眼的成像不甚清晰感到遗憾，我开始认识到认清这个复杂的世界并不能以眼睛的数量取胜，也不能完全依赖快速的反应，大面积的静止或者突如其来，依然充满着不可预防的威胁。复眼，并不能赋予世界清晰。

这本集子里的作品，几乎是在四个多月内一气呵成。我曾试图通过诗句理解这个世界，这些充满原生态的诗句正如我曾十分艳羡的复眼，它们的底色必然也充满模糊不清。然而，也许这就是我们存在的本质意义——在雾中感知光明。

给我光明的人很多很多，不可胜数。存在心底的感念，犹如我

出·版·四·重·奏

每日的长久的祷念，感谢之情无以言表。感谢这个世界，感谢我认识的人，感谢不曾相识但又在文字里相遇的每一个人，你们是无限的光源，我在光的温暖里感谢光，你们是灵魂的依靠。

尽管我不能列出所有的感谢名字，但我必须记下直接校正和装饰这本诗集的朋友和同事：张云鹏、张胜、黄桂敏、张国庆、郑雄、吴春霞、王兆阳、毛路、李婧慧，正是因为你们，这本诗集才得以成为一个想象的模样。

2021 年 1 月 14 日

· 序　跋 ·

《复眼的世界》跋二

  诗是借以疗伤的一种文体。不单单是个人，即便是一个时代，或者一个社会族群，当处于巨大伤痛之中，或伤痛过后，诗是最有效的一位安慰剂。诗或来自天启，在人类未发明文字之前夜，她便以韵律、旋律、节拍和舞蹈的吟咏说唱，指引人们记忆历史、颂扬英雄、哀悼亡人，引领人们走出灵魂深处的险境和困境，导引个人以及族群摆脱生存无意义的悲剧意识，诗的启谕无疑是让人找到返回自身的光明。由此，诗不是写出来的，她是诗人开悟之后觉悟和仁慈的自然流淌。愿诗伴随我们的左右。

2021 年 1 月

出·版·四·重·奏

《复眼的世界》后记

  诗的仁慈的善的爱的目光往往被洞察的觉悟的智慧的睫毛遮蔽。与诗所不同，而我，恰恰是生活在明澈的透亮的无限的仁慈和善的爱中。正如这本诗集的出版让我再次深陷于仁慈的爱中而不可自拔。正武兄以知者和智者的理解与我的精神共成长共生发共命运，让诗成为现实；占春兄以无与伦比的共情的隐喻的指示的视角赋予了这些诗的新意义，让诗获得了新生；吴思敬先生以其敏锐的激情的严谨的揭示与批评，让诗和诗人的精神漂泊得以成行；人民文学出版社的肖丽媛女士，姬忠勋先生、闫倩倩女士以他（她）们让我为之屡屡动容的高度信任、专业识见和认真斧正，让诗换上新装并走向大众。只有爱，才是诗的本意。因为爱，诗才得以自立和共立。

2021 年 8 月 16 日

· 序　跋 ·

与时间和解——《奇点·时间的圆》前言

艾略特说："时间现在和时间过去，也许都存在于时间将来，时间将来包容于时间过去，如果时间永远都是现在，所有的时间都不能得到拯救。"对于时间的思考，几乎贯穿于艾略特的所有诗作，尤其是到了《四个四重奏》，关于时间的哲学辩证达到诗的顶峰。在艾略特的哲学里，人类是精神"荒原"的原住民，他们的堕落与被放逐，贪欲与互相残杀，缺失与虚无，不仅是人类的原罪使然，更是因为人类活在当下的时间而忘却了过去，从而导致一连串的将来的茫然。而拯救人类和人类自我拯救的唯一通道是时间。关于拯救，艾略特的结论是："一个没有历史的民族，无法从时间中得到拯救，因为历史是一个无始无终之时刻的图案。"拯救再次回到历史——历史就是现在，"我们所有的探索的终结，将来到我们出发的地点"。

我们无法逃脱时间。我们也不能创造时间。我们所发明的越来越精确的原子钟，只不过是铜壶滴漏、日晷的变脸而已——它们只是精确的或者粗糙的时间记录仪器。我们无一不在艾略特的精神"荒原"里。我们的拯救也不能摆脱历史。我们只能在有限的生命里创造一点点的有限的想法或者知识，让它们节省一点他人的生命，让它们在当下散发些许意义，让它们启示一点点未来。我们的历史正

出·版·四·重·奏

是正在流逝的现在，现在的充满爱意和慈善的精神活动将灌溉贪念的忙碌无目的的生活，希望在和平的安静的毫无牵挂的时间里度过将来。一切的美好都属于心安。

我将生命寄放到寡淡的日子里。这些寄放因为他人的喜悦而生发出些许意义。我将探寻意义的视角移向他人的生命体验，甚至在某几个时辰我试图与《诗经》里的诗人重叠，与中古世界的陶渊明对话，我想象着他或她的思念的凄苦和洒脱的影子，在这些时刻我在古人的情感里获得纯净的自我，我在古人的诗句里得以满足，我真正体验到了历史对于现在的拯救。这种对于历史的遐想迷恋让我在穿透历史和理解历史的时间里获得现实的和精神的解脱，历史也像先知一般预言未来，而对于每一片存在于历史上的你的未知都是另一种先知，我的获得就是现在的诠释，而当下的充满生命气息的理解让历史也吹进了生的活力。在任何人都终将成为历史的巨大的逼迫下，我们必须学会与当下和解。与现实和解意味着生命的质量。自我的解放是和解精神的一条通道，而每一首诗，对于诗人而言，不可避免地成为现实的解脱。于我，长短不齐的诗句，正是自我解放的起点与终点。

起点与终点的合一，必是寂静的了无凡尘的涅槃。

2019 年 12 月 5 日

· 序 跋 ·

《游戏的秩序》前言

  人的世界是游戏,还是秩序?我不可能得到一个确定的答案。我知道这是一个无解的提问,不可能由一个肉身提问然后又由另一个肉身来提供一个令大多数人都满意的答案。但人的真正可贵处,或者毋宁说是执拗处,恰是明知其不可解却非解不可、持之以恒地解说非解的好奇精神,这是一种生命的动力。

  我们需要动力,需要动力源,需要外部的能量驱动。人在生存本能的下意识里与意识到意识的理性里生活。下意识也许是生命的本质,是生存的本能,是延续和繁衍生命的动力源,而意识到意识的高级意识则应是人之为人的本质,人在逻辑的推理下创造了游戏,游戏在规则的法则下,一步步走向秩序。也许,我们还可以进一步认为,人是秩序的肉身,秩序是一种常在,秩序是一种至善至美至真。我在这里之所以礼赞秩序,是因为我忽然觉悟到,秩序才是人的生命本真,敬畏秩序就是敬畏生命本身,生命当然是需要敬重的。

  然而,当个体的人走向家族、部落或者部族,由"众"构成的社会便需要引入游戏。换句话说,确定规则的过程就是游戏开始的过程。游戏有时候是篝火边的舞蹈,有时候是清晨的一声早安,有时候是敬天法祖的礼仪,或者就是皋陶所制的刑法,甚或就是儿童的嬉戏。我不能确知游戏的种类,也不能统计游戏的数量,甚至也

187

不能完全理解每一种游戏的功能和内在的意义，我身在游戏之中而不自知，享受游戏而不可自拔，毁于游戏而不自量力。尤其是当下，当游戏在资本的轮盘赌中化身为产业，当沉浸式的游戏挤压生命，当智能游戏演化为纯粹的操弄，游戏是回归了本原还是脱逸了轨道？当投壶和击壤不再对准猎物，当炮仗和火铳校正了方向，当摔跤和拔河脱掉了旧装，我们该如何反思人所创造的游戏？

如果你意识到了人生就是每天的游戏，你是否会开心些、轻松些、洒脱些？如果你认识到游戏滋养生命、唤醒意识和鼓舞身心，你是否会与游戏相顾一笑？如果你感悟到游戏创造价值、填满意义并蝉蜕空虚，你是否会对五颜六色的游戏施以敬意？我不能给游戏一个准确的定位，正如我不能给它一个明确的定义。尽管懵懂如是，这纯然的无知并不妨碍我生于其中、长于其中和乐在其中，因为我已经开始朝向忘我的方向行走，绝大多数时候我已经忘掉了游戏。放下的获得与获得的失去，让我们的生活充满了不可名状的意义。

游戏正在从实在走向虚拟，虚拟世界和实体世界的接口正在快速扩张，虚拟的游戏已经统治了游戏的世界，它正疾风般行走在统治现实世界的路上。人正在以自己无与伦比的创造力，将自己投向虚拟空间，投向未知的星空，投向一个更不确定的世界，并且将其命名为元宇宙。也许，这个包容无限含义的名词，才是哲学意义上的至高存在或者"道"，并且最初的那个原子或者奇点，就是一个没有时间和空间的秩序，只有当秩序崩解之后，物质的世界才以另一种秩序的存在方式诞生，乃至存续、守恒和轮回。我们已经知道，原子构成了物质世界，一个原子由原子核与电子构成，原子核由质子和中子构成，质子由两个上夸克和一个下夸克构成，中子则由两

· 序 跋 ·

个下夸克和一个上夸克构成，可见，原子是一个确定的秩序，然而，作为基本粒子的夸克，在原子核内部的活动轨迹则是不能确定的，或者说是随机的、任性的、无序的。由此，我们惊奇地发现，我们的生命以及我们所观察、所感知的秩序世界却构建在无序之上，这个世界由悖论构成，悖论构成了我们的物质世界和生命世界，而我们也成为悖论的一个构成部分，也许这才是我们世界的真相。

当我意识到自己就是一个悖论时，情不自禁地松了一口气。面对矛盾丛生的世界和社会，我不再纠结，不再纠结于人的世界是游戏的秩序还是秩序的游戏，不再纠结于秩序创造了游戏还是游戏创造了秩序，甚至，我也不再纠结于生命的意义这个难解的问题。记得三十年前，我的表弟问我："哥，你打不打游戏？"我答曰"不打"，他脱口而出："那你活着有什么意义？"我无言以对。现在，我终于可以放下了，我将自己放在了游戏里，放在了秩序里，放在了悖论里。

2023 年 2 月 12 日

《游戏的秩序》跋

在无穷大和无穷小之间，我不懈地追问，抬头仰望星空时求索宇宙的深邃浩渺，垂首俯视尘土时叩问物质的基本粒子，我行走在由问号构成的泥泞小路上，从晨曦到晚霞，从青丝到白发，从微笑到泪水，问号并没有随着时间的伸延而越来越轻、越来越小和越来越少，一批批问号湮灭，一批批问号诞生，我深陷于无穷无尽的天问，情不自禁地一次次叹息，恒河沙数的疑问何其无量也。终于，也许永远没有终于，我只是在终于之前的某一时刻，忽然觉悟到，追问我从哪里来又到哪里去的终极追问，实质上就是一个关于生与死的追问，作为一种生命形式或者一种物质存在形式，这一追问归根结底是关于秩序的追问。

秩序是什么？相对于"无序"而被定义的秩序，是不是就是哲学视角的"指事物进程中形成的相对稳定的一致性、连续性和确定性"？也许，秩序就是时间上的连续性，空间上的完整性，方向上的确定性，然而，时间常常崩断，空间常常塌陷，方向常常缺失。我们也可以从物理学的角度理解秩序，薛定谔说"生命就是负熵"，所谓熵，即是指一个标量，是量度一个事物所处状态的混乱程度，熵有大小正负之分，如此，熵概念下的生命状态，始于负熵而终于正熵。熵的概念，让我们学会了站在事物的背面理解世界，它让我

·序 跋·

们惊醒，任何的人、物、事都有可能是正行走在从有序到无序的路上，反之，也可能在不确定中确立。换句话说，生命就是秩序。我们不能与秩序搏斗。秩序是至高的存在，是至善的美。我们依偎于秩序的赐予，安静与安宁。这就是我们的宿命吗？也许是，也许不是。从构成生命的遗传因子而言，基因就是"产生一条多肽链或功能 RNA（遗传信息载体核糖核酸）所需的全部核苷酸序列"，"它存储着生命的种族、血型、孕育、生长、凋亡等过程的全部信息"，这些遗传密码或信息，就是有规则的次序、顺序，作为记录和传递遗传信息的基因在分裂、合成蛋白质和细胞分子的过程中，演化生命的生、长、衰、病、老、死。换言之，生命的终结与起始，决定于秩序与无序。

但是，我们在巨大的宇宙尺度的环境中，并不能每时每刻纠缠于微观世界的量子纠缠。我们需要活着，需要自在地活着，需要无妄地活着。我们需要在无私的轻松里活着，需要在无我的他人的关爱里活着，需要在无他的互爱里活着，我们的活没有任何理由，唯一的爱如秩序支撑着世界，物质的或者精神的。

我在意识的意识里思索，这是人之为人的基本条件之一。我对生命的秩序充满了敬畏，我对生命的无序充满了无奈，我对生命中的爱充满了信心，我在《生命》的一诗中说："的确，你永远不会失去你自己，/正如，我从来不曾拥有另一个我/我在无数个不同时空，无数次/寻找你，企图在你的眼中，重新/发现我，然而，我只找到了曾经的你/你从有序中走来，行走在无序的路上/我诞生于你的序中，在分裂中获得/生命，无序的粒子聚合，复制/密码，你行走在我生命的感知里，/你在熵的平衡时，对着我吹了一口气。"你是我的唯一，我是你的影子。我在你的秩序中延续着秩序，我在你的归去里衣钵着你。

在秩序与秩序之间，填满了游戏。在游戏与游戏之间，填满了秩序。在游戏和秩序之间，我们荡着秋千。

2023 年 1 月 30 日

· 序 跋 ·

《窗外词》跋

近年来,词,改变了我的精神生活。或者说,词重新塑造了我的精神世界。三年多来,唐宋词作品、词学及其史料,以及我的词创作伴我走过黎明黄昏,随我走过千山万水,陪我走过幸福伤痛。词已成为我生命的一部分,同时,我对词之探索也正是为了寻找生命的意义与价值。

对于词的探索,我是从词之阅读、词之研究、词之创作三个维度同时切入的。词之阅读让我回到了唐宋时期词的意境与语境之中,让我一遍又一遍地感受到了唐词之涓涓细流,五代词之青草河滩,两宋词之巨流入海。词之研究让我对词的历史渐渐清晰,尤其是对词牌的历史,随着阅读的深入而逐渐晴云拨雾,同时对词韵的品味也逐渐得味三分。词之创作,让我终于回归到了自我,我以这种让人神迷的长短句丈量我的生命,让心底的韵脚起落于无声的生活,让那些高低不平的旋律抚慰我顿挫蹭蹬的漫漫旅途。词本身已是一种生命。

阅读现代的歌词也许是一种折磨,但阅读宋词却是一种精神享受。

词本不是为了阅读吟诵而创制的,词是倚声而填的。清人刘熙载说"词即曲之词,曲即词之曲",刘氏的"曲"即是指"曲谱",

唐宋时的谱也就是"乐谱",当时的词都是按不同的音乐调式和曲谱来填写的。南宋灭亡之后,词之乐谱竟然也随着金戈铁马而逐渐被遗忘人间,到明代,词之乐谱就彻底换了面目,其音乐性已消失殆尽。自明以降,填词就只能是依字面的词谱而不是音乐的乐谱而进行了,词就只能由唱转到读了。所以,我也只能按照明人的指示去读词,阅读宋词成为我进入宋词的门径。

在大学文学史课程上,我曾阅读并背诵过一些宋词经典,但真正系统阅读宋词是20世纪90年代中期我担任责任编辑将唐圭璋先生《全宋词》的繁体字版转换成简体字版。为了取得《全宋词》的简体字授权,我曾于1995年春季赴南京师大拜访唐先生女儿,其时距唐先生去世仅仅五个年头。至今依然记得,唐先生家在一楼,客厅十分幽暗,但唐先生女儿却十分和蔼,她告诉我《全宋词》的著作权在中华书局,只要中华书局同意,他们就没有什么意见。她还告诉我,日本的学者时常还来家里询问一些唐先生的治学情况,对于日本学者对宋词整理研究者的朝圣我充满了感慨。词之被异域尊崇,让我对宋词和唐先生平添几多敬意。后经中华书局慨允,中州古籍出版社得以借之出版一版简体字版《全宋词》,我也因此在一年多的时间里对宋词阅读数遍,但因时间仓促,在繁转简的过程中不可避免地留下了一些遗憾。至今思之,仍惶恐不安。但经此反复校阅,对宋词的概貌终于有了一个整体的了解。

与诗相比,词是苦涩生活里的一味润滑剂。诗也许时常以承载沉甸甸的思想而自负,或者以高言放歌时代的流浪迁化而忘形,但词更含蓄更温婉更幽怨,更苦涩甚至更悲壮,因为它是旋律里的美文,歌声里的心声,音乐里的悲欢。也许是词的这些品质更加吻合于我

· 序 跋 ·

之情感气质，机缘巧合地在 20 年后我又重新拿起了中华版《全宋词》，这一次的阅读与以往不同，我已不再留恋此时，我真切地希望——回到宋朝。几乎每个夜晚，睡前的一两个小时我都生活在宋代的词句里，我以这种毅力——活在宋代的毅力生活了大约三年时间，对繁体竖排五卷本《全宋词》通读了一遍，又通读了一遍周笃文、马兴荣编学苑出版社版 10 卷本《全宋词评注》，后一个版本是简体横排并汇辑标注了简要注释和历代词评。这一次回到宋朝的阅读之旅，让我生发了诸多感慨，人的精神面貌实质上就是他或她们生活的时代的精神面貌，或浅吟或巨响，或险滩或潺湲，无一不是在活于当下。词像一堆篝火，照亮了宋朝的夜空；词像一面镜子，照醒了宋人的朱颜苍发；词更像一场盛宴，给后人留下了无数梦幻般的灰烬，杯盘狼藉之后，扔下无数想象飘然而去。

因是学历史的缘故，我对时间的顺序几乎着迷。我喜欢编年史，喜欢浏览编年史中人物的生与死，喜欢阅读编年史中一位伟人或者作家的交游录以及同时代的其他人的只言片语。时间创造了因果，正是因果的逻辑成为农耕时代的人生指南，在因果的框架里，知识被不断地创造着、积累着，文学的创作不断增加着，文学的作品样式及文体不断创新着。从《诗经》以四言诗为滥觞，到魏晋南北朝古诗以五言为主流，再到唐诗中七言的辉煌，诗句被不断拉长。诗的样式也在不断演化着，简单地从字句来看，诗体可以分为杂言体和齐言体两种，如《诗经》，其诗句有杂言也有齐言，但更多的是以四言为主的杂言。从诗体史视角来看，中国古诗由杂言体向齐言体转化，由自由体向格律体演化是总的趋势。就词的长短句式而言，它和杂言诗有着渊源关系，但词之诞生是否可以追溯到《诗经》呢？

是否可以将杂言诗也视为词之滥觞呢？就词之文学品种和艺术形态而言，词是一种配乐歌唱的歌辞，是一种配合音乐曲调歌唱而以辞乐相配合的方式创作出来的歌辞文学，先有曲而后有文辞，此之特点决定了词属于"歌辞文学"或"音乐文学"的范畴，是一种融诗、乐、歌、舞为一体的综合艺术形态。既然如此，那么，词与同属"音乐文学""歌辞文学"的诗"三百篇""汉乐府""唐声诗"又有什么区别呢？简单地说，词之两个基本特征——长短句的句式与"依曲填词"的音乐性，最早可以追溯到哪里呢？词作为一种文学文体，它是如何起源的呢？词与诗以及同属歌辞文学系统的乐府、声诗又有什么区别呢？这几个最基本的疑问是我阅读词之前首先追问的。追根问本以通古今之变，探原求因以穷历史源流，是我多年养成的一个阅读习惯。同样是因此使然，我首先从《全唐五代词》（曾昭岷等编）的阅读开始词之阅读之旅。

由《全唐五代词》的前言，我们可以获知，"词乃由隋唐音乐文化的新变所催生，为隋唐燕乐曲调流行的新产物，是诗歌与音乐在隋唐时代以新水准和新方式再度结合的宁馨儿"。因此，词的起点是隋唐燕乐曲调。"燕乐"又称"宴乐"。"燕乐"一词最早见于《周礼》，《周礼·春官宗伯第三》云"磬师掌教击磬，击编钟，教缦乐、燕乐之钟磬，凡祭祀，奏缦乐"；"凡祭祀、飨、食，奏燕乐"；"凡祭祀、飨射，共其钟笙之乐，燕乐亦如之"；"凡祭祀、宾客，舞其燕乐"，周代之燕乐，主要是指王廷在宴享时所用的音乐。燕乐非雅乐，属于杂声，清人孙诒让解释说："燕乐，此即房中之乐，指后、夫人在房中演唱以讽劝其君的乐歌。"此房中乐沿袭至汉代，汉高祖唐山夫人作有《房中祠乐》。《汉书·礼乐志》云："周有

· 序　跋 ·

房中乐，至秦名曰寿人，凡乐，乐其所生，礼不忘本，高祖乐楚声，故房中乐楚声也。"最为典型的楚声歌曲是汉高祖刘邦所创作的《大风歌》，《史记》载："高祖既定天下，还过沛，留，置酒沛宫，悉召故人父老子弟佐酒；发沛中儿，得百二十人，教之歌。酒酣，上击筑自歌曰：大风起兮云飞扬，威加海内兮归故乡，安得猛士兮守四方？"秦代置"乐府"，设乐府令，乐府丞管理音乐，汉承秦制，也设乐府，尤其是汉武帝时，曾令李延年广泛搜集全国各地民歌，这些民歌歌词经过整理改编而作为宴享之用。经过整理的民歌，配以管弦乐器伴奏而成相和歌，其歌辞即为"相和歌辞"，是乐府诗的重要组成部分。当然，相和歌辞并不限于民歌，其后无数文人也创作了大量的拟民歌性质的相和歌辞，从民间到文人创作应是中国诗词发展的一条基本规律。

　　作为一种文体，汉乐府诗还包括祭祀用的郊庙歌辞，用于宴会的燕射歌辞，用于军乐的鼓吹歌辞、横吹歌辞，此外还有舞曲歌辞、琴曲歌辞、杂曲歌辞。尤其是到了两晋南北朝，乐府歌辞进一步发展，新兴乐府按其发生地分为"吴声歌""西曲歌""北歌"（又名"真人代歌"，又称"鼓角横吹曲"），这些新兴乐又称为"清商曲"，属于"清乐"，宋郭茂倩《乐府诗集》将其单列为"清商曲辞"一类与"相和歌辞"相并列。郭茂倩将起于隋唐的杂曲称之为"近代曲辞"，将唐代新歌、拟乐府辞而未配乐的、无复依傍的归之为"新乐府辞"，将徒歌、谣、谶、谚语之类归属于"杂歌谣辞"，郭氏依据是否配乐将歌辞实质上分成了两大类，此之分类对于理解词之诞生具有启示意义。

　　既然后世之词源于隋唐燕乐，那么隋唐燕乐又是一个什么概念呢？夏野《中国古代音乐史简编》将唐之"燕乐"区分为三个不同概念：广义之燕乐包括隋九部乐、唐十部乐以及所有教坊乐，郭茂倩将其归为"近代曲辞"，并称"近代曲者，亦杂曲也，以其出于隋唐之世故曰近代曲也"。唐太宗之十部乐"总谓之燕乐"，凡"燕乐诸曲，始于武德、贞观，盛于开元、天宝，其著录者十四调二百二十二曲"。狭义的燕乐概念专指唐贞观年间张文收所创制的《景云河清歌》。而中观概念的燕乐乃指唐代既不同于古雅乐、又不同于清乐音阶，是吸收了胡乐尤其是龟兹乐的乐调的一种新乐调新风格乐曲，即沈括所说的唐乐乃"以先王之乐为雅乐，前世新声为清乐，合胡部者为宴乐"。词正是依附于此新音阶新曲调新音乐而成长起来的。从音乐史的角度去切入"词之起源"，对于理解词与"诗三百首""汉乐府"，甚至唐代的"新乐府"的不同均具有特殊的意义。

宋郭茂倩《乐府诗集》将乐府诗分为四类："凡乐府歌辞，有因声而作歌者，若魏之三调歌诗，因弦管金石，造歌以被之是也。有因歌而造声者，若清商、吴声诸曲，始皆徒歌，既而被之管弦是也。有有声有辞者，若郊庙、相和、铙歌、横吹等曲是也。有有辞无声者，若后人之所述作，未必尽被于金石是也。新乐府者，皆唐世之新歌也。以其辞实乐府，而未常被于声，故曰新乐府也。"这段话将音乐、歌唱与歌辞之间的关系交代得十分清楚。有先有歌调而再作歌辞的，有先有歌辞而再作曲调的，也有同时创作者，也有只有歌辞而不配歌调者。具体到诗歌的概念，先秦时期诗与歌是合一的，此时诗都是配合乐曲吟唱的歌辞，诗即是歌。汉武帝置乐府以后，合乐吟唱的诗称为"乐府歌辞"，或曰"曲辞"，即后世之简称"乐府"，施蛰存先生说："从此之后，诗成为一种不配合音乐的文学形式的

序 跋

名词,与'歌'或'乐府'分了家。"唐代的乐府,事实上基本不能吟唱,与音乐基本无关,尽管仍题曰乐府,但仅徒有其名,完全是诗的形式,姑且名为乐府诗。还有一种诗与音乐有关,即唐代人将当代人所创作的诗配上乐曲而歌唱,此之称为"声诗"。最早的词恰是与乐府诗和声诗同时代而共存的。词是配合隋唐新兴音乐燕乐曲调的歌唱而创作的歌词,也就是通常所说的"依调填词"或"因声度词","依曲拍为句",调和声就是音乐的曲调和谱式,是先有曲调曲谱而后填词,其据隋唐新的流行音乐而创作的文字即是后世所称的"词"。因此,《全唐五代词》的编选者得出的结论是:"同样作为配乐歌唱的乐歌或歌诗,'三百篇'、'汉乐府'、'唐声诗'这几种重要的音乐文学形式,主要采用的都是先诗后乐,以乐从诗,选诗入乐的辞乐配合方式,只有在汉魏六朝乐府诗的创作中可能存在少量的先乐后诗、依调制辞的变例。"这个结论对词与诗、汉乐府、唐声诗的区分做了一个简明的判断,同时也点明了词的起源与以上音乐文学形式是没有继承关系的。

"乐曲"与"歌词"的互相形成关系,可分为"由乐以定词"和"选词以配乐"两种基本形式。"由乐以定词"在汉代称为"倚歌",唐、宋人称为"倚声",宋人也称为"填曲",宋元以后则多称为"填词"。"选词以配乐"是指先有歌词,然后给歌词谱曲,以歌词配乐曲,古代称之为"诵诗",汉代称之为"自度曲",宋代则称之为"填腔","填腔"就是为歌词作曲。"填腔"需要精通音律,此是专业的术业,即便是在词乐发达的宋代,精通音乐的词人也很少,大多数词人是只能"填词"而不能"填腔"的。整个宋代既精通音律又擅词作的词家也不过数人而已,主要代表人物是柳永、周邦彦、姜夔、张炎等。南宋后期，词家基本上就已不晓音律了。施蛰存将"填词"作家分为三类，第一类是"按谱填词"，作家深通音律，能依曲谱撰写歌词，也能作曲"填腔"，所举即柳、周、姜、张等辈；第二类是"按箫填词"，这些作家不会唱曲作谱，但能识曲知音，能依箫声写定符合于音律的歌词，以苏轼、秦观、贺铸等为代表；第三类是"依句填词"，作家不懂音律，只能依前人句式作纸上文学，南宋之后的词人基本上属于此类，以至于今。由词的配乐性所决定，词的起源不早于隋，所留下的词作可追溯到初唐、盛唐，但词之真正成熟应在中、晚唐。晚唐词人以皇甫松、温庭筠、韦庄等为代表，尤其是温庭筠的词流传至今的多达70首，其词风之艳丽、语言之精工，已是典型的新派词作了。

词的另一个典型特征是其外观句式长短不齐、奇句偶句相间，韵脚错综复杂，平仄变化多端，与诗之齐言形成鲜明对比。其杂言的特点一望而知。有的学者将此特征上溯至《诗经》、汉魏杂言诗和六朝民歌清商乐辞，从以上诗体中寻找词之源头。《诗经》中的确有长短句，如《国风·周南·螽斯》《召南·江有汜》以三言为主间有四言；《北门》篇以四言为主间有三言六言；《木瓜》篇以五言为主间有三言；《黍离》篇以四言为主间有七言八言；《扬之水》篇以四言为主间有三言五言六言；《缁衣》篇以五言为主间有六言七言；《还》篇以六言为主间有四言七言；而《十亩之间》篇则全是五言；等等，不再赘列。《乐府诗集》也有一些杂言诗，如《汉郊祀歌》十九首以三言居多，四言五言六言七言相间；《燕射歌辞》中也有五言七言杂陈的；《鼓吹曲辞》中的《上郡》篇三言四言五言六言相错；《横吹歌辞》中的《木兰诗》以五言为主间有七言；《清

· 序　跋 ·

商曲辞》中也有一些杂言诗，尤其是来自民间的吴声歌、西曲歌和《杂曲歌辞》，均有一些长短不齐的诗句散落在四言、五言、七言诗中。但从整体上看，四言、五言和七言在词诞生之前绝对占据统治地位。杂言诗始终处于配角的角色。我们不能否认词借鉴了杂言诗，但二者并没有直接的衣钵继承关系。决定词的参差不齐句式的外观形态以及韵脚和平仄，完全是由唐代燕乐音节曲拍决定的。词的依附不是《诗经》时代的四言诗、汉魏以来古五言诗和唐代勃兴的七言诗，尽管其诗句平仄韵律借鉴了先前的五言短句、七言长句形式，并如前面已经谈到的——《诗经》和乐府以及声诗多是先有诗句而后谱乐，而词之早期则完全是按曲创作长短句的。

　　词的长短句式是"依曲拍为句"，"依调填词"的结果。曲的乐句有长短、节拍有急缓、音阶有高低、乐章有多少、乐调有差异，依调填词、依曲拍为句，所写出的歌词自然也必然是字有多少、句有长短、韵有疏密、句式奇偶相间参差不齐了。每一首曲调其乐章篇幅音阶节拍大致是固定的，那么，随之而填写的词的形制声韵格律也就基本固定了。按曲填词，词有长短，对此，宋代词人中有一些人是颇为清醒的，如沈括说："唐人乃以词填入曲中，不复用和声。"李之仪说："唐人但以诗句而用和声抑扬以就之，若今之歌《阳关词》是也。至唐末，遂因其声之长短句而以意填之，始一变以成音律。"胡仔说："唐初歌辞，多是五言诗，或七言诗，初无长短句。自中叶后，至五代，渐变成长短句。及本朝，则尽为此体。"陆游说："风雅颂之后，为骚，为赋，为曲，为引，为行，为谣，为歌。千余年后，乃有倚声制辞，起于唐之季世。"以上几位宋人对"倚声制词"的认识是颇为到位的，他们共同认识到了词的文辞必须配合乐曲以便

《窗外词》跋

歌唱，需"因其声之长短，句而以意填之"，因此而造成"调有定句，句有定字，字有定声"的词之格局体制，与诗之齐言体式和音韵格律已迥然不同。

词之一句，实为乐曲的一拍。拍，是乐曲的节奏，是一个计算乐音长短的单位，是节拍的时间单位或音乐节奏速度单位，是指在演奏音乐或者歌唱时，指挥者或演奏者、演唱者在抑扬顿挫之时用手势或拍板标记的时间节度，或长或短，或急或缓。"倚声制辞"实质上就是按乐拍而对应的填字，更通俗易懂的则是"依曲拍为句"，一句对应一拍，拍的长短决定了词句的长短，拍的数量多少决定了词的字数多少。可以说，拍是乐的句子，词的句子是乐句的影子，这才是词之为长短句的真正源起。如唐刘禹锡曾题诗云："和乐天春词，依《忆江南》曲拍为句。" 此词也被收入《全唐五代词》，词云："春去也，多谢洛城人。弱柳从风疑举袂，丛兰裛露似沾巾。独坐亦含嚬。"这首词，五拍五句，拍有长短，句随长短。又如苏轼曾同时作两阕《如梦令》，其一阕为："水垢何曾相受。细看两俱无有。寄语揩背人，尽日劳君挥肘。轻手，轻手，居士本来无垢。"苏轼在此词小序中云："元丰七年十二月十八日，浴泗州雍熙塔下，戏作《如梦令》两阕。此曲本唐庄宗制，名《忆仙姿》。嫌其名不雅，故改为《如梦令》。庄宗作此词，卒章云：'如梦。如梦。和泪出门相送。'因取以为名云。"此序交代了苏轼依曲填词的事实，同时也交代了此曲为唐庄宗李存勖所创，李词也并存于世，对照流传下来的李词，苏词一并是七拍七句，《如梦令》之词的节拍与字数历代词完全没有变化。宋词还有一首题名为《十拍子》的词，此名为苏轼改，唐有《破阵乐》，属龟兹部，李世民所制，七言绝句，

· 序　跋 ·

宋晏殊另度新声为《破阵子》，双调六十二字，前后段各五句三平韵，苏词与晏殊《破阵子》句数字数用韵完全一致，共十句，苏轼故名"十拍子"，以十拍命词可证十句对应十拍应是宋词之惯例。

词以乐曲的一拍为一句，一拍的长短不同，一句的字数当也不同。如张炎《词源》云："法曲之拍，与大曲相类，每片不同，其声字疾徐，拍以应之。如大曲降黄龙花十六，当用十六拍。前衮、中衮，六字一拍。要停声待拍，取气轻巧。煞衮则三字一拍，盖其曲将终也。至曲尾数句，使声字悠扬，有不忍绝响之意，似余音绕梁为佳。"一拍有六字，也有三字者，三字一拍者唱腔悠扬而缓慢也。清《词谱》中收《法曲献仙音》六体，其中收柳永之起句四言、六言各一体，起句四言者为双调八十七字前后段各八句四仄韵，即为十六拍；起句六言者，双调九十一字前段八句四仄韵后段九句四仄韵，此十七拍应是曲调有所变化的缘故。曲拍始终没有变化者可以《兰陵王》为例，王灼《碧鸡漫志》云："今越调《兰陵王》凡三段，二十四拍，又有大石调《兰陵王慢》，殊非旧曲。周齐之际，未有前后十六拍慢曲子耳。"检周邦彦《兰陵王》，凡一百三十字，前段十句七仄韵，中段八句五仄韵，后段十句六仄韵，共三段二十四句，与二十四拍相合。此后辛弃疾、陈允平、刘辰翁所填《兰陵王》也全部是二十四句，由此可见宋词的句拍是相一致的。

词之独立于诗乃在其音乐性，词之真正的艺术魅力也在于其音乐性。抓住了词的音乐性特点，就让我们找到了欣赏与阅读词的门径，这是我们后人在不能聆听古人声喉之无奈之后的最恰当的理解方式。正是循此，让我登入词之堂奥。

让我们依然回到读词的话题。凡是阅读经典，尤其是中国古代的经典，我有一个个人的习惯，喜欢购买同一内容的不同编著校注作者、不同时期、不同出版社的不同版本，互相对比互相参照进行通读。例如总集类《全宋词》，我前后购买过四个版本：唐圭璋编《全宋词》（5册），中华书局1965年第1版；周笃文、马兴荣编《全宋词评注》（10册），学苑出版社2011年版；唐圭璋编，王仲闻订补，孔凡礼补辑《全宋词》（5册）简体横排增补本，中华书局1999年版；吕树坤等编纂《分类新编全宋词》（8册），作家出版社2013年版。我先后以三年时间通读了前两个版本。通读《全唐五代词》《全宋词》的同时我也购买并阅读了唐五代以来最重要词人的词集，主要有温庭筠、李煜、冯延巳、柳永、张先、晏殊、欧阳修、晏几道、苏轼、李之仪、黄庭坚、秦观、贺铸、晁补之、陈师道、周邦彦、毛滂、葛胜仲、叶梦得、汪藻、万俟咏、朱敦儒、李清照、陈与义、张元幹、吕渭老、葛立方、朱淑真、赵彦端、陆游、范成大、杨万里、张孝祥、赵长卿、辛弃疾、石孝友、赵师侠、陈亮、刘过、姜夔、汪莘、戴复古、史达祖、高观国、魏了翁、刘克庄、吴文英、周密、汪元量、王沂孙、蒋捷、张炎等人的作品集。也是同样的思路，凡是能在市面或者孔夫子旧书网上买到的，我一并购置并阅读每一个版本。所购版本最多的是苏轼与辛弃疾，以苏轼词集为例，先后所购词集有：邹同庆、王宗堂著《苏轼词编年校注》，中华书局2016年版；刘尚荣校证《苏轼词集》，上海古籍出版社2017年版；龙榆生校笺《东坡乐府笺》，上海古籍出版社2017年版；刘尚荣校证《东坡词傅幹注校证》，上海古籍出版社2016年；谭新红编著《苏轼词全集》，崇文书局2015年版；陈如江编注《东坡词》，人民文学出版社2009年第1版；刘石评注《苏轼词》，人民文学出版社2005年版；姜红雨、

·序　跋·

马大勇选注《苏轼词》，中华书局2014年版；刘石导读《苏轼词集》，上海古籍出版社2009年版；恒鹤校点《东坡乐府》，上海古籍出版社1989年版等十多种版本。这些版本有精装的有平装的，有大开本的有小开本的，有全本的有选本的，有校注的有白文的，有无注的有评论的，有编年的有按词调编纂的，有宋人笺注的有今人笺注的，有名家编注的也有非名家的，有繁体竖排的也有简体横排的，等等，不一而足。我将这种多版本阅读称之为立体阅读法或者复式阅读法，这是一种以复眼的形式力图复活历史的有效方法。

所谓复式阅读法，简言之，就是像蜻蜓的眼睛一样从多个角度去观察经典文本，最后勾勒出所观察对象的整体。历史与文本本身就是多元的立体的，我们只有用多元去探究、去认识、去理解多元，才能对多元的世界得出更接近事实的认识。复视历史是因历史的复式结构所决定。无论人物还是事件，无论文本还是文化遗存，其本身都是立体的、复杂的、多角度的，并且随着时间的推移，原本的复杂会变得更加复杂和模糊，甚至湮灭。作为后人，我们因为没有共生而缺乏对观察对象的感性，但也正因为没有共生，我们也可以获得更丰富的文献材料，更多同时代人的观察与思考，更多后人的研究与评论，这些不同的角度就是我们时代的眼睛，这些不同的眼睛组合成我们的复眼，我们由此而更加理解所观察的对象。我之所以阅读不同版本的苏轼词，也正是因为苏轼本人就是神秘的、立体的、多角色的，我们甚至可以绝望地说，我们无法写出或想象出一个完整的苏轼。正如林语堂所说："苏东坡是个秉性难改的乐天派，是悲天悯人的道德家，是黎民百姓的好朋友，是散文家，是新派画家，是伟大的书法家，是酿酒的实验者，是工程师，是假道学的反对派，

出·版·四·重·奏

是瑜伽术的修炼者,是佛教徒,是士大夫,是皇帝的秘书,是饮酒成瘾者,是心肠慈悲的法官,是政治上的坚持己见者,是月下的漫步者,是诗人,是生性诙谐爱开玩笑的人,可是这些也许还不足以勾绘出苏东坡的全貌。我若说一提到苏东坡,在中国总会引起人亲切敬佩的微笑,也许这话最能概括苏东坡的一切了。"每个人的微笑都是一个苏东坡,这与每个人都是一个哈姆雷特具有同曲之妙。对于苏东坡的词,也概莫能外,有毁之者,有誉之者,有击节称赏者,有奋力挑剔者,有谓豪放者,也有谓韶秀者,纷纭不一。试举几例东坡同时代人的评论以观之。《吹剑录》载:"东坡在玉堂日,有幕士善歌,因问:'我词何如柳七?'对曰:'柳郎中词,只合十七八女郎,执红牙板,歌"杨柳岸晓风残月";学士词,须关西大汉,铜琵琶,铁绰板,唱"大江东去"。"由此而引发宋人陈师道的评论:"退之以文为诗,子瞻以诗为词,如教坊雷大使之舞,虽极天下之工,要非本色。"以诗为词是东坡词的特点,这一点也是东坡有意为之,对此他自己也十分清楚,《王直方诗话》有则故事可以佐证:"东坡尝以所作小词示无咎、文潜,曰:'何如少游?'二人皆对曰:'少游诗似小词。先生小词似诗。'"但东坡此特点却多遭同时代与后人的非议,稍后之李清照也讥晏殊、欧阳修及苏东坡的词"皆句读不葺之诗耳"。东坡词被非议的另一点是"人谓多不谐音律","间有不入腔处"。但对东坡词推崇的人更多,晁无咎说:"居士词横放杰出,自是曲中缚不住者。"王灼说:"东坡先生非心醉于音律者,偶尔作歌,指出向上一路,新天下耳目,弄笔者始知自振。"胡寅更指出:"及眉山苏氏,一洗绮罗香泽之态,摆脱绸缪宛转之度,使人登高望远,举目高歌,而逸怀浩气超然乎尘垢之外,于是《花

· 序 跋 ·

间》为皂隶，而柳氏为舆台矣。"其实，历时越久，东坡词的创新价值愈显重要，东坡词的历史地位愈加凸显。金人元好问说："唐歌词多宫体，又皆极力为之，自东坡一出，情性之外不知有文字，真有'一洗万古凡马空'气象。"清人王鹏运说："词家苏、辛并称，其实辛犹人境也，苏其殆仙乎？" 王氏并说："唯苏文忠之清雄，夐乎轶尘绝迹，令人无从步趋。"以"清雄"二字形容东坡词，龙榆生认为"最为恰当"，并进一步指出——细玩"清雄"二字，盖指苏词既有清丽、清切、清婉、清华、清雅、清旷的一面，也有雄放、雄豪、雄俊、雄壮、雄奇的一面，而二者又常常交相融会，难以截然分开。就苏词风格而言，明人张綖在《诗余图谱》中将其概括为"豪放"，他认为词体有婉约、豪放二体，"婉约者欲其辞情蕴藉，豪放者欲其气象恢弘"，前者以秦观为代表，后者以东坡为圭臬。而近人王国维则将东坡词之风格归之为"旷"，此观点更被叶嘉莹发挥为"超旷"，叶女士认为"用世之志意"与"超旷之襟怀"原是苏东坡天性中所禀赋的两种主要特质。但以我阅读过苏词十几个版本的个人经验，我认为苏词的最大特点是自然、是天籁，他的任何一首词都是内心之流露，性情之笔端，哲理之道来，绝无造作与雕琢。如果真的需要将词概括为两派的话，我愿以"自然派"和"造作派"来分类，无疑，苏词是"自然派"的代表人物，而周邦彦、姜夔之流则应归入"造作派"。

复式阅读是一种学习方法，于我，它还赋有其他的价值。除了读者与作者的身份，我还是一个出版人、一个编辑，我的工作职能之一就是将一个文本制作成一本可以抵达读者手中的具有审美价值的纸本书，如何最大限度地满足读者的审美需求是任何一位编辑和

《窗外词》跋

出·版·四·重·奏

出版人不得不面对的一生难题，并且是一道道不断重复的难题。字号大小与磅数，行间距，字体为宋为楷，版心是大是小，天头地脚，留白尺度，纸张颜色与克重，内文单双色或四色，封面设计风格，精平装，开本选择，封面材料，封面图案及色彩等等一系列美学要素无一不影响着读者的接受程度，从接受美学的角度，从接受学的角度，从装帧艺术的角度去以工匠精神创造一本图书是一个编辑和出版人必须具备的基本功。这也是我选择同样内容却要阅读不同版本、不同解说者的原因所在之一，在我阅读苏轼词集的过程中就遇到过有的版本让我爱不释手，一读再读，而有的版本则不忍卒读，弃之唯恐不远，由此可见编辑与出版人的审美决定了一本书的命运。我将复式阅读的方法还推及到对其他词人词集的品读，如李煜、柳永、欧阳修、晏殊、晏几道、黄庭坚、秦观、周邦彦、张元幹、李清照、辛弃疾、陆游等等，同样也有一些版本让人颇不入眼。但更多的情况则是因为对视了多个视角，一个个词人，一首首词变得丰满、完整、形象起来了，理解更加通透了，美的想象更加通灵了。

于我，阅读词的目的是探究词之规律，而研究词之目的是创作。创作词的冲动让我进入了研究词的殿堂，尤其是对于词谱、词韵的探索，让我一次又一次地惊叹唐宋先人的审美情趣，格调之高，和谐之美，情趣之真让我无数次击节称叹。

词本无谱，唐宋时的所谓词谱是指"古今歌词之谱"，是音乐谱，是词之音律，是词之音律谱。明中期之后开始依据唐宋时人歌词的字声格律而编制成无音乐旋律之文字格律谱，也强名之词谱，此词谱流传、流行至今，是脱离了乐律意义的，供后人比对着唐宋人歌词句式、字数段数、平仄、韵脚而编制的可据之创作新格律文字的

· 序 跋 ·

谱书,是无声之谱、是无乐之谱、是格律之谱。前者以南宋修内司刊《乐府混成集》为代表,后者以《钦定词谱》为代表。这两部不同意义的词谱都是朝廷官修的,也都是词作家据之创作歌词、格律词的官方依据,尤其是后者,至今仍没有出其右者,依然是词家之必备。

今之"词"的概念,在宋代称之为"歌词"。宋人王灼撰《碧鸡漫志》,其中涉及与谱相对者多以"歌词"名之。如卷二云:"欧阳永叔所集歌词,自作者三之一耳。""晏叔原歌词,初号《乐府补亡》。""吾友黄载万歌词,号《乐府广变风》。"宋人也自称词为歌词,晏叔原自序其词集云:"往与二三忘名之士,浮沉酒中,病世之歌词,不足以析酲解愠,试续南部诸贤,作五七字语,期以自娱。"王灼有时也称"歌词"为"歌曲""曲""歌""词""长短句",如王氏云"东坡先生以文章余事作诗,溢而作词曲";"长短句虽至本朝盛,而前人自立,与真情衰矣,东坡先生非心醉于音律者,偶尔作歌";"王荆公长短句不多,合绳墨处,自雍容奇特";"沈公述为韩魏公之客,魏公在中山,门人多有赐环之望,沈秋日作《霜叶飞》词";"王齐叟彦龄,元祐副枢岩叟之弟,任俊得声,初官太原,作《望江南》数十曲";"宇文叔通久留金国不得归,立春日作《迎春乐》曲"等。以上王氏行文,一卷之内,"歌""词""曲""歌词""词曲""长短句"参差并用,由此可见"词"之概念在宋代还处于一种非稳定状态。

与"词"相对应者是"谱"。王灼认为,古人因事作歌,抒写一时之意,意尽则止,故歌无定句,因歌有喜怒哀乐,声则不同,故句无定声,又因性情所致,歌需一定的节拍,而拍节之时间长短和音阶之急缓则来自自然法度,而用一定符号记录之则成为"谱"。

王氏举例说："乐之有拍，非唐虞创始，实自然之度数也，故明皇使黄幡绰写拍板谱，幡画一耳于纸以进曰：'拍从耳出'。"尽管如此，唐玄宗时期的确有曲子谱记录却是确凿无疑的。现存最早的唐代燕乐音谱是敦煌文献（伯3808）琵琶谱25曲，今人谢桃坊称此25曲"有《倾杯乐》《西江月》《心事子》《伊州》《水鼓子》等燕乐曲，皆以燕乐半字谱抄录，为音乐琵琶音谱，有音无辞"。关于乐谱，《宋史·艺文志》记载唐太宗时有《九弦琴谱》20卷，宋代有宋仁宗《明堂新曲谱》、沈括《三乐谱》一卷、郑樵《系声乐谱》24卷，等。这些乐谱是否完全用于词谱，我们不得而知。但南宋周密在《齐东野语》卷十中所记载的官修《乐府混成集》则可确认为是一部大型"词谱"。周氏云："《混成集》，修内司所刊本，巨帙百余，古今歌词之谱，靡不具备。只大曲一类凡数百解，他可知矣，然有谱无词者居半。"这是南宋时期专为创作歌词所编纂的大型词谱，此书传至明，亡于清初。明孙能传《内阁藏书目录》卷五《乐律部》著录："《乐府混成集》一百五册，不全。莫详编辑人氏，皆词曲也。内有腔板谱，分五音十二律类次。原一百二十七册，今缺二十二册。"清初黄虞稷《千顷堂书目》卷二著录有"《乐府混成集》一百五册"，这是私家藏书目，此后此书再也未见公私藏目录。

宋代词谱，见于正史记载的有刘昺《燕乐新书》、蔡攸（元定）《燕乐》、刘昺《大晟乐书》等，见于民间记载的有《圈法周美成词》、《寄闲集》（又名《依声集》）、《白石道人歌曲》等。此外，还有可起到词谱作用的按宫调编排或标注的词别集，如柳永《乐章集》、张先《子野集》、周邦彦《片玉集》（又名《清真集》）、吴文英《梦窗词》、姜夔《白石道人歌曲》等。《宋史·乐志》"燕

· 序 跋 ·

乐"部记载，宋初置教坊管理诸部乐，因唐五代旧曲而创新声，宋徽宗政和年间"诏以大晟雅乐施于燕飨，御殿按试，补徵、角二调，播之教坊，颁之天下"，又因乐之宫调多不正，多为俚俗之音，命"刘昺辑《燕乐新书》"，但仅以"八十四调为宗，非复雅音，而曲燕昵狎"。刘昺此书名不见于《宋史·艺文志》，但《宋史·艺文志》著录有刘昺《大成乐书》20卷，或即同一本书而异名。此"八十四调"还见于《碧鸡漫志》卷二，当时大晟乐府提举是周邦彦，其下还有制撰七人，其中曾自称"大梁词隐"的万俟咏（字雅言），于政和年初，召补试官为大晟乐府制撰，"新广八十四调，患谱弗传，雅言请以盛德大业及祥瑞事迹制词实谱"。此84调可见是北宋末年来自民间的新乐调。《宋史》周邦彦本传中称"邦彦好音乐，能自度曲，制乐府长短句，词韵清蔚，传于世"，而周邦彦《清真集》中其自度曲和创调之作就有50余调，其创调之多，仅次于宋初的柳永。周邦彦所创词调，并不完全是自己的创作，《碧鸡漫志》云"江南某氏者解音律，时时度曲，周美成与有瓜葛，每得一解，即为制词，故周集中多新声"。作为国家掌管音乐的最高官员与民间音乐家互通消息以创制新腔新词，可见宋代词谱得乎自然，得乎民间，词之大众性、民间性、普及性于此可见一斑。

对宋词新腔新谱新词开拓贡献最大的当数宋初柳永。宋叶梦得《避暑余话》卷三说柳永"为举子时，多游狭邪，善为歌辞，教坊乐工每得新腔，必求永为辞，始行于世，于是声传一时"。柳永以赋体的写作技巧铺陈慢词，借以表达深闺浓艳，雅俗共赏，一时凡市井处皆歌柳词，对宋词的创新功莫大焉。除赋新词之外，其最大的贡献是开创了词之新腔新谱。《乐章集校笺》的作者说："柳永

/ 《窗外词》跋 /

词作今存二百余篇，凡用十六宫调，一百五十余曲，其中除十余调是沿用唐五代旧曲外，其余的都是首见于柳永词作的，论创调之多，两宋词人无出其右。"这一评价，当是公允之论。据谢桃坊统计，唐五代词调共115调，宋人创调共736调，柳永一人创调180多调，其对词调创制之贡献不言而喻。

所谓"创调之作"是指当某个乐曲被词人选用为词调而谱上歌词，此之歌词通常被称为创调之作，如果此创调为更多的人所关注，其他词人也依据此创调之作的句式、声韵作新词，随着新词增多而逐步形成大家公认的格律，此格律逐渐定型而成为格律谱，也可称之为格律词谱，清代《钦定词谱》就是此类格律词谱的典型代表，当然这也是填词格律化的最终结果。根据我们的观察与推断，乐曲被记录为乐谱，词人选择乐谱而创制歌词，两者是一个互动关系，乐谱与歌词得以在互动中共同成长，共同适应被共识，共同朝着稳定化、格律化、模式化的方向演进，以致形成一种后世不敢越雷池的正规"词谱"。这一过程和趋势贯穿了唐五代和两宋，随着南宋的灭亡和用以填词的乐谱的佚失，词之演化与创调得以终止，而格律化的定型随之到来，歌词随后逐步成为一种具有格律性的文体而登上文体学的殿堂。实际上，宋人创作歌词与自度曲也的确是并行的。宋人作歌词基本上沿着三条路径而并行，一是自度曲、自创乐谱并填词，如柳永、周邦彦、姜夔等；二是据乐谱而填词，即"依腔填词而歌之"，大多数词人采用此种方式；三是在宴筵间或得友人词而据他人格律、音韵而创作歌词，此类方式在南宋尤为普及。这三种填词方式的本事例证颇多，不再赘述。

一时代有一时代之文化，文学也不例外。无论是作为音乐性的

·序 跋·

歌曲还是作为文学性的文体，词都随着南宋的灭亡而走向式微，词之衰落与元代杂剧、散曲的兴起与流行有着密不可分的内在联系。作为统治者、蒙古贵族乃至皇帝对汉人的诗词歌赋持一种鄙夷之态度，他们甚至认为诗词笙歌之兴盛是南宋朝廷被灭亡的原因之一。上有所好，下必甚焉。元代的雅文学相对于唐宋无疑处于没落状态，此之原因与元统治者的兴趣有很大关系。作为民间的俗文学，元杂剧却在宋杂剧和金院本的基础上崛起，散曲也很快被文士们采用，将其视为"新乐府"，借以表达内心之情感，甚至在宫廷朝会上散曲也歌舞并陈，深得皇帝喜爱，散曲之地位愈来愈高。元人胡祗遹在《送宋氏序》中形容杂剧之广博时云："上则朝廷君臣政治之得失，下则闾里市井父子兄弟夫妇朋友之厚薄，以至医药卜筮释道商贾之人情物性，殊方异域风俗语言之不同，无一物不得其情，不穷其志。"散曲更为通俗易懂，流行于歌儿、说唱艺人中，已文人化的词之被替代是势所必然的趋势。明王世贞在其《艺苑卮言》中总结道："元有曲而无词，如虞、赵诸公辈，不免以才情属曲，而以气概属词，词所以亡也。"此言不差。

宋人词之乐谱并未随着朝廷的烟灭而湮灭。直到元末，大多宋人乐谱仍存于世。《宋史》一书成书于元至正五年（1345），其中"艺文志"中著录有徽宗《黄钟徵、角调》二卷、蔡攸《燕乐》34册、刘昺《大成乐书》20卷等书，至少可以说明直到元代末年这些词乐类书籍还存于朝廷藏书中。明代万历年间孙传能、张萱等人校理内阁藏书时所编的《内阁藏书目录》中还著录有南宋刊《乐府混成集》。尽管词之乐谱仍存于世，但因歌词本身之命运发生了转向，无论是雅是俗，其创作的主体和创作的激情都已进入衰退期，词之消亡命悬一线，更遑论"倚腔填词"了。王易在其《词曲史》中说："夫以宋词文章之美，作者之多，固难乎为继矣。元人知不能逾，遂并其才情工力而为小令、套数、杂剧，其意境自然，情景逼真，词句醒豁，无处不显其特色，由是而小令、套数、杂剧，遂形成元代文学之主干，而词学渐衰。"元人对词无所建树，无所用心，自然可以理解了。这种情形，一直延续到明代，甚至明代之词更加衰微。清人吴衡照《莲子居词话》云："金元工于小令而词亡，论词于明并不逮金元，遑言两宋哉？"

明人对词体文学最大的贡献是逐步确立了词体格律形式。至明代，"词谱"完成了由词乐谱向词格律谱的转变，实际上，自南宋年间始，"以谱填词"就逐步向"按词填词"过渡，词之歌唱功能就开始减弱，词之书面文学性就开始增强。不唱之词的增多是词由音乐文学向格律文学过渡的一种表象，其更重要的是精神状态的缺失，真情实感的丢失与高尚气格的萎靡是造成词体文学转衰的真正原因。阅读明词，给人最大的感受是明代文人对词的创作已失去信心，连明人王世贞评论本朝词人时也直言："我明以词名家者，刘承意伯温，秾纤有致，去宋尚一尘；杨状元用修，好入六朝丽事，近似而远；夏文愍谨最号雄爽，比之辛稼轩，觉少精思。"明人经历了长时间的"依词填词"之摸索，深为失去音乐性词体文学漫无标准之所困，明人对词之句式、句数、字数、声韵的变化不一陷入迷茫状态，由此明人开始试图以字声、句法、韵法为核心创建词律规范。此类"词谱"，明人所编主要有：周瑛《词学筌蹄》、张綖《诗余图谱》、徐师曾《文体明辨》、程明善《啸余谱》、丁文頠《歌词自得谱》。

"依词填词"是格律词谱孕育的深厚土壤。事实上，"倚声填

· 序　跋 ·

词""自度曲词"之外，"依词填词"一直是创作歌词的重要途径，这一点可以从苏东坡之后的词人词序以及词本事中屡屡得到验证。词人除了熟记流行的常用的词乐词谱外，有时是朋友间唱和时"依词填词"，有时是得朋友或流行新曲新声而"依词填词"，更多的当是依据词选集、词别集而"依词填词"的，这类词集，早在宋代就已十分流行。如后蜀赵崇祚《花间集》、佚名《尊前集》、宋黄大舆《梅苑》、南宋曾慥《乐府雅词》、南宋何士信《草堂诗余》、南宋黄昇《唐宋以来诸贤绝妙好词》《中兴以来绝妙好词》、南宋赵闻礼《阳春白雪》、南宋周密《绝妙好词》等总集；南宋长沙刘氏书坊《百家词》、南宋临安陈氏书棚《典雅词》、南宋闽中书肆《琴趣外编》等坊刻词丛编；柳永《乐章集》、张先《张子野集》、晏殊《珠玉词》、欧阳修《六一词》、晏几道《小山词》、苏轼《东坡乐府》、黄裳《演山词》、黄庭坚《乐府》、秦观《淮海居士长短句》、贺铸《东山乐府》、周邦彦《片玉词》、张元幹《芦山词》、张孝祥《于湖先生长短句》、辛弃疾《稼轩词》、姜夔《白石道人歌曲》、史达祖《梅溪词》、高观国《竹屋词》等词别集，这些流行于两宋的词集刊本，或多或少地起到了"依词填词"的"词谱"功能。尤其是其中的坊刻本《草堂诗余》一书，直到明中期依然风行于世，事实上起到了后世格律谱的"词谱"作用。

在词谱史上，格律谱的发轫之作是明周瑛所创意的《词学筌蹄》，但此谱之所本则是《草堂诗余》。《草堂诗余》在明代是词坛家喻户晓的一本畅销书，连明毛晋在其《草堂诗余跋》中也感叹道："宋元间词林选本，几屈百指，惟《草堂》一编飞驰。几百年来，凡歌栏酒榭，丝而竹之者，无不胼髀雀跃。及至寒窗腐儒，挑灯闲看，

215

亦未尝欠伸鱼睨，不知何以动人一至此也。"《草堂诗余》为南宋何士信所编，大约刊于公元1200年之前，共两卷，辑词367首，分春景、夏景、秋景、冬景、天文、地理、人物、人事、饮馔器用、花禽诸类，事类下系词，此之类编，便于阅读，但用之"依词填词"则颇不方便，诸调散于事下，无章可循。周瑛自己也填词，对此不便应有切身体会。由此，周瑛于弘治七年（1494）而提出重编此书，变"以事为主"而成"以调为主"，调下系事，事下系词，每"调为谱，圆者平声，方者侧声，读以小圈"，周瑛《自序》云："《草堂》旧所编，以事为主，诸调散入事下，此编以调为主，诸事并入调下，且逐调为之谱"，"使学者按谱填词，自道其意中事，则此其筌蹄也"。周氏说得十分清楚，改"以调为主"的目的是"使学者按谱填词"，此之转变在词谱史上具有深刻之意义，主要有两点：一是以调编辑词选，学者可以据此而很方便地选调以填写符合自己志意的词，二是用圆、方、小圈符号标识平仄音调和句读句法，开图谱标识之先河，简单易晓，此之以词调、句法、声韵为关键要素的"词谱"，真正成为强调"调有定格、句有定式、字有定声"的以格律规范为追求的填词教科书。

尽管《词学筌蹄》具有开创之功，但此书一直以稿本形式存世，其后也主要是以多种钞本形式产生影响。不过，本书的确是由"词选"向"词谱"范本过渡的一座桥梁。其后，张綖编纂《诗余图谱》并于嘉靖十五年（1536）雕版印行，此书的正式出版并在其后多次重新刻版重印，标志着格律式的"词谱"正式问世。后代词学家也多将《诗余图谱》视为最早研究词体、词调之著作，并认为具有开创之功。《诗余图谱》一书分三卷，首次以字数为标准，提出小令、

· 序 跋 ·

中调、长调三分法，共收小令 64 调、中调 49 调、长调 36 调，每调先列平仄图于前，再缀唐宋人词一首于后，"词中当平者用白圈，当仄者用黑圈，平而可仄者用白圈半黑其下，仄而可平者用黑圈半白其下"，此之用黑白圈标识之法对后世词谱的编纂也影响甚巨。除了三分法与黑白圈标识，张綖编纂词谱的谱式创造还有：各调首先辨析词牌名，将同调异名标出；标出词调的段数、句数、韵数、字数；逐字标明每个字的平仄；上图下词等，这些谱式构成了后世词谱的基本特征，因此将其视为词谱的开创之作并不为过。

《诗余图谱》的刊出，让词创作者惊喜地找到了格律依凭，并由此也给词学研究者指示了一条路径，鉴于该书的简陋，步其后尘者续补增广之作由是而起，主要有游元泾《增正诗余图谱》、万惟檀《诗余图谱》、顾长发《诗余图谱》、佚名《回文诗余图谱》。这些补作也仅仅是修修补补而已，在词谱谱式和词体体式上了无创新，只有万氏将平仄图谱与例词词文合而为一，更易观瞻而已。

张綖之后，试图突破张氏藩篱的是徐师曾《文体明辨·诗余》和程明善《啸余谱》。后者主要是对张氏的小令、中调、长调三分法表示不满，并改黑白圈的标识为直书平仄可平可仄，徐氏将词调大致按调名字面意思相近的原则给予分类编排，总二十五类：歌行题、令字题、慢字题、近字题、犯字题、遍字题、儿字题、子字题、天文题、地理题、时令题、人物题、人事题、宫室题、器用题、花木题、珍宝题、声色题、数目题、通用题、二字题、三字题、四字题、五字题、七字题。程鸣善《啸余谱》编次分题一仍徐氏，共同呈现了不伦不类、杂乱无章、混乱不堪的分类特征。因此，尽管《啸余谱》长期流行于明末清初，但其之编谱分类却让后世词谱编纂家无一不摒弃。《啸余谱》中之《诗余谱》基本是辑录《文体明辨》中之《诗余》，所改订之处主要是谱词合一与只标可仄可平，不再逐字标注。但因《啸余谱》（10卷）较《文体明辨》（84卷）篇幅为短，其内容（《啸旨》《声音度数》《律吕》《乐府原题》一卷，《诗余谱》三卷，《北曲谱》一卷，《中原音韵》一卷，《南曲谱》三卷，《中原音韵》《切韵》一卷）更专业于词创作者，故较后者更为流行，以致"自国（清）初至康熙十年前，填词家多沿明人，遵守《啸余谱》一书"。

清词无论是创作还是研究，均呈复兴之势。明清易代的内心伤痛，让文人们重新找到了词这种可以比诗更能表达真情实感的文体，随着词创作的繁荣，指导词创作的词谱研究与编纂也进入新回应阶段。清初之词谱，多袭明人之风习，往往谱、选难分，或者是在明谱基础上修订开拓，这一时期的格律词谱研究之作主要有孔传铎《红萼轩词谱》、毛先舒《填词名解》、赖以邠《填词图谱》、吴绮《选声集》《记红集》、查继佐《古今词谱》、佚名钞本《词调》、郑元庆《三百词谱》以及最重要的万树《词律》、康熙《钦定词谱》。《填词图谱》收于查继超《词学全书》，刊行于康熙十八年（1679），此"全书"共四种，另收王又华《古今词论》、毛先舒《填词名解》、仲恒《词韵》。《填词图谱》的主要贡献是扩大了《诗余图谱》的收词规模，并提出例词宋词优先的原则，作者认为："填词宋虽后于唐，而词以宋为盛，每调之词，宋不可得方取唐，唐不可得方及元、明。"此外，赖氏还重点关注了词调的分体与虚字衬字问题，如他列出《酒泉子》词调下共有13体，这些异体按照字数多少排列入全书中。赖氏此谱，多袭明旧，错讹较多。

万树因感于前人词谱之错谬，以个人18年之力而编纂完成《词

·序　跋·

律》巨著。全书 20 卷，收录 660 调 1180 体，不分小令、中调、长调，但以词调字数多少为序编排，对于同调异体的首次提出标示"又一体"而摒弃"第几体"之法；同调异名者皆以字数为先后列入同调名下并明列于目录中；对分句进行考辨并创立读断之"豆"的体例标识，即"整句为句、半句为读，读音'豆'，故借书'豆'字"，用"豆"字注出；其谱式标注之法为"以小字明注于旁，在右者为韵、为叶、为换、为叠、为句、为豆，在左者为可平、为可仄、为作平、为某声（有字音易误读者，故为注之，如旋字、凝字之类）"；其收例词原则是以唐宋词为主，元以下之词不收，元曲小令亦不收。万树的《词律》收词调与例词远超前人，考订颇精，集前人之大成，构建了词格律谱的基本框架，由其奠定的词体格律内容被后出之《钦定词谱》所袭用，直到今天其格律编谱模式仍在应用中。

《词谱》一书由康熙皇帝指定王奕清领衔编纂。全书共 40 卷，收 826 调 2306 体，规模是《词律》之两倍，其谱式标注符号参用张綖之黑白圈法每字注明；在词调之后注明段数、总字数、句数、韵数；谱词一体，在词后以附注形式对词调格律进行说明与考订；在调、体排序上以字数多少为序，标注初体（创调之作）正体，兼叙时代，考证词调源流；在考证词调原委等文字中，所征引处均注明文献出处；对词调中的句法、韵法和特殊格律情况，均在谱中注明；附收一卷唐宋大曲，以明词体源流。《词谱》广收词调，考证颇精，谱式完备，朱墨套印，此本的刊行具有里程碑的意义，词谱编纂史上首次以官书形式而成定本，词谱编纂的格律探索与范式规整至此而确定而完成，此后之词谱编纂再无出其右者，直到今天《词谱》仍是词作者的案头必备之书。

词之格律谱编纂至《词律》《钦定词谱》而达到高峰，清中后期词谱之编纂思想与方法几无创见。其稍见影响者，清中期乾道间有许宝善《自怡轩词谱》、叶申芗《天籁轩词谱》、林栖梧《词境》、舒梦兰《白香词谱》、谢元淮《碎金词谱》、钱裕《有真意斋词谱》、秦巘《词系》等。晚清时期，词谱编纂几近缺如，仅有徐本立之《词律拾遗》、杜文澜之《词律补遗》、谢朝徵《白香词谱笺》等书以补苴而已。

进入民国时期，词谱之编纂，只有林大椿编纂的《词式》一书值得形诸笔墨。本书编纂之目的是"专供学生应用"，实际上是一部指导学生或者爱好者填词所用的工具书，因此所编内容务求简明，共收词调840，924体，每调仅列正体一首为式，只有个别词调列了"又一体"词例。本书于词牌之下，简要说明"源流""宫调""名解""种类""别名"等，于词后说明词之作法和古人成规，颇便初学。《词式》编排沿袭《钦定词谱》以词调字数多少为序，书中所注，仅分平仄，改平声标注为△，仄为▲，颇为醒目。此书于1933年由上海商务印务馆出版，此书之出版，对推动民国词创作起到了积极的推动作用。

20世纪下半叶以来，词谱研究及编纂几无理论突破。主要呈现三个方面的特点：一是词谱的编纂与出版基本上是围绕着指导初学者入门而用的；二是一些学人立下宏愿编纂具有词谱性质的词律辞典，颇为引人注目；三是对明清时期的词谱进行点校、考证、补订，甚至重修成为词谱研究新的方向。

20世纪下半叶50、60、70年代，中国词学的研究重心偏向台湾地区。台湾台北先后陆续出版了多部词谱研究著作和词谱普及读物：萧继宗《实用词谱》，台北中华丛书编审委员会出版，1957年，264页；

· 序　跋 ·

严宾杜《词苑》（四册），台北中华丛书编审委员会出版，1959 年；沈英名《孟玉词谱》（三册），台北佩文书社，1962 年；卢元俊《四照花室词谱》，台北正光书局，1976 年，131 页；王敩彬《漪痕馆新词谱》，台北老古出版社，1978 年，284 页；龙沐勋《唐宋词格律》，台北九思出版社，1979 年，203 页。龙沐勋即龙榆生，其书 1978 年由上海古籍出版社出版，甫一问世，即先后由台湾的九思出版社、里仁书局、华正书局同年再版，由此也拉开两岸词学研究之交流。20 世纪 80、90 年代，台湾出版的词谱研究著作主要有：张梦机《词律探原》，1981 年由台北文史哲出版社出版；张茂泩《词牌谱研究》，1989 年由台北东展出版社出版，此书多达 1836 页，是为皇皇巨著；徐信义《词谱格律原论》，1995 年由台北文史哲出版社出版。

　　自 20 世纪 80 年代以来，大陆实施全面改革开放的宏观政策，思想解放，文化繁荣，词学研究也呈复兴之势，词之创作也多姿多彩。为因应词体创作之需要，先后出版了几部简明词谱以备学习之用。主要有：龙榆生《唐宋词格律》，1978 年上海古籍出版社出版；杨文生《词谱简编》，1981 年四川人民出版社出版；严建文《词牌释例》，1984 年浙江文艺出版社出版；月人《常用词谱一百调》，1992 年三秦出版社出版；姚普《新编实用规范词谱》，1998 年太白文艺出版社出版。此外还有一些书尽管不是专门的词谱格律著作，但因作者的权威地位和学术影响力，其介绍诗词格律的普及性读物成为"大家小书"的经典畅销书，从而成为词家必备之书，如王力《诗词格律》就是此类书之典型。

　　进入 21 世纪，词学持续升温。随着物质生活的改进，人们对于精神生活的追求越来越成为时尚，同时也随着互联网尤其是智能手机的普及，信息、知识、思想的传播迅速而便捷，而诗歌作为高雅文化的皇冠得以人人向往之，人人欲歌之，人人顶戴之。诗词创作的人数据说有数百万之多，此之盛况，空前矣。随之，有关诗词格律的专书也应运而生。就个人之目见，专业的词谱之书主要有：孔祥升校著《古井词谱》，2002年作家出版社出版；王秀编著《古今声韵词谱》，2006年作家出版社出版；谢桃坊编著《唐宋词谱粹编》，2010年四川人民出版社出版；王月喜著《词谱举要》，2010年陕西人民出版社出版；董学增编著《增定词谱》，2011年河海大学出版社出版；谢桃坊编著《唐宋词谱校正》，2012年上海古籍出版社出版；谢国康著《词牌全书》，2012年中山大学出版社出版；陈华梁编著《唐宋词谱古今例鉴》，2013年大众文艺出版社出版；姚康玲编著《两宋词律集萃》，2014年巴蜀书社出版；林克胜著《词律综述》，2015年商务印书馆出版；罗辉编著《新白香词谱》，2016年华中师范大学出版社出版；田玉琪编著《北宋词谱》，2018年中华书局出版等。此外，中华书局、上海古籍出版社重排重印的经典词谱，版印较多，不再列举。以上这些厚薄不一、轻重不同的新式词谱，多为号称，实际上多是《词谱》《词律》之摘抄，多不足观。只有词学专家谢桃坊先生之《唐宋词谱校正》乃为心血之作、词学大作。谢先生之词谱，选取唐宋词中之始词、名篇或合格律之优秀作品作为格律标准之谱，选调497个，采取按字按调分类编排方式，以58字以内为小令、59字至90字为中调、91字以上为长调，按字数多少顺序排序，在每调下注明体制，于谱后附注关于调名来源、宫调及声情与体制特点之简要说明，谱式叶韵用句号，句用逗号，读用顿号，字声平仄用黑白符号标识，例词注明出处，如有异议并

·序 跋·

简要考证，其字声以《广韵》音系之《礼部韵略》（平水韵）为字声平仄之标准，词谱合一，书末附《复原之宋人词韵》。本书对词谱研究最大之贡献是对每个词调做了历史性之分析，正如作者言："本编注重增强词谱之文学性质，故于谱后，尤其于常用名调之后，选录此调此体典范之作或不同风格之作以附，藉以供填词之艺术借鉴。"《唐宋词谱校正》一书乃近几年来词谱研究之扛鼎之作。田氏《北宋词谱》亦是颇见功力之断代词谱，图谱类例谢氏而多作者小传，词谱以人系调系谱，收词调594，体1584，该书尽管博洽，但不便实用。

　　20世纪80年代中期以来，中国大陆出版界兴起一股出版工具书的热潮，尤其是90年代，几乎每个学科每个专业都编纂了不止一部的词典、辞典。以词谱为切入点，在20世纪90年代曾出版了潘慎主编的《词调词律大典》，中国华侨出版社1998年版；进入21世纪，谢映先一人编著的《中华词律》，2005年由湖南大学出版社出版（本书于2010年又出版了增订本）；同年，潘慎先生在《词调词律辞典》的基础上与秋枫总编纂《中华词律辞典》由吉林人民出版社出版；马加编著《常用词谱格律词典》，2006年由汉语大辞典出版社出版；赵京战著《中华词谱》，2015年由中国书籍出版社出版。以上数部动辄上千页的词谱辞典，代表了另一种编纂词谱的方向，尽可能网罗史上所见的词调，企图集大成的努力与《钦定词谱》一脉相承，并更甚之。如《中华词律辞典》凡例中云："本书共收录词调2566，又体4186。"《中华词律》（增补本）作者称"补正后实收词1427调，3663体，较初版增175调，256体"。如此之多，难免诗、词混杂，词、曲不分。《中华词律》所收词例据作者云："凡唐宋词之阙调，明、清以来以至当代的新词，均广蒐博采，兼收并蓄。"

《中华词律辞典》的收录范围也令人惊讶，作者在"前言"中说："我们自《词律辞典》问世以后，仍继续不懈地旁征博采，除词人别集外还对一些古典小说上的'新'词调，不论雅俗，一概兼收并蓄。"二者之努力当无可非，但同样之鱼龙混杂，当非学者之眼光。《中华词律辞典》之谱式为按词调字数多少为序，词调大致按小令、中调、长调排列，每词调下分词调介绍（出处、沿革、掌故、考证、别名）、调略（单双调、字数、片数、句数、韵数）、词谱例词、要点四部分内容，所收资料，当很完备，较后出之《中华词律》更为方便填词者使用，其文献价值也是《中华词律》所不可比肩的。

中国历来重视前代典籍之整理，并往往视当代所需而对古代书籍重新修订、笺释。词谱因具有实用性，明清时期的词谱多有当代整理本。如赖以邠《填词图谱》，1986年书目文献出版社出版吴熊和校点本，1990年贵州人民出版社出版陈果青、房开江校订本；秦巘《词系》，1996年北京师范大学出版社出版邓魁英、刘永泰校点本；谢朝徵笺《白香词谱笺》，1981年广东人民出版社出版柳淇校订本，1982年中华书局出版顾学颉校订本，2001年上海古籍出版社出版丁如明注本等。而用力最大的是对《词谱》的校点整理与考订，除中国书店、岳麓书社影印本之外，2008年学苑出版社出版孙通海、王景桐《钦定词谱》校点本，2017年华东师范大学出版社出版蔡国强《钦定词谱考正》。对《钦定词谱》的关注还波及对此书的重修，2016年湖北人民出版社出版罗辉编著《新修康熙词谱》。以上三书代表了当下词学界对《钦定词谱》的三种不同态度，除新式标点更利于普通读者阅读外，蔡国强更注重对其进行考辨研究、指陈谬误，而罗辉则更关注尽可能给今人填词提供一个较为宽松的格律范本。

· 序　跋 ·

两书均未改变《钦定词谱》的卷次结构。《新编康熙词谱》的创新在于用表格形式来描述词谱中的例词，在原词谱中增添了一些新的唐宋例词，并在该词调中做了一些简单说明。《钦定词谱考正》的创新点是对每个词调进行较为全面的考据与订正，甚至对原谱书中的字词据别本或已意进行了"据改"，此"据改"甚至也广泛延伸至断句、平仄、韵脚等。此之创新，甚难苟同。但作者之文献爬梳功夫，以及精细之辨识仍然值得称赏。然而，遗憾的是，"据改"及"新修"不免错上加错，很难据此两巨著而填词创作。

之所以我系统地梳理了一下宋代以来的词谱探索与研究，最主要的原因是自己"据词填词"的需要。因为词之创作，必须有所依据才能不致谬之千里，在我尝试着寻找词谱的过程中经常性会陷入迷茫之中，一个词牌之下常常出现不同的词体，究竟以何为准，常难取舍。经过约半年的探索后，最后我选择了以学苑版《钦定词谱》为准，日常以上海古籍版盖国梁编《中华韵典》中所收《词谱四百调》为创作依据，词作完成后再以《钦定词谱》校正，如此，则不至于大差也。同时，因为创作所需，我对《钦定词谱》进行了改编以更方便使用，其主要做法是将《钦定词谱》中所收826调按起句字数进行了重新编排，将起句一字与二字者编排在一起，之后依次是起句三字、四字、五字、六字、七字与八字共6卷，每起句下又分平声韵、仄声韵、平仄混合韵三部分分列编次，平、仄、混合声韵下再按词调字数多少为序，如此之826调则各有所归。词调下之多体也同样是按平仄字数多寡分散于各起句中。如此之编排，最方便词创作，词作者往往是创作了首句或前两句后才去思考选择用何词牌与用平韵还是仄韵更能表达自己的创作志意。如此，按我新编的词

225

谱则很容易找到起句部分的平仄所在,然后再根据起句的平仄与所创作的首句是否吻合,并据此比较来斟酌用小令、中调还是长调,这是我自己所探索的一个适合于我个人的词创作方法,是否有益于更多的同道,这个问题已不是我所能回答的了。适当的时候,我会将词谱新编公之于众,以求教同行,这已经是学词的另一个计划了。

　　三年多来,我创作了400多首词,多是在周末的晚上或者晨起,甚至还有一些是在深夜,梦醒时分。本来我是想将自己创作词之甘苦与追求进行一番勾画和描述的,然而,这篇跋已经长得不能再长了,更何况,谁愿意听一位长短句的作者长篇大论呢?词之短小,本是优点,假如续之高谈,岂不是本末倒置。假如同道有兴趣,还是恭请去批评一下那些词作,我将认真地期待着。此时已经春暖花开。

2019 年 3 月 26 日

· 序 跋 ·

《窗外词》后记

词的忧郁气质，让我情不自禁，屡屡为她厕身。

作为一种文学体裁，她是独一无二的。我们在西方和阿拉伯文学传统中找不到类似的文学样式，即便是受儒文化浸润颇深的朝鲜、日本、越南文学，我们也很难寻觅到词的身姿与歌喉。词是一种融音乐、舞蹈、歌唱与文辞为一体的在筵宴小场景上表演的综合艺术。尽管她的音乐性起于民间，但她的文学性自其童年起便充盈着文人的审美情趣，在她最具活力、最具魅力和最具想象力的少女时代，她们便受到了年轻皇帝李煜和浪荡才子柳永的刻骨铭心的装扮。词是中国文人脱下儒家释家道家思想、精神和说教编织的冠冕之后露出的率真容颜，日本人花崎采琰将词视为中国古人的泪眼，我想，也许词更像是中国式的含泪的笑，犹如苦茶的回甘，让中国文人享受到了苦涩伤痛之后的片片欢娱，甚或是品尝到了盛宴美酒过程中的酸甜苦辣。

词以其楚楚动人的泪眼顾盼了中国文人1000多年。两宋期间，1400多位文人创作的2万首词作流传到了今天，而清代，大约在相同的时间内，有一万多位文人创作了30万首左右的词作，词之流风，可见非同凡响。现在，词从小桥流水人家，穿过林立烟囱和机器轰鸣，来到了相对更无言的手机屏幕面前，然而，即便时空如此反转，词作为一种古老文体，她们的优雅与孤独、苦涩与甜蜜、悲欢与离合依然是中国文人的精神底色和审美追求。中国文人的软弱与不屈、温婉与豪放、卑微与风骨一遍又一遍地被词所揭露，词为中国文人搭建了一座"躲进小楼成一统"却又屡屡为秋风所破的心灵茅草屋。在这个寸心所在，它与他，它与她，她与他，凄惶而自慰，无奈而自足，困顿而自傲。词之魅力，正在于此。

作为生于斯长于斯的中国传统知识分子，我也常常被词所诱惑。创作词的过程和感想，已经见于前面长长的跋中，面对面前的词稿，此时，我最想表达的是陪伴我并以不同方式帮助我的朋友和同道。首先要躬谢的是正武兄，他以共情的情感不止一遍地阅读了词集中所有词作，正是他的阅读和首肯才赋予了这些词新的意义，也正是正武兄促成了这本词集的正式面世，让更多的人得以批评，可以说，在我心中，是正武兄和我共同创作了这些作品。其次我要深谢守国兄，如果没有守国兄的时常鼓励，也便没有这本词集的创作和结集，守国兄是词学大家、文学史研究专家、文学批评家、新闻家和出版家，他的鼓励让我将词创作坚持了下来，结集之后他所写的序让我不禁泪下，知遇之情，无以言表。再次，我要铭谢世琦兄，我们师出同门，谊如兄弟，每当我取得一点点学术或创作方面的成绩，他都第一时间站出来为我加油，而我每次遇到困难也都寄语世琦兄求得慰藉，他的评论更像是一种指示和期许，让我更加奋进。又次，我还要感谢志强兄，他是我的同事又是同道诗友，他对这本词稿进行了认真细致的批评，他以诗家与书法家的视角对词的历史与词的剖析，让我深为赞同并为之动容，他的鼓励也将成为我的新路标。又次，我还要深深感谢我的评论词和鼓励词创作的朋友吴长忠兄及黎延玮、

· 序　跋 ·

鱼禾、碎碎、任瑜、韩梅诸女士。最后，我还要深深感谢我的同事和朋友杜晓燕、张胜、成冰骢、张国庆、黄桂敏、姬忠勋、闫倩倩等，他（她）们给了我无数的帮助和鼓励，正是他（她）们的汗水和心血，让这些词得以成行，走出纸的限制，让我真正体会到温暖才是生活的真正意义。

如果没有作家出版社的领导和责任编辑的知遇和传递，这本《窗外词》便不能走向窗外，感谢你们！

2021 年 8 月 13 日

《百物杂咏》序

每一行诗句都充满温度、充满感情、充满智性，每一幅照片都直击生活、直击生存、直击生命，连那座镶嵌在斑驳墙上、电线若隐若现的老式电话机也让我依稀听到了过往生命的亲情和爱情，这就是樊希安兄的《百物杂咏》带给我的第一印象。

这是一部别致的诗集。一首七言绝句配一幅与诗主题相关的照相图片，也可以说，一幅照片配了一首七言绝句诗。这些诗与图片的主题被作者分为动物、植物、食物、什物、景物五大类。五类之外，作者将其命名为"杂咏"的部分更像是人物与风物的杂糅集合。这些看似漫不经心的图像和诗句，却让我爱不释手地阅读了许多次许多天。忽有一天我醒悟到希安兄作品的魅力是它更像是"志土风而详习尚"的竹枝词。竹枝词的源头是古代巴蜀民歌，自称"家本荥上，籍占洛阳"的唐代诗人刘禹锡在夔州时依当地民歌曲谱而创作了11首七言绝句诗体《竹枝词》，刘禹锡的作品开创了文人竹枝词的先河。竹枝词因其贴近民间市井风物，贴近里巷生活，贴近乡土风情并且通俗易懂、朗朗上口，甫一问世便深受黎民百姓喜爱，以致成为一种诗体而蔚为大观。我对希安兄百物诗的怦然心动，正是因为他的诗句勾起了我对刘禹锡竹枝词的记忆。让我们来对比一下两位相隔千年以上的诗句对唱：其一，杨柳青青江水平，闻郎江上唱歌声；

· 序 跋 ·

东边日出西边雨，道是无晴却有晴。其二，楚水巴山江雨多，巴人能唱本乡歌；今朝北客思归去，回入纥那披绿罗。下面让我们听听希安兄的：其一，往昔惯闻驼铃声，今日双峰照雪晴；世上重载驮不尽，放下便是一身轻。其二，汗血志在万里疆，却失马厩看夕阳；美食精膘解何用，一声长嘶泪满眶。其三，最是安逸青衣江，传说名自青衣羌；羌着青衣逐水居，江作青衣韵味长。不难看出希安兄的诗句与刘禹锡的竹枝词是一脉相承的。就其哲理性而言，希安兄所吟咏的天山骆驼、西域汗血马、蜀地青衣江，我认为他是完全得"东边日出西边雨，道是无晴却有晴"的神韵和诗韵的。

希安兄的诗具有哲理性、故乡情、生命状的特征。其诗"旱灵龟""芨芨草""雪晴"等透露着轻松幽默里的深思和憬悟；其诗"暖脚石""辘轳""棒槌"等则表达了游子的思乡之苦和之乐，呈现一种大爱无声的白描；而"铜镜""古井""老式电话机""秦长城"等诗则让人感受到生命的苍凉和意义，简单地生存在慷慨悲歌之中升华了生命的价值。这部诗集里的每一首诗，作者看似漫不经心，但却都是深思熟虑的匠心之作。

我相信，这部诗集的问世，会给不同的人带来不同的惊喜。此时，窗外的合欢树细叶正迎着朝阳开放心魂，而合欢花则像马缨一般解放着旅人的心结，我忽起一念，也许希安兄下次会给我们带来一首关于合欢花的关于爱情的竹枝词，他的喜欢唱歌的歌喉刘禹锡一定会击掌而赏的。更让我生发联想的是，希安兄的故乡温县与刘禹锡的故乡洛阳仅仅一河之隔，我们能相信这是历史的巧合吗？

诗在歌声中延续着。一千年，也许，时间更长。

2020 年 5 月 21 日

年画溯源——《朱仙镇年画史话》序

年画是渗透于中国人精神世界的一种夸张的民间艺术。这种夸张艺术的内容主题始终如一，它记录了农耕中国不同时期人们的生活理想以及精神追求：祈福禳灾直至岁熟年丰。

众所周知，木板年画发端于北宋首都汴京。但是，这一艺术形式的酝酿以及思想主题的起源却可以上溯到更为遥远的西周时期，或者更早。

年是岁名。《尔雅》说："夏曰岁，商曰祀，周曰年"，《说文解字》说："年，谷熟也"，也就是说五谷皆熟为一年，是一岁，可以大祀。《礼记·王制》说："大夫五祀"，汉人郑玄注解"五祀"说，其中有祀门、祀户。郑玄在解释《礼记·丧服大记》中还说"君释菜于门内"的意思是"礼门神"。由此可见，在周代就已有祭祀门神的习俗了。

最早的门神，传说是神荼、郁垒。这一传说至迟到汉代已经十分流行。东汉王充在《论衡·订鬼篇》中引《山海经》说："沧海之中，有度溯之山，上有大桃木，其屈蟠三千里，其枝间东北曰鬼门，万鬼所出入也。上有二神人，一曰神荼，一曰郁垒，主阅领万鬼；恶害之鬼，执以苇索而食虎。于是黄帝乃作礼，以时驱之，立大桃人，门户画神荼、郁垒与虎，悬苇索以御；凶魅有形，故执以食虎。"

·序 跋·

东汉蔡邕在《独断》一书中说："十二月岁竟，常以先腊之夜除之也，乃画荼、垒并悬苇索于门户，以御凶也。"蔡邕的话让我们相信，东汉春节期间的大门上就已经绘有神荼、郁垒二门神了。

在东汉新年的大门上我们还可以欣赏到绘画的虎。东汉应劭在《风俗通义》中说："县官常以腊除夕饰桃人，垂苇茭，画虎于门，皆追效前事，冀以卫凶也。"在门上画虎，我们还可在东晋时新年的门上欣赏到。东晋干宝在《搜神记》中说："今俗法，每以腊终除夕，饰桃人，垂苇索，画虎于门，左右置二灯，像虎眼，以祛不祥。"

东晋新年的门上人们还可以观赏到鸡的绘画。东晋王嘉在《拾遗记》中说："今人每岁元日或刻木铸金，或图画鸡于牖上。"直到南朝梁代，"正旦画鸡于门"的习俗依然风行。梁人宗懔在《荆楚岁时记》中说，元旦时"镂五彩及土鸡于户上；造桃板着户，谓之仙木；绘二神，贴户左右，左神荼，右郁垒，俗谓之门神"。

唐代的新年，自唐玄宗起，钟馗画像崭露头角。唐玄宗的宰相张说撰有《谢赐钟馗及历日表》一文。唐德宗时刘禹锡上给皇帝两谢表：《为李中丞谢钟馗历日表》《为杜相公谢钟馗历日表》，其中一文写道："赐臣钟馗一，新历日一轴。星纪方回，虽逢岁尽；恩辉忽降，已觉春来。伏以图写神威，驱除群厉，颁行律历，敬授四时。"以上文字说明唐代的皇帝常于春节前赐大臣钟馗像以驱邪魅，"兼静妖氛"。不过钟馗画像是否挂贴于门户外，已不可知。然而，无论钟馗像是否贴于唐代的门上，但此后以捉鬼食鬼著名的钟馗在木板年画中的主角地位却是越来越稳固了。

从祭祀门神到在门上画神像以及虎、鸡，由此可见以定居为主要特征的农耕文明中门的重要。门是家的象征，门是安全的屏障，

出·版·四·重·奏

因此以武力守卫门户则是人们肉体与精神双重安全的实际需要。《周礼·春官》中就有"师氏居虎门之左,司王朝"的记载。春秋时期曾侯乙墓内棺左右侧板户牖边绘有两武士守门。汉代诸侯王宫殿门上有绘武士像的文献记载。而汉墓墓门上石刻线画守门武士则多有发现,直到唐代,门上画武士还依然流行于墓葬。在唐代,甚至佛寺的庙门上还绘有或贴有天龙八部之一的药叉(又称夜叉)画像。可见,除了儒家祀门,佛教也找到了自己守卫门户的神。对于守卫门户,道家也不甘落后。庄子曾说过:插桃枝于户,童子不畏而鬼畏之。道教兴起后,道士又借重桃枝、桃人、桃符以辟邪驱鬼。但道教对门神最大的贡献是唐代画家、对道教兴趣深厚的吴道子给玄宗所画的钟馗捉鬼图。从此,钟馗像一并成为守卫门户的新年礼物。由上可见,儒、释、道三家共同守卫了中国先人的新年门户,他们的思想以及想象共同成为后世年画的艺术源泉。

早期年画的载体主要是门,是千家万户的门,是千差万别的门。在纸没有发明前门画是直接画于门上的,纸发明后出现了先画于纸再贴于门,而雕版印刷发明后又出现了雕版刷印再贴于门或者悬挂于户室,可见技术的进步加速了年画的普及。到了北宋以后,千门万户终于都可以在门神的护佑下欢天喜地过新年了。

以上絮语只是笔者对于年画源头的点滴追溯,读者想要了解更多的木板年画知识,还是请大家翻开正文,那里的故事以及文字很精彩。

2011 年 11 月

·序 跋·

观沧海：在禁与拓之间——《开放与挑战——全球变局下的明朝外贸》

真正的书，都必须拥有一个属于自己的灵魂。正如一个人、一个民族和一个国家一样，她必须在自己的思想指挥之下，向内管理自己，向外阐释自己。以此观之，《开放与挑战——全球变局下的明朝外贸》一书，以其宏观的世界史视野，以其微观的明王朝国家治理措施，以其问题导向下的叙事结构，毫无疑问，这本书拥有了一个独一无二的个性化的研究主题和思想灵魂。本书的灵魂就体现在一个追问之上：面对一个个硬闯到家门口的陌生面孔，我们是闭门谢客还是开门迎接？

中国的地理环境极易造就一个"天下之中"的世界观。北为朔风大漠，西为高原峻岭，南为热带雨林，东为群海环绕，中原山河表里、沃野无垠，居中而控四海八荒的地理空间观念，自然而然地滑向衣冠文物冠于四方的文化优越感之中。华夏文化的优越感自夏商周以降，一直延续到19世纪上半叶。其间，尽管来自北方和西北方向的游牧民族屡屡威胁，甚至短暂统治中原及江南地区，但华夏文化的独立性却从未受到根本改变，即所谓"道不变"也。但自16世纪初开始，来自东南沿海的武装军舰和商船混编的舰队却引起了北京皇帝们的警惕，这些完全不知朝贡贸易为何物的佛郎机人的到来，开启了中华文明的新威胁——海疆危机。自此，中华文明不得不陷入陆疆和海疆的双重威胁之中，或单独或同时，并且随着贸易而来的还有军事、技术、制度、文化和宗教的新威胁，尤其是文化层面，直接威胁了中国的"体"与"道"。中华帝国"天下之中"的地理观念和文化观念开始动摇。

相对应于典型的大陆国家的中国，欧洲沿海诸国如葡萄牙、西班牙、荷兰、英国，它们自15世纪开始为寻找通往东方中国和印度的海路，狂热地进入大航海时代。由国王、贵族、探险家、商人等组成的股份制式的海上探险船队，在国家拓海政策的支持下，先后跨越大西洋、印度洋、太平洋而发现了美洲和亚洲，殖民全球的由西方主导的世界历史拉开了序幕。与欧洲拓海政策相反，东方的明王朝仍陶醉于禁海政策的成功自大里。禁海政策的基础是国内经济的自给自足，由朝廷控制和主导的朝贡体系的宗藩或外交贸易，遏制和禁止民间海外私商贸易。但随着西方海上列强逐步殖民明王朝的藩属国，明王朝的霸主形象坍塌，葡萄牙武装海商海盗与中国、日本海商海盗的利益结合，进一步威胁到明王朝的海疆安全，明王朝的禁海政策也随之受到冲击。拓海与禁海的两种政策观念在明嘉靖年间终于酿成军事冲突和政治冲突。

中华文明自明正德年间开始进入北有蒙古骑兵、东南有西方与日本海上势力双向威胁的政治格局之中。以此为分水岭，在此之前，中华文明雄踞欧亚大陆东部独立发展和进步；在此之后，中华文明不得不随着西方的地理大发现而成为全球史的一部分，不得不在与西方海上势力的碰撞、交战和缓和、交流之中曲折前行。从16世纪以来所发生的历史来看，明王朝也包括后继的清王朝显然没有做好

· 序 跋 ·

与西方、日本等海上力量交锋的思想准备。葡萄牙帝国在16世纪初相继在非洲东海岸、印度洋海岸以及马六甲海峡等地建立了珍珠链式的兼具商业和传教功能的军事城堡，当葡萄牙舰队于1517年进入广东沿海时，明王朝对葡萄牙人的以上情况还一无所知。对国内社会治理缺乏反思，对海外世界茫然无知的明朝廷，显然不能以力不从心来解释其当时行为。实际上，16世纪的中国无论是农业、手工业、技术发展水平，还是海上军事力量，与西方相比，当时还处于同一水平线上，甚至在整体国力上还远优于西方的海上诸强。但究竟是什么原因造成中华文明在全球格局中自明中后期其影响力开始衰落了呢？

显然，我们不能将明王朝的衰落与灭亡完全归因于外来海上势力的侵扰，甚至也不能完全归因于16世纪90年代日本侵略朝鲜而引发的战争，明王朝的灭亡自有其复杂的综合的内外部原因，其中包括土地高度集中引发的尖锐阶级矛盾、大面积异常气候引发的天灾、内外交困引发的财政空虚、政治分裂的党争、卫所军事组织的衰敝、农民起义和努尔哈赤的崛起，以及诸多的朝廷误判和失误等因素。尽管导致明王朝灭亡的内因居多，但从已经发生的重大世界历史事件角度去回观明帝国的衰落，我们可以看出帝国衰落的原因外因也不少。更确切地说，世界已经发生巨变，而明王朝却依然手忙脚乱于内部的纷争和内战。西方在经历文艺复兴、宗教改革、启蒙运动的同时，开始朝向海上殖民、确立资本主义制度、开展工业革命的方向前进，而中国在文化、学术上仍沉醉于心学、理学和传统汉学，科学技术上更是故步自封，对外关系上或闭关锁国或开闭政策摇摆不定，整体上的因循守旧造成保守主义的追求社会结构和治理稳定，但殊不知西方在技术、资本和治理方面已经走向全新的、以资产阶级为主导的资本主义社会。海外殖民掠夺了大量外来资本，资本的增加又刺激了技术的发明和创造，财富的集中造就资产阶级登上历史舞台并挑战原有的社会秩序和制度，社会治理制度的创新进一步推动了国富民强。相对而言，明王朝则开始进入历史的衰退期，历史的落差由此而形成。

自20世纪80年代以来，中国史学界开始反思明王朝的衰亡，精彩的研究论文和著作不可胜数。但这些论著大多集中于政治史、军事史、文化史和社会史，尽管经济史的研究也比较广泛与深入，然而真正从对外关系中的外贸角度研究明史的专著却十分稀见。肖胜的这部著作撰于20世纪80年代后期，可称得上是先行之作；经过20多年的更进一步深入研究，又广泛吸收当下新的研究成果，又可称之厚积厚发之作。更重要的是，这部专著向我们揭示的问题至今依然具有鲜活的现实意义：开放并全身心走向世界和拥抱世界，中华文化才能在挑战中创新，在创新中引领，只有知己知彼，才能百战不殆。也许，本书的真正价值和意义，正在于此。由此，我怀着钦佩之情和赞叹之意，推荐给方家硕学，愿与更多的读者和同道共读这本具有学术价值和思想价值的史学佳作。

2021年9月17日

· 序　跋 ·

《编辑档案》前言

迄今为止，编辑学作为一门新兴学科依然在发育中。自 20 世纪 80 年代以来，我国已出版有关编辑学的教材及专著多达十数种，发表论文多达数千篇，尽管如此，对编辑学的研究范围、研究对象、研究方法，对编辑学基础理论体系、编辑活动基本内容和基本规律、编辑实践管理等最基本的学科建设核心问题，至今仍不能取得学科研究者的普遍共识。造成如此窘境的原因固然很多，但至少有一个最基本的问题遭到了学术界的轻视或者未给予足够的重视，以致造成编辑学的出发点发生偏移，这一偏差影响了整个编辑学教科书书写的位移，这个基本问题是——编辑的属性究竟是什么？只有回答清楚了这个问题，我们才能找到编辑学的立学之本。而我怀着忐忑之心向大家推荐的张惠芝老师的《编辑档案》正是这样一本书——她可以帮助学术界回答"编辑"之问。

《编辑档案》一书汇集了《李大钊全集》《二十世纪中国史学名著》《普通高中历史课程标准实验教科书》三套书的原始编辑文献，这些文献的类别包括："立项报告，选题申报，出版合同，会议纪要，责任分工，编辑凡例，编辑方案，编辑细则，整理细则，审校细则，版式设计，质量要求，内容提要，文稿，图稿，编辑加工稿，二校样，三校样，付印样，审读样，审校纪录，致函、复函，书评，书讯等等。"

其内容涉及编辑业务活动的方方面面与各个环节，从选题信息收集、选题策划提出、组稿、审稿加工、书稿发排、审校到付印成书、组织书评宣传，这本书提供了编辑业务全流程的应用文文本。这些原汁原味的档案文献记录，正是编辑学之所以成为学的最基础的史料，如果不对编辑活动的最基本史料进行归集、分类、对比、分析、综合研究，并据此而得出编辑活动的基本规律、得出编辑学的基本内容体系、得出编辑学的基本理论，那么，我认为编辑学作为一个学科的争论仍将持续下去，并将不可避免地遭到编辑学是否能够成为一个学科的质疑。

毫无疑问，编辑学是建立在对编辑对象——不同类别的内容——的研究基础之上的。编辑内容又可以不同维度进行分类，可分为文字、图像、音频、视频，又可分为图书、期刊、报纸、广播、影视、网络，而图书类内又可分为社会科学、人文科学、自然科学，其下还可以再细分为哲学、历史、文学等。实际上，每一个分类体系下的每一个子系列就是编辑学的一个子分支，由不同类别、不同学科的专业编辑学、专题编辑学构成了整体的完整的庞大的编辑学体系。加强对分支编辑学、专业编辑学的研究，正是一般编辑学、普通编辑学、理论编辑学的研究基础。然而，不尽如人意的是，专业编辑学的研究恰恰是薄弱的。图书编辑学、报纸编辑学、期刊编辑学还出版过一些教科书或专著，但作为一个学科门类的编辑学，如历史编辑学、法学编辑学等专业编辑学则尚未见到或研究成果甚少。《编辑档案》这本书恰恰是为专业编辑学提供了一个视角，这本书的编辑内容集中于历史学，换句话说，这本书为历史学编辑学的构建与书写提供了最基础、最翔实、最系统的基本史料。

·序 跋·

再进一步说,《编辑档案》一书为个案研究提供了三种不同的历史书籍编纂法的编辑实践案例。《李大钊全集》是一个历史学家个人一生论著的总集,这种全集类书籍的编辑要点是需要穷尽式地呈现个人文献成果。《二十世纪中国史学名著》丛书是一个历史时期内一个学科的研究成果甄选,将最有影响力、最具传承价值和仍然具有参考价值的学术专著挑选出来而形成丛书,这种丛书类书籍的编辑重点是以什么样的标准将具有高水准的书籍挑选出来而不至于遗漏重要著作。《普通高中历史课程标准实验教科书》套书是按国家课程标准系统的重新撰写的供学生和教师使用的具有原创性质的教科书,这种具有套书性质的书籍,其编辑重点是如何把握教科书要求的学科体系的完整呈现。就著作形式而言,这三套书分别属于编纂、汇编(编辑)、著作三种不同的作品形式。一般来讲,著作的主体是作者,这三套书也不例外,它们的著作权属于主编,并且这三套书具有一个共同的特点——都是主编式的作品,主编之外另有作者主体,严格意义而言,主编实质上起到了中国古代传统意义的编辑作用。换个角度去分析,这三套书的主编实际上也是这三套书的编辑。编辑的身份在这里发生了重叠,本是作者之一种的主编同时又是套书的另一种编辑,作者编辑化在这三个案例中是不言而喻的。

同时,《编辑档案》一书还给编辑学提出了另外一个问题,这三套历史书籍的文字编辑——张惠芝女士——在此三套书的成书过程中起到了什么作用?据我所知,《普通高中历史课程标准实验教科书》的作者署名中,张惠芝女士是本套书的副主编。翻阅完这些带有岁月体温的编辑文本档案之后,我明确地感受到张惠芝女士作为一个出版机构中的编辑在出版物成书过程中，其所起到的作用已不再是单纯的文字加工而已。至少，从这三套书的编辑案例中，我们可以确知，作为一个历史专业出身的专业历史编辑，在某种程度上，其所起到的作用，她也在向作者的身份或者说另一种具有作者性质的编辑身份移动。同样，编辑作者化的倾向在这里也是显而易见的。

编辑身份的双重性是编辑学不能不回答的基本问题。这个问题已有诸多讨论，就目前的教科书的主流观点是将编辑的作者身份去除的，对作者的编辑身份也是剔除不讲的。显然，忽视了编辑身份双重性的编辑学是不完整的编辑学，至少是有缺陷的编辑学，甚至这也影响到对目前出版机构中的职业编辑的地位、作用和性质的认识。在出版实践活动中，实际上存在着三种类型的编辑：作者型编辑、编辑式作者、加工型编辑。对编辑类型研究的不够深入，已经影响到对编辑学的认知。而研究编辑类型则必须从编辑实践活动的诸多案例出发，而《编辑档案》正是这样一本书——它提出了诸多问题，提供了大量一手史料和文献，等待着编辑学、出版学、传播学家去研究、去分析、去理论化。

推荐张惠芝老师的书，我感到很荣幸。

2017 年 12 月 24 日

· 序 跋 ·

《出版融合进路研究》序

当一个概念成为热词，作为热词下的从业者，我们更应当理性地冷思考一下。出版融合和融合出版、媒体融合和融合发展，近年来，作为出版业的一种出版现实和发展趋势一直热度不减，作为一个出版人和业界观察者，我也曾经想过为这几个词添一把火。但当我拿到《出版融合进路研究》一书的清样时，尤其是断断续续阅读完整部书稿时，我突然感到了一种欣喜的放松，这部教科书式的研究著作，已经厘清了出版融合的方方面面，对我来说，任何的置喙也许都是多余，在解除包袱的同时，剩下的就是对作者的敬意了。

融合出版的概念是建立在数字出版的基础之上的。数字出版经过20多年的研究和讨论，已经取得了诸多共识和成果，数字出版的教科书已经出版过多部，而论文则多达数千篇。相对于数字出版，关于出版融合的论文尽管也多以百计，但迄今尚无一本专著出版，张彩红所撰写的这部著作则可以视为填补空白之作。如果更进一步认识的话，我还将其视为教科书式的研究著作，之所以如此界定，是由于它本身所具有的内容品质和思想内涵：概念阐释的基础性、知识结构的系统性、思想认识的启蒙性、成果传达的实用性和研究探索的理论性。

任何一个学科都必须建立在概念范畴之上。而学科创新或学科

243

研究范式的创新，提出新概念并取得学科共同体的共识是一条学科发展规律。出版学作为一门应用社会科学，它的学科体系同样也是由一系列的概念组成。数字出版作为出版学的一个新概念已经获得学界的共识，甚至并已自立门户。遗憾的是，建立于纸质出版的出版学与脱胎于计算机技术的数字出版学，直到现在还没有打通，迄今还没有出版过任何一部将两者贯通的教科书。可以说，融合出版和出版融合的概念提出，应当是试图贯通纸质与数字出版的一个有益并十分有效的尝试。《出版融合进路研究》正是在这样的学科发展背景下诞生的。作者在书中，通过对数字出版内涵、融合发展内涵的回顾性分析，进而对媒体融合、媒介融合、融合出版进行了深入分析，最后概括性地提出了自己的出版融合概念，作者将其定义为："出版融合是以优质内容生产为核心，以信息技术革命成果为支撑，创新内容表现与制作形式，提升精准传播效果的新型传播活动。"这一概念的厘清是本书的立论基础，也是融合出版的理解基础，同样也是出版融合的研究基础。循此，我们可以进一步理解，融合出版和出版融合互为表里，融合出版是一种新型出版形式，而出版融合则是一种新型出版活动，作者将研究视角指向了出版融合，这一落脚点赋予了本书更多丰富多彩的实用性。

  本书名为研究，但它却有一个教科书的知识框架。我所理解的教科书，一般都会从学科的研究对象、内容范畴、研究方法、目的意义、相关学科和历史发展开始，然后进入学科内容主题。本书的框架结构也大体如此，作者首先叙述了本书的研究对象，对数字出版和出版融合的概念内涵进行了较为详尽的分析；其次对影响出版融合的诸多相关因素进行了研究，并指出融合出版自身产生的重要意义；

· 序　跋 ·

再次是对出版融合发展的历史进行了回顾，归纳了出版融合发展的基本趋势，也总结了当下制约出版融合发展的瓶颈所在。其后，作者用了六成的篇幅对出版融合的路径和案例进行了深度挖掘和研究。总体而言，作者构架了一个知识门类的整体，呈现了出版融合这个研究专题的系统性和完整性，它的内在逻辑是我将其视为教科书的重要因素。

相对于学术研究，对我触动最大的是本书的思想认识启蒙性。多年来，作为一个业界的观察者、思考者和从业者，我一直在思考技术、内容和知识制高点的关系问题，并力图站在国内、国外两个维度上寻找必然充满缺憾的答案。计算机技术、互联网技术、数字通信技术、数据库技术、数字出版技术等等均发源于西方，但技术应用尤其是网络平台应用，我国处于全球领先的位置。然而，在出版领域，尤其是在知识生产、知识呈现、知识整合、知识控制、知识存储、知识传播和获取知识价值等诸方面，我们却与西方发达国家的差距越来越大。这一令人堪忧的现实，让我更加认识到，作为一个国家和文化主体，占领全球知识制高点的无比重要性。技术服务于内容，内容依赖技术呈现和传播，出版与通信网络渠道的融合，刷新了出版业的面貌，重塑了出版业的格局，打通语种、国界和族群的全球互联网平台，成为控制全球知识生产和流动的新业主，其实现的路径最重要的是数字技术专利创新和获取知识模式创新，控制底层技术的原创和内容原创的结合是融合出版的真正要义。譬如，如果我们国家能够创办根据每个一级学科、二级学科、专业和细分到专题的面向全球各语种的数字网络期刊，如果能够创办上万种覆盖各细微专业的学术数字期刊，我们国家则可以构建一个包含各知识门类的学术专业大数据库和知识传播平台，基于数字出版的融合出版让我们看到了占领全球知识制高点的希望。因此，我认为，我们需要数字技术和出版融合的新启蒙。而本书对全球出版50强，尤其是对培生集团的聚焦和研究，无疑，具有技术、内容和出版新模式的启蒙意义。

与其他的数字出版著作不同，作者的身份是出版人，是出版集团新媒体和数字出版的管理人，由此，她的研究和书写不可避免带有业界的印痕，她对出版融合发展典型案例的选择和对实现出版融合路径的格外关注，即是明证。作为业界中人，作者研究的第一视角是国家出台的一系列相关数字出版和融合出版的政策文件，作者对《关于加快我国数字出版产业发展的若干意见》（2010）、《关于推动新闻出版业数字化转型升级的指导意见》（2014）、《关于推动传统媒体和新兴媒体融合发展的指导意见》（2014）、《关于申报出版融合发展重点实验室有关工作的通知》（2016）、《关于加快推进媒体深度融合发展的意见》（2020）等文件进行了深度阐释和解读。对出版政策的研究为我们业界的读者揭示了行业、产业和事业的价值取向，它既是数字时代出版业发展的时代背景，也是出版业转向新型发展的基点。作者对典型案例的选择也可以看出她对出版业的熟悉程度，作者以独体出版社和出版集团来观察出版融合发展的实效，并挑选全球出版排名最前的培生集团作为研究参照，更可意识到作者非常注重研究成果的实用性，将研究落脚于解决出版活动中实际问题，我想应是作者研究这一课题的初衷。

毫无疑问，出版融合还处于探索阶段。目前，出版融合的主线还主要是纸质产品与数字产品的融合以及二者可以量化的所占营业

· 序　跋 ·

收入比例。我们以出版 50 强为例，数字化变革的程度以科学、技术、医学和专业出版为最高，其次是教育出版，最后是大众出版。在"全球 50 强"的前 10 名中，专注于科学、技术和专业出版的 5 家集团公司——励德·爱思唯尔、汤森·路透、威科、施普林格和威利，在 2019 年的年报中显示其数字化收入占其营业额均超过 55%，励德·爱思唯尔的收入来源几乎全部是数字产品，汤森·路透来自数字、软件和服务的收入占比 88%，威科的数字与服务收入占比 89%。全球最大的教育出版集团培生集团数字与平台服务收入占比为 66%，而三个顶尖大众出版集团——贝塔斯曼的企鹅兰登、阿歇特和哈珀·柯林斯，数字化收入所占比例平均为 24%。中国出版集团中可与欧美出版集团抗衡的是属于大众出版领域的中国出版集团，其数字化产品的销售收入占比超过了 30%。在融合出版的路上，我国出版业还任重道远，也正是因为如此，更可见本课题的必要性和现实性。作者以全书 1/4 的篇幅重点研究了实现出版融合的 8 条路径，作者笔下的路径实际上是结论性的理论成果，它们所呈现的前沿性、概括性和理论性，是全书的精彩所在，是行之有效的方法，也是可以实践的出版指南。

不得不说，我的书评式的读后感，只是一个导读，我只是在提醒读者，还是开卷有益。无论是业界还是学界，这是一本值得重视的关于出版融合方面的专业著作。

2022 年 6 月 3 日

虽死而不朽 愈远而弥存——
《焦裕禄精神文献典藏》序

焦裕禄同志已经去世半个世纪，但他的精神却穿越中国革命、社会主义建设和改革开放三个时期。时至今日，还依然鲜活地生长在我们周围，还依然荡涤着我们的灵魂，激发着我们为人民服务的信仰，催生着我们昂扬向上的精神。焦裕禄精神为什么具有如此持久的历久弥新的不朽魅力？焦裕禄仅仅在兰考工作和生活475天，为什么兰考人民至今提起焦裕禄依然会泪流满面？一篇20世纪60年代的通讯报道《县委书记的榜样——焦裕禄》，一部20世纪90年代初的电影《焦裕禄》，一部2014年的电影纪录片《永远的焦裕禄》——三部作品一个主人公的故事，为什么能够在三个不同的时代一遍又一遍地感动中国？正是带着这一系列怀着敬意的疑问，我们开始了焦裕禄精神的探索之旅。

首先，焦裕禄精神是中国共产党在社会主义建设时期时代精神的集中体现。2009年4月，习近平同志专程到河南兰考调研考察和缅怀焦裕禄同志，并在《结合新的实际大力弘扬焦裕禄精神》一文中指出："焦裕禄同志用自己的实际行动，塑造了一个优秀共产党员和优秀县委书记的光辉形象，铸就了亲民爱民、艰苦奋斗、科学求实、迎难而上、无私奉献的焦裕禄精神。"习近平同志高度概括

序 跋

了焦裕禄精神的内涵，高屋建瓴地揭示出焦裕禄精神始终是亿万人民群众心中的楷模，始终是我党艰苦奋斗、执政为民的强大思想动力，始终是我党求真务实、开拓进取的宝贵精神财富的根本原因。习近平同志从五个方面透彻论述了焦裕禄精神"永远不会过时"的原因所在。第一，焦裕禄同志牢记宗旨、心系群众，"心里装着全体人民，唯独没有他自己"的公仆精神，是中国共产党取得革命胜利、取得社会主义建设伟大成就、取得广大人民群众拥护的根本原因。焦裕禄顶风冒雪给贫困农民送粮的感人行动，是兰考人民永远怀念焦裕禄的最真挚、最朴素的情感因素之一。人民是国之本，也是党的执政之本。只有真情为民，人民才会倾情拥戴，社会才会稳定，国家才会发达。第二，焦裕禄同志勤俭节约、艰苦创业，"敢教日月换新天"的奋斗精神，是中华民族生生不息的精神动力，是中国共产党不畏艰难困苦、自力更生、创业为民的精神动力，是一名党员干部吃苦在前、勤俭节约在前、生活简朴在前，却敢于以满腔热情和豪情治理风沙、内涝、盐碱"三害"的精神动力。"不达目的死不瞑目"的豪言壮语，不仅是焦裕禄"坚决领导全县人民苦战三五年，彻底改变兰考面貌"的强大精神动力，而且也成了中华民族崛起、复兴的重要动力。第三，焦裕禄同志实事求是、调查研究，坚持一切从实际出发的求实精神，是我们党的思想路线的集中体现，尊重客观现实、尊重自然规律、尊重科学方法，是焦裕禄精神的灵魂所在。为了治理"三害"，焦裕禄走访、调研、考察了兰考县 80% 以上的生产大队，充分发挥技术人员的专业所长，科学制定治理方案——这种科学态度和科学精神，正是焦裕禄同志能在短期内改变兰考面貌的重要因素。在科学面前人人平等，只有亲力亲为、反复调研、

/ 虽死而不朽 愈远而弥存——《焦裕禄精神文献典藏》序 /

反复实验、反复实践，才能得出科学的、正确的结论和决策。科学思维是焦裕禄精神的重要支柱。第四，焦裕禄同志不怕困难、知难而上、不惧风险的大无畏精神，是一名党员干部应有的个人品质，同时也是一个人的精神魅力所在。在困难面前，只上过几年小学的焦裕禄以惊人的毅力攻克了在洛阳矿山机器厂的看图纸难关和组织车间生产难关；在工作方面，当时兰考是开封地区最穷的县、最困难的县，在他人不敢前去时，领导安排他到此任职他毫无怨言，勇挑重担并视此为光荣任务。在困难面前说"不"并且殚精竭虑克难攻坚，是任何一名党员、干部必备的政治素质。也正是这种不畏艰险的勇气，才让焦裕禄赢得了广大民众的尊敬和佩服。第五，焦裕禄同志廉洁奉公、勤政为民，为党和人民事业鞠躬尽瘁、死而后已的奉献精神，是我们党的执政基础，是基层干部的榜样，是高尚情操的精神丰碑。焦裕禄严于律己，严格要求子女不搞任何特权，对儿子"看白戏"严厉批评并且立即纠正，亲自起草《干部十不准》，规定任何干部都不能搞特殊。焦裕禄长期忍受着肝病的折磨，病痛难忍时就用长把牙刷、茶壶盖等硬件物品顶在办公的藤椅上。即便如此，他依然坚持学习，坚持走访村庄，坚持主持全县工作。直到生命的最后一刻，还念叨、挂念着治理兰考的风沙。这种无私奉献的精神，是其个人的高贵品质，更是共产党人的高尚情操。

其次，焦裕禄精神之所以历久弥新，还在于焦裕禄以自己的实际行动，体现和诠释了当代所总结、所倡导的社会主义核心价值观的价值目标、价值取向和价值标准。

任何一个国家和民族价值观的形成，都经历了一个漫长的凝聚共识、自觉遵守的过程。社会主义核心价值观体系，是在我国60多

· 序 跋 ·

年来社会主义建设过程中逐渐形成的。表现在国家层面，体现于价值目标方面追求的是国家富强、民主、文明、和谐；表现在社会层面，体现于价值取向方面追求的是社会自由、平等、公正、法治；表现在个人层面，体现于价值标准方面追求的是个人爱国、敬业、诚信、友善。焦裕禄同志经历了抗日战争、解放战争、新中国成立和社会主义建设，他以自己的革命经历和社会主义建设经历，以自己的毕生实践和崇高的共产主义理想，以全心全意为人民服务的宗旨信念，为社会主义核心价值观的形成贡献了个人的精神和生命。换句话说，焦裕禄精神就是社会主义核心价值观的有机组成部分。正是无数个焦裕禄式的英雄人物、先进人物的精神，共同铸就了当代的社会主义核心价值观。

焦裕禄出生于贫苦农民家庭，抗日战争时期曾多次被日寇抓去毒打、坐牢，后又被押送到抚顺煤矿当苦工，逃出虎口后又给地主扛了两年长工。解放战争之初，他加入了中国共产党并参加了剿匪反霸以及土改工作。他在入党申请书中写道："共产党是人民群众的救星。没有共产党，革命就不能胜利，穷人就不能翻身。我要听毛主席的话，跟共产党走，为推翻旧社会、建立新中国、实现共产主义而奋斗！"新中国成立后，焦裕禄先后在县区委、团县委，团地委工作，之后又被调到洛阳矿山机器厂参加工业建设。焦裕禄为追求民族独立与解放、国家富强与繁荣、人民民主与当家做主、政治文明与社会和谐，焦裕禄不仅随时服从组织安排，而且作出了巨大的牺牲和贡献。林则徐"苟利国家生死以，岂因祸福避趋之"的牺牲精神，正是当代核心价值观国家层面价值在焦裕禄身上可歌可泣的具体体现。

出·版·四·重·奏

　　焦裕禄长期工作在农业战线和工业战线，无论从事什么工作，他都特别强调严于律己、平等待人、公平处事，决不允许特殊化和特权思想的滋生。群众在焦裕禄的心目中始终排在第一位，在焦裕禄为车间基层干部总结的十条工作经验中，排在第一位的就是"要依靠群众"，其次是"要发扬民主"，以下还有"要利用积极分子做工作""要了解群众思想，关心群众生活"等。依靠群众、为了群众，才能赢得群众的信任。洛阳矿山机器厂的工人们说："焦科长不仅谙熟业务，还善于抓政治，抓人的思想。跟着他，再重再难的任务我们都乐于接受。"到兰考工作后，焦裕禄曾经说过一系列关于群众路线的话。他说："安排好群众生活，是做好一切工作的基础和保证。"在风雪交加的冬天，他想到了群众，说："在这大风雪里，群众住得咋样？牲口咋样？""在这大雪拥门的时候，我们不能坐在办公室里烤火，应该到群众中去。"干部是群众一分子，干部的职责就是为群众服务的，无论是工作还是生活，干部不允许有任何特权。焦裕禄说："我们不是人民的上司，我们都是人民的勤务员，必须和群众同甘苦共患难。"他还说："我们当干部是为人民群众服务的，不能讲究吃穿，应该同人民群众同甘共苦。当干部不能光坐办公室，屁股和板凳结合多了，腿就会软，就会脱离群众。"他还严格要求自己的子女："书记的女儿不能高人一等。在学校要尊敬老师、团结同学，在街上对群众要有礼貌。只能带头艰苦，不能有任何特殊。"焦裕禄最值得群众爱戴的是：他是这样说的，也是这样做的。言行一致、知行合一是一个人的高贵品质。公正无私、平等待人、遵纪守法是社会稳定的基石。只有上下而共为、人人而共为，社会才能达到身安、心安与和合、和谐。

· 序 跋 ·

如果对照社会主义核心价值观个人层面的价值追求——爱国、敬业、诚信、友善——的话,焦裕禄无疑是他生活的那个时代的楷模。同时,他的言行与精神,至今仍是我们这个时代的楷模与榜样。焦裕禄忍着肝痛走遍了兰考的120多个村庄,组织上、家属一遍又一遍催他去治病,他总是说:"工作忙,离不开。"一次去三义寨公社检查工作,他一边听汇报一边记笔记,剧烈的肝疼使他手指发抖,钢笔几次从手中掉下来。在他住院期间,他关心的仍是兰考的沙丘、泡桐、麦子,他要看看"秦寨盐碱地上的麦穗"。焦裕禄临终时对省、市领导说的最后的话是:"我没有完成党交给我的任务,没有实现兰考人民的要求,心里感到很难过。我死了不要多花钱,省下来钱支援灾区建设。我只有一个要求,请组织上把我运回兰考,埋在沙堆上。活着我没有治好沙丘,死了也要看着兰考人民把沙丘治好。"这些话,感动了中国一代又一代的普通老百姓和各级党员干部。敬业如斯,让人时时想起时时哽咽,时时油然而生敬意。

最后,焦裕禄精神之所以具有持久的影响力和魅力,还在于焦裕禄以自己的言行全面诠释了中华民族精神。在焦裕禄身上,我们找到了中华民族优秀文化、传统文化和传统道德的诸多印记。中华民族在五千多年的发展历程中,形成了以爱国主义为核心的团结统一、爱好和平、勤劳勇敢、自强不息的伟大民族精神。著名学者方立天教授,将中华民族精神概括为重德、务实、自强、宽容、爱国五个方面。无论如何概括中华民族精神的内涵,对照焦裕禄的生平,我们都可以毫不夸张地认为:焦裕禄精神是中华民族精神在当代的发扬与光大。

焦裕禄重视个人道德修养,严于律己,宽以待人。焦裕禄说:"当一个不坚强的战士,当一个忘了群众的共产党员,多么危险,多么可耻!"兰考是个穷县,他时刻记在心上。他勉励自己:"兰考是个灾县,人民的生产、生活都有一定的困难。我们自己没有艰苦朴素、奋发图强、自力更生的决心,哪能改变兰考的面貌?"他还说:"咱们是群众的带路人,现在群众都在看着我们。越是在困难的时候,领导干部越要挺身而出。"在困难面前,焦裕禄从不退缩,从不畏惧。他说过一句十分著名的话,就是"革命者要在困难面前逞英雄"。面对困难百折不挠、自强不息,是焦裕禄身上最为可贵的品质。他说:"大自然这个强盗,把咱们害苦了。咱们只要有口气,都得跟它拼。"在家人面前,对亲戚提出安排工作的要求他立即拒绝说:"现在农业上需要知识青年,那里的天地很宽广,让他在那里好好干。我是一个县委书记,不能随便用人,带头违反国家的政策。"他对家属要求得更严,临终前还要求爱人:"生活上要艰苦些,不要随便伸手向组织上要钱要东西。"焦裕禄廉洁奉公、严守操守,但他对待群众、同事却宽爱有加。县财委一位同志患病,焦裕禄多次催他到医院检查。另一位县委同事得病,他多次电话联系、关心安慰。大雪天去梁孙庄梁俊才家里访贫问苦时,说:"我是您的儿子,毛主席让我来看望您老人家的。"普普通通的一句话,却让人发自内心的感动。在事业面前,焦裕禄不仅较真,还非常务实。焦裕禄非常重视干部工作作风,说:"干部不领,水牛掉井。""要改变兰考的面貌,必须首先改变县委的精神状态。"在进行社会主义教育活动中,他说:"应当教育干部,发扬土改时艰苦深入的优良作风,真正地深入下去,深入到牛屋、饭场,深入到每家每户去了解情况。听取反映,宣传政策,逐户逐人地进行思想发动,进行

· 序　跋 ·

社会主义教育。"他甚至要求："你们几个党员包几户贫农下中农。他盖房、修屋、办婚丧喜事，你们去看看。有什么困难，帮助他解决。如果他家里没有劳动力，人又病了，你就给他担水，请大夫看病。"如此朴实无华，如此细致入微，如此忠厚实在，他的一言一行，处处体现了中华民族的传统美德。

作为一个活生生的人，焦裕禄赢得了与他相熟、相识的人们的尊敬。作为一个以"修身、齐家、治国、平天下"传统文化标准衡量的人，他赢得了中华民族每一分子的尊敬。作为一个追求马克思主义信仰、追求共产主义理想、追求全心全意为人民服务的革命者，他赢得了一代又一代中国人的尊敬。焦裕禄不是神，是一个普普通通的人，是一个儿子、一个丈夫、一个父亲，也是一个孝子、一个严父，还是一个爱着妻子的丈夫。尽管50年来关于纪念他、回忆他、学习他、歌颂他的文章多达数千篇，但他不是神，不是神话，不是神坛上的供奉。也正是因为如此，我们以惊人的毅力编纂了这套《焦裕禄精神文献典藏》，其目的也正是还原焦裕禄感人的一生，揭示焦裕禄精神的内涵本真，探索焦裕禄精神散发永久魅力的真正原因。

为了避免片面化或者概念化焦裕禄，为了完整地还原并呈现一个真实、形象、生动、可信的焦裕禄，作为焦裕禄精神发祥地的河南，由河南文艺出版社隆重而严谨地策划了《焦裕禄精神文献典藏》这个规模宏大的出版工程。在长达一年多的精心编辑过程中，无论是河南文艺出版社的领导班子，还是参加这个工程的每一位策划、编辑人员，无不带着一种无比崇敬的心情来谋划和工作。具体的策划者、编辑者，不避艰辛，倾情投入，逐一克服意想不到的种种困难，通过各种渠道搜集了半个世纪以来有关焦裕禄的大量图书、报刊、文章、

／ 虽死而不朽 愈远而弥存——《焦裕禄精神文献典藏》序 ／

出·版·四·重·奏

诗歌、戏剧、文物、图片以及各种形式的珍贵资料等,将经过反复筛选的内容类分为"通讯访问卷""新闻报道卷""媒体评论卷""理论研究卷""传记故事卷""长篇小说卷""诗歌歌曲卷""戏剧电影卷""美术作品卷""连环画册卷""图片资料卷""文物藏品卷""学习弘扬卷""兰考卷"共14卷31册。其收纳内容之丰富、类分专题之细致,既在我们的意料之外也在我们的意料之中。言其之外,是我们第一次基本全面梳理的有关焦裕禄的珍贵资料竟然如此之多;言其之中,是焦裕禄为我们留下的宝贵精神财富本就应该如此丰富!而如此丰富的珍贵资料无不证明:焦裕禄的榜样,就是我党基层干部的好榜样;焦裕禄的精神,更是我党得以长期执政的基础和我党值得因此而自豪的精神丰碑。

《焦裕禄精神文献典藏》的出版将再一次证明:焦裕禄精神一定会长存,必然会长存。因为它是、它已经是——我们这个国家、这个民族、这个时代的精神化身。

2016年1月

评论

PING LUN

出·版·四·重·奏

·评 论·

乡关何处：小说的追问

农耕文明悲壮的解体过程，在某种程度上唤醒了乡土作家的现实在场感、问题责任感和历史使命感——新世纪初的乡土小说主题正是沿着这三个维度蓬勃拓展的，关注乡村现实问题已成为一大批优秀作家的共同话题。

一个文学主题的兴衰，是社会、文化、政治共同作用的结果，乡土中国的下沉并不能成为解释乡土小说式微的唯一原因，乡土小说作家不必气馁，文学史已经屡屡证明，越是变革的时代越能为经典作品的出现催生灵感。

中国的乡村聚落已经有一万年的历史，然而进入 21 世纪，它们每天以惊人的速度在消失。村落或渐渐远去，乡土却仍会继续散发泥土的芬芳，乡土小说亦然。

乡土小说是乡村生活的艺术再现。乡村是立体的、饱满的、色彩斑驳的生命体，人的歌哭和自然的拔节声在村庄里自由自在地游走。这一切——人与自然、人与人、人与自己——构成了作家笔下的乡村。乡村是独立的存在，而文学则是某个时间节点的精神折射，是作家对于某个时间段人的、物的文字记录或者想象。乡土与文学同在。

多声部叙述和时代笔锋

中国乡土文学的渊薮可以追溯到《穆天子传》《山海经》的春秋战国时代。尽管难以给乡土小说找到一个确切的时间或者文本源头，但对历史的追寻却让我们认识到乡土小说的历史性、时代性和经典性。

最早创作乡土小说并将其艺术风格命名的是鲁迅。他在《中国新文学大系·小说二集导言》中，将20世纪20年代一批作家创作的回忆故乡、抒发乡愁、揭露愚昧、反叛礼教的小说命名为"乡土文学"。乡土小说从日益西化的中国文化的故乡泥土中破土而出，从诞生之日起，它就是凭借对传统文化、对国民性与民族精神的挖掘与批判而倔强地存在。这个时期的乡土小说是彷徨与呐喊，是苦闷与抗争，是破碎与重建，这一基调也成为乡土小说的灵魂所在。

20世纪30年代的乡土小说将目光转向田园灵性，转向乡村底层的人性，转向文化的"边城"，将批判变为冷静而又热心的乡村叙述。抗日战争全面爆发后，政治、战争成为新的主题，并形成"山药蛋派"和"荷花淀派"两个乡土小说流派。及至20世纪50年代至70年代中期，农村题材小说空前增多，阶级斗争以及人们的政治命运成为乡土小说的主题。

20世纪80年代是乡土小说的黄金时期。改革开放成为时代主题，西方文化再次涌入中国，中西文化也再次以非对等性的交流撞击社会现实——城乡和中西双重落差交织成文学与文化的追问。从伤痕文学起步，乡土文学很快进入反思文化、反思历史的叩问状态，在探寻文化走向的迷茫中，寻根文学、知青文学、改革文学纷纷登场。继承并批评"五四"文化传统，批判并挖掘传统文化，学习并质疑

· 评 论 ·

西方文化，以国家、民族为整体反思对象的乡土小说作家群体无疑歌声嘹亮。

商业文化和城市文化崛起于20世纪90年代，并以胜利者的姿态推出武侠、言情等商业消费特征鲜明的文学作品，从而消解了沉思般的乡土叙述的影响。中国社会变革的天平开始向城市倾斜，农民纷纷进城打工，农耕文明的传统经济结构、组织形式、伦理关系和价值理念逐步瓦解，乡土小说作家面对日新月异的叙述对象，不得不再次调整自己的笔锋所向。

这时，乡土小说作家纷纷抛弃文化批判，抛弃史诗般叙事，转向以个人为中心的地域文化反思，转向对局部社会问题的揭露和批判，转向寻找个人的生存家园和精神家园，让本已多元化的乡土小说进入犬牙交错的复杂状态。这种多元叙述预示了乡土文学的某种衰落，这是时代发展的必然结果，并不由作家左右。

乡村的衰落并不意味乡土小说创作的衰落，但乡土小说的式微却是不容讳言的事实。解释这一貌似矛盾的文学现象，还是要回到文学的时代性上。如果说，19世纪末中国农耕文明开始全方位衰落的话，那么农耕文明在20世纪末则从经济、文化、社会结构多层面瓦解。当社会进入农耕文明、工业文明、信息文明的交汇时期，三种文明共存的内在张力在乡村社会表现得更加紧张，三种价值观在同一场域此消彼长，势必形成更多的戏剧性冲突。工业化、全球化、城市化、信息化……乡村社会在一次次浪潮中加速瓦解。这一骤变给乡土小说作家造成的精神创伤是无以言表的，他们依赖乡村生活、乡村文化和乡村精神而生存。农耕文明悲壮的变化过程，在某种程度上唤醒了乡土作家的现实在场感、问题责任感和历史使命感——

261

21世纪初的乡土小说主题正是沿着这三个维度蓬勃拓展的。

迁徙困境和书写转向

城镇化催生了一个在城乡间两栖的庞大人群。抛弃土地或被土地所驱离和遗弃的乡村劳动力涌入城市，或落脚于城市的村庄，或候鸟般迁徙于城乡之间。这一人群无论在城市还是乡村都难以安然地生活，他们迷惘于自己的身份，寻找着精神的家园。他们聚居于城市，播散于乡村，正在让城市乡村化、让乡村城市化，这一点不仅体现在经济方面，更重要的是体现在一种观念的、文化的、价值的追求上。这是现代性的迁徙困境，更是一代代乡土作家共同的文学思考。

历史是被赋予某种价值的想象共同体。乡村的渐行渐远，加剧了人们的历史怀旧。他们书写历史经验并给予历史观照，解读历史细节，企图通过书写家族史、个人史从而让乡村复活，或者搭建起时下与过去的某种关联，以便安抚一下失去家园、故乡和亲人后空荡荡的心灵。然而，这仅仅是乡土小说历史叙事赓续的一个因素，21世纪乡土小说的历史追求还聚焦于革命记忆和抗战追思，这些主题共同构成了乡村记忆。21世纪的历史叙事是站在个人、家、国和民族命运的角度，剖析乡村文化的变化及其深层原因。

一个文学主题的兴衰，是社会、文化、政治共同作用的结果，乡土中国的下沉并不能成为解释乡土小说式微的唯一原因。我们还可以找到更多的影响因子。一是城市文化多样化，大众媒介五彩缤纷，小众娱乐让人应接不暇，包括乡土小说在内的纯文学被边缘化；二是网络小说兴起，玄幻、仙侠、灵异、穿越等新形态小说兴盛，

· 评 论 ·

读者的阅读趣味发生天翻地覆的变化；三是乡土小说作家队伍老化，传统的乡土体验与新农村生活脱节，年轻作家缺乏乡土体验，体验缺失导致失语；四是传统的阅读习惯正在转向，文学载体正在转向数字媒介，纸质阅读正在转向网络阅读、手机阅读，阅读主体正在迁向都市，乡土经验遭到冷落。这些因素都为乡土小说的创作设置了不同高度的篱笆墙。

然而，乡土小说作家并不需要在时代面前气馁，文学史已经屡屡证明，越是变革的时代越能为经典作品的出现催生灵感。由乡村中国向都市中国转型是一场大规模的文明转向。乡土小说在经历了短暂的困惑和迷茫后，其边界将会随着乡村的转型而移动，其未来方向也将随着农耕文明、工业文明、信息文明的融合而不断调整。首先，在书写现代化转型的创作过程中，宏大叙事或将回归，诞生史诗性乡土长篇小说的条件已具备。其次，在信息文明引导下，互联网将引领乡村数字生活和智能生活，书写新乡村、新人物、新精神或将成为乡土小说的新主题，乡土网络作家有望崛起，成为新的乡土文学的书写力量。

2015 年 11 月 13 日

出·版·四·重·奏

诗·工具与心灵世界

　　诗歌的使命是什么？这是诗人的自问，也是他人的疑问。读过张鲜明的诗集《暗风景》之后，问号更大，答案却渐趋明晰。实际上，诗也只是鲜明寻找世界本质的工具之一，与《暗风景》同时出版的还有散文集《信使的咒语》和摄影集《幻游记》，作为记录梦境的叙事，和将镜头对准天空中转瞬即逝的幻象，同样是"鲜明之幻"的利器。鲜明将诗歌名为"魔幻"，将摄影名为"幻像"，将叙事名为"梦幻"，从文本符号的分途写作和呈现，鲜明试图通过文字和图像揭开世界的表象和本真，试图通过三条不同的"幻"路揭示世界的未来之路，试图在"实"与"虚"、"真"与"假"、"明"与"暗"之间找到人的生命意义，这一努力让我们欣喜地看到了一种与众不同的梦幻写作的可能与成功。鲜明的探索，不仅仅是他作为诗人的个体探索，实际上，他与他的作品也肩负着诗歌这一文体的使命。

　　以梦幻作为写作主题的作家和作品自然可以枚举，如中国古代六朝时期的志怪小说、唐代的传奇小说、明清的神魔小说和清代的鬼仙小说，无一不是以超现实的神、鬼、仙、人作为书写对象，其魔幻的特征显而易见。披着一层层梦的外衣，但其内里却扎根于现实的《红楼梦》，我们也可以视为梦幻写作的另一种典型。无独有偶，

· 评 论 ·

20世纪的拉美魔幻现实主义,尤其是以哥伦比亚马尔克斯《百年孤独》为代表的以魔幻手法写作现实的文学创作,形成了世界级的文学浪潮。而在欧洲,荒诞派写作一直是文学传统之一,20世纪初卡夫卡的荒诞表现主义则以另一种寓言式虚构揭露了人的精神和社会的荒诞与扭曲。正是在中西文学传统和现代文学思潮的浸润下,鲜明以"鲜明之幻"系列,创作出了属于他自己的独具个性的"魔幻"和"梦幻"作品。与文言小说和现代小说不同,鲜明作品的体裁是散文、诗歌和摄影图像与配诗。鲜明积数十年之功,以散文、诗歌记录和造作梦境,以照相机创作虚幻的图像艺术,这一独辟蹊径的跨界艺术探索,无疑,已经完成了一次艺术形式上的超越。尤其是他将摄影图像和诗歌完美结合,将图像分为天界——创世前后的景象、地界——关于未来的回忆、灵界——万物活着的证据三个主题,鲜明将对逝去的亲人无限的爱和追思投射于虚幻的世界和想象的空间,他始终坚信自己镜头中的图像上附着着世界的真实与情感的真实,一帧帧摆脱具象的图像,倾注了他无限的想象和浓情,这一作品集,无论是艺术形式还是思想主题,在我的阅读范围内,都是仅见的特例,它让我在震撼中感受到思想的冲击,让我"沿着梦的根须"去观赏梦境"发芽/扯秧/开花/结果",让我感受到"每一块天都是活的","光发芽并且长出腿来","看见太阳狂奔而来",我像"时间考古队",发掘鲜明的梦幻生活。

然而,在我看来,与诗歌这种文体一样,鲜明的梦幻和魔幻写作也同样是一种独特的表达工具。与模仿自然和生活的其他艺术所不同,他企图超越模仿而构建超现实的艺术体系。模仿是西方艺术哲学中的重要概念。柏拉图认为,包括诗在内的一切艺术都是"模

/ 诗·工具与心灵世界 /

仿艺术"，艺术就是对生活和自然的仿效，可以分为叙述式模仿、直接模仿和表演式模仿。亚里士多德在《诗学》中缩小了模仿的概念，他直接将史诗、悲剧、喜剧、歌舞艺术、器乐音乐归类为"这一切总的说来都是模仿"。甚至，毕达哥拉斯学派还提出现实世界模仿了一个"隐藏着的、终极的、超越时空的"用数字表达的世界。"模仿论"的诗歌理论对西方诗歌创作产生了巨大而深远的影响。如果我们把诗歌分为现实主义和超现实主义两大类的话，那么，以模仿为主基调的现实主义诗歌一直占据主流地位，即便是在"幻游文学"经典《神曲》中，我们也可以在隐喻和象征的背后，找到和看到现实世界的影子。因此，模仿也许是艺术的真正底色，纯粹的虚构也许只是现实的一种变脸而已。阅读鲜明的"幻"系列，我理性地感受到超现实背后的现实。鲜明的《幻游记》，其"天界""地界""灵界"让我不自觉地联想到但丁的原名《喜剧》的《神圣的喜剧》（中文译简称《神曲》）中的"地狱""炼狱"和"天堂"，从中我们也可以看到鲜明从西方诗歌传统中汲取了灵感。然而，我们也必须认识到，21世纪初鲜明的幻游完全不同于14世纪初但丁的幻游，"鲜明之幻"扎根于东方文化、当下社会和现实的精神生活，这些不同，恰恰是鲜明的个性所在、诗歌魅力所在和艺术生命所在。在《暗风景》里，鲜明将他的诗分为5类：魔界、幻乡、肉搏、江湖、对应，与《信使的咒语》《幻游记》一样，鲜明坚守梦幻这个写作工具，一如既往地记录梦境。与法国20世纪超现实主义诗人A.布勒东、P.艾吕雅等无意识、潜意识以及非逻辑的写作不同，鲜明不是在意识不受控制的状态下进行的意识流自动创作，鲜明的诗是梦的记录，是在清醒的甚至是理性的状态下进行的隐喻式的逻辑性的写作，每

·评 论·

　　一首诗、每一节诗都是逻辑自洽的。诗的内容或许荒诞、荒谬、诡异和奇崛，但它们无一不来自自己的梦，而梦则往往来源于意识和意识体验，它们往往是现实世界的折射的背影。诺贝尔医学奖获得者杰拉尔德·M.埃德尔曼在《比天空更宽广》一书中说："任何意识体验时刻都同时包含感知输入、运动反馈、想象、情感、瞬间记忆、身体感和外围感觉"，"有时候，通过自主选择或面对压力时，它会变为不着边际的白日梦，或者变为注意力的高度集中"。比照鲜明的诗，我们可以共情于诗人的压力、恐惧、苦难、惊悚、虚无和狐疑等情感体验，而这些诗正是一个个挣脱白日现实和夜晚梦境的真实记录。我们依然可以推测，梦内也许是虚构的，记录却是真实的；记录可能是虚构的，而梦境却是真实的；记录和梦有可能都是虚构的，但诗的内容却是现实的真实的。由此而言，鲜明的诗已经超越了模仿，超越了生活，也在某种程度上超越了超现实主义文本。至此，我对"鲜明之幻"系列的文本的持久意义，充满了期待和憧憬。

　　诗的历史也可以理解为是诗人的心灵史。我认为，"鲜明之幻"系列应列入心灵诗歌的范畴。拉丁语的"心灵"一词，其初意是"精神"或者"灵魂"，弗洛伊德开创精神分析之后，"心灵"又往往等同于"心理"，在《荣格心理学纲要》中，"心灵"又被称为人格的总体，它"囊括一切思想、情感和行为"，它被分为意识、个体无意识和集体无意识三种层次。作为精神病学家，荣格认为自己的使命就是帮助人们重新获得失去的人格，让人们能够抵御未来的人格分裂。作者说，"荣格认为，黑暗在控制着人，因为人自己就是黑暗的一部分"，可见，作者与荣格的人格分析从精神上是意气相投的。作为诗人的鲜明，他对自己的内心世界和现代人的内心境况有着近乎呐喊的清醒。他

出·版·四·重·奏

将现代人的内心世界视为风景,这个内在风景里,"包括焦虑、挣扎、分裂、孤独、痛苦、忧伤、惶惑、惊恐、逃避等,以及由此而引发的呼号、呐喊、呻吟;它还包括冥想、幻想、梦境,以及由此构建的玄幻之境和虚拟世界"。也许,内在风景才是世界的事实和真相。个体的无意识与集体的无意识交织在一起,共同构成一个盲目的世界和越来越虚拟的世界。娱乐至死和无从深究的虚脱,让现代人陷入精神的麻木与贫瘠或者偏激与无情。内在风景是鲜明诗的主题之重要组成部分,与之相对应的是"暗"的主颜色和光明的未来。诗人认为:"暗,是内倾的姿态,它指向深度和厚度,通向心灵的秘境。只有在暗昧的状态下,人才能直面自己的灵魂,才能进入精神世界。"风景尽管是暗的,但诗人坚信"以黑暗撞击心灵,碰出的火光,足以照亮灵魂"。诗人说,"我在我的脚窝里/尖叫",而"我"以及"我的梦"是鲜明诗的主角,这是鲜明诗的一个重要特点。《暗风景》中,五个主题全部是"我"的展开,"魔界"是我与内心,"幻乡"是我与历史,"肉搏"是我与我自己,"江湖"是我与社会,"对应"是我与物,我是梦的主人,也是梦的风景,更是意识的栖息地。诗人的心灵世界至少在三个维度上是显而易见的:情感,本真和未来探索。在情感方面,他对亲人尤其是对爷爷、父亲和姐姐的爱和缅怀,读来让人泪目,如《影子的邀约》中说:"你的亲人代表天地灵,/向你发出邀约——/要你搜集三界真实存在的凭证。"《幻游记》整本书的内容全部是围绕着追思三位亲人书写的,诗人的灵魂与亲人的灵魂对话构成了一个奇幻的世界,他在"追自己的脸",他"以自身的光芒为翅膀",他"在诗行间穿梭,高声诵读父亲的笔记",他对姐姐说"难道说梦也可以复活",他以真实穿梭于虚空的灵界,

· 评 论 ·

又从天界折返回现实的世界，这种心灵体验让我们不得不为之共情。在探求世界本真方面，《暗风景》呈现了诗人的多个视角，他几乎全部以其隐喻性，努力去揭开隐于现象背后的、常人所不能看到的世界本质，他常常将意想不到的词语和奇特的意象嵌入到一个通常不指代的对象之上，诗意地揭示一个深刻的哲理或者一个事实真相。如《绳子咬着我》《游戏中的游戏》《尖叫》《寂静》《吃》《撕扯》《脊梁上的脚印》《换脸》《原地打转》《想起那只逃走的虫子》等，诗人以梦的语言形式，以意识流的叙述方式，以貌似的非自我，但实际是高强度地呈现了自我的思想，向读者提供了一条辨识人生意义的新路径。关于未来，诗人扮演了先知的角色，在古希腊，诗人被称为"智者"，与国王、祭司、先知、哲学家并列，神的点拨和启示是诗的灵感源泉，鲜明以其诗歌作品自我认证了诗人的先知意义，他在《幻游记》中，将《地界》定义为"这是关于未来的回忆"，由此可见他对未来的探索具有双重含义，未来有两个出发点，一个是此在的未来，一个是站在未来对此在之后的未来的追忆，鲜明借手中的记录工具照相机对摄影家说："我走的太远，拍到的是人类纪结束之后，这个星球单纯、简洁而美丽的幻想。"作者认同"这是关于未来的回忆"，并坚信"大地，回归到它自己"，在"地界"，鲜明对人类的未来充满了期待和希望，他试图"拽住太阳"，"让它快快生长"，憧憬"一起过着美好时光"。一切都在"蝶变"中。

  当诗成为哲学，哲学也充满激情。当梦幻成为真实，真实也充满了美。当幻游抵达真爱，风景当洒满了阳光。

2022 年 6 月 19 日

出·版·四·重·奏

《清代基层社会聚众案件研究》：基层权力博弈的标本

在权力展放于各色人等的时下，群体性聚集越来越喜欢流连于各级政府门前，恰在此时，我欣喜地获得一本关于清代基层社会聚众案件的研究专著，披览之余，这面来自清代的镜子，让我不胜唷叹，忍不住想置喙一二。

任何文明的国家与社会都是由各种权力勾连而成的。人类社会同样也遵循着宇宙的自然法则，离心推力和万有引力共存并由此而形成秩序，但不可测的偶然因素又时而破坏着秩序的稳定。不仅国家机器内部时常因权力与意志的博弈而时存生命之虞，貌似耕读牧歌的基层社会也同样因捍卫生存权利而时时丛聚"打架斗殴"。周蓓博士的专著《清代基层社会聚众案件研究》（以下简称《聚众案件》）将学术目光聚焦于清代基层社会，聚焦于官方档案记录的聚众案件，聚焦于聚众案中关涉的各类人群，微观解剖各类典型案例的发生原因、经过和控制过程，宏观揭示国家与社会、权力与秩序、控制与不可控之间的关系，在控制实践和理论两个场景里，拉开清代基层社会非稳定的戏剧帷幕，指出"如何建立完善的社会预警制度，创造一个相对公平的社会环境，强化社会控制和社会管理，这是中国传统和现代社会同样需要积极面对的问题"，其关照观察的学术

270

· 评 论 ·

意义由此而生动起来。

　　"聚众"一词在先人的词典语义里常常与不祥之兵相勾肩，庄子《盗跖篇》曰："勇悍果敢，聚众率兵，此下德也。"韩非子《扬权篇》中说："欲为其国，必伐其聚，不伐其聚，彼将聚众。"中国传统文化基因里，"聚众"一词无不被历代统治者所警惕。将公众聚集视为某种危险因素，不仅仅中国所然，意大利政治哲学家加特诺·莫斯卡说，人类有着一种"聚在一起与其他人群对抗的本能"，这一"本能"也是一个社会在特定的内、外部条件作用下出现的"所有分裂和再分裂的原因"。这个具有分裂社会取向的词一旦上升为"案件"，势必成为国家威权弹压的对象。作者抽取"聚众"概念，并将它放大为观察基层社会非稳定状态的视阈，此一慧眼，提纲挈领而又别开生面。

　　在作者提炼并赋予"聚众"概念新的研究价值之前，多有学者运用"民变"这一概念研究历史上的民众抗争，"民变"更多地着眼于官民之间的对立关系，而"聚众"概念突出的是群体性参与的特征，官民之间、民众之间、团体组织之间发生的群体性暴力冲突均统归于"聚众"概念之中，相较之下，"聚众"一词更为宽泛和准确。乡村社会里众多涉及户婚田土的家长里短式的冲突虽均具有暴力的性质，但因属于州县官自理的"词讼"，并没有上升为"案件"，作者故而对此类社会冲突予以摈弃。这一抓大放小的明智选择让作者更专注于搅动社会安定的群体性案件的回放，更专注于基层社会权力结构博弈图的重现，更专注于研究的聚焦性——"聚众案件"指没有明确政治目的，以群聚方式实施扰乱社会稳定、危害社会秩序的行为，经地方官上报成为"案件"，有较为完整的处理

《清代基层社会聚众案件研究》：基层权力博弈的标本

过程，依照清代法律当受到惩罚，表现为群体参与性和相互对抗性，这一概念表述可谓直中靶的，个性凛然。

人类历史是由人和事件的碎片组成的。面对数个或者一堆历史碎片，历史学家的存在意义就是将看似毫无关联的历史碎片，通过去伪存真、归纳分类、对比分析，找出逻辑关联，进而尽可能地推论规律性的历史真相。书中选取的存于清宫档案的905件聚众案件就是历史碎片，即历史事件标本，透过对这些孤立标本的研究，寻找不同类型案件发生的历史背景、触发原因及其影响因素，考察不同时期的联系与变化，还原基层社会权力博弈的历史场景，这一研究方法可姑且称为"标本研究法"。

具体而言，将聚众案件标本依其性质，概分为三大类型：直接与官府的对抗、社会阶层间的冲突、团体组织性的对抗，对纷繁的基层对抗类型进行解剖，至此，标本分类式的历史主线豁然呈现在读者面前。

从宏观量化统计，三大类型聚众案件的数量几乎各占1/3，颠覆了人们的传统印象——直接对抗官府的案件数量占大多数。从时间统计，乾隆十年至乾隆十九年（1745—1754)，道光二十五年至同治三年（1845—1864）和甲午战争之后（1895—1900）是三个高峰期，自咸丰军兴，聚众案件居高不下，一直延续到清末。"这种趋势与清代社会的人口膨胀、移民流动、灾荒连年、战争爆发、国家的政策变化和社会控制能力以及社会阶层的析出分化均有相当的关联"，作者还同时得出另一结论："聚众案件并非只发生在非常态社会，从承平盛世到战乱时期，社会冲突的普遍存在是聚众案件成为一种社会运行的自然构成。"这两个结论颇为值得玩味。

· 评 论 ·

  书中提取围绕粮食问题的聚众案，以械斗为特征的聚众案、以形成盗匪团伙的聚众案作为中观切面，将具体的个案标本融入其中，构成解剖基层社会的主要框架体系。直探各类型聚众案的发生机制，也许所得到的历史启喻更让人深思。无论是维护生存权益还是为改善生存状态而引发的粮食案，其表层原因是天灾而饥民滋事，官府因赈灾或蠲免不力以及失误、腐败而导致宗族背景下民众的激烈行为发生，但更深层次的原因在于——"资源和权力的分配不公几乎是社会冲突的天然触媒"。"民以食为天"，当生而不得时，民众求助于全能官府其本身就是对国家权力的认可和信任，一旦最后的希望也将破灭，聚众而抗便不可避免。因社会贫困化而导致的反抗行动一旦组织化、军事化，如果又适逢战乱和国家权威下降，地方势力、宗族势力上升，国家秩序的崩溃同样也不可避免。

  如何预防国家权力体系崩溃，如何维护社会秩序稳定是该研究的真正目的。《聚众案件》在社会控制理论和控制实践两方面均提出了独到的见解。

  建立在农耕文明经济基础之上的中国封建王朝，在国家与社会的权力结构关系上，长时段的指导思想是弱民政策。商鞅《弱民》篇提出"民弱国强，国强民弱，故有道之国，务在弱民"，这一思想历两千年而不废。长时段看，国家权力结构的变化是以中央集权的强化为核心的。自秦始皇构建中央（朝廷）、郡（省）、县三级权力控制体系，直至清末，国家的权力结构版图几乎没有太大的实质性改变。这一权力体系长时期地维系了国家的相对稳定，当权力三要素——暴力（国家机器组成部分）、财富（金钱及土地等资源）以及知识（威望）——相统一时，国家与社会就处于和谐状态，当三者相错位时，国家与社会则进入非稳定的无序状态。由权力而建立秩序，又由权力失衡而破坏秩序，而破坏权力平衡的因素不仅仅来自国家外部，更多更重要的来自国家内部，尤其是基层社会潜伏着的众多不安定的偶然因素。该书将关注点下移至基层社会权力，可说是触摸到金字塔式权力结构的基石。

三级控制体系最致命的弱点是，县级以下基层社会的偶发事件往往成为连锁反应的导火索。例如陈胜、吴广、黄巢、李自成农民起义，太平天国以及捻军，等等，无一不是点燃于基层社会。基层失控往往反弹至省级中层，而中层权力失灵或过于强大，最终必然导致中央上层权力的乏力与失力，直至改朝换代，再次重建秩序。中层权力过大往往给人留下深刻印象，如东汉豪强、魏晋南北朝门阀士族、唐代藩镇、晚清湘淮军以及民国军阀，他们的权力膨胀往往导致朝廷的倾覆。但其之所以能够达到翻手为云覆手为雨的地步，无一不是因为基层权力塌缩而导致权力向中层聚拢。因此，基层权力乃是中央权力的支撑和基石。

该书的理论基础是张研教授的双层统治理论，即唐宋以后，国家政权从乡镇退缩到县，对基层社会从以法家"治理模式"为主，到以儒家"控制模式"为主，最终形成上层政权为主导、基层社会各组织纵横依赖、科举制官僚流动制下士绅上下流动相连接的双层统治格局。《聚众案件》进一步论证该理论的合理性，并将其拓展至基层组织和人均具有双重性的新层面。

基层社会控制实践中，士绅、"刁民"、里甲保正、胥吏、县官甚至省级官员均因利益取向不同而呈现双重性。聚众案例中通常由领导者、参与者及其所对抗的对象组成。研究发现，领导者主要

· 评 论 ·

是以生员为代表的下层士绅，以所谓"刁民"为代表的乡村"能人"和地痞无赖，以保正为代表的乡约、村董、团长，以胥吏为代表的粮差、书吏、衙役等，这四类人员分别代表着他们背后的群体利益。当其利益和官府相一致时，他们是息事宁人的安抚者，一旦冲突，他们又是凭借声望的振臂反抗者，这一双重身份同样适用于他们在平行阶层之间的维稳与争斗。他们尽管是基层社会民众权力的代表，是权力结构中的神经末梢，但同样决定着社会肌体的健康与否。

与基层权力代表不同，县、省级官员是国家机器的组成部分，他们的权力由皇帝赋予，其职责在于顺民安天下。然而，他们依然具有双重性。清代督抚既负责惩办案首，也负责监控州县下官；既参与国家政策、立法制定，也代表地方陈情和回护下官；既有清廉恪职者，也有贪赃枉法者。同样，县官既是官员权力的最前沿又是县级全能政府的集权者，既是控制基层社会稳定的最有生力量又往往是点燃怒火导致失控的导火线，既是清廉权力的希望又是权力贪腐的化身。管控社会秩序人员的双重身份决定了其自身的双重利益和价值取向，而双重的人格结构必然导致基层社会在稳与不稳之间摇摆。作者对双层统治和与案人员双重性的解剖，不仅仅是学理的安立，更具有鲜活的现实启迪意义。

权力需要制衡，只有制衡才能平衡。清廷权力制衡的基本思路是治官治吏与利用和制约基层组织权力相并举，对于基层社会内部组织，主要借助保甲、族正与士绅三方势力控制基层社会。利用保甲对聚众案件实行预防和控制的方法主要是确查极贫和次贫人口支放赈粮、收管或查禁游民流乞、弭盗缉匪、治理械斗；推行族正制，利用宗族（乡族）组织约束族人，防盗拒匪，平息械斗；选举生员，并利用生员和乡绅配合官府共同维护秩序。但是，甲长保长有可能是无赖之徒，绅衿土豪出身的族正有可能倚强锄弱，士绅也有可能以抗法为荣干预公事。因此，清廷对此三股势力又不得不采取监控和遏制措施，其中，连坐之法就是最有效的控制。清廷无法离开他们的配合与支撑，又不得不时时警惕着他们成为异己分子，这一矛盾心态和制度设计必然预示着基层社会始终在法治与人治的制衡与失衡之间摇摆。

无论朝代如何更替，中国基层社会的结构并没有太多改变，这种相对而言的"稳定"主要得益于法律与教化并举、公法与私法并行，作者关注到了这一律变。刑、德是中国治国思想的枢纽，韩非子将其视为国之二柄。法律是实施社会控制最有效方式之一，枉法之刑，施以重典被历代统治者视为圭臬。清廷针对各种类型的聚众案件逐步制定相应的律例，如处置聚众抗粮、抗官、闹署、罢考罢市等案件的法令见于《兵律·军政》中的"激变良民"，针对民间械斗的"光棍例"，针对团体组织性对抗案件的"强盗律"，等等。"辟以止辟"的重刑主义是清代各帝共同的指导思想。重刑的同时，清廷充分集成了德治的儒家传统，将以"教化为本"的施政措施发挥到了极致。如清初就在基层社会大力推行乡约制度，康熙时又将"圣谕十六条"推行天下，乾隆时专设"宣谕化导使"宣化江南，嘉庆皇帝将教化的目光转向"化导士子"，等等。清帝甚至还将教化列为官员考核的目标之一，教化乡里对稳定基层社会的秩序起到了一定的威慑作用。

尽管历朝清帝十分重视立法，但针对基层聚众案件，多是随案立令，并没有一整套的完整律例，这一缺陷为基层社会各组织的"法外之规"留下相当大的司法空间。作者在研究基层社会控制的大视

· 评 论 ·

野里并没有忽视"私法"的作用,指出官退民进、官弱民强以及基层政权和司法中种种腐败所导致的官法权威性下降,均是法外之规产生的有利条件——"官法既然不能提供及时的法律救济,私法在宗族、乡族组织的操控下就会渗透并左右着当地的社会和经济生活,甚至官民共同维护和改进民间这套规则,从中渔利"。法外之规是基层社会的调节器,这也让我们看到了中国传统社会距离法治社会的里程有多远。

治案与治吏并举,采取官民同治、官役同治的方法,设置严厉的官员处分制度以"治人",这是清帝权力控制体系里非常重要的一环。在聚众案件中,官吏之影响有二:一是吏治腐败直接导致聚众案件发生或为其诱因,如地方官勒派苛敛、侵贪剥夺,激发民众与官府对抗,又如积案不办,纵役需索,纳贿勒息,百姓诉告无门,遂致以暴力方式解决群体之间的矛盾;二是吏治不清,各级官僚因循成例,欺上瞒下,对聚众案件漫无觉察,贻误最佳控制时机,而有的官员的处置手段不但不能化解社会矛盾,反而推波助澜,激化事端,等等。由各级官员"率意宽纵"而引发的聚众案件,被乾隆皇帝视为怙恶养奸,最为其所不容,他曾严厉谕令:"民有罪当诛,官有罪则当抵官于法。"因此,乾隆皇帝提出了"治吏为先"的社会控制模式。用行政立法将各部的办事规则、行政活动程序和权限,以及对各级官员履行职责的规定,违反职责的惩处等编订为六部则例,其中最完备详尽的《钦定吏部处分则例》同刑律中的吏律相配合,对职官行使职责中的犯罪行为及违法行为形成一套系统的惩罚规定。例如,在处分则例中对州县官如何办理盗劫案做了包含许多细节的强制性规定。针对聚众案件,围绕案件的发现、处理、上报、审理、定理等办案程序和行为无一不纳入朝廷的监控视野中。将整饬吏治作为稳定社会的先决条例，无疑，清帝的这一思路依然具有现实的启发意义。

以史为鉴，可知兴替。借鉴清朝社会控制之得失，可知今日社会管控之利弊。新中国建立之后，一变清代以来之社会结构而建立了自中央而下直至乡、村一级的管控体系，群团组织、民间社团组织以及各行业协会组织作为补充力量几乎覆盖每一位公民，国家法律体系和民生保障体系次第建立，这一垂直权力结构无疑为中国基层社会的安稳提供了前所未有的支撑作用。也许，新制度的设计正是借鉴清代的镜子而亘古一变两千年之成例，基层权力的博弈终于进入一个崭新阶段。

然而，当国家权力过于细密，社会调节就往往失去弹性，一旦个体或群体的诉求无法有效释放，新的权力冲突便会破门而入。在传统社会和信息社会的交汇处，如何减少甚至消弭群体性事件，这已是一个新的社会课题。《聚众案件》一书的出版，可谓——恰应其时。

2014 年 1 月

·评 论·

出版技术与经典文本的历史迁徙

中国古代的学术传统偏重于阐释和整理，这一学风的养成也许源自孔子的"述而不作"。孔子在《论语》中说："述而不作，信而好古。"这里的"作"指立论创说，是指前人所没有的，作者最早发现、发明而书写下来的；而"述"则是在前人创作的基础上进行解释，是阐述前人学说的。这一文明奠基时期的学术趋向深深地影响了中国学术的发展方向。孔子之后的两千年里，中国古代产生的述论类书籍远远超过创作类书籍，经部书籍尤为如此。一代又一代的人皓首穷经，不断地搜集、整理前人的经典著作，重新编辑、编纂、校勘、校注、解释、辑佚、钩沉、刊刻、印行，这一考据式的学术传统甚至可以说是中国文化的基因之一。王钢先生的《中原文献整理史稿》正是从区域史的角度对这一文化传统的进一步揭示。

以整理来阐发自己的学术主张，其发端者可追溯到孔子的七世祖正考父。《国语·鲁语》载："昔正考父校商之名颂十二篇于周太师，以《那》为首。"孔颖达《毛诗正义》解释曰："言校者，宋之礼乐虽则亡散，犹有此诗之本，考父恐其舛谬，故就太师校之也。"正考父是春秋时期宋国的大夫，而宋国的立国者是商纣王的兄长微子启，西周初年周成王封微子启于商丘，特准其用天子礼乐奉商朝宗祀，因此才有正考父校正礼乐商之颂歌。正考父校正之名颂十二篇，到了孔子删诗之后，今传本《诗经》中的《商颂》仅剩五篇，即《那》《烈祖》《玄鸟》《长发》《殷武》。由此，也可以佐证，孔子的确是删过《诗》的。《史记·孔子世家》曰："古者《诗》三千余篇，及至孔子，去其重，取可施于礼义，上采契、后稷，中述殷、周之盛，至幽、厉之缺……三百五篇，孔子皆弦歌之，以求合《韶》《武》《雅》《颂》之音。"《汉书·艺文志》也说"孔子纯取周诗，上采殷，下取鲁，凡三百五篇"。孔子并没有写过《诗经》中的任何一首诗，但他是周诗的整理者之一，却是毫无疑问的。

众所周知，"六经"是中国文明的圣典，其地位相当于《圣经》之于西方。"六经"自身的文字都是原创的，但其成书却经历了漫长的整理过程。而孔子正是抱着"述而不作"的态度对"六经"进行了校勘式的编纂整理，可以说，孔子是"六经"成书的关键人物。对此，《史记·孔子世家》多有记述，如：

孔子之时，周室微而礼乐废，《诗》《书》缺。追迹三代之礼，序《书》《传》，上纪唐虞之际，下至秦缪，编次其事。

孔子语鲁太师："乐其可知也。始作翕如，纵之纯如，皦如，绎如也，以成。""吾自卫反鲁，然后乐正，《雅》《颂》各得其所。"

孔子晚而喜《易》，序《彖》《系》《象》《说卦》《文言》。

乃因史记作《春秋》，上至隐公，下讫哀公十四年，十二公。据鲁，亲周，故殷，运之三代。约其文辞而指博。

由以上记载可知，孔子的思想隐藏在他整理的典籍文字中，他是借古人以抒己怀，借讽古而喻今，借前事而启来世。

如果站在出版史的角度去研究孔子的编辑经典行为，我们可以理解为孔子实际上是将口语材料和零乱零散的文字材料进行了内容

· 评 论 ·

分类式的重新排定，是将那些可能书写在玉版、石头、木牍、竹简、缣帛，或者铭刻于青铜器物上的众多单篇内容进行重新分类，以定本形式将其转写到竹简上，将此定本作为教材以传授学生。从孔子"读《易》，韦编三绝"的记载可以得知，孔子时代的书籍材料主流已是竹简。因此，我们可以说竹简本"六经"是中国经典的最早书籍形式。

从书籍史的角度来观察经典书籍的物质呈现形式，可以清晰地看到每一次文字载体材料的变化都造成了书籍形式的变化，而每一次书籍呈现方式的变化都需要将存储于原载体材料上的内容进行一次再转移。毫无疑问，每一次的内容转换都需要重新审视以前的内容价值与意义，需要对内容重新整理、重新书写或重新复制到新的载体材料上，这一过程不可避免地产生新的错误，以致不得不多次进行新的考据和考证。换句话说，知识内容迁徙的过程是一个文本的筛选过程，也是一个不断修订文本的过程，更是一个文本经典化的过程。

以书写符号系统为特征的文字书面语传播是一场巨大的传播革命。从相信口头语言到信任文字证明促成了人类知识的积累和传承，同时也更有利于传播到更远的地理空间。《诗》从歌唱传播转变为文字传播，尽管丢失了很多情感的信息，但书面化让《诗》传播得更远并且传承到了今天。我们很难想象，如果孔子时代没有将《诗》记录在竹简或缣帛上，我们今天还能不能见到《诗》的文本？《诗经》的文本经过秦朝的焚书，传至汉初今文一派已分三个版本系统：一为鲁人申培公所传《鲁诗》，二为齐人辕固生所传《齐诗》，三为燕人韩婴所传《韩诗》。此三家皆为今文经学，文景之时就已立学官，设博士，是为官学系统。《汉书·艺文志》著录诗类书籍，四百一十六卷中三百五十七卷为今文《诗经》。此后，与之相对应的是古文《诗经》，仅著录《毛诗》二十九卷、《毛诗故训传》三十卷。《毛诗》传自毛公，"自谓子夏所传，而河间献王好之"，但未被列入汉朝廷所审定的官学系统，一直作为私学流传于民间。其余四经，《易》《书》《礼》《春秋》与《诗》也大抵类似，皆分为官学和私学，更分为古文与今文。所谓今古文之分，所指乃"今文用以书写的是隶书，古文用以书写的是一种与籀文、小篆都不同的古文字"，王国维认为古文经乃是在籀文之前的一种字体。以不同字体而传抄下来的经典文本，在汉代形成严格的师法、家法，二者势同水火不相容以至20世纪，有2000多年的纷争。由此可见，文本迁徙过程并不是简单的文字传抄，实际上已上升为学术传承的意识形态问题。

东汉时期，蔡伦于洛阳改良造纸术之后，中国进入简帛与纸并用的书写时代。中国的书籍文本至西晋时期而逐步完成了向纸的迁移，这一文字载体材料的革命不仅导致洛阳纸贵式的书籍传播变革，而且也引发了学术传承的动荡。仍以《诗经》为例，西汉时期盛行的今文《诗》学，至东汉末年随着郑玄古文《诗》笺的兴起而逐渐式微，《毛诗》《郑笺》随着纸材料的流行而开始独行于世，以训诂为特色的古文《诗》学开始占据《诗》学主流，至唐代《五经正义》之《毛诗正义》，古文《诗》学达到学术的至尊地位。自东汉末年到唐代，也正是中国纸写本书籍从产生而至鼎盛的时期。《隋书·经籍志》记录了这一学术演变过程。其《诗》类文献著录四百四十二卷，除《韩诗》三部四十二卷、《齐诗》二十卷外，其余三百八十卷全部是古文《毛诗》，其《诗》小序云："《齐诗》，魏代已亡；《鲁诗》亡于西晋；《韩诗》虽存，无传之者，唯《毛诗》《郑笺》，至今独立。"从

· 评 论 ·

敦煌遗书所出之《诗经》卷子，或抄于六朝，或书写于唐，但无一不是《毛诗》《郑笺》。由此实物而可确证《诗经》进入纸之时代，《诗》之文本的迁移淘汰了今文三家《诗》，《诗》之学术潮流为之一变而转向古文《诗》学。

雕版印刷术的发明改变了中国的学术面貌。自初唐以来，雕版印刷首先应用于佛教典籍，其后又应用于民间历书、字书之类的书籍，晚唐又开始有文人借此技术刊印诗文集。至五代时期，朝廷刊刻"九经"，中国进入纸写本与雕版印刷并行的历史时期。自北宋开国，中国的经典文本开始向雕版印刷刊本书籍转移，到北宋中后期，刊本已经可以与纸写本书籍平分天下，逐步成为书籍形式的主流。苏轼曾经说过："余犹及见老儒先生，自言其少时，欲求《史记》《汉书》而不可得，幸而得之，皆手自书，日夜诵读，惟恐不及。近岁市人转相摹刻诸子百家之书，日传万纸。学者之于书，多且易致如此。"以此可知，北宋中期诸子百家之书籍文本已经完成了向刊本的转换。刊本以身化万千的优势，提高了文本传播的速度，扩大了文本传播的地理空间，同时也大大延长了书籍的生命力，为研究和诵读经典文本的个人化提供了巨大的便利。因为文本传播的变化，学术传承和学术研究为之一大变。

仍以《诗经》学术传承与学术研究为例，自五代时期《诗经》进入刊本时代。《诗经》的第一个刻本是五代国子监在开封雕版的"九经"版，此刊本的底本是依据唐国子监《开成石经》和《九经字样》，所刻为郑玄笺《毛诗》。《诗经》的第二个刊本，其版本是北宋景德至天禧年间国子监据五代监本重刻之"九经"本。此本被广泛颁赐宗室诸王、朝廷辅臣、各地学校，并允许民间士民纳钱刷印，成为北宋时期国家标准教科书，是当时科举考试重要的参考书。单经注本以外，还有南宋国子监重刻之"九经"本、南宋抚州公使库刻"九经"本和南宋兴国军刻"六经"本等。北宋中期之后，雕版印刷之刊本刻本逐渐成为书籍流传之主流。尤其是经典著作，不断地以各种形式阐释与解说，在白文本之外又涌现出多种更适应市场和阅读习惯的版本，在官刻之外，坊刻与家刻多家并行，呈现出迥异于手写本传播的繁荣景象。两宋期间，《诗经》刊本举其要者还有：建本白文本"八经"之一《毛诗》一卷，单疏本绍兴府刻本《毛诗正义》四十卷，经注附释文本廖莹中世彩堂刻"九经"之《毛诗》二十卷，经注附释文巾箱本《毛诗》二十卷，"纂图互注重言重意本"十二行《纂图互注毛诗》二十卷图一卷、十行《监本纂图重言重意互注点校毛诗》二十卷图一卷等。众多刻本《诗经》及阐释之作的流行，对宋代《诗》学的发展产生了广泛的影响。概论而言，至少有几点是别开生面的。一是每一刻本必据底本并参校其他版本互校互勘，这一过程导致了宋代疑经改经活动，疑经辨伪蔚然成为北宋一代学风。如欧阳修怀疑《诗序》的作者，他在《诗本义》中公然提出《诗序》的作者不是子夏，受此影响，《诗》学革新形成潮流。二是从疑经走向订误、改经，成为社会思潮。据叶国良《宋代疑经改经考》统计："两宋曾疑经改经者一百三十人，若分别南北宋，北宋得四十四人，南宋得八十六人，是南宋疑经改经继北宋而烈于北宋。"此活动实际上已经成为一场质疑经典的大规模的学术运动。自然，此改经风习也造成了更多的舛误。三是宋代《诗》学革新还体现在释经方法的变革上，从六朝隋唐以来的注重训诂而转为重视阐述义理，此既与重视义理阐发的理学家鼓吹相呼应，同时也可以看出《诗》学受

· 评 论 ·

到了理学的浸染。四是宋代说《诗》各家，"务求新义"，破立相并，边破边立，这种各求新声的学术气氛，造成了大量新角度的研究《诗》学的著作涌现，如欧阳修《毛诗本义》、王安石《诗经新义》、苏辙《诗集传》、郑樵《诗辨妄》、王质《诗总闻》、朱熹《诗集传》《诗序辨说》等，尤其朱熹之《诗集传》是其集大成者，在宋元间执《诗》学牛耳。以上宋代诗学的创新，让我们不得不联想到雕版印刷术的发达和出版业的繁荣，毫无疑问，学术与出版已经成为一种互相推动的互动关系。

两宋时期，中国的经典文本已经完成了从写本到刻本的迁移，它开创并奠定了雕版书籍时期的出版格局，确立并完善了雕版印刷的官刻、坊刻、家刻、书院刻书、寺观刻书五大系统，明晰并确认了雕版印刷与科举、学术研究之间的关系。雕版印刷术让朝廷看到了利用国家定本和国家政府刊本以一统思想的希望，成为政府控制社会的工具。它可以通过广泛和快捷的传播而有效控制帝国的各个角落，尤其是边疆地区。自孔子编纂、整理"六经"，到汉武帝"罢黜百家，独尊儒术"，设"五经博士"，再到东汉《熹平石经》、曹魏《正始石经》、唐《开成石经》、北宋《汴学石经》等儒家经典文本刻石，其目标无一不是企图借标准文本以统一思想、消弭歧义。但因刻石只能立于京师，传播效果颇为有限。而雕版印刷术正可弥补不便传播的缺陷，通过朝廷认定和监造的统一刻本传播到全国以达到控制思想和统一思想的目的。因此，自五代、北宋以来的各王朝，无一不高度重视雕版印刷的应用，官修大量书籍并将之刊刻以颁赐天下，这一统治术经元、明至清代而达到顶峰。与西方的印刷术造成了拉丁语帝国的分裂正相反，雕版印刷术巩固了宋、元、明、清王朝的稳定与统治地位。

　　西方印刷术传入中国，尤其是石印技术和轮转胶印技术在晚清的广泛应用，瓦解了雕版印刷的统治。随印刷机而来的是西方的各种思想、自然科学技术和新的学术体系，经学随着科举考试制度的废止而迅速衰落。在新的印刷技术面前，中国传统的以儒家经典为代表的文本再次面临新的迁移。中国的文本自清末开始，逐步由线装刻本转向洋装印本，这一过程淘汰了大量的过时内容，中国的经典文本经历了新的洗礼，这一波技术的冲击一直延续到21世纪的今天。但在20世纪末期，内容复制技术产生了功能更为强大的新发明，数字技术成为新的拐点。尽管如此，我们不能忽视贯穿整个20世纪的各种动力印刷机的力量。随着清朝的灭亡，中国的学术从经、史、子、集、佛、道转向文、理、法、商、医、农、工七科，而传统的经典不得不在来自西方的分科之学中重新寻找自己的定位。仍以《诗经》为例，当退下学术神坛之后，它被视为七科中的文科文学专业之诗歌作品集，而学术研究也随之而完成从经学研究到文学研究的转变，现代《诗》学由此而确立新的学术规范。作为文学经典的文本，在向现代印本的转移过程中，对《诗经》内容的整理，较多地采用了标点、点校、校勘、白话今译、注释、鉴赏、选编等形式进行研究和文本再现。《诗》学研究著作体例从汉至清的注疏、经解、集注、集释、汇编、评论等书籍体裁而转向今注、今译、概论、鉴赏集、专题研究等论著形式。研究《诗经》的方法也完全不同于古代，现代《诗》学多以《诗经》内容为史实，将其纳入历史学、文字学、语言学、音韵学、民俗学、史料学、植物学、辑佚学、天文学等范畴，从不同的角度利用不同学科的不同研究方法重新审视《诗经》文本，

· 评 论 ·

对传统经典进行再阐释、再解读、再观察。

基于计算机的数字信息技术,在20世纪下半叶逐步成长为基础引领性技术。随着数据库和互联网的普及,文字内容复制技术引发了传播的革命性变革。文字、图像、声频、视频等均可以通过数字技术而在互联网上传播,数字复制和传播已深入人类社会的方方面面。经典文本复制和学术研究也不例外。目前,人类经典文本的数字化转移基本完成,那些有价值的值得保存的文本基本上都转移到了数据库、数字图书馆、互联网上,电子化文档已成为新的存储形式。这一次文本的转移,比以前任何一次都要彻底。它将彻底刷新文本的存在和呈现形式、文本的使用和检索方式、文本的复制和传播方式。互联网传播技术是一种全覆盖的技术,它可以覆盖以往任何的文本形式,可以以纸质书、电子书、有声书、视频书同步呈现的方式复制和传播文本。这一技术让经典文本再次获得新生,其内容的迁徙仍在方兴未艾中。

王钢兄的著作,重点研究和叙述了明清以来600年的中原文献文本的迁移和出版过程,其资料搜集之广泛、考据论证之充分、方法观点之新颖都令我屡屡心生敬佩。这本书是为了论证大型出版工程《中原文库》出版之必要性,从600年文献文本整理史的角度揭示了文化传承的路径和意义而写就的。他嘱我在书前写几段话,我便从中国经典文本的历史迁徙和出版技术之关系,来佐证其书的主题,借此以致敬。希望在书的世界里看到《中原文库》的书影,这是一代出版人的理想。

2019年10月

为编辑立言——读《编辑岁月》有感

在前往北京的高铁上,终于读完张惠芝老师所著《编辑岁月》一书,十分感动,十分感慨,十分敬佩。掩卷沉思良久,凭窗西望燕山,油然而生敬意,这是一本编辑的入门教科书,也是一位编辑的个人成长史,更是一部关于编辑应用文和编辑个人思考的著述志。它是个人编辑经验的知识总结和规律总结,也是一部真正的原创的编辑理论著作。

这是一部为编辑立言的教科书。全书共分上下两篇九记:选题记、作者记、审读记、书评记、档案记、练笔记、困知记、忧思记、真情记。这一匠心布局,覆盖了编辑职业的各环节,从市场调研、学术史调研,到选题方向定位和具体选题策划;从作者资源调查、作者队伍组建,到组织作者撰写稿件和组织稿件完成;从单本书稿、单套或全集类书稿审读,到组织全社不同种类书稿审读;从成书面市后组织各方学术力量撰写书评,到自己撰写书评并组织书评发表以及其他宣传活动、学术活动;从个人学术研究和作者体验,到编辑理论思考和出版理论思考,作者为编辑工作的每一个流程节点都提供了大量的个人成功案例。这些充满编辑智慧和灵性的言语叙述,娓娓道来一段故事、一点编辑经验或者教训,内心充满欣喜地与我们分享一个观点或者结论,分享亲手编辑出版的一部部书籍面世后

· 评 论 ·

所获得的各种赞誉和文化影响力，这种毫无拘束的书写风格和表达方式，让我们深刻地感触目前传授于大学课堂的编辑学、出版学甚至编辑实务和出版实务教科书的种种缺陷——呆板、枯燥、语言僵硬、缺乏实例而难懂难记，甚至不知所云。相较之下，《编辑岁月》却是从编辑实践活动的沃野里生长出来的实务型编辑教科书——尽管作者本意或许并不是为了撰写一部教科书，但无论新编辑或者资深编辑，如果你通读此书后，我坚信大家会不约而同得出一个结论，这是一部生动有趣、实操经验丰富、易学易悟的真正的编辑学教科书、编辑实务书、编辑入门培训书。

掩卷沉思，《编辑岁月》也是一名史学编辑的个人成长史和档案实录，是编辑为个人历史立言的典型范例。作者的编辑背景是历史专业，作者是史学大家翦伯赞、邓广铭先生的弟子，毕业后先从事历史教学与研究工作，继而就职出版社历史编辑。厚重的史学功底以及对史学孜孜不倦的追求，促使作者策划并出版了一系列震撼史学界的史学名著，如《二十世纪中国史学名著》《李大钊全集》《范文澜全集》《翦伯赞全集》《邓广铭全集》等。作者在任历史编辑的 26 年间（1982—2008），共策划、责任编辑 313 种图书，而属于历史学的图书占 199 种，其中获省部级以上奖图书 95 种（包括 5 种图书获国家级三大奖），历史类图书占 73 种。也正是这一部部史家书架必藏、史学工作者案头必备、历史教学者日常必读的史书出版，让作者从一名历史教研者成为一名史学编辑，从一名普通历史编辑而成为国内出版界著名的史书编辑，从一名著名编辑而成为史学编辑家。这一编辑成长过程让我由衷地钦佩，编辑的灵魂是对学术的识见与价值的判断，与学术与作者共同成长才是一位编辑由编辑向编辑家、由出版人向出版家转变的真正动因和成因。《编辑岁月》一书中作者谦虚的叙事与行文、大量的图像与表格、原始的书稿档案与书信书影，无一不在印证编辑之不易、编辑家成长之不易。然而，本书的作者却又是幸运的，她获得了诸多史学名家大家的称许，她之可称为史学编辑家是由其编辑出版的史学著作决定的，也是当代史学家们以及诸多作者共同推许而决定的，当然也是由其编辑兼作者双重身份所创造的业绩所决定的。

　　本书作者为编辑立言的第三个特点是作为一名学科编辑的创作意识、编辑群体意识和著书立说意识。编辑是杂家，但编辑史却一再证明，编辑首先应当是专家。历史上，刘向是编辑大家，是古代典籍的整理者、编纂者，但同时他又是一位著作家，著述《说苑》《列女传》等多部著作。雕版印刷兴起之后，著作家、编纂家、出版家三种身份往往融于一身，这一文化现象的余响一直延续到20世纪的80、90年代。只是到了21世纪初，商业化才真正冲击了专家型编辑、学者化出版家的优秀文化传统。张惠芝老师的经历是对专家型编辑、学者型编辑、作者型编辑的最好诠释。张老师在入职编辑前就是一位历史研究者和作者，入职后撰写发表论文30多篇，独立撰著和合作编纂书籍30多种，尤其是独著《"五四"前夕的中国学生运动》、主编《毛泽东生平著作研究目录大全》、主持编修并副主编《普通高中课程标准实验教科书·历史》等书的出版，让我们从内心深切地体会到一位编辑学术探索的欲望和作者著述意识的强烈追求。编辑的著书立说也许没有系统的学科或学说体系，但编辑具备较宽的学术视野、更敏锐的选题挖掘意识、更严谨的书籍体例整体把握能力和更灵活的学术识见，因此，由编辑而转向编纂再转向著述，甚

· 评 论 ·

至进行理论思考和学科体系建设，编辑无疑具有一些独特的职业优势。《编辑岁月》一书内容体例之严谨、资料之丰富、视野之广阔、观点之敏锐正是对编辑作者化的最好注脚和注释。

此外，我还非常感动于作者"为编辑学的研究和发展补充些个案"的著述意旨和编辑思想。本书作者在编辑实践活动中，分门别类整理、保存了 3000 多件书稿档案。其中，《李大钊全集》《二十世纪中国史学名著》《普通高中历史教科书》等共计建立 35 个系列、413 种、1170 件书稿资料档案，这些档案包括选题申报表、图书出版合同、工作会议纪要、责任分工、编辑凡例、编辑方案、编辑细则、整理细则、审核细则、版式设计、质量要求、内容提要、文稿、图稿、编辑加工样、二校样、三校样、审校样、审校记录、作者与读者来信来函、复信复函、书评、书讯，等等。我之所以不厌其烦地罗列了如此之多的档案卷宗名目，其目的就是强调——编辑学正是从这些浩繁的档案文献中走出来的实证科学，这些档案是编辑学理论的立论基础，同时也是编辑学、出版学的研究基础。无疑，这是一笔珍贵的编辑文化财富，也是一个时代编辑精神的历史见证，它更是我们编辑立言的文献依凭。

《左传》有言："大上有立德，其次有立功，其次有立言，虽久不废，此之谓不朽"。我无意评判此书之不朽，但我相信任何一位读过此书的读者，一定会为作者立德、立功、立言的不懈追求而感动，而击节，而景从。这也正是我的感受，也正是我推荐此书的不可遏制的内心的冲动。这个夏天，出版界因为此书而更加生动。

2014 年 12 月

出·版·四·重·奏

士是理想，也是行动

　　世琦兄是出版界的奇士、骑士与士大夫。他文史双栖、出入学术，思接千载、纵横中西，古风犹存、特立独行。以《倾听灵魂》自省于出版界书界，以《批评的风骨》独立于士林书林，以《涵泳经典》觉醒于人生的价值。这三本书的结纂，基本上勾勒出了他迄今三个不同时期的精神面貌。

　　一个月来，我集中阅读了世琦的四部著作，除以上三本外，还重读了《申涵光与河朔诗派》。作为出版同行，作为同门学弟，对世琦兄的论著我发自内心地敬佩。在《涵泳经典》即将出版之际，世琦兄嘱咐我作为"知者"引言，实不敢当，推又难却，只有遵命，聊发观感。

　　世琦以他丰硕的文字成果向我们展示了多重身份。他是学者，又是文艺评论家，但首先是个编辑、出版人、出版家。20世纪80年代初他就职出版社任编辑，之后编辑室主任、副总编辑、总编辑、社长，历三十余年出版变迁而不改编辑职业之初衷，执着的个性让我心存敬意。其间，他创办并主编人物传记双月刊《名家》，勇敢地刊发于光远的《我所接触和观察到的耀邦》一文，并策划创作编发浩然传记专辑《"浩然"正气，笑傲文坛》，其敏锐的时代意识、选题意识，敢于突破的出版勇气，以及追求创新、追求长久影响力

· 评 论 ·

的出版探索，让我看到了风华正茂的出版人的时代担当和出版家的胸怀气魄。出版只有在突破中才能证实自己的存在。无疑，世琦以其众多的颇具影响力的精品图书证实了燕赵出版的实力。

翻阅《倾听灵魂》让我明显感知到2002年的分界变化，之前世琦是以出版人或者说是以编辑掌门人的角度去关注图书的，之后则是以书籍评论家的视野寻觅于中外文史间。之前他感知《全元散曲》中狂放的关汉卿，评说《汤用彤全集》《吴祖光选集》《贾平凹人生小品》，但更多的是解读本社出版的书籍，比如《中国学生运动简史》《二十世纪中国史》等。之后他的笔锋指向与自己的性情更为息息相通的世界文学巨匠，一步步走近赫尔曼·黑塞、托马斯·曼、曼斯菲尔德、海泽、乔治·桑、斯特林堡、罗曼·罗兰、茨威格、里尔克、拉尼茨基等。在文学大家智慧的文字之国，世琦找到了"异端的权利"，体验到了"思想的含量和文字的重量"，感受到了"思想的魅力和文字的魅力"，由此，作者完成了由出版人向文艺评论家的转向，这一凤凰浴火般的精神洗礼让我们的书评界多了一些业内的自省。

完成精神蜕变的世琦找到了独立表达声音的书写方向。出版于2010年的《批评的风骨》向我们展示了作者作为书评家、文艺评论家的精神风骨和精神追求。作者不仅直言评说师友的论著，更将批评的目光聚焦于自己的精神偶像和精神景仰者。前者有曾镇南、吴福辉、谢大光、孙郁、祁淑英、汪溟、范用等人的论著书评，后者则是一方面反复论说鲁迅与黑塞，另一方面又广及余英时、金克木、钱穆、顾随、谢晋、张恨水等一代大家的文艺文化论著。对鲁迅的关注是作者文艺评论中的浓笔重彩，是一以贯之的复视。收入本集

/ 士是理想，也是行动 /

出·版·四·重·奏

的七篇有关鲁迅的文章，将视野从国内扩展至海外，介绍旅美华人作家木心对鲁迅的评价，持续关注了韩国学者、我国台湾学者对鲁迅研究的起起伏伏的历程和第三方的观点。作者不仅生发"鲁迅如海，让人们常读常新"的感悟之慨，更从不同角度切入鲁迅不同时期的精神世界。作者摘引的韩国学者的评论观点——"鲁迅是形成东亚地区智的传统的重要思想资源和桥梁""鲁迅依然是东亚乃至创导东亚话语的桥梁"，在当今错综复杂的文化冲突中，如何重建中华精神，读来依然思绪万千。

对黑塞及其作品的持续评论标志着作者作为文艺评论家的成熟，尤其是《赫尔曼·黑塞对禅宗的研究与评价》一文颇具专业性，这篇论文标志着作者已进入黑塞专业评论家行列。在其研究黑塞的九篇文章当中，还特别值得一提的是刊发于《河北大学学报》的《人类文化史上伟大的智者黑塞》，被选入人民教育出版社高中语文教师参考书，对扩大黑塞在中国的影响力起到了很大的推动作用。作者喜爱黑塞，源自"黑塞特立独行的性格，与生俱来的反叛精神，对民族前途的忧患，对本民族劣根性的探索，对写作艺术的精益求精"，但更重要的是"他作品中的人物和喜怒哀乐都与自己息息相关，感同身受"，同时黑塞对中国文化的热爱也让作者十分感动，对黑塞精神世界中的中国文化基因揭示的初衷开启了作者研究黑塞的跋涉之路。凡此种种，通过黑塞研究我们依稀可以看到作者的精神追求。

即将出版的《涵泳经典》以及已经出版的《申涵光与河朔诗派》让我体会到了世琦的另一精神转向——与古今士大夫的声气相投，以人文学者为价值追求的精神取向终于成型。从早年撰写的《中国古代十大公子》《颜氏家训校注》等书中我们已经追寻到了世琦的

· 评 论 ·

士大夫情结。而对孙奇峰、申涵光系统而深入的研究则让我们坚定地相信，在世琦的精神世界里，士是理想，也是行动。在《申涵光与河朔诗派》一书中旁及顾炎武、傅山、孙奇逢、魏裔介、魏象枢、杨思圣、王士禛、朱彝尊等明清易代之际众多南北文士，在他追寻这批文人士大夫的游学过程中，世琦实际上也是在寻找自己的心灵归止。

在继续挖掘鲁迅、黑塞的特立精神之外，世琦也不断地拓展他的精神同道圈。他关注梁启超、余英时的传记文学理论与实践，是为研究申涵光做前期准备；他评论台静农、顾随、孙犁，一任"酒旗风暖"，苦涩之中遍洒脱，蕴含心领神会之交接；他两评李泽厚的中国哲学登场问题，并审视安东尼·肯尼的《牛津西方哲学简史》，将学术批评的视野延展至中西哲学新视阈，追寻终极意义的努力开始走向自觉。与当代学人的交游以及对他们论著的评论成为世琦近年的写作主题之一，他阅读陈涌、净慧、蒋寅、孙郁、管士光、吴福辉笔下的精神世界，充满两情相悦的激越文字，让我体会到了他读到一本与之精神相通的好书之后的喜悦，向世人推荐成为他毫不迟疑的责任与担当，这才是评论家的真正底色。

在我看来，世琦的文艺评论文章至少有三点是深深打动我的：首先，其文犹为大河，初看波澜不惊，但反复端详却雄浑博大，厚味十足。世琦的专业是历史学，他的视角往往是历史的，他的评论文字常常在古今对话、中西对话，譬如，他在总结黑塞时说："现在回顾黑塞对人类文化多样性的追求，对于我们吸收人类文明的成果，继承发扬优秀的民族文化，在国际化、全球化的滔天巨浪中，立定脚跟，保持清醒的头脑，既不夜郎自大，又不崇洋媚外，应该是很有益处的。"这类高点俯视、文风朴实、不尚华丽但又充满历史通识的语句时时可见，其史家风范也时时显见。其次，其古典文学功底十分深厚，尤其是对古典诗词的把握十分娴熟，在行文之中常常信手拈来。例如，他评价黑塞的小品文时说："他描写提契诺的小品文字涉笔成趣，篇篇珠玑，令人想起柳宗元的《永州八记》，所不同的是柳宗元峭洁清远，情绪压抑，而黑塞是天朗气清，其乐无穷，与'孤舟蓑笠翁，独钓江寒雪'不同，黑塞让人想起'来时不似人间世，日暖花香山鸟啼'。"这类诗文引征在世琦的评论中俯拾皆是，几成一个特有的文评特色。再者，其观点独立，独抒己见，与其所评书籍、所评作家神气相投，思想相接，绝不造作矫揉。他每评论一部作品或者一个作家，对其文字的阅读几乎是竭泽而渔的。他在读拉尼茨基《我的一生》时说："由于这部自传巨大的思想和人文精神含量，我阅读的时候能够明显地感到它文字的重量，它对我的心灵产生的冲击，每每引起我感情的共鸣和思想深处的震撼，以致我每读完一章就要强迫自己停下来，消化、吸收它文字中的思想，品味文字的弦外之音。"这种评论的态度、阅读的认真、思索的专注以及对精神世界探索的执爱，让我肃然起敬。

世琦早年编辑、中年文学、壮年史学、一生出版的跌宕文字生涯，不可谓不奇；其勇闯书评、出入文艺批评、指点文史哲的勇气，不可谓不是评论界骑士；其以人文学者自许，甘与古今壮怀激烈的文人雅士交游、不懈寻求精神同道的士大夫情怀，不可谓不属士人之列。遵世琦之嘱，我已知无不言，但是否贴切，唯一的评判路径是——翻开作者的书页。

2016 年 8 月 13 日

· 评 论 ·

谈一谈编辑的角色定位

2020年底，从郭孟良先生手中接过《书香茶韵》一书的清样，喜悦之情，溢于言表。作为30多年的同道、同事和朋友，孟良的大作即将付梓，这与自己的作品问世一样，其欣慰之感感同身受。但当孟良嘱我作一引言时，我却陷入长久的犹豫。在我度过几近半年的漫长的恍如隔世的日日夜夜之后，直到今天，我才开始再次审视和思考孟良交付之事。

作为编辑群体中的一员，自入职出版行业以来，我始终自觉不自觉地对作者群体与编辑群体保持关注和审视。相对于编辑角色而言，作者是服务对象，是衣食父母，是努力方向；相对于作者角色而言，编辑是把关人、推广人、策划人，是内容规范者，是组织协调者。二者的边界，时而清晰，时而模糊。边界的清晰在于，无论是作者还是编辑，二者对书稿的主人属于作者这一事实都十分明确。而边界的模糊之处则在于，从书稿自身层面而言，在书稿的固化和社会化过程中，编辑也参与了作者式的智力劳动；从书稿内容的智力活动层面而言，除原创性的内容之外，相当数量的作品运用了编辑技巧与规范，编辑式的作者及其成果是自古至今不容忽视的一个出版现象；从编辑和作者两个角色的自然人身份而言，尽管是两个角色，但作为一个自然人，他（她）有可能是一个人扮演了两个角色，时而作者时而编辑。事实上，在出版的历史舞台上，作者型编辑和编辑式作者同等重要，他们的同台演出共同演绎了人类文明的文化创造的生动场景。

从自己的职业生涯回忆起来，我们大体经历了三个历史时期：20世纪80年代作者型编辑兴起的时期，90年代编辑式作者风起云涌的时期，21世纪以来编辑作者渐趋分化的时期。20世纪80年代是中国出版业的狂飙突进年代，知识生产和艺术创造的爆发力，激情洋溢而又持久，呼吸着思想解放空气的编辑群体，与作者一道，也充满热情地力图进入知识、艺术和科学的创造和生产之中。80年代的编辑队伍大体上由三部分人员构成，一部分是原有的老编辑，一部分是从外部调入的各行业专业人才，一部分是陆续分配的大学毕业生。就我和孟良所供职的中州古籍出版社，老编辑大多是70年代修订《辞源》的专家，他们是作者同时也是编辑，从外部调入的编辑多是相关领域的已经拥有教学、研究、著述或编辑成果的专业人才，他们有的已经出版、发表过著作、论文或创作作品，而新入职的大学毕业生则被前两类编辑反复教导要在自己的本专业内著书立说、要研究问题、要做学者型编辑。编辑直接参与知识的创造和创作，在20世纪80年代被视为是自然的、不可或缺的、天经地义的。我们正是在这种浓厚的学术氛围中成长起来的。一边从事自己的编辑本职工作，一边进行自己的专业学术研究是80年代出版社编辑的普遍状态。从孟良的《书香茶韵》中，我们也可以看到，刚入职编辑工作的早期，孟良的学术兴趣和成果集中在茶史和经济史领域，其先后发表的主要论文有：《明代的贡茶制度及其社会影响》《清初茶马制度述论》《略论明代茶马贸易的历史演变》《略论明代的"以

· 评 论 ·

茶治边"政策》《明代茶叶开中制度试探》《明代引茶制度初论》《明代茶课制度述略》《论明代茶法的特点、功用及影响》《明代的饮茶风尚》等，这些功底深厚、史料翔实、观点新颖的论文拓展了茶史研究的深度和广度，也奠定了孟良作为编辑身份的史学学者在经济史研究中的学术地位，实现了编辑与学者的和谐统一。

历经 10 年的改革开放，历经编辑群体的数量激增，历经编辑群体长久的出版实践和日益深入的学术研究和艺术创作，编辑角色的自我认知在 20 世纪 80 年代末开始理性地苏醒。湖北人民出版社的胡光清在《编辑之友》1984 年第 2 期发表《试论编辑的专业化与学者化》一文，开风气之先。随后，陕西人民出版社的林理明在 1988 年第 2 期《编辑之友》上呼吁"编辑应当参与学术"。《苏州大学学报》编辑王英志在《河南大学学报》1988 年第 4 期明确提出了"学报编辑学者化"的论题。随后，汕头大学学报编辑、《中国医药管理》杂志编辑梁春芳分别在 1989 年第 1 期《编辑学刊》上发表论文，并明确提出"编辑学者化"的问题，由三位编辑提出的"编辑学者化"的话题拉开了编辑学研究此一论争的序幕，迄今，这一话题前后发表了 600 多篇论文，近 10 年每年仍有十数篇相关论文发表，据此可知"编辑学者化"和"学者型编辑"达成共识仍在进程中。不过，从论文的主流观点而言，大多数作者认同"编辑学者化"，所讨论的多是为了丰富这一观点。然而，我们也不能否认，长达 30 多年的讨论本身也折射出编辑群体对自身学者化或者作者化尚充满不自信，对自身角色的双重属性不能完全接受和身体力行，这一窘境还映现于先后出版的几十种编辑学教科书中，绝大多数的教科书中几乎缺失关于编辑学者化的内容，这一缺失也造成了 21 世纪以来的编辑更加注重编辑实务而其作者式的创作能力渐趋减弱，编辑与作者的分离越加显著。

在讨论"编辑学者化"的过程中，我也关注到了相对应的"学者编辑化"的观点。吴寿林在《编辑学刊》1999年第一期发表《从"分离"到"合一"》一文，他认为"在知识经济时代，所有的学者都将实现编辑化"，并提出"著编合一迟早要发生"。实际上，学者的编辑行为始终贯穿于整个编辑史，不单是在知识经济时代。汉代刘向、刘歆父子校订宫廷藏书，编辑整理书籍603家、13219卷，同时刘向编纂有《洪范五行传》《列女传》《新序》《说苑》，刘歆著有《三统历谱》，刘氏父子既是学者又是编辑家。唐代的孔颖达是经学家，他与颜师古等人编纂有《五经正义》，自己撰有《孝经义疏》，其行为也属于编著合一。再如清代学者毕沅，著有《续资治通鉴》等多部著作，同时又主持编辑刊行《经训堂丛书》，其丛书主编的行为也属于编辑的范畴。晚清以来，西学东渐，知识生产越来越趋向于机构化、团体化、职务化、群体化，主编类、汇编类的丛书、套书、工具书越来越多，学者的主编行为说到底其实就是一种编辑行为。"学者编辑化"或者转换为"编辑式作者"，这是事实所然，也是一个值得深入研究的课题。

我之所以重提"作者式编辑"和"编辑式作者"，是因为在孟良的出版和学术生涯中，真正地看到了二者的完美结合。作为作者，孟良在21世纪初，将学术研究从茶史拓到了出版史和文化史，出版了专著《晚明商业出版》一书，在此之前还先后出版了多部著作和古籍校注，先后发表了《中国版权问题探源》《论宋代出版管理》《书船略说》《明清商书的出版传播考察》等一系列学术论文。作为编者，

· 评 论 ·

孟良主持和编纂了《中原文化大典》以及"国学经典""闲雅经典""文心经典"等一批优秀出版物，我们还共同组织了"中国边疆通史丛书""华夏文库"等，在这些丛书、套书的编纂过程中，孟良实质上起到了主编的作用，是一种创新式的作者行为，在这些丛、套书的出版过程中孟良又起到了编辑协调作用，可以说，无论是作为"作者式编辑"还是"编辑式作者"，孟良都是当之无愧的。

在作者和编辑之间，我们仍将一如既往，仍将不畏艰难地在学术中跋涉，在编辑出版的路上前行。

2021 年 6 月 17 日

专业出版研究的一个向导
——评《日本农业出版与传播的社会学调查 1950—2003》

由数据生成信息，由信息生成知识，在知识之上构建一个思想，由此而形成一本书的骨架，《日本农业出版与传播的社会学调查1950—2003》一书正是沿着这一逻辑演绎成书的，这是一条典型的书籍诞生之路。由丁一平的这本论著我们可以得出一个关于专业书籍的内在生成规律：书籍的灵魂是思想，而支撑思想的则是缜密绵密和确凿无疑的数据。作为以出版书籍为己任的同道，在拜读完丁一平这本出版专业研究论著之后，敬佩之余，让我深深感受到了它的学术魅力和思想价值。

思想源于追问。追问的目的在于解决问题、揭明道理和揭示真理。本书的追问是：为什么自"二战"后，特别是到了20世纪90年代末，日本农业人口大幅减少，而农业领域相关的出版物却不断增加？这一出版数据走向，尤其是在同时期中国农业出版数据的参照之下，就更显得这一现象是谜一样的存在。据《中国出版年鉴》，我统计了1988—2019年间中国农业出版所占全部出版图书总量的比例，1988年是2.87%，2000年是2.40%，2019年是0.99%，其总体比例呈下降趋势。而据本书统计，日本农业新版书籍所占全部出版

· 评 论 ·

图书总量比例则呈上升趋势，如1988年是1.39%，2000年是1.59%。以上的数据对比，更加助长了我们的疑问，为什么在同样的城市化时代大背景下，而出版比例的箭头方向却恰恰相反？这一疑问，其实，正是本书的主题。因此，问题导向成为本书的一大特色。

当一个问题跳脱出原有行业或者产业的藩篱而成为一个关涉国计民生的重大课题时，那么，此问题必然要上升为国家战略问题。农业出版问题正属于此类范畴。农业出版尽管仅仅表象为专业出版之一分支，但它却关乎国家粮食安全，关乎国家社会稳定基础，关乎国家长治久安，更关乎国家制度建设和文化走向。因此，在中国，农业出版已不再是出版事业和出版产业问题，它更应当归类于当前的国家乡村振兴战略，乡村强则国家才能富强，乡村兴则中华民族才能复兴。丁一平在国家和出版均进入战略调整期的当下，提出农业出版问题，并以日本农业出版为研究对象，无疑，这一提问本身已经具有思想价值。

提出问题需要广阔的学术视野、敏锐的学术眼光和专业的学术洞察，解决问题需要深入研究、深刻思考和追本求源，而求证结果、正本清源和得出正确结论则需要研究方法的指导、研究工具的运用和专业理论的指引。读完《日本农业出版》（简称）之后，给我最大的震撼不是本书的全部内容，而是全书中大量的各种数据图表，作者对于数字的偏爱让我充分领略到了研究结论的坚实，而得出这一直观印象的背后，是作者娴熟运用研究方法和工具的苦心，我将其归纳为三条：数据实证、田野调查、个案研究。

方法正确，则事半功倍。第一，我们已经意识到，在作者眼里，数据不仅仅是事实，它还是一种研究方法。本书除绪论和总结外，

303

出·版·四·重·奏

主体结构分为 4 章，每一章无不建立在大容量的图表之上，如第 2 章表 15 个、图 7 个；第 3 章表 15 个、图 14 个；第 4 章表 7 个、图 5 个；第 5 章表 9 个。全书图表和插图图像占整体页面的 1/3，可以毫不夸张地说，大量的统计数字构成了本论著的骨架。作者所得出的一个个结论，无一不是从数据所构成的信息中得来，这些结论由此而变得可信任、可信服和可信赖。第二，我们已经认识到，作者对实地考察、访谈、问卷调查以获取第一手资料，格外重视。作者用了全书 1/4 的页面和两个主体整章的篇幅，完全以田野调查方法对农业出版进行了覆盖式的专题研究。作者的田野调查指向两个层面：一个是作者实地到日本山形县庄内地区采取问卷调查和访谈农家的方式进行田野考察，这种方法主要体现于第 5 章，以庄内地区连续 30 年订购《现代农业》杂志的农家为调研对象，"考察农家对农业出版的反应，以及农业出版在农家的生产生活中起到了怎样的效果"；另一个是作者对家之光协会的《农村和读书——全国农村读书调查》进行分析，以考察农家读者的阅读、订阅动向为研究主题。可以说，本书以社会学调查方法研究出版学问题，为出版学研究提供了方法论上的典型范例。第三，我们已经观察到，作者为了解答自己的提问，将研究的重心放在了个案研究上。换句话说，个案分析也成为一种研究方法和工具。作者用了全书近 1/3 的笔墨，对日本农业出版的专业机构"农山渔村文化协会"进行了详尽的解剖。从"农文协"（简称）的发展历程、出版物视点变化、出版物数量和内容变化、出版物产品呈现多样化、与中国的业务交流等诸方面，去揭示日本农业出版在新闻性、事业性和商业性三个方面，如何在农业社会变化中发挥作用，以此来具体解答为什么日本的农业出版在整体出版的比重中

· 评 论 ·

逆势增长。这种研究方法让我们一步步地走近问题的答案,可以说,这是一种出版学中行之有效的研究方法。

  出版学作为一门应用社会科学,与基础学科所不同,它更偏重于以从实践中得来的理论再去指导实践。出版理论源于出版实践,但又反过来指导出版实践。换句话说,出版学和出版业、出版研究和出版活动,是一个舞台上的两个角色,须臾不可分离。我们将《日本农业出版》一书放在如此一个思考框架之内,就更凸显其学术价值。作者在本书最后所得出的学术结论和观点,已转化为专业的出版理论,从而可以有效地指导我们当前的农业出版活动。无疑,这是一次成功的专业出版理论研究之旅。作者在本书的结论一章,指出日本农业出版之所以逆势增长,核心因素在于出版业界和农家读者群体始终保持着密切而有效的联系、沟通和互动,出版业界始终站在时代和技术、政策和社会的前沿,不断推出诸如杂志、图书、音视频、电子图书等多样化的产品,并以真诚的平等视角与农家读者对话、互动、听取心声,不断改变出版视角,开展"食农教育",伸张农家主张,提供时政新闻,引导农家新的生产方式和生活方式;而农家则在社会和技术巨变的大环境下,不断地通过出版物和农家新闻报道提高自身的文化素养和阅读质量,不断调整自己的生产方式和生活方式,不断地将自己的生活需求、技术需求、文化需求、心理需求和价值需求,信赖地反馈给农业出版业界和媒体,农家群体的觉悟和信赖应是维系农业出版的最根本因素。出版媒体和农家之间的良性互动,是推动日本农业出版持续增长的根本原因。这一结论,对于指导我们当前的农业出版,无疑,也具有重要的理论意义和借鉴价值。也正是因为这一点,我更愿意将本书放在出版学研究的框

305

架内去思考它的理论价值和现实意义。由此，我也期待更多的读者能够与我产生共鸣和由衷的敬佩。

当一本研究论著为一个专业的学术研究提供问题导向、方法论启示和结果应用时，无疑，它是一本具有向导性的著作。《日本农业出版》，当属此列。

2020 年 10 月 3 日

CHUANG YI

创
意

出·版·四·重·奏

· 创 意 ·

《中国边疆通史》策划旨意

　　世界各民族的文明交流速度越来越快。随着中国日益迅速地融入世界，也随着世界其他文化影响蜂拥而至地来到中国，中国的学人尤其是史学家在重新观照中国历史的时候，正将视界扩展到以前不曾重视，甚或忽视的领域——譬如中国的边疆与海疆。大约10年前，我开始关注这一研究领域。经过了长时间的思考与研究，并通过边疆的实地考察及与各方面、各地域研究专家的接触、讨论，于1991年底我较为系统地设计、策划了"中国边疆通史"丛书。这套丛书最初设计为6种，即《西域通史》《东北通史》《西南通史》《北疆通史》《西藏通史》《海疆通史》。在本套丛书总主编马大正先生、总主编助理李国强先生的提议下，随后又增加了《中国边疆经略史》一书，从而使得这套丛书更加完整与全面。1996年中州古籍出版社推出了第一部《西域通史》，2000年《中国边疆经略史》出版，今年其余5部将陆续面世，历经10年，这套填补国内、同时也是填补国际学术空白的中国疆域通史系列专著终于完成。

　　边疆是个地理概念，又是历史概念，不仅具有政治、军事意义，同时还具有重要的经济、文化意义。对于疆域的关注是历代中国人的历史文化传统，从"四裔传"到"边塞诗"，从《大唐西域记》到顾颉刚、史念海的《中国疆域沿革史》，无不传承着中国先人与学人的疆域史观。但与汗牛充栋的中国"正史"相比，无论古代还是现当代，无论数量还是研究深度、广度，中国边疆史的研究都显得异常薄弱。中国是个十分注重记载、回顾与研究自身历史的国家，对于通史的撰述尤为重视，自《史记》以降，官修、私修并举的通史性著作代代迭出，直到20世纪，语体文的"中国通史"也有几大套。通观"二十四史"与现代"通史"，边疆部分不是分量不足，就是所站角度有问题。传统史家往往站在中央朝廷政权的角度去叙述相关的"交流史"，而往往忽视了边疆自身的历史文化、政治经济发展史。我认为研究历史应分三个层次，即地域、人类、文明，也就是说，描述历史应是某一族群在某一地域创造了什么文明，三者并重才能真实地反映人类的生存状态。因此，我设计"中国边疆通史"丛书的主旨就是，要通过对真正的边疆为主体的特定的文化区内的人类创造的文明的描述，来弥补以往"中国通史"的某些缺憾与不足，甚至填补某些学术研究领域空白。

突出边疆区域史的研究，从边疆地区发展的视角，阐述特定地区的历史发展脉络，是本套丛书的重要主题。同时，这套丛书还意图兼及历代中央王朝对边疆地区的治理与管辖，更为全面地揭示统一多民族的中国形成、发展的历史规律，从而深入、系统地阐明边疆地区成为中国不可分割一部分的历史必然性，这是本套丛书所要表达的另一个重要主题。二者相辅相成，我们只有站在内地发展与边疆、海疆地区发展的两个角度观照历史，才能真正地全面地正确认识中国历史，才能真正地深刻地体验中华民族的凝聚力，才能真正地完整地表达中华民族的伟大以及力量。

总之，中州古籍出版社出版这套"中国边疆通史"丛书，不仅

· 创　意 ·

具有重要的历史研究意义，同时还具有广泛的现实借鉴意义，当然这也正是我们所期望的。

2003 年 7 月

出·版·四·重·奏

"中国汉字文物大系"策划方案

国家出版基金项目

申 请 书

(2010年度专用)

项目名称：中国汉字文物大系

联合申报项目：否

主申报机构：大象出版社有限公司

其他申报机构：无

主管单位：河南省新闻出版局

项目负责人：耿相新

项目联络人：

联系电话：

电子信箱：

填表日期：2010年7月27日

· 创 意 ·

表一　基本信息表

项目名称		中国汉字文物大系		
项目申报机构（主申报机构）		大象出版社有限公司	法定代表人	耿相新
			联系电话	
申报机构所在地		河南省		
通信地址	河南省郑州市经七路25号		邮政编码	450002
项目联络人	姓名		职务	
	联系电话		电子邮箱	
项目类型	1. 须按《指南》八个重点方向填写	中华文化经典类		
	2. 按载体分	A、图书 B、音像制品 C、电子出版物 D、其他		
	3. 按形式分	A、单本（张、盘）B、多本（张、盘）		
	4. 按文种分	A、中文 B、外文（文种：文）C、盲文		
	5. 按文字分	A、汉文 B、少数民族文字（文种文）		
项目规模	字幅：5000千字，6万幅图片			
直接成本总预算		自筹资金		
		申请资助总额		
		其中：2010年申请资助额		
是否已获得其他财政性资金资助		否		
是否为重大选题项目		否	重大选题备案批复文号	
项目起始时间		2010年9月	预计完成时间	2012年12月

续表

未完成项目名称		预计完成时间	年　月
著作责任者或主创人员	\multicolumn{3}{l	}{《中国汉字文物大系》的编纂者由教育部百所人文社科重点科研基地之一的华东师范大学中国文字研究与应用中心的核心成员组成，具体参加者有臧克和、刘志基、董莲池、王平、张再兴等国内外知名的古文字学和文字学专家。}
著作责任者或主创人员简介	\multicolumn{3}{l	}{臧克和教授：华东师范大学中国文字研究与应用中心主任，教育部全国语言文字标准化委员会汉字分会副主任。兼任美国爱荷华大学荣誉教授，德国波恩大学汉学系客座教授。主持完成了《出土古文字与古文献语料库》《说文、玉篇和万象名义比较研究》等重大课题在出土古文字古文献研究和历史汉字与汉语史研究领域发表了数十篇专业学术论文，出版了《说文解字新订》《说文解字全文检索》等著作和软件，主编《中国文字研究》2005年起进入 CSSCI。论著曾获得中国图书奖和省部级社科成果奖多项。 刘志基教授：华东师范大学中文系教授、博士生导师，上海市重点学科华东师范大学"汉语言文字学"的学科带头人，华东师范大学中国文字研究与应用中心副主任。主要从事古代语言文字学研究，已出版专著 20 余部，在《古汉语研究》《语言研究》《考古与文物》等专业期刊上发表论文百余篇。论著获省部级以上奖项 10 余项，其中《《古文字诂林》（合作）获上海市图书奖特等奖及上海市社科奖一等奖。}
项目筹备进展	\multicolumn{3}{l	}{全书分为 15 卷，已基本确定各分卷目录和各分卷著作者。目前各卷撰写工作齐头并进，尚处于调研和收集、拍摄文字文物图片阶段。}

· 创 意 ·

续表

未完成项目名称		预计完成时间	年　月
申报机构承担该项目的优势	大象出版社早在建社之初，便重视语言文字学高水平学术专著的出版，在赢得学界广泛赞誉的同时，屡获国家级大奖。其中20世纪90年代初期出版的《著名中年语言学家自选集》，包括邢福义、陆俭明、裘锡圭等10位著名语言学家的自选集，获第二届国家图书奖提名奖；2007年出版的《文字中国》丛书为国家"十一五"重点图书出版项目，荣获第二届中华优秀出版物奖提名奖及入选新闻出版总署第二届"三个一百"原创出版工程书目，另外还入选2008年新闻出版总署向青少年推荐百种优秀图书；现正在编辑中的《中国文字发展史》，共7卷，为国内首部中国文字通史性质的丛书，对汉字的源流、演变、转型、定型乃至现代文字的应用作了全面的断代研究，并对中国的民族文字作了比较学研究，反映了国内目前文字学研究的最高水平和最新成果，2011年预计全部出齐。《中西学者视野中的出土文献与文化资源》丛书为中西学者联袂进行文字学研究的学术结晶，侧重以出土文字文献为依据，探究、复原其所反映的特定历史时代的社会，目前已出版《甲骨文与殷商人祭》《简帛与学术》两种。从2007年开始，大象出版社还定期出版由华东师大中国文字研究与应用中心主办的CSSCI学术集刊《中国文字研究》。在编辑出版上述图书过程中，大象出版社集聚和锻炼了一支以总编辑耿相新为首的拥有古典文献学、历史文献学学术背景，文化素养高，业务熟练的编辑队伍，多数具有本科以上学历和高级职称，完全可以承担《中国汉字文物大系》的编辑出版工作。		

基本情况

一、项目的背景、意义和重要性：汉字是中华文明的历史鉴证和传承载体，是民族生命力和创造力的具体体现，也是维系民族团结、凝聚民族力量的精神纽带。中国古代遗留的汉字文物十分丰富，甲骨、青铜器、竹简帛书、碑版石刻，其数量和品种之多，跨越时代之长，是其他文明古国无法比拟的。新中国成立后，随着考古工作的迅速开展，中国汉字文化的研究改变了单纯依靠文献资料的状况，而注意考察和利用考古出土的有关器物资料，取得了一系列重要的成果。《中国汉字文物大系》旨在通过对考古实物的穷尽性梳理和展示，以呈现汉字的源流和发展演变的轨迹，促进汉字发展史研究的深入和汉字文物的有效保存和利用，展现中华文明的源远流长和博大精深。

二、项目申报理由：首先，《中国汉字文物大系》的编纂和出版为学术界首次穷尽性、系统性梳理和利用考古实物研究汉字发展变迁的集大成之作，具有重大的学术研究价值和文化传承价值，同时在研究方法和编纂体例上体现了创新性。其次，全书共15卷，500万字，6万多幅字形图片、器物图片，规模巨大，整个项目投资高达×万元，图书定位为高端的学术经典著作，很难通过市场运作收回投入，印刷1000套，预计亏损××万元。特此提出申请，希望列为国家出版基金资助项目并得到部分资助，为文化的传承和传播贡献应有的力量。

三、项目组织实施的条件和优势：作为项目的设计者和出版方，大象出版社经济实力较为雄厚，生产经营管理手段较为先进，编校人员专业素养较高，尤其在编辑出版大型图书工程方面积累了丰富经验。近年来，在《中国科学技术典籍通汇》《全宋笔记》《中国传统工艺全集》《中国音乐文物大系》《清代缙绅录集成》《民国史料丛刊》等大型图书项目的出版过程中，紧紧围绕质量和效率、

· 创 意 ·

效益目标，加强流程管理，从编辑、设计、印制等层面，培育高效运作机制和质量监控机制，积累了编辑出版大型图书项目的成功经验。

四、项目可行性分析：本项目依托教育部人文社科重点科研基地——华东师范大学中国文字研究与应用中心的学者和相关成果，该中心臧克和、刘志基等诸教授长期从事汉字发展史及汉字实物文献的应用研究，成果颇丰，且对承担大型学术研究项目具有团体优势。同时依托全国馆藏资源获得汉字文物图片资料。项目计划于2010年9月启动，2012年年底全部完成。

五、项目主要内容、框架设想及主要目录：《说文解字》是中国第一部系统阐释汉字形音义的字典，这部东汉作品，至今仍是解读中国文字的源流、窥探早期汉字文化意蕴的经典作品。《中国汉字文物大系》按《说文解字》14卷540部首的体例，结合《说文解字》所收单字，遴选能够体现汉字源流、变迁且有相关出土文物反映的4000多个单字，辅以能够表现该字不同时期字形、字义、字音变迁的文物资料，分15卷依次出版。具体内容包括：每个字目下首列《说文解字》的小篆字形与说解；按时代先后给出出土材料的该字字形（一般以拓片形式）；每个字形后列出所出器物的名称、时代、出土地点及相关语段的释文，其音义在发展史的角度有变化者加以详细说明；根据字形罗列涉及器物的重要性间或给出器物图影；文物所属年代下限截至魏晋六朝。这样以出土文物反映4000多字形音意的发展变化，合起来大概能反映整个汉字的源流和变迁。主要目录见附送纸介材料。

六、社会效益、经济效益分析及总体目标：本书的编纂和出版

出·版·四·重·奏

注重公益性和社会效益，注重学术贡献和传承中华民族优秀传统文化。出土文物与纸上遗文相互释证，研究文字源流变迁，对文字学和文字文物的研究无疑具有极大的推动作用，其跨学科、多视角的研究方法也具有重要借鉴意义，同时对于文字文物的有效保存和利用作出重要的贡献。出版后将根据接受的资助金额，适当降低定价，使受众真正享受到国家出版基金带来的实惠。

· 创 意 ·

表二　项目实施计划书

　　出土器物及以出土器物为载体的文字，属于中国文化基本元素，因此，《中国汉字文物大系》是文物、文字、文化基本资源建设工程。项目依托教育部人文社科重点科研基地——华东师范大学中国文字研究与应用中心编纂出版。该中心臧克和、刘志基、董莲池、王平、张再兴等国内外知名的古文字学和文字学专家组成编纂班子，具体负责丛书的编纂。该中心在过去10余年的时间里，始终以出土文献文字的资料集成整理、古文字数字化开发研究为主攻目标，在汉字发展史和文字文物的研究方面取得令人瞩目的成绩，为本书的编纂奠定了坚实的基础。图书共分15卷，2010年9月正式启动，2012年年底全部出版上市。

　　作为丛书的设计者和出版方，大象出版社将确定有文字学著作编辑经验的编辑担任责编，并筹措充足的资金，保障项目有条不紊地推进。由社长兼总编辑耿相新担任项目负责人，负责整体协调调度，编辑、财务、印制各部门通力配合，编制详细的财务预算计划、工作进度安排，并明确严格的责任追究制度，以保证项目按时高质量出版。2010年下半年和2011年年初主要工作为确定图书的编纂体例和编纂组织形式，收集和拍摄文物器物图片。出版社将自筹资金×万元，申请资助经费×万元，共×万元，用于项目前期论证费用和支付学者、编辑的出差调研费用以及高达×万元的图片使用费。2011年3月份正式进入前10卷的编辑出版阶段，出版社将自筹资金×万元，申请资助经费×万元，共×万元，用于前10卷的编纂及出版材料、印制费用。2012年出版社将自筹资金×万元，申请自助经费×万元，共×万元，用于后5卷的编纂及出版材料、印制费用，并支付作者稿费。

　　整个项目投资高达×万元，目前还没有争取到任何形式的出版补助，全靠出版社自筹资金。欣闻2010年度国家出版基金资助项目开始申报，我们信心倍增，特此提出申请，希望得到部分资助，各方共襄盛举，为积累和传承中华民族优秀传统文化贡献应有的力量。

项目负责人签字：　　　　　　　　　法定代表人签字：

　　年　　月　　日　　　　　　　　　年　　月　　日

注：本栏可加附页。

表三　申请图书资助经费预算表

项目名称		中国汉字文物大系			
字数（千字）		5000	卷（册）数　15	开本	16（890×1240）
幅数（幅）		6万幅图片	印张　750(每套）	印数	1000套
直接成本预算构成					
成本内容		单价	数量		金额
稿费		元/千字	5000千字		万元
版权使用费					万元
翻译费		元/千字	千字		万元
编审校费		元/千字	6000千字		万元
装帧设计费		元/张	12000张		万元
正文插图费		元/幅	60000幅		万元
正文排版、出片		元/面	12000面		万元
拼版、晒蓝费		元/版	6000版		万元
封面制版费		元/版	15版		万元
插页制版费		元/版	版		万元
印制费	单色印刷	元/色令	色令		万元
双色印刷		元/色令	色令		万元
彩色印刷		元/色令	12000色令		万元
装订费（平装）		元/印张	印张		万元
装订费（精装）		元/印张	1500印张		万元
原材料辅料费	正文用纸	890#128克铜版	元/令	942令	万元
封面用纸		890#200克铜版（无光膜）	元/令	10.8令	万元
扉页用纸		890#157克铜版	元/令	9令	万元
彩插用纸			元/令	令	万元
其他用料		版纸800#（3mm）、PVC	版纸：3100张×元=万元；PVC：3900米×元=万元		万元
合计					万元

· 创　意 ·

续表

数字化同步加工费用		万元	
编纂组织费用：1. 由华东师大中国文字研究与应用中心、大象出版社在上海举行由20余位专家学者参加的编纂研讨会，确定编纂体例和编纂组织形式；2. 编辑、专家到全国各地博物馆出差调研、拍摄文物图片；3. 编纂期间，至少需召开4次的编稿、通稿会；4. 初稿完成后，召开由文字学、考古学权威专家参加的审稿会；5. 相关办公费用。		万元	
直接成本总预算	万元	自筹资金	万元	51%
		申请资助总额	万元	49%

年度支出预算	年份	资金合计	自筹资金	申请资助经费
	2010年	万元	万元	万元
	2011年	万元	万元	万元
	2012年	万元	万元	万元
	年	万元	万元	万元
	年	万元	万元	万元

经费预算说明：
承担《中国汉字文物大系》这样的高水平学术大型出版工程，我社将组织精兵强将，并多方筹集资金，编制详细的财务预算计划，以保证丛书按时高质量出版。并保证申请到的国家出版基金资助经费专款专用，全部用于《中国汉字文物大系》的编纂出版。

项目负责人（签字）：　　　　　财务负责人（签字）：

出·版·四·重·奏

专家推荐意见书（一）

提要：1. 该项目的社会意义和学术价值
2. 与同类及相关项目比较其异同或特点

出土器物及以出土器物为载体的文字，属于中国文化基本元素。因此，该项目是文物、文字、文化基本资源建设工程。该项目的社会意义和学术价值体现在以下几方面。

文字学意义：先秦到秦汉六朝，是汉语文字从发展演变到成熟定型的重要历史阶段，这样漫长的历史时期，汉语史上文字、语音、词汇以及语法演变最为剧烈。文字字体书体演变包括繁简关系的转换，在这个时期完成，并一直规定了今天汉字使用的基本体制。其他诸如语音分化、词汇发展等，先秦到秦汉六朝也都是研究者最为关注的几个时段。先秦到秦汉六朝时期社会用字实物材料类型最为丰富，举其大者，就有甲骨、青铜器、帛书、简牍、石板、砖瓦、玺印和残纸之类，构成反映各个重要时代汉语发展特点的真实语料。

先秦到秦汉六朝器物用字，成为数百年无可替代的真实可靠汉语文字研究材料。对此展开共时的量化调研和历时的比较研究，可以考察先秦到秦汉六朝基本字的传承变异规律，反映各个时期文字的使用及其发展情况，包括提供字形简化与传承的历史根据，在一定程度上以复原字形社会使用环境。相对历经传抄传刻的文本，这些材料来得真实可靠。

文化史意义：先秦到秦汉六朝，思想史、宗教史、文学史、艺术史等各种因素错综交织呈现出鲜明的时代特色。相对于其他文献，器物用字材料将这些文化事象固定下来，成为研究古代中国社会文化生活的主要原始资源。

对比同类项目，该项目具有信息保存完整、系统和真实可靠的特点。

现有各类"文字编"和"图谱"，基本上是分类整理。一是信息贮存不够完整，二是不能实现历史对照观察。

该项目则是将先秦及秦汉六朝漫长历史发展线索清理出来，建立起具有年代学意义的汉字文物考察坐标，可以反映影响传承变异的媒介技术等因素，诸如木石纸张书写载体及相关工具转换对书写制度的规定和影响，可以对比呈现社会文化等因素诸如教育制度、礼仪习俗等在文字形体器物载体中的反映。

推荐专家签字：
2010 年 7 月 21 日

姓名	白于蓝	学位	博士	职称	教授
从事专业	古文字学			出生年月	
工作单位	华南师范大学历史文化学院			电话	
电子信箱				移动电话	
通信地址	广州市华南师范大学			邮政编码	510631

·创　意·

专家推荐意见书（二）

提要：1. 该项目的社会意义和学术价值
　　　2. 与同类及相关项目比较其异同或特点

该项目具有多重学术研究价值和意义。

填补空白：中国历史汉字作为核心文化元素，该项目是关于中国汉字发展基本资源的整理，补充了这方面工具类空白。

修补大型语文工具书：汉字传抄字际关系复杂，形音义系统演变剧烈。先秦到秦汉六朝器物用字调研工程，将构建漫长历史时期的汉语汉字发展实物使用坐标，为观察汉字字体变异、规范整理提供了具有年代学意义的参照，可以系统恢复后世已经中断、字书所罕见的形音义信息。这样大规模的汉字发展资源整理，首先为中国各类字书、辞书的修补、编纂，提供了方便和条件。

大规模数字化工程，直接为中华大字符集创建工程服务：为了该项目的顺利实施，保存并呈现楷字变异属性，编纂者需要为此研发若干个出土文字语料库、文字数据库，并需研制支持通用操作平台的专用字体，这将保证器物文字属性信息化科学提取和描写。

支持数字化出版：到目前为止，该工程所涉及的数字化资源，海内外尚无任何一家出版机构拥有其真正数字化意义的出版资源和出版能力。该书的出版，可以带来成系列的数字化衍生产品，比如各种全文检索、分类检索工具，各类网络在线阅读检索系统等等。从某种意义上说，该项目研发成果的出版，等于是拥有中国出土文字数字化资源库。

上述价值，也正是现存相关"文字编""图录表"等所不具备的。

推荐专家签字：
2010 年 7 月 22 日

姓名	王元鹿	学位	博士	职称	教授
从事专业	文字学			出生年月	
工作单位	华东师范大学中文系			电话	
电子信箱				移动电话	
通信地址	华东师范大学闵行校区中文系			邮政编码	201286

《黄河文献汇编》策划方案

1. 背景、意义和重要性

对中国重要水域文献的整理，是中州古籍出版社的出版中长期规划的重要组成部分。如黄河、淮河、长江、珠江等。

本项目名为《黄河文献汇编》，依黄河档案馆所藏黄河文献资料为基础，旨在对历代黄河文献进行较全面整理，为今后黄河研究及相关学科建设提供第一手的资料传播、弘扬作出积极的贡献。第一辑收录与黄河有关的清代奏疏，约155册。第二辑收录民国时期相关论文，约350册。第三辑收录有关古籍，包括专书、专志及沿河方志、类书中相关篇章，约270册。

黄河是中华民族的母亲河，其蜿蜒5000多公里，流经半个中国，对中国（尤其是中原）人文、地理有重要影响。一方面，黄河中下游地区气候温和，雨量充沛，比较适宜于原始人类生存。黄土高原和黄河冲积平原，土质疏松，易于垦殖，适于原始农牧业的发展。黄土的特性，利于先民们聚居。这些特殊的自然地理环境，均为我国古代文明的发育提供了较好的条件。另一方面，黄河不断在上游冲击，挟带大量泥沙，进入下游平原地区后迅速沉积，极易造成洪水四溢。而人们筑堤防洪后，行洪河道也会不断淤积抬高，造成决口。黄河的这种特点，使得很早人们就开始重视黄河的治理问题，留下

· 创 意 ·

了大量治河文献和有关黄河的各种资料。

2. 同类出版物状况

关于黄河文献的汇集，比较著名的清傅泽洪主编、郑元庆编辑的《行水金鉴》，该书共175卷，所收的资料，上起《禹贡》，下迄康熙末年（1722）。卷首冠以诸图，次河水60卷，淮河10卷，汉水、江水10卷，济水5卷，运河70卷，两河总说8卷，官司、夫役、漕运、漕规12卷。内容为摘录诸书原文，以时代顺序编排。之后有续编，为清潘锡恩等修，俞正燮、董士锡等纂《续行水金鉴》，150卷，所辑史料，从雍正初到嘉庆末年（1723—1820）止。首冠以图，次河水50卷，淮水14卷，运河68卷，永定河13卷，江水11卷。各水先述原委，次载章牍，殿以工程。今人编有《再续行水金鉴》，主要包括清道光至宣统朝（1821—1911）的史实。三编共1000多万字，是重要的水利文献资料，但存在的问题是：对原始档案的收录尚不足，对民国以来的研究著述没有收录。其他，如1969年台湾文海出版社影印出版的《中国水利要籍丛编》，收录水利古籍91种，《清代黄河流域洪涝档案史料》（中华书局1993）、民国赈灾史料续编（全15册）（国家图书馆出版社2009）及日本东亚研究所1938年所编《民国黄河文献史料》，均收录不少重要的史料，惜规模尚不足。沿河各府县的志书，《中国地方志集成》中收录不少。

清代奏折目前出版的有中国第一历史档案馆编《康熙朝汉文朱批奏折汇编》（档案出版社1984）、《雍正朝汉文朱批奏折汇编》（江苏古籍出版社1989），套红影印，非常精美，惜卷帙浩繁，检索不便，对于只想检索黄河文献的读者，很不方便。

3. 项目申请理由

本书为黄河文献的集成之作，作为一项公益性的中华文化经典传承项目，规模较大，成本较高，仅通过市场运作难以取得社会效益及经济效益的最大化。

中州古籍出版社是河南省专业从事古籍整理及学术著作出版的出版社，建社30余年来，共出版图书5000余种，所出版图书如《中州名家集》、《中州文献丛书》、《嵩岳文献丛刊》、《中国古典讲唱文学丛书》、《中国边疆通史》、《中原文化大典》（55册）、《中国哲学前沿丛书》（10种）等均在国内外产生了一定影响，其中《中国边疆通史》曾获国家图书奖，《中州名家集》中多种获得全国古籍整理一等奖。专业的古籍图书编辑，为本项目的顺利完成提供了保障。

4. 本书主要内容

本书拟收录黄河档案馆所藏清代治河奏折（计20414件，154997页），研究论文、报告（计12891篇），金石拓片（计296通），并收录1946年之前历代关于黄河方面的图书（约1.5万篇），主要包括历代黄河专门志，如明代陈仪《直隶河渠志》，民国时期《洪洞县水利志补》；古人所辑有关黄河资料图书，如清代徐墩辑《历代河防类要》，清代陈璜辑《历代河防统纂》等；沿河各府县方志中有关黄河情况的记载，如弘治本《延安府志》、明《河南通志》等；历代治黄专著，如明代潘季驯《河防一览》，清代靳辅著、崔应阶改编的《治河方略》。其中黄河文献集中的专志、专著等为全文收录，其他则选录与黄河有关的篇章。

5. 社会效益、经济效益分析及总体目标

· 创 意 ·

　　汇编出版黄河文献，彰显了河南的文化优势，是河南承担国家文化发展战略历史责任的成果。该成果对于研究黄河文明，挖掘培育具有中原特色的文化资源，传播中华民族优秀传统文化具有重要意义。本书为目前最全面、最权威的黄河文献集成，其面世将对学术界提供较大便利。书末所附检索数据光盘，有利于本书资源的最大化使用。

6.项目组织实施的条件和优势

　　项目资源藏黄河档案馆，且已有基本的归档管理，整理和出版较为方便。项目承担者中州古籍出版社为河南专业古籍出版单位，在古籍编辑与发行方面有人员与市场优势。

2014 年 3 月

《民国史料丛刊》出版说明

民国时期，特指从1912年中华民国成立到1949年中华人民共和国成立的38年。

民国的38年，为中国史册上浓墨重彩的一页。风雨如晦、国危世乱的历史境况，却是思想启蒙、民智开启的黄金时期，教育、实业、革命、立宪、共和等主张的提出，思想、社会的吐故纳新，开启了中国现代化的历程。辛亥革命的胜利使中华民族峰回路转，"亘古未有之大变局"从隐性骤变为显性：政治、经济、军事、文化、教育各个领域风云变幻；军阀混战、土地革命、抗日战争、解放战争交替展开，波澜壮阔；变革的主体与客体，将一切旧的因素与新的因素、旧的角色与新的角色召唤到前台，集中上演着人们意料之外又是情理之中的活剧。历史的多元化走向所造成的迷茫最终被清醒的历史选择所取代，这是一种必然的合理的选择——走具有中国特色的发展道路。

民国38年的发展历程承载了太多沧桑、厚重的历史内容，又和当代中国血脉相连，从而对它的理性审视显得非常重要。长期以来，由于意识形态和现实环境的种种原因，民国史向来是学术研究领域的薄弱环节。20世纪90年代以来，随着思想的解放与学术氛围的宽松，民国历史的研究及其相关成果的出版形成热潮。西方历史学家

· 创 意 ·

克罗齐说过,"一切历史都是当代史",追溯与重新审视民国这段历史,反思和我们最为接近的这个时代,在社会转型、急剧变革的今天,对深刻认识中国特有国情、把握中华民族发展方向是很有益处的。而研究、剖析这段历史的依据是史料;史料的主要构成部分是文本,是当时出版、当时人撰写、以书籍为主的文献资料。

于是,《民国史料丛刊》应运而生。

民国时期出版的中文图书约计 10 余万种,《民国史料丛刊》分类精选 2000 余种影印出版,以方便读者阅读及研究者使用。如此皇皇鸿篇巨制,编选难免有遗珠之憾,但在内容的丰富性和代表性方面,《民国史料丛刊》在同类出版物中仍是无可比拟的。如此大型的史料丛刊,从选目、查找、分类、编选、复制到编辑出版,工作之繁巨艰辛可想而知。可以说,《民国史料丛刊》是编选者、出版者心血与友情的结晶,也是当代学人与出版人对历史与文化勇于担当、甘于奉献的佐证。

《民国史料丛刊》分政治、经济、社会、史地、文教 5 类,类下分目,约计 2194 种,1127 册,另备《总目提要》一册,是研究中国近现代政治史、经济史、文化史、思想史、社会史、教育史必备的基本的文献史料,也是各科研院所、高等院校图书馆、资料室必备的最基本的藏书。

凡例

一、《民国史料丛刊》从民国版约计 10 余万种中文图书中分类选编 2194 种影印出版。其中 2/3 以《民国时期总书目》为线索按图索骥;1/3 为多方搜寻,补其所无。总计 1127 册,另备《总目提要》

出·版·四·重·奏

一册。

二、《民国史料丛刊》编选原则为：人文社会科学领域用于民国研究的民国版书籍类稀见基础史料。

所谓"民国版书籍类"，是指民国时期（1912年至1949年9月）出版的人文社会科学书籍。故本史料丛刊所收范围不包括1912年之前及1949年9月之后出版的书籍；原则上不包括非出版物以及报纸、刊物、写真集、图画册、题名录等。

所谓"稀见"，是指并非常见的上述书籍。民国版书籍特别是作为基础史料的民国版书籍通常印数较少，多的数千册，少的只有数十百册，加之印刷水平、纸张质量远不如今，距今又已半个多世纪，故均已成为"稀见"书籍。然此种状况引起了学术界重视，为保存和利用之，先后整理、影印出版了大批民国版书籍，摘去了其"稀见"的帽子。故本史料丛刊所收范围不包括如《近代中国史料丛刊》《民国丛书》《伪满洲国史料》等已收入的相关书籍，亦不包括较为多见并有专门门类集中编辑出版、属中共党史范畴的史料书籍。

所谓"基础史料"，是指可资人文社会科学用于民国研究、直接反映民国社会客观情况的第一手文本史料。如从中央到地方的各种法律条文、规章制度、政策文件、政权结构、政务辑要、政治事件纪实、各种运动（如自治运动、合作运动、建设运动）始末、会议决议记录、外交及对外关系实况、军队军事战事、施政及业务报告、各主要经济门类的发展实况、经济民政社政人口文教统计、政治经济社会赈灾调查、历史年鉴及当时人物传记、言行录、哀思录等。故本史料丛刊所收范围不包括主要阐发作者主观观点的学术、理论论著，不包括艺术、戏剧及文学创作类书籍（纪实性游记、揭露社

· 创　意 ·

会现状之散文及个别野史除外），不包括翻译书籍、中小学课本。

三、《民国史料丛刊》分5类30目。具体如下。

（一）政治类：

1. 法律法规；2. 政权结构；3. 对外关系；4. 军队战事；5. 民国初政；6. 抗日战争。

（二）经济类：

1. 概况；2. 财政；3. 金融；4. 农业；5. 工业；6. 商贸。

（三）社会类：

1. 总论；2. 农村社会；3. 城市社会；4. 边疆社会；5. 社会问题；6. 社会救济；7. 社会调查；8. 社会成员。

（四）史地类：

1. 地理；2. 历史；3. 年鉴；4. 人物。

（五）文教类：

1. 教育概况；2. 高等教育；3. 基础教育；4. 文化概况；5. 文博；6. 文体。

以上每一类目，均从中央到地方分别选编。地方按华北、西北、东北、华东、华中、华南之顺序，其地域界分沿用民国时期的区域划分。

四、《民国史料丛刊》按以上类别分册编辑，影印出版。32开本，约500页一册。篇幅长的，一种可多册；篇幅短的，同类数种合为一册。每类均有目录及索引，另备有《民国史料丛刊·总目提要》一部，对所选图书加以简单介绍，以便于读者查阅。

五、《民国史料丛刊》的收集整理，只能从现存书籍的客观条件出发，有的书籍既难找寻，找到了又难利用；有的书籍品相较差，制作效果不佳，只能割爱。量米作炊、挂一漏万、轻重不均、意犹未尽的遗憾，实难避免。

六、《民国史料丛刊》所收书籍撰著出版的历史背景，是社会大动荡、大变革的民国时期。作者情况复杂，往往立场不同、观点相左，对历史的观察、记述、阐释，也有较大差异。本史料丛刊从忠实历史的角度出发，对所选书籍不作删改，原样影印出版（当然明显信口雌黄，恶意破坏民族团结、祖国统一的书籍，不在本丛刊所收之列）。读者当以历史唯物主义、辩证唯物主义为理论武器，研究式地阅读之。

2008 年 6 月

· 创 意 ·

《民国史料丛刊续编》策划方案

国家出版基金项目

申请书

（2011年度专用）

项目名称： 民国史料丛刊续编

联合申报项目： 否

主申报单位： 大象出版社有限公司

其他申报单位： 无

项目负责人： 耿相新

项目联络人：

联系电话：

电子信箱：

填表日期： 2011年3月20日

出·版·四·重·奏

基本信息表

项目申报单位（主申报单位）	大象出版社有限公司	法定代表人	耿相新
		联系电话	
项目类型	图书		
项目规模	影印民国稀有文献 2000 余种，成书 1100 册，约 3 亿字		
直接成本总预算	万元	自筹资金	万元
		申请资助总额	万元
是否已获得其他资金资助	否		
是否为重大选题项目	否	重大选题备案批复文号	
项目起始时间	2011 年 1 月	预计完成时间	2012 年 6 月
内容简介	民国的 38 年，为中国史册上浓墨重彩的一页，承载了太多沧桑厚重的历史内容。追溯与重新审视民国这段历史，反思和我们最为接近的那个时代，对深刻认识中国特有国情、把握中华民族发展方向大有裨益。而作为研究、剖析这段历史的主要依据，民国版书籍，特别是作为基础史料的民国版书籍通常印数较少，少的只有数十百册，印刷质量也远不如今。且国内很多图书馆馆藏民国文献都已经不具备对读者开放借阅的条件，如果不及时抢救，这些文献将在 50 年到 100 年内无法使用。因此对民国文献的发掘、整理和抢救刻不容缓。《民国史料丛刊》应运而生。《民国史料丛刊》（全 1128 册）由大象出版社于 2009 年 8 月出版，续编进一步精选影印民国出版物 2000 余种，3 亿字左右，成书 1100 册。		
著作责任者或主创人员简介	孙燕京：北京师范大学历史学院教授，兼国家清史编纂委员会文献组专家，长期致力于中国近现代史及中国近代文化史的研究。著有《晚清社会风尚研究》等学术专著，主编大型文献丛书《民国史料丛刊》（全 1128 册）等。 张研：北京师范大学历史学院特聘教授、中国人民大学清史研究所教授、博士生导师，兼国家清史编纂委员会文献组专家。研究方向为中国史、清史、经济史、社会史。著有《17—19 世纪中国人口与生存环境》《19 世纪中期中国双重统治格局的演变》《19 世纪中期中国家庭的社会经济透视》《18 世纪的中国社会》《清代社会的慢变量》《清代经济简史》《清代族田与基层社会结构》等学术专著 10 余部，主编大型文献丛书《民国史料丛刊》（全 1128 册）等。		

· 创 意 ·

续表

项目筹备进展	以孙燕京、张研为首的课题组专家学者历经多年努力,广收博采,四方搜寻,已经掌握和积累了民国稀见、基础性文献7000余种。《民国史料丛刊续编》精选其中的2000种文献影印出版。2010年10月书目的遴选、分类、分卷,底本的扫描和修版等前期工作结束,2010年年底已正式进入编辑发稿程序,目前已编辑发稿300册。
申报单位承担该项目的优势	作为大型文献丛书《民国史料丛刊续编》出版方,大象出版社经济实力较为雄厚,生产经营管理手段较为先进,编校人员专业素养较高,尤其在编辑和出版大型图书工程方面积累了丰富经验。近年来,在《中国科学技术典籍通汇》《全宋笔记》《中国传统工艺全集》《中国音乐文物大系》《清代缙绅录集成》《民国史料丛刊》(全1128册)等大型图书项目的出版过程中,集聚和锻炼了一支以社长兼总编辑耿相新为首的拥有古典文献学、历史文献学学术背景,文化素养高,业务熟练的编辑队伍,多数具有本科以上学历和高级职称,完全可以承担《民国史料丛刊续编》的编辑出版工作。

申请图书资助经费预算表

项目名称	民国史料丛刊续编				
字数(千字)	300000	卷(册)数	1100/套	开本	大32
幅数(幅)	影印图片60万幅	印张	18750	印数	100套
直接成本预算构成					
成本内容	单价		数量		金额
稿费	元/册		1100册		万元
版权使用费	底本费 元/页		60万页		万元
翻译费(更改为影印图片的扫描、制作费)	元/页		60万页		万元
编审校费	元/千字		300000千字		万元
装帧设计费	元/张		60万张		万元

续表

成本内容		单价	数量	金额
正文插图费		元/幅	幅	万元
正文排版、出片		元/面	60万面	万元
拼版、晒蓝费		元/版	37500版	万元
封面制版费		元/版	1200版	万元
插页制版费		元/版	版	万元
印制费	单色印刷	元/色令	37500色令	万元
	双色印刷	元/色令	色令	万元
	彩色印刷	元/色令	1800色令	万元
装订费（平装）		元/印张	印张	万元
装订费（精装）		元/印张	37500印张	万元
原辅材料费	正文用纸	双胶70g890#	元/令	1970令	万元
	封面用纸	铜版128g890#	元/令	36令	万元
	扉页用纸	双胶120g890#	元/令	31令	万元
	彩插用纸	（填写纸张品种、规格、克重等）	元/令	令	万元
	其他用料	版纸：800#（2.5mm）元/张；包装箱40个/套，元/个。	版纸：6500张；包装箱：4000个。		万元
合计				万元
数字化同步加工费用				万元
编辑组织费用： 1. 项目组专家赴北京、南京、上海各地图书收藏机构调查民国史料的收藏及版本，核对资料的差旅、交通费用。 2. 编辑为图书的编辑和印刷屡次出差的费用。 3. 相关办公费用。				万元

· 创 意 ·

续表

直接成本总预算	万元	自筹资金	万元	63.3%
		申请资助总额	万元	36.7%
年度支出预算	年份	资金合计	自筹资金	申请资助经费
	2011年	万元	万元	万元
	2012年	万元	万元	万元
	年	万元	万元	万元
	年	万元	万元	万元
	年	万元	万元	万元

经费预算说明：

承担《民国史料丛刊续编》这样的大型基础文献的影印出版工程，我社将组织精兵强将，并多方筹集资金，编制详细的财务预算计划，以保证丛书按时高质量出版。并保证将申请到的国家出版基金资助经费专款专用，全部用于《民国史料丛刊续编》的编辑出版。

项目负责人（签字）：　　　　　　财务负责人（签字）

出·版·四·重·奏

专家推荐意见书（一）

由孙燕京、张研主编，大象出版社即将出版的《民国史料丛刊续编》，共1100册，卷帙浩繁，资料丰富，是已出《民国史料丛刊》（全1128册）的姊妹篇。此书如能顺利出版，将对中国近代文化的积累与传承、对近代社会状况及我国国情的进一步揭示、对推进民国史研究的深入与拓展，产生重要的学术影响。

进入改革开放的新时期以来，民国史研究迅速发展，越来越受到国内外学术界的普遍关注。这是因为这一历史时期，同新中国联系最为直接，同当今现实生活的关联也最为紧密。近年来，几部多卷本的《中华民国史》先后问世，民国时期的许多专题研究也成果颇丰。相比之下，作为史学研究基础和前提的民国史料的搜集、整理与出版，却明显呈相对滞后之势。这极大地制约了民国史研究的进一步发展和深化。孙燕京、张研主编的《民国史料丛刊》（全1128册）于2009年8月出版后，得到了国内外学术界的广泛重视和普遍好评。在此基础上他们继续努力，完成了《民国史料丛刊续编》的编辑工作。从已有的编目看，坚持了《民国史料丛刊》的编辑思路和编辑方针，既保持了原有的学术特色，又极大地扩展了资料搜集的范围和内容。

历史资料的搜集、编辑、整理和出版，是一项难度很大而又有深远意义的工作，在学风浮躁的今天，许多学术工作者及出版部门，往往因精力与资金投入多而望而却步。对于如《民国史料丛刊续编》这样的项目，如能给予立项资助，既可以适当解决出版经费的部分困难，又能体现对刻苦求实优良学风的鼓励与提倡，我以为是十分值得的。故特予推荐。

推荐专家签字：李文海

2011年3月10日

姓名	李文海	学位		职称	教授
从事专业	历史学（中国近现代史）			出生年月	1932年2月
工作单位	中国人民大学清史所			电话	
电子信箱				移动电话	
通信地址	北京市海淀区中关村大街59号中国人民大学清史所			邮政编码	100872

·创 意·

专家推荐意见书（二）

  《民国史料丛刊续编》是继已出版的《民国史料丛刊》（全 1128 册）之后继续采辑、带有增补性的大型民国史料丛书。它以影印方式收录民国时期史事文献出版物 2000 余种，分 1100 册编辑出版，最大限度地保存了民国史籍的原貌。这套丛书有信息量大、所收史籍多、分类系统等特点，对研究民国时期政治、经济、文化与社会有重要的参考价值。

  史料的挖掘、整理是史学研究的基础性工作，也是"一人劳而万人逸、一时劳而多时逸"的利己、利他的辛苦劳动。《民国史料丛刊续编》为民国史研究的深入奠定了资料基础。可以预见，它的出版必将带来民国史研究的进一步繁荣。

  基于此，我愿意予以郑重推荐。

推荐专家签字：郑师渠

2011 年 3 月 10 日

姓名	郑师渠	学位		职称	教授
从事专业	历史学（中国近现代史）			出生年月	
工作单位	北京师范大学历史学院			电话	
电子信箱				移动电话	
通信地址	北京市新街口外大街 19 号北京师范大学历史学院			邮政编码	100875

出·版·四·重·奏

《近代史所藏清代名人稿本抄本》策划方案

国家清史纂修工程
出版类项目

项目类别：

项目编号：

项目名称：近代史所藏清代名人稿本抄本

项目主持人：

国家清史编纂委员会项目中心制

填表日期：2009 年 10 月 20 日

· 创 意 ·

填表说明

1. 填写《项目书》前，请仔细阅读《国家清史纂修工程项目管理办法》《国家清史纂修工程项目经费管理办法》《国家清史纂修工程项目招标实施办法》（见清史纂修工程项目网络管理系统 http://219.238.183.155/QDC solution/sltqdcproject/webui/weblogin.aspx）。项目主持人填写并提交本《项目书》将被视为同意上述文件的所有规定并自愿接受其约束。

2. 请按照上述文件的各项规定和要求认真填写《项目书》，所有数据须反复核实，文字应简明扼要。

3. 封面上项目编号、项目类别二栏由国家清史编纂委员会项目中心填写，其余各栏由项目负责人填写。项目代管单位指该项目负责人的法人担保单位，驻京工作的特聘外地专家和国外专家须指定在京科研事业单位或高等院校作为其法人担保单位。

4.《项目书》各栏目除特别规定外，均可自行加行、加页。

5.《项目书》须同时报送电子文档一份和纸质打印件一式三份；电子文档可通过国家清史编纂委员会项目中心网站直接填报，亦可直接向国家清史编纂委员会项目中心提交软盘；纸质打印件中一份为原件，凡需签名、单位盖章处须有亲笔签名和印章。

6. 其他具体要求，详见各表页下的说明。

一、项目负责人

姓名	虞和平 王成法 闵杰	出生年月	1948.11 1951.10 1949.11	性别	男	民族	汉
工作单位	中国社会科学院近代史研究所 河南出版集团					身体状况	
行政职务	虞和平，中国社科院近代史所副所长；王成法，河南出版集团管委会副主任；闵杰，中国社科院近代史所图书馆馆长			专业职务			虞和平、闵杰 研究员	
单位电话				移动电话			
住宅电话							
电子信箱							
专业背景	毕业学校	虞、闵 北京大学		专业			中国近代史
^	毕业时间	虞、闵 均为1976年		学历/最后学位			
^	研究方向	中国近代史		学术专长			均中国近代史
^	担任导师情况	虞和平博士生导师；闵杰硕士生导师					
^	近年来国际学术交流情况	虞和平自1995年以来出访的国家和次数计有：日本5次；韩国4次；英国1次；挪威1次。另有中国的台湾1次；香港4次；澳门2次 闵杰，日本庆应大学、法国里昂东亚研究院访问学者					
掌握外语、少数民族语言语种和水平							
目前承担本项目以外工作的情况	虞，国家社科基金重点课题《商人外交与近代中国的殖民地化和反殖民主义地化》；国家社科基金重大课题《资产阶级与近代中社会》；国家清史工程三级课题《传记·光宣朝》。 闵，近代史所图书馆馆长。						

· 创 意 ·

续表

主要学术经历	虞自 1976 年以来一直近代史研究所工作，1995 年被评为研究员、中国社科院有突出贡献中青年专家，2000 年担任博士研究生导师。迄今发表论文近百篇，出版专著（含合著）10 种、资料书 4 种、译著 1 种，主编"中国近代史研究译丛"12 种。 闵杰在近代史研究所先后被聘为助理研究员、副研究员，1998 年被聘为研究员。					
以往承担的类似项目及其社会反响	项目名称	级别	最终成果	本人在该项目中所起作用	获奖情况
	商会与中国早期现代化	国家社科基金	专著	虞，独著	国家社科基金项目优秀成果奖三等奖
	中国现代化历程	院基础项目	专著	虞，第一主持人、主编	第六届国家图书奖 郭沫若史学奖二等
	经元善集	自选	资料集	虞，独编	
	周学熙集	自选	资料集	虞第一编者	
	馆藏珍稀期刊的数字化处理	院重大项目	电子数据	闵，主持人	

说明：

1. 项目负责人必须是项目的主要组织者和实际工作主要承担者，并承担该项目所有相关法律责任和义务。

2. "工作单位"：须填写项目申报人实际所在单位，而非项目代管单位。离退休人员应填写离退休前所在单位，国外专家应填写国别、地区、本人目前供职机构。

二、项目课题组成员情况

姓名	出生年月	学历	学位	专业职务	研究专长	工作单位	分工情况	联系方式
步平	1948.7	大学	学士	研究员	中国近代史	中国社科院近代史研究所所长	业务指导	
王建朗	1956.11	博士	博士	研究员	中国近代史	中国社科院近代史研究所副所长	业务指导	
李树东	1948.1	大专			行政管理	中国社科院近代史研究所副所长	业务指导	
王成法	1951.10	大专			出版	中原出版传媒集团	负责出版	
耿相新	1964.6	本科	学士	编审	出版	大象出版社	负责出版	
李亚娜	1947.10	本科	学士	编审	出版	大象出版社	负责出版	
王刘纯	1955.1	本科	学士		出版	中原出版传媒集团出版业务部	负责出版	
段梅	1961年11月	大学		副研究馆员	图书馆学及自动化	近代史研究所图书馆	主持资料的数字化及目录索引	
茹静	1976.11	大学	学士	馆员	史料整理	近代史研究所图书馆	资料整理及数字化加工	
李然	1972.10	研究生	史学硕士	馆员	史料整理	近代史研究所图书馆	资料整理及数字化加工	
张秀清	1953.1	大学	学士	副研究馆员	史料整理	近代史研究所图书馆	资料整理及数字化加工	

· 创 意 ·

续表

姓名	出生年月	学历	学位	专业职务	研究专长	工作单位	分工情况	联系方式
韩志远	1950.11	大学	学士	研究员	清代会党及资料整理	近代史所政治史研究室	资料鉴别	
李学通	1963.7		博士	编审	近代史料	近代史所资料编辑室	资料鉴别	
李细珠	1967.6	研究生	博士	研究院	清史	近代史所政治史研究室	资料鉴别	

三、项目设计与论证

1. 本项目的选题论证

如经丛刊编委会审定通过，须附审稿专家（组内一名，组外两名）评审意见（评审意见书见附件），以代替本论证。

（1）与本项目选题有关国内外研究、整理现状

中国社科院近代史所图书馆馆藏的清代名人稿本抄本，历来为学术界所珍视。自1950年代以来利用这批资料出版的史料集有：《锡良奏稿》，中华书局1959年出版；《刘坤一遗集》，中华书局1959年出版；《道咸宦海见闻录》，中华书局1981年出版；《湘军史料丛刊——胡林翼未刊往来函稿》，岳麓书社1989年出版；《义和团资料丛编——荣禄存札》，齐鲁书社1986年出版；《曾国藩未刊往来函稿》岳麓书社1986年出版。此外，2007年安徽教育出版社出版的《李鸿章全集》，收入其中的《李鸿章存札》《李鸿章手札》《李鸿章致李瀚章家书》三个卷宗的全部内容；1950—1960年代中国史学会主编的《中国近代史资料丛刊》，从鸦片战争到辛亥革命，几乎每个历史专题资料集都不同程度地利用了这批珍藏，足见学术界

之重视，但已整理出版者，不足全部收藏的1%，其中珍品，大多未面世，如能整理利用，可以填补现今出版的清代名人文集的大量空白。

（2）本项目的学术意义与学术价值（包含学术贡献和对清史纂修工程的实际应用价值）

中国社科院近代史所图书馆1950年成立以来，通过采访、捐赠等多种形式，收集到珍贵资料19万件（其中大部分为清代），是本所珍藏的最重要资料之一，专设"特藏室"以保管之。现拟选择其中最有价值者整理出版，既为修纂清史之用，又为学术界所共享。

近代史所收藏的清代资料包括穆彰阿、林则徐、曾国藩、曾国荃、李鸿章、左宗棠、胡林翼、彭玉麟、琦善、升允、李瀚章、张之洞、邓廷桢、叶志超、刘坤一、李经羲、陈宝箴、岑毓英、易顺鼎、奕劻、赵凤昌、荣禄、吴汝纶、郭嵩焘、梁鼎芬、梁敦彦、鹿传霖、阎敬铭、曾纪泽、锡良、端方、谭钟麟、翟鸿禨、李星沅、载沣、汪荣宝、李端荣、赵尔巽、崇厚、许景澄、张绍曾、胡惟德、沈瑜庆、那桐、袁昶、盛宣怀、裕禄、袁世凯、徐世昌、张謇等100余名人的书札、日记及各种公私文档，多属手稿真迹，珍稀度和收藏量，在国内外各收藏单位中屈指可数。

自近代史所与国家清史编委会、大象出版社协商整理这批资料后，由近代史所研究员兼图书馆馆长闵杰等，用一年时间，将全部19万件收藏过目一遍，择其最珍稀者，经与清史编委会文献组和项目组反复磋商，拟整理其中约50个清代名人的专集，总计大约30万张、6000万字，分3辑影印出版。

这批资料的整理和出版，可以弥补目前清代人物专集出版史料之不足。尤为重要的是，项目中各个人物专集约50%是信件，估计

· 创 意 ·

约有 6 万封信,与这些名人通信的,至少有 800 人,多为清代政治、军事、经济、外交各领域中的重要角色,整理出版这些信函,大大有助于清代史料的丰富。

(3)本项目的基本内容和整体结构(如"文献丛刊"中资料的目录、卷数、成书年代和收藏情况等)

全部资料均按人物排列,共 3 辑,扫描图像共 30 万幅,图书成品为大 16 开,按每卷 700 页算,丛书共 450 卷左右。各辑情况具体如下。

第一辑:共 23 个人物,每个人物为一个小专辑。

1. 张曾敭档

张曾敭(1852—1920),河北南皮人。官至山西巡抚、浙江巡抚,所藏资料共 29 函,206 册,约 4370 件。文件起讫时间 1868—1907 年,为张曾敭任职于各省的公务记录。迄今为止,罕有以一个官员一生经历为经,以其施政详情为纬的大型史料集的出版,张曾敭档案如能整理面世,是研究 19 世纪中晚期南方各省政情民生等综合情况的重要资料。

2. 李盛铎档

李盛铎,字樵,一字椒微,号木斋,江西德化县人。清末任出使比国大臣、考察政治大臣、山西巡抚等职。所藏李盛铎档案,共 12 函 60 册,绝大部分为信件,通信人有端方、孙宝琦、杨士骧、赵尔巽、载泽、汪鸣銮、梁士诒、王韬、容闳、文廷式、钱恂、徐建寅、张謇、汪鸣銮、李佳白、陈三立、张荫桓、于式枚、江标、夏曾佑等。另有各种公私文件,似为李盛铎亲笔所撰,或为其所收藏者。

3. 孙毓汶档

孙毓汶（1833—1899），字莱山，号迟庵，山东济宁人。官至军机大臣，总理衙门大臣，刑部、兵部尚书。所藏孙毓汶档案分两部分，有50个卷宗。主要是公务记录和存札。孙毓汶至今未见有文集问世，此资料弥足珍贵。

4. 梁敦彦档

梁敦彦，字崧生，广东顺德人，官至外务部会办大臣兼尚书。所藏梁敦彦档，共6函52册，其中他人致梁函300余通，编为13册，计约1000页，通信人有张之洞、端方、岑春煊、赵凤昌、吕海寰、陈昭常、曾铸、宋炜臣、蔡绍基、胡惟德等。另有梁氏存来往电稿6册。

5. 醇王府档案

系醇亲王王府档案，共4函34册。主要内容为：颐和园修建工程，办理北洋海军事宜，禁卫军训练处日报表等。其中夹杂盛宣怀1911年给庆亲王的信，嘱其注意保路运动。

6. 长顺存札

长顺（1839—1904），字鹤江，满洲正白旗人，达呼里郭贝尔氏，起家蓝领侍卫。从胜保攻捻军，又从多降镇压回民起事。光绪间任吉林将军，甲午战争时，与依克唐阿守辽阳，击退日军。卒谥忠靖。存札共6函45册。

7. 奕谟函札

奕谟，字心泉，贝勒，咸丰之弟。函札共1函6册。主要内容为：奕谟、熙臣等人记庚子事变；另有载泽、肃亲王善耆、徐世昌、荣禄、张謇、李鸿藻、严复、黄遵宪、劳崇光、熊希龄等人函札。

8. 奕助存札

· 创 意 ·

奕劻（1836—1919），清宗室，爱新觉罗氏，清末首席军机大臣。存札共2函2册。

9. 秋墅存札

秋墅，其人情况不详，约为东三省总督赵尔巽幕僚。存札共6函29册。主要通信人为乔松年、李秉衡、王梦龄、何桂清、应宝时、杜文澜、吴雲云等，内容多涉及咸同、光绪年间之政治军事。

10. 陈宝箴信札

陈宝箴，湖南巡抚。信札共1函6册，均原件，内容多为亲戚、朋僚间通信。

11. 岑毓英函札

岑毓英，光绪年间云贵总督。函札共1函3册，内容述及中法战争事宜及岑氏与李鸿章、总理衙门官员的通信。

12. 陆钟琦致六弟（天池）函札

陆钟琦（？—1911），字申甫、号少莲，顺天宛平人。光绪十五年进士，1911年任山西巡抚。因抗拒山西民军，被杀。弟钟岱，字天池，官道员。共1函1册，均家书。

13. 晏端书藏札

晏端书（？—1882），江苏仪征人，字彤甫，号云巢。历道光、咸丰两朝，累官至两广总督。藏札共1函3册，通信人有耆英、桂良、文煜、谭廷襄等，多为礼仪性信函，间有任官河南按察使期间秋审事，镇压太平天国、江皖捻军及督办江浙漕务等事。

14. 邓廷桢致东竹信

1函1册，约30通，内有盛宣怀致乐山函。

15. 乔松年函札

乔松年（1815—1875），字鹤侪，官至安徽、陕西巡抚。函札共1函1册，为乔松年及其妻之家书，每封均有原收藏者刘文炳所加详注。

16. 易顺鼎等函札

易顺鼎（1858—1920），字实甫，号眉伽，晚署哭庵。函札共1函，不分册，内容多朋僚间日常问候、请托等事。

17. 绰哈布存札

绰哈布，历任荆州将军、成都将军。存札共4函，通信人有周馥、袁树勋、陈璧、赵尔丰等，多与1904年前后之西藏问题和日俄战争有关。

18. 梁鼎芬函札

梁鼎芬（？—1918），广东番禺人，字星海，号节庵。张之洞重要幕僚，主讲广雅书院、钟山书院，累官至署湖北布政使。函札包括5个卷宗：《梁节庵先生遗札》《梁节庵先生手札》《梁鼎芬函稿》《梁鼎芬存札》《梁鼎芬书札》。

19. 唐景崇函札

唐景崇（1844—1914），字春卿，官至学部尚书、内阁学务大臣。函札共2函10册，为唐氏奏议、批文及致他人函底稿。

20. 翁同龢函札

此资料包括《翁同龢信札》《翁同龢墨迹》《翁同龢家书》等3个文件，共3函9册。

21. 阎敬铭存札

阎敬铭（1817—1892），字丹初，陕西朝邑人，道光二十五年进士，历任户部尚书、军机大臣、东阁大学士。此存札共14函，每

· 创 意 ·

函1册，共14册，每册约150页，装裱整齐，字迹清楚，多为阎敬铭致吴大澂、张佩纶、徐用仪等人亲笔信。

22. 端方函札

端方，清末任两江总督。直隶总督，此为其与政界、实业界各类人物的通信集，共9函23册，装裱精美，字迹大多清楚。

23. 张树声存札

张树声，字振轩，安徽合肥人，官至直隶总督、两广总督，谥靖达。存扎共两函9册，大8开本，装裱工整，均亲笔信，少数为幕僚之代笔，如吴长庆函为张謇代笔，时张任吴幕。通信人有：吴长庆、潘祖荫、孙家鼐、张佩纶、文廷式、盛宣怀、周馥、刚毅、裕禄、汪鸣銮、潘鼎新、张之洞、沈桂芬、曾国荃、钱应溥、岑毓英、宋庆等。多为直隶、两广总督任内之通信。

第二辑：此为张之洞资料专辑，共1953册，系张之洞生前之收藏，后人赠于近代史所。

第三辑为以下21人的函札。

1. 曾国荃函札

包括两部分：一为曾国荃等致俞廉之函，1函3册。二为曾国荃各处往来电报，1函1册。通信人除俞廉之外，还有廖寿丰、张树声、张汝梅等。

2. 盛昱函札

盛昱（1850—1899），字伯熙，一字伯蕴，号韵莳，满洲镶白旗，肃武亲王豪格七世孙，光绪二年进士，曾任国子监祭酒。

3. 龚景瀚手札

龚景瀚（1747—1802），字海峰，福建闽县（今福州市）人，曾任合肥、兰州知州。

4. 瑞洵笔记

瑞洵，大学士琦善之孙，乌鲁木齐都统恭镗之子，博尔济吉特氏，满洲正黄旗人。光绪丙戌进士，内阁学士，任科布多参赞大臣。

5. 杨秉璋函札

杨秉璋，字礼南，浙江人，进士，官至提学使。

6. 董绶金、刘承幹手札

董康（1867—1947），字授经，江苏武进人，光绪二十四年进士，历任法律馆提调，刑部主事，大理院候补推丞。刘承幹（1881—1936），字贞一，号翰怡、晚年自称嘉业老人，著名藏书家与刻书家。此存札多为文人之间的通信，如缪荃孙等。

7. 程文炳信稿

程文炳（1833—1910），字从周，安徽阜阳人，官至湖北提督、长江水师提督。

8. 雷坡集墨

人物不详，为端华、耆英、曾国荃、刘铭传等人通信集，1888年装订成册，裱装精美。

9. 杨岳斌等致曾国藩书札

杨岳斌（1822—1890），字厚庵，湖南人，曾任湖北提督、福建陆师和水师提督、陕甘总督。

10. 杨昌浚致李鸿章函稿

杨昌浚（1826—1897），字石泉，湖南湘乡人，历任浙江巡抚、闽浙总督。此函稿1885年装订成册。

11. 顾豫斋致其兄函

· 创 意 ·

受信人历任轮船招商局会办、总办。通信时间为1898年前后，内容有关戊戌变法和清末新政。

12. 嵩孚存札

嵩孚，字莲舫，宗室，正蓝旗，曾任湖广总督。存札是其与李鸿藻、翁同龢等人的通信。

13. 端华悦禅室手稿

端华（？—1861），爱新觉罗氏，字端友，满洲镶蓝旗人，肃顺异母兄，曾任赞襄政务王大臣，御前大臣，封郑亲王。

14. 端甫藏札

端甫，未知何人之字号。寄信人为裕禄、袁昶、胡燏棻、松寿、李鸿章、刘坤一等。

15. 樊增祥致鹿传霖函札

樊增祥（1846—1931），字嘉父，号云门、樊山，湖北恩施人，官至江宁布政使，有诗名。

16. 钱保存札

钱保（1752—1824），字治亭，号梅庵，一号铁师，旧谱姓觉罗氏，后改栋鄂，满洲正黄旗人，历任两江总督、吏部尚书。

17. 锡文诚尺牍

锡文诚，热河都统，内为其亲笔信。

18. 缪梓手稿

缪梓，历任绍兴知府、浙江按察使、盐运使。

19. 袁世凯张謇等信函

内容除袁世凯张謇等人通信外，还有张之洞、谭继洵等通信。

20. 库克吉泰致友人信

库克吉泰，西安将军。信函为库克吉泰于同治六年二月至七年三月致各地将军提督及督抚函。共1函8册，均亲笔信函。

21. 陆建瀛存札

陆建瀛，官至两江总督，存札共1函8册，

本项目全部资料通过计算机扫描，制成照片，影印成书。

项目负责人（签章）

年 月 日

· 创 意 ·

附　表

一、出版单位负责人及编辑概况（出版社填写）

出版社负责人姓名	耿相新	出生年月	1964.6	性别	男	民族	汉
单位名称	大象出版社							
行政职务	大象出版社社长兼总编		专业职务		编审		
单位电话		移动电话			住宅电话		
电子信箱	gengxiangxin@daxiang.cn						
联系人姓名	杨吉哲	出生年月	1963.4	性别	男	民族	汉
单位名称	大象出版社							
行政职务	大象出版社尚品图书分社社长		专业职务		副编审		
单位电话		移动电话			住宅电话		
电子信箱							

承担本项目出版任务的责编概况	姓名	性别	出生年月	研究方向	掌握外语语种和水平	学历/最后学位	相关编辑业绩及社会反响
	杨吉哲	男	1963.4	历史文献	英语	本科、学士	编辑《中国传统工艺全集》等大型丛书，获得包括中华优秀出版物奖等大奖
	张前进	男	1973.4	历史文献	大学英语六级	研究生、硕士	编辑《河南通史》等书，获包括新闻出版总署"三个一百"原创图书奖等大奖
	吴韶明	男	1969.6	历史文献	大学英语四级	本科、学士	编辑《中国音乐文物大系》等大型丛书，获得包括中国图书奖等大奖

　　说明：出版社负责人（法人代表）必须是项目第一负责人，承担该项目所有相关法律责任和义务。

二、出版单位基本情况（出版社填写）

1. 单位简介（重点介绍该单位在出版界的影响、信誉度等）

大象出版社是一家实力雄厚的全国优秀出版社，建社20年来，始终将"服务教育、介绍新知、沟通中外、传承文化"作为立社之本，出版了一大批弘扬民族文化、促进国际文化交流、丰富人民群众文化生活的优秀图书，逐步在大型古籍文献整理、国际汉学、文史学术专著等出版领域形成了自己的图书品牌，受到学术界的广泛关注和高度评价。1995年被国家新闻出版总署评为良好出版社，1996年和2006年两次被国家人事部和新闻出版总署评为"全国新闻出版系统先进集体"，1997年被新闻出版总署评为全国优秀出版社，2007年通过ISO9001标准认证，被确立为资信等级3A级单位，并在全国新闻出版系统首届中国政府奖评比中荣获先进出版单位奖。

2. 出版状况（重点介绍文史类出版物的质量与数量、获奖情况等）

建社20多年来，大象出版社出版图书6000余种，发行20多亿册。有400余种图书先后获得包括国家图书奖、"五个一工程"图书奖、中国图书奖（中华优秀出版物奖）、新闻出版总署"三个一百"原创图书奖在内的省、部级以上优秀图书奖，百余种图书发行海外市场。其中，《著名中年语言学家自选集》《中国科学技术典籍通汇》《中国音乐文物大系》《走向海洋丛书》等获国家图书奖；《河南人口环境资源丛书》《邓亚萍》等获中宣部"五个一工程"奖；《天文博物馆》《邓小平手迹选》《中国传统工艺全集》等获中国图书奖（中华优秀出版物奖）；《文字中国丛书》获新闻出版总署"三个一百"原创图书奖；《全宋笔记》获"中国出版政府奖装帧设计奖提名奖"。以弘扬中华文化、增强民族凝聚力的《寻根》杂志被评为第二届国家期刊奖优秀社科期刊奖，进入全国社科期刊百强。与此同时，大象出版社的图书质量、装帧设计等也保持了较高的水平。

3. 完成项目的条件和保证（主要指编辑力量等综合实力）

在长期从事出版活动尤其是在承担《中国科技典籍通汇》《全宋笔记》《中国传统工艺全集》《清代匠作则例》《马礼逊全集》《清代缙绅录集成》《民国史料丛刊》等大型古籍文献整理出版项目的过程中，大象出版社集聚和锻炼了一支特别能吃苦、特别能战斗，文化素养高、业务熟练的编辑、印制和发行队伍。形成以现任社长兼总编辑耿相新编审为首，一批拥有编辑高级职称、文史专业背景，在古籍文献整理出版方面非常有经验的编辑队伍。在印制和发行销售环节上，也有一整套符合出版社实际情况的规章制度和实践措施，大象版图书屡获大奖以及在业界享有良好的声誉即为明证。

单位盖章　　　　负责人（签章）

年　月　日

说明：负责人签名指出版单位法人代表亲笔签名或有效印鉴，代签无效。

·创 意·

三、实施方案（出版社填写）

1. 实施本项目的具体办法（包括如何解决稿酬、知识产权归属以及发行事宜等）

首先，大象出版社与中国社科院近代史所已达成协议，组成强有力的项目课题组，并确定由近代史所副所长虞和平、近代史所图书馆馆长闵杰为项目主持人，明确项目知识产权由整个项目课题组所有，稿酬、影印出版等大部分经费由出版方承担。其次，针对《近代史所藏清代名人稿本抄本》这样重大的出版项目，作为具体承担出版任务的大象出版社将倾全社财力、物力，组织精兵强将保障项目有条不紊地推进。整个项目运作过程，由项目负责人之一、大象出版社社长兼总编辑耿相新负责整体协调调度，编辑、财务、印制、宣传、发行各部门通力配合，编制详细的财务预算计划以及编辑、印制、宣传发行工作进度安排，并明确严格的责任追究制度。同时与清史编纂委员会出版组（文献组）保持畅通的沟通渠道，严格按照清史编纂委员会对图书项目的内容编排要求、图书印制质量要求、图书成品规格要求，高质量、高标准、按时出版。

2. 项目实施进度安排

整个项目内容按人物排列，分3辑影印出版。成品为大16开，每卷按700页算，共450卷左右。

第一辑包括奕助等23人的函札资料，每个人物为一个小专辑，2010年1月至12月完成。

第二辑为张之洞资料专辑，2011年1月至5月完成。

第三辑包括曾国荃等21人的函札资料，2011年6月至12月完成。

项目最终完成时间（精确到月）	2011年12月
3. 其他说明事项	
出版社无偿赠送清史编纂委员会样书册数	6套
出版单位盖章　　　　　　　　　负责人（签章） 　　　　　　　　　　　　　　　　　年　月　日	

说明：负责人签名指出版单位法人代表亲笔签名或有效印鉴，代签无效。

四、出版形式、规格要求（请根据申报项目选一）

《国家清史编纂委员会·文献丛刊》印装规格

1. 正16开精装，圆脊，锁线胶订，成品尺寸185 mm×260mm。
2. 封面：
进口荷兰仿缎PVC（天天纸业的太空战士9030#，墨绿色）。
衬版3mm进口荷兰版。
文字、图案烫金，烫黑漆片（广州合昌，717哑金哑黑）。
封底：
图案压凹。
3. 前后环衬：卡昆米金滑面120克特种纸色（刚古纸业），不印色。
4. 扉页：150克铜版纸，印灰色（灰度60）。
5. 扉背署"国家清史编纂委员会出版委员会"（名单由出版组提供）。
6. 正文：色度92的70克纯木浆胶版纸。
7. 夹墨绿色（颜色同天天纸业的太空战士9030#）丝带，6mm宽。
8. 国家清史编纂委员会文献丛刊的总序置于扉页后。
9. 成品加塑封。

国家清史编纂委员会出版组
2008年5月

《国家清史编纂委员会·档案丛刊》印装规格

1. 正16开，精装（右开本），圆脊，锁线胶订，成品尺寸185 mm×260mm。
2. 封面：
3mm荷兰版（天天纸业）。
进口荷兰仿缎PVC（太空战士9029#，紫红色）。
烫金，烫黑漆片（广州合昌，717哑金哑黑）。
封底：
图案压凹。
3. 前后环衬：卡昆米金滑面120克特种纸色（刚古纸业），不印色。
4. 扉页：150克铜版纸，不印色，背为"国家清史编纂委员会出版委员会"。
5. 正文：色度92的70克纯木浆胶版纸（金东纸业）。
6. 夹紫红色丝带，6mm宽。

国家清史编纂委员会出版组
2008年5月

· 创 意 ·

《国家清史编纂委员会·编译丛刊》印装规格

1. 国际32开本平装，平脊，胶订，成品尺寸148mm×210mm。

2. 封面：

外封：SD-70-1115克米白色硫酸纸，印黑色加pantone875c.（红铜金）两色。里封：215克金宝星，印pantone875c.（红铜金）单色。

3. 前环连扉页：120克胶版纸。

第一页：全套书统一，按现有的档案输出便可，印pantone875c.（红铜金）单色。

第二页："国家清史编纂委员会出版委员会"（名单由出版组提供），印pantone875c.（红铜金）单色。

第三页：大扉，按现有格式替换书名，作者名，出版社名即可，印pantone875c.（红铜金）单色。

第四页：白页。

4. 正文：色度92的70克纯木浆胶版纸。

5. 正文简体、横排，字号不得小于5号字；注释采用圈码页下注，字号不得小于6号字。

6. 国家清史编纂委员会编译丛刊的总序置于扉页后。

国家清史编纂委员会出版组
2008年5月

《国家清史编纂委员会·研究丛刊》印装规格

1. 国际32开本平装，平脊，胶订，成品尺寸148mm×210mms。

2. 封面：

230克白珠光亚梭文特种纸，印四色，过油。

3. 前环连扉页：120克织锦系列KZJ-005#特种纸，文字印黑色。

4. 扉背署"国家清史编纂委员会出版委员会""《国家清史编纂委员会·研究丛刊》编委会"（名单由出版组提供）。

5. 正文：色度92的70克纯木浆胶版纸。

6. 正文简体、横排，字号不得小于5号字；注释采用圈码页下注，字号不得小于6号字。

7. 国家清史编纂委员会研究丛刊的总序置于扉页后。

8. 成品加塑封。

国家清史编纂委员会出版组
2008年5月

五、印数 200 套的印制成本预算（出版社详细填写）

序号	经费开支科目	经费预算及依据	金额（元）
1	制版	按《清史编纂委员会·文献丛刊》的规格和标准，大16开，硬壳精装，一套450卷，每卷700页。封面制版每卷1000元，内文制版包括图像拼接、修版、胶片费，折合一页 × 元。每卷共 × 元，一套450卷，共 × 万元。	万
2	材料（内文用纸与封面材料等）	按《清史编纂委员会·文献丛刊》的规格和标准，大16开精装，一套450卷，每卷700页，共19687.5个印张，200套共393.75万个印张。内文用纸及封面原辅材料费用折合一个印张 × 元，共 × 万元。	万元
3	印刷、装订费	按《清史编纂委员会·文献丛刊》的规格和标准，大16开精装，一套450卷，每卷700页。包括封面、内文的印刷、装订，辅以特殊工艺（压凸、烫金），丝绸书签带等。每卷共 × 元。一套450卷，为 × 元，200套为 × 万元。	万元
4	其他		
以上经费合计		（大写）壹仟贰佰贰拾万陆仟元	

经费分批拨款要求（元）	2010年度	2011年度	2012年度
	万		

单位盖章　　　　　　　　　　负责人（签章）

　　　　　　　　　　　　　　　年　　月　　日

说明：此表"经费预算及依据"基于以下标准。

1. 表四：项目的印装规格。

2. 根据印数。

· 创 意 ·

《清代缙绅录集成》策划方案

全国古籍整理出版规划领导小组：

　　国家古籍整理出版专项经费资助项目《清代缙绅录集成》已完成，现就该项目的出版印制质量、使用资金情况、学术价值及产生的社会效益、经济效益等有关情况汇报如下。

　　《清代缙绅录集成》共95卷，每卷平均500页，是从清华大学图书馆馆藏的230余种清代缙绅录中精选影印的。《清代缙绅录集成》为国家清史编纂委员会·文献丛刊项目、国家古籍整理出版专项经费资助项目，作为承担出版任务的的大象出版社自然非常重视，投入了大量人力、财力、物力保障丛书出版有条不紊地推进。由大象出版社社长兼总编辑耿相新负责整体协调调度，编辑、财务、印制各部门通力配合，编制详细的财务预算计划、工作进度安排，并明确严格的责任追究制度，以保证丛书按时、高质量出版。工作主要体现在以下两个方面。

　　首先是保质量。缙绅录为有清一代职官名录，主要刊载官员的名讳、职衔，其他诸如官员的籍贯、里居等丰富信息以附录的形式出现，字体比正文字体小很多，但内容含量却占了70%；另外占丛书总量2/3的坊刻缙绅类，刻印质量比官刻爵秩类差许多，主要表现在：底本扫描图像字迹模糊，而且存在脱页、漏页现象，其中清早期版本表现得尤其明显。为克服这些困难，最大限度地保证质量，出版社在编辑过程中，严格程序，首先将图像逐页打印，然后根据原刻本鱼尾页顺序编码，遇到鱼尾页衔接不上或脱页、漏页现象，一定向清华大学图书馆求证，作者查看原书，确认原书如此才继续编码；遇到原线装书函与函连接的地方，应该另页或背白的地方也标明清楚。图像拼版、修版后出来清样，编辑根据鱼尾页码逐页检查，以防拼错、排错。字迹模糊的地方，再次提醒反复重修，确保尽最大努力以保证字迹尽可能清晰。需要特别说明的是，清代缙绅录具有极其重要的史料价值和学术研究价值，此次整体汇集影印本就具有抢救原始史料的性质，我们在编辑修版环节，确实已尽到最大努力。

其次，严格按照清史编纂委员关于图书原辅材料、成品规格、装帧设计等方面的规定和要求出版印刷。为此，我们专门找到已多次承印清史项目图书的江苏金坛古籍印刷厂承担《清代缙绅录集成》的印刷工作。这期间，国家清史编纂委员会文献组、出版组的诸位专家、学者在丛书成品规格和装订印制方面均给予具体而细致的指导和帮助，保证了丛书高质量、按时出版。

2009年6月，国家清史编纂委员会、大象出版社在北京举行该项目结项会，国家清史编纂委员会有关专家和中国社科院近代史所、清华大学、北京大学等科研单位的受邀专家20余人与会。专家经过仔细审读、热烈讨论，对丛书的学术价值、出版质量给予一致好评。专家认为缙绅录是研究清代人物难得的基础史料。所载均为有关官员人生履历中之重要信息，如功名、职官、籍贯等，像钦天监、太医院等专业人员的全面信息，在其他史料中往往难以获得，但在缙绅录中有较为详细的记录。许多缙绅官员，因后来籍籍无名而信息

· 创 意 ·

几近湮没，但在缙绅录题名中幸而保存。另外，缙绅录是按年份、季节编排的连续出版物，反映了清代从中央到地方政治、经济、行政区划等变迁的详细情况。清后期逢"两千年未有之变局"，社会政治、经济、文化制度以及政府各部门的设置、官员的结构组成，皆发生很大变化。缙绅录对研究这种变化无疑具有重要的参考价值。通过翻检不同时期的缙绅录，可以全面了解清代官制的流变以及中央与地方的人事动态。再者清华大学图书馆馆藏缙绅录在国内外藏书单位中最为齐全，含章蕴秀，价值亦高。年代最早的为雍正四年刊行的《爵秩新本》，最晚的为1912年春的《职官录》，涵盖雍正、乾隆、嘉庆、道光、咸丰、同治、光绪和宣统8朝，300余种。此次整体汇集，以现代化的先进技术手段，原貌影印，成皇皇120卷鸿篇巨制，必定能促进清代史学的研究和祖国珍贵文献典籍的有效保存。最后，专家无记名投票，《清代缙绅录集成》出版质量被评为优秀。

国家古籍整理出版资助的8万元专项经费，全部用于丛书的印制。丛书出版后，通过大力宣传和推广，已取得良好的社会效益和经济效益。

大象出版社有限公司
2010年3月25日

《汉唐书籍实物分类叙录》研究课题报告

　　书籍是中华文化遗产中最优秀的重要组成部分之一。中华文明之所以能够绵延传承数千年而不断发扬光大，并在当今世界的文化格局中居于举足轻重的地位，书籍文化的代代传承与创新在中华文明的发展过程中起到了不可估量的作用。

　　中华文明的文字记录自甲骨文字、金石铭文，再到简帛书籍、纸写本书籍，乃至雕版书籍、活字印刷书籍，每一次文字载体与传播技术的创新都走在了世界文明的前列。因此，研究中华文明的奠基、形成、鼎盛时期的书籍文化，研究古代书籍文本所记录的中国思想、研究中国知识结构的时代变迁、研究书籍国内传播与对外交流等等，对于如何认识并推动中华文明的伟大复兴、对于如何寻找中华文化"走出去"的最佳路径、对于如何应对数字技术条件下全球性的书籍革命具有重要的现实意义。以古鉴今，当可知远；以古鉴今，当可行远。

　　本课题的研究范围为两汉时期简帛书籍兼及战国时期的简帛书籍、晋唐时期的纸写本书籍兼及五代时期的纸写本书籍。其性质属于解题式的目录工具书。它的学术意义在于通过对出土书籍实物的一部部个案研究，通过对书籍分类学的综合研究，通过对书籍实物内外部的形态研究，从而明了北宋之前中国人的知识结构的时代变迁、中国书籍文化的学术传承与发展，以及中国吸收外来文化与传播中国本土文化的基本路径与方法。

·创 意·

本课题的创新之处与学术突破主要有以下几点。

一是首次将两汉时期的简帛书籍与魏晋南北朝隋唐五代时期的纸写本书籍放在同一个时空中进行综合研究。以往的史学研究，秦汉史、魏晋南北朝史、隋唐五代史基本上是分段独立研究的，各成系统，互不贯通，书籍史的研究也不例外。本课题试图将《汉书·艺文志》《隋书·经籍志》《旧唐书·经籍志》《新唐书·艺文志》进行综合研究，并以出土书籍实物为叙录对象，再结合文献记载，从而揭示中华文明奠基与发展时期书籍文化的宏观发展脉络。

二是首次对敦煌文献与吐鲁番出土书籍进行整体的全部的分类叙录。敦煌文献的研究虽然历经 100 多年，但以往几乎全部是单类叙录，或按馆藏流水号叙录，迄今尚无一部全部按书籍类别分类叙录的工具书，本书试图填补这一学术空白。

三是首次提出对出土书籍实物的分类要按照当时书籍分类法分类的观点，只有如此才能真正反映当时的知识传承与学术传承。如果按照现代的书籍分类法硬套历史上的四部书籍与佛道书籍，这种做法势必扭曲当时的书籍文化。因此，本书按经、史、子、集、佛、道进行分类，并明确提出佛教书籍、道教书籍具有与四部书籍同等重要的地位，它们同样是中华书籍文化的重要组成部分。

四是首次将出土书籍置于每一大类、小类中，对大类、小类的历史发展进行综合叙录，大类有大序，小类有小序，每书有单序。这种叙录的方法一方面是对《汉书·艺文志》《隋书·经籍志》的补充，另一方面是对《旧唐书·经籍志》《新唐书·艺文志》的补阙。

五是首次提出书体学的概念，即书籍著录要将书籍体式、著作形式列入著录项。本书对每一部书籍体式一一著录，按著作类、编纂类、述论注解类、图谱类、翻译类一一标出。这一叙录方法对研究中华文化的原创力具有重要的启示意义。

本课题的结项书名为《汉唐书籍实物分类叙录》，叙录凡例为：

一、本书所收范围包括两汉出土简帛书籍、出自藏经洞的敦煌遗书、吐鲁番历年所出土的书籍。

二、收书范围主要指书籍，即经过编辑加工的具有书籍形态的文本，不收文书或明显属于单篇文章性质的文章。

三、虽然名为《汉唐书籍实物分类叙录》，但所收时间上起战国时期，下迄五代，最迟至宋初。

四、本书按类编排，以书籍内容分为经、史、子、集、佛、道六大类。每大类再列小类，如经部下又分易、书、诗、礼、乐、春秋、孝经、论语、谶纬、经解、小学十一类。分类依据四部类书籍主要参考《隋书·经籍志》《旧唐书·经籍志》《新唐书·艺文志》。佛教书籍分类依据《开元释教录》《大唐内典录》。道教书籍分类依据《道藏》。

五、本书所收语种为汉文，非汉文书籍如梵文、藏文、于阗文等不在收录范围。

六、本书的研究对象是简帛书籍、纸写本书籍，雕版印刷书籍不收或仅注明为雕印本。

七、本书的主旨是从书籍史的角度解读现存书籍实物，因此，构成书籍的诸要素是其关注重点，例举如下。

1. 书名：凡原书题有书名的一概照录，分首题、中题、尾题、外题。

2. 作者：本书关注作者，对作者依据传世文献简要介绍，列入史传的注明本传出处。对作者的其他撰著也略加著录。凡各卷中著

· 创 意 ·

录作者姓名或者译者姓名的一概著录,并注明各卷中位置,以明作者署名体例。

3. 序、跋:凡各卷中有序言者一概著录,并注明位置以明书籍制度。

4. 卷次:凡各卷中有卷次者一概著录,并注明位置。

5. 篇、章、品名:凡各卷中有篇、章、品名者均按次序著录,以让读者了解书籍篇章结构以及存佚情况。

6. 目录:凡各卷中有整书目录者一概著录。

7. 题记:凡各卷中有前题、后题题记者,题记原文照录,由此而明该书的抄写年代、抄写地点、抄写人、用纸数量、校勘者以及书籍用途等。

8. 标点:凡各卷中有断句、标点者均特加说明。

9. 校勘:凡各卷中注明校勘情况的一概著录校勘人、校勘遍次,另据写本图录特加说明抄写者、阅读者等页面校勘、修改情况。

10. 抄写人:凡各卷中有抄写人者一概著录,并区分抄写者的身份,以明书籍复制情况。

11. 著述类别:注明书籍著作形式,如著作类、编纂类、述论注解类、图谱类、翻译类等,有插图者另加说明。

12. 藏书印:凡有藏书印者一概著录,以明书籍收藏情况。

13. 纸张:注明各卷用纸规格、纸张类别(麻纸、皮纸等)、装潢加工、颜色等情况。

14. 版式:注明版面行数、行字数、天头地脚、有无界栏、注文等情况。

15. 字体:注明各卷字体,并简要评论书法艺术情况。

16. 装帧:注明装帧形式,如卷轴装、梵夹装、册页装;注明外包装形式，如帙、卷轴、缥带等。

八、本书为解题式目录工具书，因此每大类书籍有大序，每小类书籍有小序，每本书有简单的叙录，以此了解学术传承之变，以此补新旧唐书之阙。

九、本书充分吸收现有研究成果，为节省篇幅，敦煌遗书、吐鲁番出土文书收藏单位编号缩写，以及主要参考书目简称如下。（略）

本课题的结项字数为 60 万字。申请经费列项如下。

一、资料费：需购置各种原始史料、专著、工具书等，约需 × 万元。

二、图片费：本叙录需购买书籍实物图片 500 幅，每幅按元计，约需 × 万元。

三、专家审稿费：需请二位专家审稿，需审二遍，费用为 × 元/万字，计 × 万元。

四、排版费、校对费：排版 × 元/面，共 820 面，计 × 元；校对费 × 元/千字，需校三次，计 × 元。

五、差旅会议费：约 × 万元。

为保证该课题能够在 2013 年 6 月底前完成，特提出申请经费 × 万元。不当之处，请指正。

申请人：耿相新
2012 年 4 月 7 日

· 创 意 ·

《中原文库》编纂出版方案

编纂出版《中原文库》的宗旨，是在习近平新时代中国特色社会主义思想指引下，贯彻落实党的十九大精神，坚定中国特色社会主义文化道路，把马克思主义基本原理同中国具体实际相结合、同中华优秀传统文化相结合，深入推进中华优秀传统文化的创造性转化和创新性发展。

贯彻落实中央两办《关于推进新时代古籍工作的意见》，坚持统筹布局，全面规划，加强中原历代传世文献系统性整理，推进基础性古籍深度整理出版，加快出土文献整理研究成果出版利用，推进中原文献数字化，通过全面搜集、整理、保护、传承中原文化遗产，集中展示厚重的中原优秀传统文化原貌，全面归纳源远流长的中华文化精华，为华夏历史文明的传承和创新、构筑全国重要的文化高地提供基础资源和传播平台，为现代化河南和文化强省建设提供出版支持。

一、重要意义

党的十九大明确指出："文化是一个国家、一个民族的灵魂。文化兴国运兴，文化强民族强。没有高度的文化自信，没有文化的繁荣兴盛，就没有中华民族伟大复兴。"中央两办《关于推进新时代古籍工作的意见》开宗明义："把祖国宝贵的文化遗产保护好、传承好、发展好，对赓续中华文脉、弘扬民族精神、增强国家文化软实力、建设社会主义文化强国具有重要意义。"在习近平新时代中国特色社会主义思想指引下，河南积极推动文化大发展大繁荣，努力建设文化强省，省委宣传部规划实施"河南兴文化工程"，把"河南重要历史文献典籍研究"作为其六大板块之一。在这样的背景下，加强顶层设计，组织编纂出版大型丛书《中原文库》意义更为重大。

（一）重要性

中原文化悠久厚重，源远流长，是华夏文明的主体，中华文化的主干，在华夏文明和中华民族的发展进程中曾经发挥过无可替代的重要作用，并产生了巨大影响。《中原文库》的编纂出版，除了其本身所具有的历史价值、文化价值外，还具有重大的国家价值与当代价值。

1.国家价值

《中原文库》是中原文化的集中展现，而中原独特的地理优势和人文优势，使中原文化在长期的发展演进过程中形成了有别于周边区域文化的显著特色，表现出鲜明的根源性、核心性、包容性、创新性和延续性等特征。其一，中原文化是华夏文明之根、中华文化之源。中原是中华民族和华夏文明的重要发祥地，是炎黄两大先祖部落的主要活动地，是夏商周三代文明的核心区。其二，中原文化是中华文化的主干、中华传统文化的核心。其精神文化长期以来是华夏历史文明的核心内容，以《易经》《诗经》《道德经》《尚书》等为代表的著作是中华文化的元典；其物质文化遗产和非物质文化遗产极为丰富，地下文物居全国之冠，地上文物居全国第二，音乐、戏曲、书法、武术等非遗项目均居全国前列。其三，中原文化是中华文化的象征。同世界各大文明古国相比，以中原文化为代

· 创 意 ·

表的中华文明,具有原创性、独立性、持续性、引领性和包容性等特点,是世界上唯一延续至今的文明;发明于3000年前、发现于安阳殷墟的甲骨文字至今依然是全球华人共同使用的通用文字;发明于近2000年前东汉洛阳的造纸术,成为中国乃至人类世界最重要的文化载体。这些都是中原文化不同于其他地域文化所具有的国家价值。

2. 当代价值

编纂出版《中原文库》,除对历代中原文献的汇编整理外,还高度重视所收内容的时代价值和当代精神。一是通过全面整理与系统总结中原文化,推动优秀中原优秀传统文化创造性转化、创新性发展,促进现代化河南建设;二是全面整理近现代以来的革命文化和先进文化,凸显中原文化的继承性和时代性;三是通过创建开放式数据库平台,凸显中原文化的延展性和未来性。

全面体现历史、文化、国家、时代多重价值,达到"传世、鉴史、兴文、资政、育人"多种功能,为多角度、多层次、多媒体立体开发和延伸拓展提供基础资源,让中原文化更加出彩。

(二)紧迫性

作为华夏文明的核心区,在历史上多次的地方文献整理出版潮流中,河南都没有大的作为;在当代地方文献整理出版的文库现象中,中原再次缺席,本着无愧于历史、无愧于时代、无愧于后世的初衷,编纂出版《中原文库》是我们当代中原出版人责无旁贷的历史使命。

1. 中原文献亟待抢救性整理与开发

中原地区历来为兵家必争之地,千百年来战火、天灾不断,文献损毁严重。南宋以后,国家政治、经济重心转移,中原地区失去了往日的辉煌，不少文献分散各地，缺乏汇编整理，一些珍稀文献成为孤本，特别是近代以来的大量报刊、档案等资料，没有系统调查和有效保存，随时有散佚的危险。

2. 作为文化大省的河南在这一轮地方文献整理出版热潮中不能缺失

近年来，全国各地纷纷提出"抢占文化高地、建设文化强省"，地方文化整理出版工程列入各地党委、政府的重要议事日程，形成了一个引人注目的文化传播现象。截至目前，全国至少已有55种大型文献项目（其中省级项目30种）出版。作为文化大省，我省在这方面已成为洼地，应奋起直追。因此《中原文库》的编纂出版，势在必行。

3.《中原文库》编纂出版的专业作者人才队伍时不我待

目前，从河南乃至全国来看，古籍整理研究队伍青黄不接的现象日益严重。以"50后""60后"为主体的作者专家队伍，有着丰富学术经验和浓厚责任情怀，可担负起传承中原文脉的历史责任，但也面临着断层、后续无人的风险。

（三）可行性

当前启动并实施《中原文库》项目，也有四个有利条件。

1. 整理研究工作已有较好基础

中原文化在华夏文明长期处于核心地位，一些重要的中原典籍文献已有影印、整理本，相关研究也积累了一定的成果，这为我们打造精品纸质图书及中原文化数据库的开发提供了便利。外省文化整理出版工程运作经验、教训可以为我们提供借鉴。

2. 文献出版方面已有不少积累

· 创 意 ·

近代以来，中原文献陆续有汇集与整理出版。近年来，中原出版传媒集团已推出了《中州名家集》《中州文献丛书》《中原文化大典》《河南历代方志集成》等丛书，在此基础上启动《中原文库》，风险可控，质量与进度均有保证。

3. 出版队伍的建设具备了条件

中原出版传媒集团及旗下出版单位在各自的专业出版领域深耕多年，出版了一大批双效俱佳的中原文献整理和研究图书及融媒体项目，在大型项目的管理、运作上有丰富经验，也集聚和锻炼了一支勇于担当、素养较高、业务纯熟的出版队伍，可以保证本项目的顺利实施。

4. 信息技术的成熟提供了便利

在技术方面，国内外数字出版、互联网技术的不断进步，海量的电子资源使我们拥有了前代不可比拟的优势资源；按需印刷技术的成熟，也为本项目的成功开发提供了坚实的技术保障。

二、收录范围

（一）地域范围

以现在河南省行政区域所辖范围为限。曾经隶属河南省，而后划归邻省者不计。

（二）时间范围

文献留真编、文献整理编著述时间原则上为从先秦至1911年，个别情况可以适当突破至民国时期。

（三）内容范围

《中原文库》收录最能反映中华文化核心、根源，最具代表性的中原传世文献，包括报刊、档案、出土碑刻等其他文献。具体包括：历代河南籍作者的重要著述，尤其是南宋以前文献；长期寓居河南作者的代表性著述；外省乃至外国作者有关河南的重要著述。

三、规模与架构

《中原文库》包括历代河南经典图书文献和重要的中原文化研究著作。其形式为大型系列纸本图书和基于互联网的融媒体数据库及传播平台。

（一）纸本图书方面

一期工程总规模暂定 1000 册左右，依据内容和整理出版方式的不同，分为文献留真编、文献整理编两部分。

1.文献留真编 以抢救和保存中原历史文献原貌为宗旨，精选历代中原文献刻本、稿本、罕见抄本、孤本古籍，以及甲骨、金石、竹帛文献，档案文献，清末民初报刊文献等，影印出版。本编开本选用大 16 开本，共约 200 种、400 册。

2.文献整理编 以展示中原文化精华为宗旨，收录清代及以前的重要典籍，按照古籍整理规范，进行严谨的整理，标点、校勘、注释。按年代为序，分先秦秦汉、魏晋南北朝、隋唐五代、宋金元、明代、清代六个时期，以下按传统的四部分类法排列，同一作者、存世作品不限一部且兼跨经史子集多领域者，采取以书隶人的方式编排整理。

中原历史上的名家、大家，其文集著述多已有较好的整理本，如《杜甫全集校注》和《韩愈全集校注》等，拟采取专有出版授权的方式，统一按照文库格式修订再版。在形式上，本编采用小 16 开

·创 意·

本，繁体竖排，约 460 种、600 册。

（二）中原文化数据库方面

中原文化数据库，是一个基于互联网的交互式融媒体数据库及其发布平台。内容包括上述全部纸本图书，也就是《中原文库》数字版；同时，将因受《中原文库》体例和篇幅局限未能收录的中原文献、研究著作也尽可能收录，预计总数将超过 5000 册，再加上中原出版传媒集团所属出版单位历年积累的有关出版资源（均已完成数字加工），并适当加入重要的音频、视频文献（如早期河南坠子、豫剧音像影像，《红旗渠》《焦裕禄》等纪录片、故事片），从而形成多媒体、全品种的中原文化资源库；在此基础上，按照主题、关键词等多种方式，逐步建设较高层次、较多功能的检索系统，形成中原文化高地建设的数字基础平台，适当时机可免费向公众开放，从而充分发挥中原文献的多种价值功能和作用。

数据库的要求包括：符合国家安全性标准，符合知识产权保护和防盗版要求，可供按需印刷的高品质图像电子档案，完善的元数据标引、全文检索，适应不同操作系统、不同终端的阅读需求，开放式、可扩充接口，互动式交流平台等。

（三）中原文化的传播与开发

为更好地传播与弘扬中原文化，确保内容的高质量、传播的高质量和开发的高质量，要在传播、传承上下功夫，在出版形态、内容创新上下功夫。在编纂出版《中原文库》的同时，还将依托这些优势资源进行立体开发、融合出版，策划出版一批普及化、创新型读物，以更新颖的形式，更生动的表述，更多样的营销，立体化的传播，不断提升中原文化的影响力。

四、时间安排

本着统一规划、先易后难、分类推进的方式，争取用 10 年的时间，完成约 1000 册纸本图书的出版；同步构建中原文化数据库的模型结构和服务平台。

第一阶段（2022—2023），全面启动，完成文库方案论证、立项，总体书目编制，编纂任务分解，并依托现有出版资源，完成第一批图书 200 册左右的出版工作。举行第一批成果发布和赠书仪式，由省委省政府领导向国家图书馆等重要馆藏单位赠书，向社会推介。

第二阶段（2024—2028），整体推进，完成纸质图书 500 册左右的出版工作，初步完成中原文化资源数字转化工作。

第三阶段（2029—2031），全面完成，完成其余 300 种纸质图书出版工作，完成中原文化数据库构建、升级，完善平台开放服务功能。

五、经费概算

1. 初步测算每册图书成本 × 万元，包括著作权、出版权许可、复制成本、编校费用、纸张材料和印制成本等。纸质图书 1000 册，共计 × 元。

2. 数据库建设 × 万元。

3. 合计总投入 × 亿元。按 10 年完成计算，年均需投入 × 万元。

4. 建议省财政按照《关于推进新时代古籍工作的意见》的精神，予以专项资助，中原出版传媒集团予以相应的配套。

5. 具体到每一年的经费预算和使用，可视项目的进展情况编制年度预算，按照有关政策规定执行。

六、组织保障

1.按照落实中央两办《关于推进新时代古籍工作的意见》的精神，并参照外省做法，成立古籍工作专班，设立《中原文库》编纂出版委员会，建议省委、省政府领导挂帅。编纂出版委员会下设编委会及其办公室，由省委宣传部（新闻出版局）组织实施。建议统筹布局，团结集团外的出版单位协力完成。

2.向省委省政府提交报告，请省财政提供专项经费支持，中原出版传媒集团提供一定的配套资金，确保工程的顺利进行。

3.创建《中原文库》编纂标准和出版流程。包括：建立平台，发布需求，面向全国聘请、招募作者、编校者；广泛联络省内外馆藏和出版机构，取得资料、底本使用及专有出版授权；建立稿件、编写、点校、编校质量标准及评价、鉴定流程。建立《中原文库》专有的、可以推广的文献扫描标准、数据库标准、编写体例和编校标准，形成编校手册。

4.《中原文库》编辑部设在中原出版传媒集团，负责项目的具体实施工作；相关出版社设立项目组，承担具体出版任务。

2022年4月

出·版·四·重·奏

学科学术书评年刊策划案

图书是一个国家学术实力和文化影响力的重要载体,也是一个参与国际文化竞争和学术交流的重要工具。同时,就一个学科学术的进展而言,每一个学科的理论突破、价值创新和研究成果,最终也必然体现于各自不同的论文与著作中。因此,不同学科的学术论著代表了该学科的最新研究水平,国内同行与国际同行的交流平台即是以该专业的学术论著为基础的。无论社会科学、人文科学还是自然科学,每个专业学科每年都生产了大量的学术论著,动辄千万,而每个人的时间、精力均有限,生而有涯而知也无涯,这显然是学术界的一大困境。也正因为如此,鉴别优劣、剔除冗余、指明方向、高屋建瓴的专业学术书评成为一个解难纾困的有力工具。毫无疑问,学术书评也是中国学术著作参与国际学术交流、参与国际学术竞争、推动中国文化与中国科学和中国理论"走出去"的重要工具。推动每一个学科的学术创新与进展、推动中国学术走向世界并逐步占领细分专业学科学术制高点是我们提出出版"学科学术书评年刊"的两个支点。

所谓"学科",指全学科。我们的立足点是为高校和科研单位的每个专业学科的教学和科研提供知识服务。依据2012年教育部制定颁布实施的《普通高等学校本科专业目录》而设定"学科学术书

· 创 意 ·

评年刊"分类。2012年版《专业目录》，分设哲学、经济学、法学、教育学、文学、历史学、理学、工学、农学、医学、管理学、艺术学12个学科门类。12个学科门类下共设92个专业类和专业506种。如哲学是一级学科门类，旗下又分二级学科哲学类1个，哲学类下设3种专业：哲学、逻辑学、宗教学。具体分类情况为：哲学门类下设专业类1个，3种专业；经济学门类下设专业类4个，17种专业；法学门类下设专业类6个，32种专业；教育学门类下设专业类2个，16种专业；文学门类下设专业3个，76种专业；历史学门类下设专业类1个，6种专业；理学门类下设专业类12个，36种专业；工学门类下设专业类31个，169种专业；农学门类下设专业类7个，27种专业；医学门类下设专业类11个，44种专业；管理学门类下设专业类9个，46种专业；艺术学门类下设专业类5个，33种专业。基于以上的学科分类，我们的初步设想为每一个专业类（二级学科）作为学术书评独立单元，以法学为例，法学门类下分6个专业类：法学类、政治学类、社会学类、民族学类、马克思主义理论类、公安学类，法学学术书评的分类分卷分册则为6个品种：《法学学术书评年刊》《政治学学术书评年刊》《社会学学术书评年刊》《民族学学术书评年刊》《马克思主义理论学术书评年刊》《公安学学术书评年刊》。如此，则本套丛书总体规模在92种左右。理论上按专业类为92个，但在实际编纂出版过程中，学术书评的数量却是重要的影响因素。参考近30年书评数量，文学、历史学、哲学类书评数量最多，理学、工学、农学类则较少，但在学科门类设置上哲学与历史学门类下均仅设1个专业类，其学术书评分册显然需要下伸至专业，如历史学则可下分为《历史学学术书评年刊》《世界史学术书评年刊》《考古学学术书评年刊》《文物与博物馆学学术书评年刊》。而工学门类下设31专业类，在实际编纂过程中将会视书评数量而将专业类按相近原则予以合并。本套年刊规模初步设计为90种左右，覆盖每一个学科门类和专业类的总原则是始终不变的、是必须坚持的。

所谓"学术书评"，是突出图书评论的学术性。学术本身就是指系统专门的学问，就是人们对自然和社会及其规律的科学认识过程和学科化论证过程，其本身就是以专业学科和领域划分的。作为学术载体的书籍，一方面它是一门学问的研究成果总结，另一方面又是研究该门学问的知识与思考新起点，而书评则是联结二者的最佳工具。学术书评最突出的显著特征即是要揭示所评专业领域研究的现状与最新研究趋势和方向，揭示该学科的理论与方法有无突破或改变，揭示所评书籍的价值与学术进展及其不足，从而指明该书在该领域的学术地位、作用、影响或者缺失甚至谬误，指明该领域的学术认知规律和研究空白点、突破点，进而为该领域的学术建设指明方向与趋势，借以关照新的学科研究环境和学术生态的养成。

书评作为一种应用文体，根据不同的读者或使用者，根据不同的作者及其用途，根据不同的图书门类和学科分类，其类型多种多样。同时，书评的类型还具有国别性与时代性。不同的国家、语种、历史、文化背景均会对书评的类型特征产生重要影响。书评是对所出版的图书进行批判和评价、介绍和推广，具有历史性、时代性、新闻性，它可以发表于多种媒体。《图书评论学概论》将书评分为论文式、语录式、序跋式、诗品诗画式、批注式、通信式、札记式、读书法式、座谈会式、随感式书评10种。此分类法的依据基本上是

· 创 意 ·

基于对中国古代书籍评论的总结，间或插入个别当代书籍评论形式，这一分类明显具有时代局限性。按照作者的身份，我们可以将书评分为专业型和非专业型，有的书评是本学科本领域的专业研究人员撰写的，但大多数书评是由非从事本专业研究或创作的人员撰写的。这些人员包括出版社编辑、发行人员、图书馆员、新闻记者、读者等等。按照所评书籍分类可分为社会科学类书评、自然科学类书评、虚构类书籍书评、非虚构书籍书评等等，如果按照书评组织者分类，还可分为商业广告型和非商业型。目前的国际惯例，将书讯、书目介绍等出版商所提供的新书信息也视为书评之一类。最多的书讯多具有广告性，往往刊于书中，其后才发表到专业书刊杂志和报纸上。但总的来说，我们可以将书评分为三大类：介绍型书评，以简短介绍书籍内容为主，以推介性为主，具信息功能、宣传营销推广功能；批评型书评，以评论得失为主，具导读、导向、教育功能；论文型书评，以学术批评和研究为主，具总结学术、学术交流、学术推动功能。我们所努力出版的这套"学科学术书评年刊"则以批评型书评和论文型书评为收录对象，这是本套书的第二个立足点。

所谓"年刊"，是指出版周期以年为卷。每一个学科门类的专业类，每年结纂一本，按年分卷，类似年鉴，一年一卷。出版时间则是下一年上半年6月份前出版上一年学术书评。所收入范围以各学科专业学术刊物为主，兼及专业书评杂志（如《中国图书评论》《博览群书》）和专业报纸（如《中华读书报》《文汇读书周报》）。视一年度内学术书评数量确定年刊卷数，如一个学科文章太多，可选择重要书评结集，其余可以以索引形式附于书后。

"学科书评年刊"的组织，拟请中宣部出版局领导，组成编委会，中原出版传媒集团与中原大地传媒公司负责落实出版事项。实施路径拟请中国知网作为合作方，再聘请著名高校著名学科专家甄选该专业学术书评形成文稿。全套书均由中原大地传媒公司旗下的出版社出版。

附：各学科各卷书名

《哲学学术书评年刊》2016

《逻辑学学术书评年刊》2016

《宗教学学术书评年刊》2016

《经济学学术书评年刊》2016

《财政学学术书评年刊》2016

《金融学学术书评年刊》2016

《经济与贸易书评年刊》2016

《法学书评年刊》2016

《政治学书评年刊》2016

《社会学书评年刊》2016

《民族学书评年刊》2016

《马克思主义理论书评年刊》2016

《公安学书评年刊》2016

《教育学书评年刊》2016

《体育学书评年刊》2016

《中国语言文学书评年刊》2016

· 创　意 ·

《外国语言文学书评年刊》2016

《新闻传播学书评年刊》2016

《历史学书评年刊》2016

《世界史书评年刊》2016

《考古学书评年刊》2016

《文物与博物馆学书评年刊》2016

《数学书评年刊》2016

《物理学书评年刊》2016

《化学书评年刊》2016

《天文学书评年刊》2016

《地理科学书评年刊》2016

《大气科学书评年刊》2016

《海洋科学书评年刊》2016

《地球物理学书评年刊》2016

《地质学书评年刊》2016

《生物科学书评年刊》2016

《心理学书评年刊》2016

《统计学书评年刊》2016

《力学书评年刊》2016

《机械书评年刊》2016

《仪器书评年刊》2016

《材料书评年刊》2016

《能源动力书评年刊》2016

《电器书评年刊》2016

《电子信息书评年刊》2016

《自动化书评年刊》2016

《计算机书评年刊》2016

《土木书评年刊》2016

《水利书评年刊》2016

《测绘书评年刊》2016

《化工与制药书评年刊》2016

《矿业书评年刊》2016

《纺织书评年刊》2016

《轻工书评年刊》2016

《交通运输书评年刊》2016

《航空航天书评年刊》2016

《兵器书评年刊》2016

《核工程书评年刊》2016

《环境科学与工程书评年刊》2016

《生物医学工程书评年刊》2016

《食品科学与工程书评年刊》2016

《建筑书评年刊》2016

《安全科学与工程书评年刊》2016

《植物生产书评年刊》2016

《自然保护与环境生态书评年刊》2016

《动物生产书评年刊》2016

《动物医学书评年刊》2016

《林学书评年刊》2016

· 创 意 ·

《水产书评年刊》2016

《草学书评年刊》2016

《基础医学书评年刊》2016

《临床医学书评年刊》2016

《口腔医学书评年刊》2016

《公共卫生与预防医学书评年刊》2016

《中医学书评年刊》2016

《中西医结合书评年刊》2016

《药学书评年刊》2016

《中药学书评年刊》2016

《法医学书评年刊》2016

《医学技术书评年刊》2016

《护理学书评年刊》2016

《管理科学与工程书评年刊》2016

《工商管理书评年刊》2016

《农业经济管理书评年刊》2016

《公共管理书评年刊》2016

《图书情报学与档案管理书评年刊》2016

《物流管理与工程书评年刊》2016

《工业工程书评年刊》2016

《电子商务书评年刊》2016

《旅游管理书评年刊》2016

《艺术与理论书评年刊》2016

《音乐与舞蹈学书评年刊》2016

出·版·四·重·奏

《戏剧与影视学书评年刊》2016

《美术学书评年刊》2016

《设计学书评年刊》2016

2017 年 5 月 1 日

· 创 意 ·

《中国文献全书》策划提纲

　　文化是一个民族和国家的根与魂。经济、政治、军事的强大归根结底都要归于文化的强大，文化可以教化人民，文化可以化育世界，文化可以征服征服者，文化的强大是真正的强大。文化具有历史性、传承性、创新性，正如习总书记所指示的，要"推动中华优秀传统文化创造性转化、创新性发展"。因此，建立当代的中国特色社会主义新文化必然要在传承优秀传统文化的基础上创新，从而形成强大的中国特色社会主义文化，以此增强文化自信、增强中国话语权、增强文化软实力、增强中华文化影响力、增强中华文化的国际传播力。《中国文献全书》的提出正是基于以上认识。

　　文献是指通过一定的方法和手段、运用一定的意义表达和记录体系记录在一定载体的有历史价值和研究价值的知识，有广义、狭义之分。广义的文献包括图书、档案文书、报纸、期刊、碑铭、图谱、图片、图像、音频、视频、缩微胶片等。狭义的文献仅指书籍。我们所提出的《中国文献全书》取狭义图书之意。就其所收范围而言，准确地说应是《中国书籍文献全书》。根据载体不同，书籍文献还可分为写本型、印刷型、缩微型、数字型（计算机阅读型）、声像型等。按照历史上的载体形式分类，可分为简帛书籍、纸写本书籍、雕版印刷书籍、机械印本书籍、数字书籍。按照历史时段上分类，可分为古代书籍文献、近代书籍文献、现代书籍文献、新时代书籍文献。《中国文献全书》所收录的范围包括：古代文献、近代和现代文献、新时代文献。

一、《中国文献全书》收录的主要内容

1. 古代书籍文献

以载体材料而分，主要包括：历年出土的简帛书籍、早期纸写本书稿（如敦煌遗书文献）、传世抄本稿本、雕版印刷书籍、活字印刷书籍等。就其内容分类而言，主要是经、史、子、集、道、佛六大部类。

2. 近代书籍文献

以复制技术而分，主要包括雕版印刷书籍、铜活字印刷书籍、西方印刷机械印刷书籍、缩微胶片型书籍，还有大量的稿本、抄本形式的稀见书籍。就其内容分类而言，依《中国图书分类法》（2010年2月，第5版）分为22个基本大类，分为马克思列宁主义、毛泽东思想、哲学、社会科学、自然科学、综合性图书五大部类。其下，主要包括马列主义、毛泽东思想、邓小平理论、哲学、社会科学总论、政治、法律、军事、经济、文化教育、语言文字、文学、艺术、历史、地理、自然科学总论、数理科学和化学、生物科学、医药卫生等22个基本大类。

3. 现代书籍文献

以载体材料和呈现方式而分，主要包括印本书籍、缩微胶片、音像制品、电子（数字）制品、光盘、数据库、互联网等出版形式。

其内容分类与近代书籍分类基本相同，所需增加的内容主要有：

· 创 意 ·

"三个代表"重要思想、科学发展观方面的书籍文献、走向世界各国的不同语种的翻译中文书籍的输出版书籍文献、基于计算机阅读的各种数字书籍文献（如数据库、光盘、网络出版物等）。

4. 新时代书籍文献

以载体材料和复制手段而分，主要包括印本书籍、音像制品、计算机电子书籍、光盘、数据库、网络书籍、手机端数字书籍、有声书籍、视频书籍等。

内容分类依《中国图书分类法》增加内容重点是习近平新时代中国特色社会主义思想的方方面面的书籍文献，包括输出版外文书籍文献。

"走出去"的书籍文献还包括数据库、数字图书馆、光盘、网络书籍等。

二、《中国文献全书》的实现路径

此项工程是对中国书籍文化的全面整理，既关注历史上的书籍文献，也重点选择新时代文献的留存，其工程必须具有权威性，因此建议将其列入国家重大出版工程。建议由中宣部出版局（国家新闻出版署）牵头，联合全国图书馆界、出版界、复制技术提供商等机构和企业，分阶段、分时期、分类别逐步完成。

抽调专家组成临时机构制订更为详细的策划方案。

入列国家"十四五"重大图书出版项目。

普查全国自先秦至新时代的书籍文献。

普查已经出版和即将出版的涉及书籍文献的工程和成果。

整合原有的文献出版工程，纳入新的《中国文献全书》工程中。

充分利用各种创新技术和创新型企业，关注发挥民营企业的积极性（如绍兴越生文化公司积极申请加入此工程建设，并愿意承担古代、近代等时期的书籍文献的整理和复制）。

高度关注新的出版形式和产品型态，将书籍文献制作成可检索的数据库产品，制作成真正代表中国的容纳中华文明全貌的图书。

高度重视向国外传播，以此集成式的中华文明的浓缩之全书，向国外广泛传播。

三、《中国文献全书》的价值及意义

在中国坚定文化自信的路上，在中华民族伟大复兴的路上，我们在盛世整理历史上的、新时代的书籍文献，不忘本来、吸收外来、面向未来，对于创造新时代的新文化将具有不可估量的现实意义。

对于中国历史上的书籍文献进行一次总整理，将其以数字方式和纸质方式进行一次总转换，将国家国宝级的中国文字记忆遗产迁移到计算机的大数据库中，对于保存、保护、传承过往的书籍文献具有抢救的意义、具有完整保存的意义、具有永久留存的意义。

对于创新性地创造新时代中国特色社会主义新文化具有重大意义。创造新时代文化需要继承和弘扬中华民族优秀传统文化，因此我们需要整理以前的书籍文献。同时，我们尤其关注新时代的新经典文献。这对于未来同样是一种文化留存和留真，我们的文化建设归根结底的目标是建设强大的具有中国特色的、中国价值的、中国精神的、中国气派的新文化，因此书籍文化工程对推动中国新时代文化构建将起到推动作用。

对于促进中国文化走向世界，扩大中国文化的影响力和传播力，

· 创 意 ·

增强中国在世界上的话语权和软实力具有重要的推动作用。尤其是对中国近代以来的中国书籍文献的整理和重新出版，对新时代中国经典书籍的遴选，这些书籍就是中国的声音，就是中国的方案，就是中国的智慧，就是中国为构建人类命运共同体所做出的文献贡献。因此，这是一项功在当代、利在千秋的重大出版工程。

2019 年 11 月

"海外中国词学研究丛书"拟目

1.《敦煌曲》(Airs de Touen Houang) 饶宗颐、戴密微合编 （法）巴黎国家科学中心1971年印行中、法文本。

2.《敦煌云谣集新校订》沈英名编著 （台北）正中书局1979年版。

3.《敦煌曲子词斠证初编》林玫仪著 （台北）东大图书公司1986年版。

4.《花间集》（后蜀）赵崇祚编 （日）花崎采琰译 （日）东京樱枫社1971年版。

5.《花间集》(Among The Flowers: The Hua-Chie chi) Lois Fusek译 （美）纽约哥伦比亚大学出版社1982年版。

6.《增修笺注妙选群英草堂诗馀（类选群英诗馀）前集二卷后集二卷》（宋）何士信编选 （日）京都同朋舍1980年版（元代庐陵泰宇书堂本，清水茂解说）。

7.《词选》（日）中田勇次郎译 （日）东京弘文堂书房1942年版。

8.《宋四家词选》四卷 （清）周济选（台湾）中华书局1971年邝利安笺注本。

9.《苏东坡诗词集》（苏）戈鲁别夫译（苏）莫斯科文艺出版

· 创 意 ·

社 1975 年版。

  10.《东坡乐府校订笺注》郑向恒笺校 （台北）学艺出版社 1977 年版。

  11.《淮海词译注》宋龙准译注 （韩）岭南大学出版部 1988 年版。

  12.《周邦彦片玉集笺疏》黄秋笺疏 （马来西亚）溟社撰述部版。

  13.《新译漱玉词》花琦采琰译 （东京）新树社昭和三十三年 1958 年版。

  14.《李清照漱玉词笺疏》冯慧贞笺疏 （马来西亚）溟社撰述部 1960 年版。

  15.《李清照漱玉词》（苏）巴斯马诺夫译 （苏）莫斯科文艺出版社 1970、1974 年版。

  16.《辛弃疾诗词集》（苏）巴斯曼诺夫译 （苏）莫斯科国家文学出版社 1959 年版、1961 年增修版。

  17.《词律大成》（日）森川竹碳著 （日）明治版。

  18.《填词图谱》（日）田能村孝宪（竹田主人）编 日本文化三年（1806）刊本 青木嵩山堂 1881 年版 上海扫叶山房 1934 年石印本（孙佩兰参订）。

  19.《词林韵释索引》（日）关谷寿信等编 （日）名古屋采花书林 1982 年刊。

  20.《词源》（日）铃木虎雄著 1922 年版。

  21.《词的技巧与历史》冯淑兰（译音）著 （法）巴黎 1935 年版。

  22.《隋唐燕乐调研究》（日）林谦三著 郭沫若译 上海商务印书馆 1936 年版。

  23.《宋代的词》（日）中田勇次郎著 （日）东京弘文堂 1940

年版。

24.《花间集——第十世纪中国的歌：第一本词集的研究（*Hua-Chien Chi:Songs of Tentury China:A Study of the First Tzu Anthology*）Baxter，Glen William 著 （美）哈佛大学出版社 1952 年版。

25.《中国的词：八至十二世纪中国的词（*The Chinese Tzu Poetry: Chinese Lyrics of the Eighth to Twelfth Centuries*）程石泉著 （美）华盛顿大学 1966 年版 （台北）商务印书馆 1969 年版。

26.《宋代的词与演变》（日）八矢高义著 （日）东京学习研究社 1969 年版。

27.《宋代音乐资料及其解说》（*Song Dynasty Musical Sources and Their Lnterpretation*）赵如兰著（美）哈佛大学出版社 1967 年版。

28.《宋元词曲雅俗的研究》田森襄著 （日）东京东洋大学油印本 1972 年版。

29.《宋词》（日）村上哲见著 （日）东京筑摩书房 1973 年版。

30.《宋词研究——唐五代北宋篇》（口）村上哲见著 （口）东京创文社 1976 年版。

31.《杨柳枝词考》（日）村上哲见著 1979 年版。

32.《中国词的发展：从晚唐到北宋》（*The Evolution of Chinese Tzu Poetry: From Late Tang to Northernn Song*） 孙康宜著 （美）普林斯顿大学出版社 1980 年版。

33.《词乐研究》（上册）（日）水源渭江著 1981 年版。

34.《中国词文学论考》（韩）车柱环著 （韩）汉城大学出版社 1982 年版。

35.《莲舟：词在唐代民间文化中的起源》（*The Lotus Boat: The*

· 创 意 ·

Origins of Chinese Tzu in Tang Popular Culture） 魏玛莎著 （美）纽约哥伦比亚大学出版社 1984 年版。

36.《词曲概论》（日）森槐南著 东京明治书院印。

37.《唐五代北宋词研究》（日）村上哲见著 杨铁婴译 陕西人民出版社 1987 年版。

38.《唐宋词研究》（日）青山宏著 程郁缀译 （日）东京汲古书院 1991 年版 北京大学出版社 1995 年版。

39.《读词丛考》（日）中田勇次郎著 （日）创文社 1998 年版。

40.《北宋主要词人》（Major Lyricists of the Northern-Song AD960-1126） 刘若愚著（美）普林斯顿大学出版社 1974 年版。

41.《北宋六大词家》刘若愚著 王贵苓译 （台北）幼狮文化事业公司版。

42.《李煜》（日）村上哲见著 （日）东京岩波书店 1959 年版。

43.《南唐词人——冯延巳和李煜》（Lyric Poets of the Southern Tang-Feng Yansi, 903-960, and Li Yu, 937-978） 白润德著 （加）温哥华不列颠哥伦比亚大学出版社 1982 年版。

44.《柳永论稿—词的源流与创新》（日）宇野直人著 张海鸥、羊昭红译 上海古籍出版社 1998 年版。

45.《秦观词研究》宋龙准著 （韩）岭南大学出版部 1989 年版。

46.《李清照》胡品清著 （美）纽约特怀恩出版社 1966 年版。

47.《人比黄花瘦：李清照生平和作品集》何赵婉贞著 （香港）梅费尔出版社 1968 年版。

48.《李清照漱玉词》（苏）巴斯巴洛夫译著 （苏）莫斯科文艺出版社 1970 年版， 1984 年增订版。

49.《辛弃疾》罗郁正著 （美）纽约特怀恩出版社 1971 年版。

50.《稼轩辛弃疾研究》(韩)李东乡著 （韩)汉城通文馆 1985 年。

51.《中国抒情传统的演变——姜夔和南宋词》林顺夫著 （美）普林斯顿大学出版社 1978 年版 张宏生译 上海古籍出版社 2005 年版。

52.《泪眼集》（宋词选）（日）花崎采琰选 （日）东京四季社 1954 年版。

53.《宋代诗词选》（苏）巴斯曼诺夫译 （苏）莫斯科国家文学出版社 1959 年版。

54.《历代名词选》(日)中田勇次郎选(日)东京集英社 1965 年版。

55.《中国词选》邓肯·麦金托什、艾伦·艾林选译 （英）伦敦劳特莱吉与基根保罗公司 1965 年版。

56.《中国词选续集》邓肯·麦金托什、艾伦·艾林选译 （英）伦敦劳特莱吉与基根保罗公司 1969 年版。

57.《宋代词选》（日）仓石武四郎等编译 （日）东京平凡社 1970 年版《中国古代文学大系》本。

58.《宋词评释》（日）波多野太郎选评 （日）东京樱枫社 1971 年版 1975 年增订版。

59.《中国名词选》(日)马坞春树 （日)东京明治书院 1975 年版。

60.《梅花开——中国历代词选》（苏）巴斯曼诺夫译注 （苏）莫斯科文艺出版社 1979 年版。

61.《唐宋诗词选》李玉珠译 （罗马尼亚）布加勒斯特宇宙出版社 1980 年《中国诗词集》第 1 卷。

62.《宋词选注》（韩）权德周、黄秉国选注 (韩）新雅折

· 创 意 ·

1987 年版。

  63.《唐宋词选注》（韩）金钟培选注 （韩）学研社 1988 年版。

  64.《宋代诗词：鉴赏中国的古典》（日）山本和义等 （日）东京角川书店 1988 年版。

  65.《全宋女子词笺注》冯慧贞选 马来亚溟社撰述部。

  66.《渔父词》（日）小林健志选 （日）东京作者自印（志延舍文库）。

  67.《唐宋词评论书目》Stanley M.Ginsbong 编 （美）威斯康辛大学、麦迪孙联合出版社 1975 年版。

  68.《词学研究书目》黄文吉编 （台北）文津出版社 1993 年版。

  69.《词学论著总目》林枚仪编 （台北）"中央研究院中国文哲研究院"文献专刊 1995 年版。

2018 年 2 月

"上海图书馆藏词学文献集成"策划案暨拟目

　　诗词是中华民族优秀传统文化中最具特色、最具生命力,同时也是最具广泛传播力的文体之一。如果从文学的角度去纵观中华民族史,一部中华民族史实际上也是一部诗歌史,自《诗经》而下直至今天,诗及唐宋以来的词始终记录着中国文人乃至普通黎民的心灵之声与精神变迁。以此高度去概观,甚至可以说诗是一部中国精神史,词则是半部中国心灵史,她们共同构成了中国文化的底色。研究中华民族精神史和文化史,从研究中国诗词史入门当是一条捷径。当下,诗学、词学几成显学,也可印证诗词研究是探究古今中国人心灵深处精神面貌迁延的最佳路径。

　　当下,我们提出系统整理明清时期词学文献,尤其是重点整理清代词学文献,主要基于以下三个背景。

　　一是时代背景。人类文明继农业文明、工业文明之后进入信息文明时代,信息文明时代最基本的特征是开放、共享与平等,竞争的焦点将集中于技术与文化,而最终的全球竞争将集中于在人类命运共同体框架之下的文化竞争。因此,大力倡导继承与弘扬中华民族传统文化,创造创新中华民族当代文化由此而成为中华民族伟大复兴的基石与支点。而诗词无论是作为传统文化的重要组成部分,

· 创　意 ·

还是作为当代创新文化的一个重要文化载体，她都具有广泛的传播力和影响力，正是民族文化软实力之所在。以此韵文载体旧枝新放、新翻杨柳具有广泛的群众基础，同时她也是全球华人重要的文化认同的精神纽带，对于中国文化的对外传播与对外推广也是最易事半功倍的一种文化载体与形式。将诗词推向全球，将词学研究引向深入，以诗词唤起中华民族共同记忆，以诗词增强民族文化的广泛传播力和持久国际影响力，是我们当代学人、文化人和出版人的历史使命之一。

　　二是学术背景。进入21世纪以来，词学研究越来越成为显学，尤其是互联网兴起之后，学术交流越来越趋向全球化，数字化技术让越来越多的词学文献和学术研究著作更方便地面世与出版，学术的视野也更加开阔。从词学研究而言，词学研究的重心逐渐从唐宋词研究转向明清词研究；从研究词作家个体研究开始走向研究词作家群、词流派群、时代作家群等群体研究；从研究词的微观转向词的宏观研究，词学文化学、词学社会学、词学文献学、词学通史等等词学新研究成果不断涌现；词学研究从重点关注词人、词作品开始延伸到关注词之传播、词之受众，从传播学角度切入词学研究取得丰硕成果；词学研究的方法也取得突破性革新，从定性分析到定量分析，计量方法引入词学研究已经产生诸多成果。未来，数据库作为一种研究工具与研究手段，也将进入词学研究者的视野。不过，词学研究无论如何创新，无论如何深入，其研究的词学文本则是始终不可更改的。更多地转向词作品本身的研究将是未来词学研究的重点方向，回归词学文本的研究将是一种趋势。而提供最全面的词学文本则是词学研究的当务之急。然而，就目前的词学文献整理的现状则是过于重视唐宋元时期的词学文本整理，面对明清尤其清代词学文本则未予重视或者说尽管重视了但仍有大量稿本、抄本未予整理，即便是曾有刻本问世但因当时印量即很有限或经历战乱存世越来越稀见，不能掌握全面的整体的词别集、选集、总集文本将势必严重影响到词学研究的广度与深度。

三是地域背景。词自唐代兴起之后，历经五代、北宋而至南宋达到高峰。词的地域性特点颇为明显。一部《全宋词》除北宋更多地显现了某些北方特点外，其大多数词作家、词所反映的地域文化和词所表达的主题，更多地折射出黄河、淮河以南的文化特色。就《全宋词》之数量而言，大约4/5的篇数是南宋之词，而南宋的疆域则基本以淮河为北界，而西北则以秦岭为北界，两宋词的南方地域特点由此而显见。宋之后的元明，词迅速走向衰落并大大落后于散曲与杂剧。清代词创作走向复兴，甚至走向新的高峰，就其数量而言，清词可能是两宋词的几十倍。元明清均是南北大一统的王朝，但就词作家而言，南方地域的词作家和创作的词数量依然超过北方，其个中原因自然尚待研究。就初步印象而言，南方的词人数量也有差别，江浙超过赣、闽，而赣、闽又超过两湖。由词人及词集的生产特点所影响，当下词集的收藏也依然是南方盛于北方。北方以国家图书馆、北大图书馆、北师大图书馆为多，而南方则以上海图书馆、南京图书馆、浙江省图书馆、南京大学图书馆、华东师大图书馆、复旦大学图书馆为多，尤其是上海图书馆，就其清代词集收藏而言，仅次于国家图书馆而居全国第二位。上海尽管开埠立市较晚，但因其连接江、海，贯通南北而迅速成为全国的经济、文化中心之一，其近现代出版规模更在20世纪上半叶居全国七成以上，至图书收藏

· 创 意 ·

也快速成为国家之书籍门户。仅就词集而言，是除国图之外，收藏词集数量最多、门类最全、稿本抄本价值最高的一家国家级的图书馆。

正是基于以上的背景认识，我们对上海图书馆所收藏的明清词类文献进行了系统的全面的整理。初步的整理情况为：上海图书馆藏明清时期所出版（包括刻本、铅印本、石印本、木活字印本）、所抄写以及稿本共 640 种 2884 卷，其中稿本 51 种，抄本 84 种，刻本等 515 种。共分词集丛编、词别集、词总集、词谱、词韵、词话 6 类，其中，词集丛编 40 种、词别集 522 种、词总集 53 种、词谱 8 种、词韵 3 种、词话 13 种。以上文献整理的成果总名为《上海图书馆藏词学文献集成》。

本《词学文献集成》的价值与特点主要体现在三个方面。

第一，全面性。上图所藏词集的出版或抄写时间尽管全部是明清时期的，但其所包含的内容则是自唐五代两宋元明清均有的，可以说有词以来的主要词人的词集均以不同版本形式收集于这批词文献中。如本批文献中收《花间集》不同刻本、不同校本、不同补本、不同辑评本等 6 种，从不同角度对五代词人词作进行了较为全面的集中呈现。又如所藏词丛编中，收明毛晋汲古阁刊《宋名家词》61 种 90 卷，又收其《词苑英华》47 卷，并收清彭元瑞编《汲古阁未刻词》26 种 27 卷，从不同角度辑录了宋代名家名词集。又如金元时期的词人名家蔡松年、元好问、段克己、段成己、白朴、仇远、张雨、张翥、赵以夫、赵孟頫、萨都剌、张埜、程钜夫、倪瓒、赵雍、李孝光等词别集均收录于本集成中，金元词的概貌也可于此可窥。

第二，珍稀性。本集成所收版本，尤其是校本、抄本，具有极高的版本价值。所收校本绝大多数从未刊刻过，这些稿本的出版，对于研究清代词史具有不可或缺性。如张惠言的《茗柯词》（1卷）、王敬之《三十六湖渔唱》（1卷）、汤成烈《清淮词稿》（2卷）等均以稿本形式仅存于上图。还有个别的词集已刻印，但刊印底稿被上图收藏，如朱祖谋编《彊村丛书》（16种22卷）是一套著名的清人所刊词类丛书，是研究词学必不可少的宋词文本丛编，尽管此书已公开出版，但其刊印的底稿稿本仍然具有校勘价值。本集成所收抄本共84种，均具有较高的版本价值，抄本中有一些是清初所抄，更加接近作者的原稿，有的还被用于《四库全书》的底本，如清初抄本宋王灼《碧鸡漫志》（1卷），即是以《四库全书》底本而被收藏的。大量的抄本均经过抄写者精细校勘并附有题跋，让此抄更添流传和鉴赏价值，如宋姚述尧《萧台公余词》（1卷）为清吴氏绣谷亭抄本，但经清吴焯跋、黄丕烈校并跋，吴焯为词大家，而黄丕烈为版本学家，此抄本经两大家校勘阅读，其价值新增不言而明。还有一些抄本，并存刻本，可据两本而对勘，为更深入研究宋词传播提供了大量的丰富的一手资料。而上图收藏量最大的是清词别集，据《清词别集知见目录汇编》可知，这批超过500种的清词别集版本绝大多数已十分稀见，相当数量已是孤本，此批词学文献的出版对推动《全清词》的编纂与出版、对推动清词研究将起到奠基作用。

  第三，突破性。本集成的主体是清人词集，总体数量超过500种，这是迄今为止集中出版清词别集中数量最多的。《清词别集知见目录汇编》共收清词人2000余位，本编为其1/4，数量之多可见一斑。南京大学为编纂《全清词》而于2008年在凤凰出版社出版张宏生主编《清词珍本丛刊》，共收稿本、抄本、刻本219种，涉及作者200多位，相较上图收藏，此量仅是本集成的2/5。同时为避免重复出版，

· 创 意 ·

我们也将比对凤凰版词集，尽可能不重复收录或收录同一词人的不同版本。除此影印版本之外，出版清词别集较集中的仅见于《全清词》的顺康卷（20册）、顺康卷补编（4册）、雍乾卷（16册）。《全清词》自1982年启动几近40年，旷日持久，至今出版成果不及一半，全部出齐尚难预期。本集成的词学文献整理正可补其不足，一则集成本为原始文献底本，可与已出版的《全清词》中的个人词作品校勘补证；二则可补《全清词》未出之卷，让研究者早日获得清词原始文本；三则如果将本集成拓展而系统地将清人词学文献出全，则可形成一套与《全清词》并行的史料文献性的原始资料全书，其研究价值将与《全清词》同等重要。

本集成的出版将是上海市文化产业建设的一项重要工程，也是上海市建立全国文化产业高地的一项重大项目，更是上海市扩大国际影响力凝聚海外华人向心力增强文化软实力的一项有力举措。本集成无论其学术价值，还是其文化价值，在词学的出版史上将具有独特的持久的影响力，在上海文化史也将居有一席之地。

经济效益评估，另纸。

附：上海图书馆藏词学文献集成书目（略）

2018年2月

《中华文脉——从中原到中国》编纂方案

中华文明之所以能够5000年绵延不绝、与时俱进、生生不息，其最根本的原因源自其作为一种文化共同体的凝聚性、包容性、开放性和合性和坚强不屈的韧性。5000年来，中华民族形成了以爱国主义为核心，以尊崇道德、仁爱谦和、包容礼让、自强不息、勤劳勇敢、艰苦奋斗、团结统一、爱好和平为基本特征的民族精神。无论是中华文明还是中华民族精神，在波澜壮阔的人类发展史上，都是一个奇迹。

挖掘中华文明和民族精神形成的深层次原因，展示其文明成就和文化创造，揭示其文化传播路径和意义，总结中华文明智慧，展现中国历史经验，贡献中国文化价值，在当今文明冲突与融合、全球化与去全球化、合作与孤立主义相互交织的大时代背景下，在"百年未有之大变局"的巨大挑战和机遇下，在农业、工业和信息文明交汇融合的历史分水岭时期，显得尤为必要和迫切。而追根溯源，"以中原文化为中心的黄河文明"是中华文明的根和魂，中原"是中华民族的发源地，是中华文明的起源地"。因此，策划、规划、出版一套全面系统广泛传播以中原文化为出发点、以黄河文化和中华文化为精神旨归的大型丛书，具有重要的现实意义和深远的历史意义。

· 创 意 ·

就这套大型丛书的编纂出版工作,江凌部长前后四次专题听取中原出版传媒集团的汇报,每一次都提出方向性要求和具体指导。根据江部长的讲话精神,我们再次集思广益、解放思想,以改革的决心和开放的雄心,守正创新,提出如下方案。

一、丛书名称与定位

我们之所以将本套大型丛书命名为《中华文脉——从中原到中国》,主要基于以下考量。

首先,我们理解"中华文脉"一词更贴近习总书记的一系列重要讲话精神,对贯彻落实习近平新时代中国特色社会主义思想更为有力。2019年,习近平总书记在郑州主持召开的黄河流域生态保护和高质量发展座谈会上指出:"要深入挖掘黄河文化蕴含的时代价值,讲好黄河故事,延续历史文脉,坚定文化自信,为实现中华民族伟大复兴的中国梦凝聚精神力量。"习总书记同时指出:"在5000多年中华文明史中,河南作为全国重要的政治、经济、文化中心长达3000多年,三皇五帝到如今,以中原文化为中心的黄河文明在兼容并蓄中不断发展进步。"习总书记在2016年中国文联十大、中国作协九大开幕式上的讲话中还明确指出:"文运同国运相牵,文脉同国脉相连。"习总书记说,中华民族要"从延续本民族文化血脉中开拓前进",延续文脉实质上就是要把中华民族几千年最优秀的文化基因接续下来,就是要把中华民族一脉相承的精神追求、精神特质、精神脉络继承下来。

其次,"从中原到中国"可以贯通中原文化、黄河文化和中华文化。2019年,习总书记在河南考察时指出,黄河文化是中华文明的重要组成部分，是中华民族的根与魂。黄河文明的核心区域是居中国之中的中原地区，"黄河文明的起始点在中原、文明元素的融合点在中原、文明推动的支撑点也在中原"。中原地区是中华文明诞生、成长、发展和鼎盛繁荣的核心区和中心区，是中华文明的传播地，也是中华文明的创新地，中华文明创始时期的城市、青铜、文字、农业、国家制度、自然科学、哲学思想等均发明创造于中原地区，它所创造的诸多文明成就，构成了中华文明的核心主体，此时的中原就代表着中国。因此，"从中原到中国"是从中原文化到黄河文化到中华文化的历史事实脉络。

最后，"文脉"二字，涵盖"源"和"魂"，也涵盖历史文化发展脉络的"流"。从历史和文化的角度来看，中原、华夏、中华直到今天的中华人民共和国，其文化和历史是一脉相承的，以中原文化、黄河文化为核心的中华文脉决定了中华文明的历史走向。因此，用"文脉"一词可通文化血脉、知文明根脉、理历史主脉，"茫茫九派流中国"，3000多年间中原文脉与中华文脉通源一体的历史脉络一览可知。

基于以上认识，我们将丛书定位于立足中原，突出中原文化在黄河文化和中华文化发展中的重要地位和作用，以中原文化、黄河文化、中华文化为呈现对象和书写对象与主题，以三种文化的历史演变、内涵特征和精神特质以及三种文化之间的关系为研究主体，以三种文化的历史传承和地理传播为主线，揭示中华文化的历史价值、当代价值和对世界文明的时代贡献。

· 创 意 ·

二、出版宗旨与出版目的

  编纂出版本丛书的宗旨，是在习近平新时代中国特色社会主义思想指引下，贯彻落实党的十九大精神，贯彻落实习总书记一系列关于中华文化、黄河文化、中原文化重要讲话精神，贯彻落实习总书记视察河南时的一系列重要讲话精神，坚定"四个自信"，尤其是坚定文化自信，通过对中原文化和中原文明的研究和融媒体呈现，揭示中原文化在中华文化形成过程中的重要地位和作用，凸显其根源性、核心性和骨干性；通过对黄河文化和黄河文明的研究和融媒体呈现，强化黄河文明与尼罗河文明、两河流域文明、印度恒河流域文明的历史对话地位，凸显黄河文化在人类文化史上的独立性、原创性和先进性的地位；通过对中华文化和中华文明的研究和融媒体呈现，揭示中华文化在人类历史发展中的地位和作用，凸显中华文化在信息文明时代的时代精神、时代价值和时代贡献，以史为鉴，以资当代，以启未来。

  根据江部长的讲话精神，我们将丛书的出版目的概括为以下五个方面。

  1. 坚定文化自信。优秀传统文化是中华民族的精神命脉，对中华文明进行探源式的追根问底，对中华传统文化进行脉络式的爬梳，对中华文明与其他大河文明进行自觉的有意识的对比研究，并将研究成果以老百姓看得懂、听得进、传得久的方式传递和传播，可以增强中华民族的文化自信。

  2. 凝聚民族精神。自古以来，在中华民族形成共同体的过程中，家国精神一直就是中华民族精神的核心。站在新时代的当下，对中华民族精神形成过程进行系统研究、梳理和呈现，对凝聚以爱国主义为核心的民族精神,具有重要的现实意义。

3.弘扬黄河文化。黄河是中华民族的母亲河,是中华民族的摇篮。丛书将研究和呈现中华民族与黄河同呼吸共命运的历史,研究与黄河伴生的勇往直前、不怕困苦、不畏艰难、不屈不挠的中华民族文化精神,对黄河文化的演变轨迹、同根同源的民族认同、革故鼎新的开拓意识、兼收并蓄的包容胸襟、民为邦本的人本主义思想进行综合研究和呈现。丛书的出版,对于弘扬和光大自强不息、百折不挠的黄河文化精神,具有支撑作用。

4.提升中原文化影响力。中原文化是黄河文化的核心,是中华文明的主体和主干,通过中原文化的系统研究和呈现,对明晰中华文化的底色和肌理具有重要价值;通过梳理中原文化和黄河文化、中华文化的内在逻辑关系,对深化国人、世界华人对中原文化的再认识具有重要意义;通过对文明探源、文化经典、文化名人、文化创造、文化黄河和文化传播的全面整体揭示,并将研究成果全媒体传播,对提升中原文化形象,提高中原文化影响力具有重要意义。

5.强化出版主业主责。通过对本丛书重大项目的策划组织,将集团系统的力量聚焦到主业主责上来。近期目标是将丛书打造成为集团出版板块工作总纲,以此为突破口,擦亮"出版豫军"品牌,让河南出版更加出彩,借此强化国内一流、全球有影响的现代出版传媒集团建设,从中产生获奖书、资助书、畅销书、版贸书。中期目标是将丛书打造成在国内外产生广泛影响的数字化时代的探索性、双效益的全媒体出版物和富有影响力的知名品牌。远期目标是将丛书打造成为河南省乃至全国文化高地建设基础工程、文化地标工程、文脉传承工程、当代文化研究记录工程,进一步提高"出版豫军"

· 创 意 ·

的品牌影响力、作品传播力、市场竞争力、传播生命力和文化引领力。

三、编纂思路与基本原则

丛书以传播为目标,将编纂出版思路拟定为:

1. 出版形式。进入数字化和互联网时代,出版物的呈现方式也呈多样化,本套书将以纸质图书、电子图书(包括网络版)、有声书、视频书(包括短视频)、融媒体数字图书馆、数据库6种基本形式同步出版。

2. 目标受众。根据三年来新华网发布的全民阅读报告、京东大数据和开卷数据,经过对《中华文脉》相关用户画像的专项调查分析,我们以16—45岁年龄段、具有大专及以上文化程度的受众设定为主要群体。

3. 作者定位。根据对10年来开卷大数据和当当、京东电商销售平台、喜马拉雅音频分享平台、微信公众号等大数据进行调查分析,从畅销书榜单角度寻找畅销书作家、流量大V、微信头部账号作家,如余秋雨、许宏、康震、马伯庸、王宁、周国平、王立群等。在作者定位上,既要约请自带流量的专家大家,也要大胆起用大众文化名人、青年才俊作者、畅销书作家和网络平台知名写手。在作者选择上,具体思路是把权威专家与畅销书作家结合起来,把主动约请与公开招募结合起来,把名人名家与新人新秀结合起来,找到最适合的一流作者。

根据江部长的讲话精神,我们将整套丛书编纂出版所遵循的原则定位于:

1. 大众化原则。以普通大众喜闻乐见的知识内容,以通俗易懂的表现形式，以图文音视频融合的多媒体呈现方式，引领阅读时尚、阅读文化和大众消费。

2. 时代性原则。在内容选择上要有趣有料有故事，在语言风格上要生动活泼具有艺术感染力，在总体内容设计上，不求全而求精求众求畅销，贴近互联网、贴近青年、贴近大众阅读口味。

3. 人文精神原则。树立"以人为本"的理念，彰显中华文化的独特性，突出自古以来中华文化中对人的幸福和尊严的追求，对真理和理想的追求，对生活意义和人生哲学的追求，以此构造中国新时代核心价值观。

4. 有效传播原则。以全套书畅销为目标，树立互联网思维、平台思维、大众传播思维，立足网络传播这个主阵地、网上发行这个主渠道进行选题策划、活动设计、内容营销与品牌推广，实现出版传播最大化。

5. 融合出版原则。以开发出版本套书为契机，推动介质、技术、内容、渠道、人才融合发展，探索融合出版中的平台交互、网络直播、新媒体矩阵、增值服务、IP开发等新商业模式。

6. 权威性原则。在内容呈现方面，所书写所讲述的知识要有科学性、准确性，所表达的观点要符合导向性、正确性要求，所呈现的格调要具有严肃性和高雅性，总体内容要具有专业性。

四、内容框架

丛书以文化和文明脉络梳理为切入点，立足中原文化是黄河文化的核心、黄河文化是中华文化的中心这一逻辑定位，彰显中原文化、黄河文化、中华文化独特优势和持久的文化影响力，将其内容

· 创　意 ·

框架结构分为六大板块：文明之源、文化经典、文化名人、文化创造、文化黄河、文化传播。

（一）文明之源板块

此部分以考古发现为基础，以研究成果为主体；以中原地区和黄河流域考古为重点，兼及甲骨文献、金文文献；以史前文明探源、早期国家形态、中原古国方国、黄河流域大遗址、姓氏文化源流、汉字起源等为专题，研究中华文明起源及相关问题，从时间段上以史前文明、夏商周三代为重点。丛书规模为25种左右。

（二）文化经典板块

对诞生于黄河流域尤其是中原地区的经典元典著作进行综合性呈现，以导读和解说的形式出版，重在以文本、图像、音频、视频等现代媒介形态综合呈现，重新挖掘经典文本的现代价值，重在挖掘对中国文化和历史产生重大和持久影响的经典文本，重在挖掘传播到世界各地的中华文明经典内容，对其进行通俗化呈现、多媒体呈现、大众化呈现。收录《诗经》《尚书》《周易》《周礼》《老子》《庄子》《墨子》《韩非子》《黄帝内经》《贾谊新书》《盐铁论》《伤寒论》《营造法式》等等。丛书规模为25种左右。

（三）文化名人板块

以诞生和主要活动于中原地区、黄河流域的历史文化名人为书写对象，选取对中华民族和世界文明具有重大贡献和影响的历史文化名人，以现代的视角和现代语境，以重新撰写传记的方式，扩大中华文化名人的当代和世界影响。主要收录有关孔子、孟子、司马迁、张衡、玄奘、杜甫、韩愈、二程、司马光、岳飞、朱载堉等文化名人的研究成果和传记。丛书规模为25种左右。

（四）文化创造板块

以中原地区和黄河流域的重大文化、文明和科技发明为主，也包括一系列的哲学思想、制度创设、建筑和艺术创造等，收录物质文化和非物质文化遗产方面的相关内容，主要包括陶器、青铜器、指南针、造纸术、印刷术、殷墟、龙门石窟、始祖文化、根亲文化、汉字文化、武术文化、中医文化、商业文化等，以专题的方式形成融媒出版物。此部分是丛书的重要方面，系统地揭示中原文化、黄河文化和中华文化的特质、特征和内涵。丛书规模为25种左右。

（五）文化黄河板块

以奔腾不息、滋养华夏又屡屡泛滥的九曲黄河和百折不挠、生生不息的黄河文化精神为对象，围绕黄河数千年来活动变迁，关注历代认识、开发和利用黄河的历史进程，分析黄河河道历史变迁及黄河流域生态环境演变等问题，探讨黄河文化精神之于中原文化、中华文化的相生相融关系，展现新中国成立以来尤其是进入新时代黄河流域生态保护，实现经济、社会高质量发展的"河之治""河之梦"。丛书规模为25种左右。

（六）文化传播板块

以中原为中心，尤其是以中原王朝为重点，华夏文明不断地向黄河流域上下游传播，向长江流域、向岭南、向漠北、向西域等周边传播，并向日本、朝鲜和东南亚传播。近代以来，中华文化随着与西方文化交流的深入，也不断向欧洲、北美、拉美、亚洲、非洲等地广泛传播。尤其是进入新时代，中国精神、中国智慧、中国价值日益凸显。本部分对以中原文化、黄河文化为核心的中华文化进行梳理，探讨并呈现中华文化的历史传播和当代传播。丛书规模为

· 创 意 ·

25种左右。

五、出版理念与实现路径

总结、梳理和传播中原文化、黄河文化、中华文化是我们出版人义不容辞的使命和担当。以出版为支点，强化大河文明之间的历史对话、文化对话、精神对话，强化中华文化对于人类文明发展的启示意义和价值引领，强化以中原文化为核心的黄河文化在中华文明发展中的地位和作用，提升世界广大华人华侨以及国际社会对中原文化的认识，同样也是我们集团公司的责任和义务。为完成这一项目新、要求高、难度大的艰巨任务，我们决心以更加改革的魄力，更加开放的心态，更加解放思想的精神，高标准、高质量、高效率完成本套书的出版。为此，我们必须创新出版理念：第一，必须以贯彻落实习近平新时代中国特色社会主义思想和一系列重要讲话精神为根本遵循，坚持"思想精深，艺术精湛、制作精良"相统一的精品标准和价值导向。第二，必须坚持"以人民为中心"的出版理念，强化大众出版，聚焦大众阅读，推动大众传播，推出大众经典，出版好畅销书、常销书、大众书、双效书和市场书。第三，必须坚守"出版创造价值，出版传承文明，出版使生活更美好，出版改变世界"的出版理想，牢记"书比天大，责比山重"的出版担当，最大限度地推动知识传播、文化传播、文明传播、人文传播。第四，必须坚持以融合出版为方向实现出版战略转移，以集团公司现有的九大互联网平台为基础，整合内外部内容资源，整合产业链，整合人力资本资源，完成融合出版商业模式探索，实现转型升级。第五，必须坚持以改革开放和守正创新开掘动力源，在本套书出版上大胆实施体制机制改革,做到主动组稿和网络招募相结合、出题与命题相结合、体制内与体制外相结合、国内与国外相结合、心态开放和保持自我相结合。

实现路径包括以下几项。

1.在网络上公开招募,招募作者、选题、书名、专业设计方案等。

2.利用大数据物色作者和内容主题,确定受众群体。

3.以开放的思维和心态对外合作,寻找出版文化公司、内容机构、传播平台进行深度合作,甚至在资本层面合作。

4.再造出版流程,立体式开发,复合式呈现,同步式合作。

5.组建专班,抽调专业人员,专司其职。

6.最大限度地进行全渠道传播,主要包括:

(1)集团平台传播。借用或专门搭建移动端平台,以云书网、中阅网等网站及App、微信公众号为基本平台形式,在平台上传播、宣传、交易纸质和数字出版物。

(2)线上全网络传播。充分利用网络书店(当当网、京东商城、天猫旗舰店、博库网、新华文轩网等),电子书平台(中文在线、天翼阅读、沃阅读、咪咕阅读、方正阿帕比、超星、当当、京东、亚马逊阅读器等),音视频平台(喜马拉雅、爱奇艺等),进行广泛传播和交易。

(3)线下多渠道营销。主要渠道有省内发行集团连锁书店,国内各大卖场,图书馆馆配和直销网络。

(4)"走出去"营销。组织集团系统内专业的营销队伍,采取"走出去"的方式,利用国际国内相关会展、博览会和平台研讨会,进行持续的专门性营销。

· 创 意 ·

六、规模投入

计划用 10 年时间，分两个阶段完成 150 种左右图书的多媒体出版任务。2021—2025 年为第一期，出版 75 种新书。2026—2030 年为第二期，出版 75 种新书。每种出版物平均 25 万字左右（包括图片的版面字数），成本包括稿酬、排版、印刷、电子书制作、音视频制作、数字图书馆和数据库制作、传播等，每种 × 万元，共 × 元。按 10 年完成计算，每年需投入 × 万元。

七、具体安排

1. 组建机构。成立丛书编纂出版委员会，统筹协调编纂出版工作；下设办公室和编辑部，负责日常工作；组建丛书专业顾问团队、作者团队和编辑出版团队。

2. 组建编辑团队。根据集团系统内出版社的出版基础、专业优势和编辑力量，拟采用"集中管理，分散编辑，同步出版"的原则总体推进编纂出版工作。

附件：《中华文脉——从中原到中国》编纂出版委员会组成人员名单（拟稿）（略）

2020 年 6 月 23 日

出·版·四·重·奏

二里头遗址暨夏文化研究出版传播方案

经过近百年尤其是新中国成立之后的大量考古发现，结合《诗经》《尚书》《左传》《国语》《竹书纪年》《夏小正》《山海经》《史记·夏本纪》等古文献中的上百处记载，并运用"C14"同位素测年法等技术对近百处遗址测年，夏王朝的信史地位基本可以确立。夏族的发祥地在伊洛河之间，其统辖的核心地区为豫西和晋南，其统辖范围西至晋南，东部到豫东、鲁西、皖北，北部达豫北、冀南，南部抵豫南桐柏山、大别山一带。文献记载的夏都阳城、禹都阳城、阳翟、太康都城斟鄩等均处于今河南省。中原作为中国第一个王朝的诞生地和主要统辖区域所在地的历史地位，决定了中原出版传媒集团将二里头遗址和夏文化作为重点出版方向，对其进行系统性、整体性、全媒体出版规划，既是义不容辞的义务责任，更是责无旁贷的使命担当。

为深入贯彻落实习近平总书记关于二里头遗址发掘、保护与利用工作的重要批示精神，中原出版传媒集团增强政治意识、扛稳政治责任、提高政治站位，从增强"四个意识"、坚定"四个自信"、做到"两个维护"的政治高度，从传承中华优秀传统文化、实现中华民族伟大复兴的战略高度，主动担当、主动作为、主动规划，聚

· 创 意 ·

焦主业主责，强化融合出版，本着统筹整合夏文化研究出版资源、整合学术研究力量、整合出版编辑人才队伍的思路，着眼于学术前沿成果原创性呈现、学术成果社会化大众化通俗化转化、夏文化知识全媒体传播的目标，坚持纸媒数媒多媒体出版并举、线上线下同时空传播并行，国内国外两个市场开拓并进的原则，制订本方案。

一、指导思想

以习近平新时代中国特色社会主义思想为指导，深入学习贯彻落实习近平总书记关于宣传思想文化工作特别是出版工作的重要论述以及对二里头遗址的重要批示精神，把贯彻落实习近平总书记重要批示精神与总书记关于保护传承弘扬黄河文化、讲好"黄河故事"统筹起来，将中原文化、黄河文化与中华文化的出版工作结合起来，将夏文化出版与《中华文脉——从中原到中国》（丛书）出版联动起来，坚持"以人民为中心"的出版理念，秉持"出版创造价值，出版传承文明"的出版理想，坚守"出好书、济天下"的出版情怀，着眼于增进文化认知、强化民族认同，着眼于坚定文化自信、提升中原文化软实力，以实现国家价值、弘扬人文精神和坚持有效传播为目标，在推动河南出版更加出彩中，以全媒体、融媒体的传播方式最大限度地有效推动夏文化知识传播、文化传播、文明传播、人文传播。

二、出版内容定位

本规划以二里头遗址和夏文化为主要出版对象，以专业学术成果转化及面向大众的通俗出版物为重点，注重探讨夏文化与中原文化、黄河文化、中华文化的关系，全面反映其历史价值、学术价值、文化价值，复原早期文明图景，重建夏代信史，进一步提升中华民族文化自信。

三、重点出版任务

1.编制"十四五"出版规划及年度出版计划。集团层面组织省内外、国内外考古专家、历史学家、科学史家等专家队伍，结合专家本人及其所在机构的研究课题与成果，编制二里头遗址和夏文化重点项目"十四五"出版规划，并将近期可实现选题列入集团公司2021年度选题计划，组织相关出版社，主动作为、主动策划，主动与相关研究机构、考古发掘单位、文物保护机构、文化文物管理机构和上级管理部门及个人专家学者联系。

2.制定二里头遗址和夏文化考古资料整理出版计划。集团层面，会同出版社协调中国社会科学院考古研究所二里头工作队及省内各考古发掘研究单位，对原有考古发掘资料进行整理，分期分批出版。

3.策划做好"夏文化研究大系"出版。经过认真细致地调研，自1936年以来，国内共出版夏文化及与夏文化相关的学术专著、考古报告、论文集和普及读物共80余部。在此基础上，我们将对目前学术界的有关夏文化的在研成果进行全国性普查和征集，并参考重点课题规划，分年分期推出一套学术研究性的"夏文化研究大系"图书，以此参与国际学术对话，推动国内夏文化学术深入研究，提高河南学术地位和中原出版传媒集团学术出版影响力。此大系在"十四五"期间计划出版30种左右。

4.策划出版"夏文化大众普及文库"。长期以来夏文化的研究局限于学术界尤其是考古界内部，其成果大多以考古发掘报告、学

· 创 意 ·

术论文、学术专著的形式出版,这些成果的社会化转化、通俗性表达和大众化传播缺失。为此,集团层面主导,出版社组织专家对夏文化研究成果进行通俗化转化,策划编写夏文化普及性系列读物,面向大众普及夏文化知识,增强民族历史认同和文化自信心。尤其是要与《中华文脉——从中原到中国》(丛书)的出版工作紧密结合,两个项目之间既有独立性,也有协同性、相融性。本套丛书在"十四五"期间计划出版50种左右。

四、出版基础工作

1.编制"夏文化研究专家名录"。经过对国家图书馆、中国知网、超星数字图书馆等学术调研,确知从事"夏文化"研究的专家主要集中于中国社科院考古研究所、北京大学考古文博学院和河南文物考古研究院等单位。成果较多的研究专家共有60位左右。在名录已初步编制完成的现有基础上,进一步搜集资料,丰富完善,为夏文化研究和出版提供人才支撑。

2.成立"夏文化编辑出版咨询委员会"。根据学术界"夏文化"研究的现状和进展,遴选具有代表性的专家组成夏文化出版专家咨询委员会,指导或设计二里头遗址和夏文化考古资料整理、"夏文化研究大系"和"夏文化大众普及文库"的出版规划,为夏文化研究和出版提供智力支持。

3.创办学术性研究专刊《夏文化研究》(季刊)。以集团公司为主导,指定中州古籍出版社,联合中国社科院、北京大学、省文物局、省博物院、省文物考古研究院、郑州大学历史学院等机构,采用以书代刊的方式,每季度出版一期夏文化研究方面的学术性专刊,可设定如考古发掘、科技考古、文物研究、古文字研究、公众考古、遗址保护与利用、二里头文化研究、夏王朝研究等栏目，刊发国内外最新研究成果。

4.适时举办"夏文化出版论坛"。邀请中国考古学会、中国社科院考古研究所暨二里头考古工作队、北京大学、省文物局、郑州大学历史学院、河南省考古研究院、二里头夏都遗址博物馆等单位专家，召开夏文化专题出版会议，进行组稿并征集意见，为《夏文化研究》（季刊）、"夏文化研究大系"和"夏文化大众普及文库"凝聚学术力量和专家智慧。

5.建设"夏文化研究基础资料出版数据库"。据调查研究，目前所发表的有关夏文化和夏文明的论文共有700多篇，我们已经搜集到这些论文的全文电子文档，之前我们已经出版过《中国考古集成》中的部分论文也一并归档，这些资料构成本数据库的主体。开发建设本数据库，旨在将有关夏文化研究的论文、考古报告、学术专著、会议信息等内容应收尽收，为学者研究夏文化提供即时、完整的基础性专业资料。本数据库为开放式，随着每年夏文化研究的深入，及时增加新的研究成果。

五、全媒体出版传播

1.发挥集团出版传播优势。在夏文化重点出版工程方面，中原出版传媒集团具有三个方面的优势：一是在出版夏文化和考古书籍方面，我们集团具有重要专业优势和良好基础，尤其是中州古籍出版社、大象出版社、河南人民出版社具有更多优势，已出版的有关夏文化方面的书籍在省内出版社中集中于此三家社，在国内出版界

· 创 意 ·

有较大影响，如《夏史初探》《二里头村志》（中州古籍出版社）、《手铲释天书——与夏文化探索者的对话》《登封王城岗考古发现与研究》（大象出版社）、《夏商周三族源流探索》（河南人民出版社）等。二是出版集团已经构建了全媒体出版传播的产业格局，集团系统有9家以纸质出版为主的传统出版社，有2家以出版电子、音像为主要方向的多媒体出版社，有5家出版社具有互联网出版资质，有以互联网传播为主的云书网、百姓文化云等，多媒体出版传播体系已经建立。三是出版集团具有较强的专业人才队伍。在专业人才队伍建设方面，出版集团的学科编辑全部齐备、专业编辑能力和学术把关能力较强，有较好的与外部专家沟通能力和出版新媒体传播能力。

2. 制定实施集团夏文化全媒体出版传播方案。集团层面统筹图书出版社、电子音像出版社、报纸期刊社和云书网、百姓文化云、中原教育云、数字教材应用服务云等平台，自己制作或聘请、联合外部专业团队拍摄夏文化、夏文物、夏遗址、夏历史纪录片、宣传片、微视频，通过自身平台和外部合作平台最大限度地向大众传播。

3. 确定出版传播方式。对夏文化的出版和传播采用多种呈现方式，全媒体式呈现，包括纸质图书、电子图书、有声书、视频书（短视频和长视频）、音视频课堂、平台公开课、平台访谈、平台论坛、平台直播、AR和VR出版物、纪录片、微电影、网络游戏、网络动漫等。

六、出版传播保障

1. 组织保障。在省委宣传部领导、指导下，成立集团夏文化出版传播工作专班，由集团主要领导总负责，工作专班成员包括集团和股份公司分管领导、有关部室领导、各出版单位主要负责人。专班主要负责推动二里头遗址和夏文化专项出版传播工作。

2.机制保障。建立夏文化出版工作联席会议制度，建立协调推进机制、日常联络和督促检查机制。将"夏文化重点出版工程"列为集团"特别重大创新管理项目"，在人员调配、资金预算、工作考核、项目奖惩等环节与方面，实行专项管理、给予重点支持。

3.政策保障。争取将"夏文化重点出版工程"列为省重点规划项目、国家"十四五"重点出版规划项目，争取列为国家出版基金资助项目和省文化产业资金支持项目。

2020年8月

· 创 意 ·

"自主知识产权的立体化数字教材"策划方案

项目名称：自主知识产权的立体化数字教材

申报单位：大象出版社有限公司

申报类别：补助资金项目

申请资金：××万元

项目类别：出版发行、数字内容

出·版·四·重·奏

附件1 2010年度河南省级文化产业发展专项资金项目申报表

申请单位名称：　　　　　　　　　　　　　　　　　　　　　　单位：万元

申报资金类别	补助资金项目		申请专项资金额度	
一、项目申报单位基本情况				
单位名称	大象出版社有限公司		注册资金	
单位性质（√）	国有□集体□民营□三资□其他□			
法人代表	耿相新	联系电话	手机	
联系人	王晓	联系电话	手机	
单位地址	经七路25号		邮政编码	450002
银行账号				
二、上年度相关经济指标				
资产总额	负债总额	资产负债率	销售收入	年利润	年税收
三、项目基本情况				
项目名称	自主知识产权的立体化数字教材		项目负责人	
项目所属行业（√）	□现代传媒 □出版发行 □文化创意 □影视制作 □动漫游戏 □演艺娱乐 □文化旅游 □版权交易 □工艺美术 □印刷复制 □广告会展 □数字内容 □体育服务 □特色产品 □教育培训			
项目立项（批复或审核）单位			项目开工时间	2009
			预计竣工时间	2012
项目投资情况	总投资	落实资金	目前累计完成投资	本年度计划投资	本年度完成投资
总额（万元）					
（1）财政专项					
（2）贷款					
（3）利用外资					
（4）利用内资					
（5）单位自筹					
（6）其他					

· 创 意 ·

续表

贷款 （包括非银行 金融机构）	贷款银行	贷款额度	贷款期限	贷款利率	年应付利息
合计					

四、项目内容

通过借鉴国外先进的数字教材理念、模式、模块、体例和呈现方式，开发覆盖义务教育阶段全学科的数字教材，共计 77 科，形成立体化的教材体系。包括按需印刷的纸介质图书、辅导材料、视听产品、教育软件、教师工具、学生学习记录、教学管理等全方位、多角度的"教与学"的系统工具。以数据库的形式，提供试题库、资源库、课件库等多种形式的网络资源，逐年丰富和积累高质量教育资源，形成以著作权和专有出版权为核心的自主知识产权。通过开发配套周边教育产品，扩充教材的产品线，开发具有自主工业产权、商标、专利和软件著作权的教学管理工具软件、教育软件、电子纸阅读器、电子书包、电子白板等立体化的系列产品。

五、项目实际进度

1. 数字教材：全套数字教材的研发计划 2010 年正式开始组织实施，历时三年完成。
2. 软件和硬件平台研发：项目所需的基础软件设计工作已经完成测试版本。
3. 配套内容：试题数据库已经完成 120 万道试题的数据库建设；资源数据库已经完成"大象教育资源网"的升级改版。
4. 配套服务：教育社区和教育论坛已经投入使用。

六、项目优势

大象出版社是新闻出版总署审批的首批 50 家网络出版单位之一。本版教材《小学科学》《初中地理》《高中历史》通过教育部审核，面向全国市场推广，已取得了良好的业绩。已建设完成《大象出版网》《大象教育资源网》两个专业教育网站，形成了良好的基础和广泛的社会影响力。与北大方正、中文在线、中国移动等技术公司开展了长期合作共同开拓数字图书市场渠道。成立了专门的技术支持公司——河南大象网络技术有限公司，打牢了研发数字教材的技术基础。公司拥有 15 名专业的网络技术开发人员，拥有网通电信双线光纤接入和知名品牌的全套网络设备。拥有 150 余名富有开发教材、教辅经验的编辑队伍，通过培训和组织，共同积极参与到数字教材的研发中来。

续表

七、项目计划
1. 数字教材：全套数字教材的研发计划 2010 年正式开始组织实施，历时三年完成。 2. 软件和硬件平台研发：项目所需的基础软件设计工作已经完成测试版本。 3. 配套内容：试题数据库已经完成 120 万道试题的数据库建设；资源数据库已经完成"大象教育资源网"的升级改版。 4. 配套服务：教育社区和教育论坛已经投入使用。
八、申请支持内容
由于项目所需资金量大，单位自筹和国内合作落实的资金难以满足项目的需求，目前仍有 × 万元的资金缺口，因此申请对该项目进行专项资金的补贴，补贴金额 万元。
九、项目完成后预计新增经济指标

新增就业人数	年销售收入	年利润	年税收

一、项目介绍

教材：根据《义务教育法》的要求，教科书是根据国家教育方针和课程标准编写的，内容力求精简，精选必备的基础知识、基本技能，经济实用，保证质量，国家对教科书实行审定制度，鼓励教科书循环使用。

数字教材：随着新技术的发展，数字化的教材必将成为未来教科书的主要形式。数字教材区别于传统的纸介质教科书，从内容上来说，它具有传统教科书所具有的权威性，并因其容量大、成本低、多媒体效果好、交互性强等一系列的优点，具有传统教科书难以实现的功能和作用；从载体形式上来说，它具有重量轻、使用方便、循环利用、节能环保等独特优势。因此，数字教材必将成为传统教材的更新换代产品。

· 创　意 ·

立体化：所谓立体化，就是数字教材不再局限于单一的课本，它还包括辅导材料、视听产品、教育软件、教师工具、学生学习记录、教学管理等，是一个全方位、多角度的"教与学"的系统工具。

自主知识产权：数字教材以通过国家审定的教材为核心，以成体系的周边教育产品为辐射半径，形成和具有两个方面的自主知识产权：一是相关教育产品的著作权和专有出版权，二是系统包含的数字化教材、软件和阅读器所具有的工业产权、商标、专利和软件著作权等相关权利。

二、项目背景

1. 随着网络技术的飞速发展，数字出版已开始渗透到教材领域，导致国际教材出版体系发生重大变化。尤其值得注意的是，世界最大的教育出版集团培生，已经开始在美国的加州全面采用数字教材。国际主要教材出版集团纷纷朝数字出版转型，出版产业发展的最终形式将是网络出版。传统的教育软件也开始向网络化发展。载体形式发生变化，电子纸技术已经成为一种方便的、符合阅读习惯的手持阅读器，例如亚马逊推出的 Kindle 和国内的汉王电子书 2009 年销量已达 352 万台，各种电子书包和学习机的销量已超过 1000 万台。学生逐步接受了这种新的多媒体教材形式，逐步养成了使用各种学习机和阅读器的习惯，并通过网络进行交流和获取信息。这些都反映出数字教材的技术条件已经具备，市场前景已经逐步清晰，发展趋势正在加快。教育部在"十二五"规划中将把数字教材作为下一步发展的重点领域。

2. 我省拥有国内最大的基础教育市场，而目前传统的教材主要为人教版、苏教版、湘教版、语文版、北师大版所占据。我省在上一轮激烈的教材竞争中处于劣势，拥有自主知识产权的教材品种少，市场占有率低，还没有形成规模优势。

3. 目前数字教材是全国的空白点，面对传统教材向数字化转型的这次历史机遇，通过在全国先行一步开发数字教材，改变我省在自主知识产权教材方面的落后局面，实现从传统教材向数字教材的跳跃式发展，是本项目所具有的战略意义。

4. 正是在这样的背景下，大象出版社作为我省最具实力的专业教育出版社，放眼全国，力争实现产业升级和跨越，在全国首创，率先提出了开发义务教育阶段全学科的数字教材项目。

三、项目内容

1. 通过借鉴国外先进的数字教材理念、模式、模块、体例和呈现方式，开发覆盖义务教育阶段全学科的数字教材，形成立体化的教材体系。包括按需印刷的纸介质图书、辅导材料、视听产品、教育软件、教师工具、学生学习记录、教学管理等全方位、多角度的"教与学"的系统工具。

数字教材科目内容包括：

· 创 意 ·

表 1：义务教育阶段小学课程（共计 47 科）

年级	科目	年级	科目
一年级	品德与生活	四年级	品德与社会
	语文		语文
	数学		数学
	音乐		英语
	美术		音乐
	写字		美术
二年级	品德与生活		信息技术
	语文		写字
	数学		科学
	音乐	五年级	品德与社会
	美术		语文
	写字		数学
三年级	品德与社会		英语
	语文		艺术
	数学		信息技术
	英语		写字
	音乐		科学
	美术	六年级	品德与社会
	信息技术		语文
	写字		数学
	科学		英语
			音乐
			美术
			信息技术
			写字
			科学

429

表2：义务教育阶段初中课程，共计30科。

年级	科目	年级	科目
七年级	思想品德	九年级	语文
	语文		数学
	数学		英语
	英语		物理
	历史		化学
	地理		历史
	信息技术		信息技术
	生物		音乐
	音乐		美术
	美术		
八年级	思想品德		
	语文		
	数学		
	英语		
	物理		
	历史		
	地理		
	信息技术		
	生物		
	音乐		
	美术		

· 创 意 ·

2.以数据库的形式,提供试题库、资源库、课件库等多种形式的网络资源,逐年丰富和积累高质量教育资源,形成以著作权和专有出版权为核心的自主知识产权。

配套试题数据库:提供与数字教材配套的在线试题以及相关试题分析,同时不断更新升级,向注册用户提供试题搜索、在线组卷、在线测评、学习记录等功能。

配套资源数据库:向用户提供丰富的视频、音频、文档、课件、教案等各种形式的教育资源。

配套数字教辅:做好传统教育产品与网络教育产品之间的协调发展,探索图书、网络相结合,线上、线下同步发展的立体化教学辅导服务体系,满足老师和同学们的多种需求。

3.通过开发配套周边教育产品,扩充教材的产品线,开发具有自主工业产权、商标、专利和软件著作权的教学管理工具软件、教育软件、电子纸阅读器、电子书包、电子白板等立体化的系列产品。

4.提供全方位的教材服务,包括:

教育社区:以网站为平台,建设一个虚拟的教育网络社区,方便用户找到自己的兴趣点以及有相同喜好的网友,方便用户之间的信息交换和资源共享。提供个人博客、物品交换、圈子等功能。

教育论坛:根据教学进度的实际情况,提供不同学科的论坛板块,为用户搭建一个交流沟通的平台。在这里,用户可根据自己学习中的实际需求提出问题,其他用户则可以提供见解和答案。通过提问和解答,加强用户间的交流和沟通,提高学习效率和解答的准确性。依托大象出版社在教育领域的资源优势,组织一批优秀教师,采取网络答疑的方式,提供权威的解答,把握教育的正确方向。

教材培训：针对教师和学生在实际教学使用中的问题，聘请专家和一线优秀教师讲解，提供数字教材的网络支持和配套服务。

四、项目计划及进度

1. 数字教材：全套数字教材的研发计划 2010 年正式开始组织实施，历时三年完成。

2. 软件和硬件平台研发：项目所需的基础软件设计工作已经完成测试版本。

3. 配套内容：试题数据库已经完成 120 万道试题的数据库建设；资源数据库已经完成"大象教育资源网"的升级改版。

4. 配套服务：教育社区和教育论坛均已投入使用。

五、项目优势

大象出版社作为全国优秀出版社之一，在传统出版业务中拥有独特的优势和良好的业绩，并不断探索新兴技术在出版领域的应用，努力实现传统出版向数字出版的转型。在数字教材项目上，我们具有以下优势。

1. 大象出版社是新闻出版总署审批的首批 50 家网络出版单位之一。

2. 本版教材《小学科学》《初中地理》《高中历史》通过教育部审核，面向全国市场推广，已取得了良好的业绩。

3. 已建设完成了"大象出版网""大象教育资源网"两个专业教育网站，形成了良好的基础和广泛的社会影响力。

4. 与北大方正、中文在线、中国移动等技术公司开展了长期合作，

· 创 意 ·

共同开拓数字图书市场渠道。

5.成立了专门的技术支持公司——河南大象网络技术有限公司，打牢了研发数字教材的技术基础。公司拥有 15 名专业的网络技术开发人员，拥有网通电信双线光纤接入和知名品牌的全套网络设备。

7.拥有 150 余名富有开发教材、教辅经验的编辑队伍，通过培训和组织，共同积极参与到数字教材的研发中来。

六、项目总资金需求

按照通过教育部审定的传统纸介质教材研发成本测算，平均每册 × 万元计，共 77 科，154 册，项目整体资金需求为 × 万元。

其中，2010 年底前预算投入资金 × 万元，包括：数字教材研发投入 × 万元，数字教材营销渠道建设投入 × 万元，数字平台的技术研发投入 × 万元。

七、项目前期投入

截至 2009 年 10 月 31 日，根据项目进展累计已完成投资 × 万元。

八、申请支持内容：

由于项目所需资金量大，单位自筹和国内合作落实的资金难以满足项目的需求，目前仍有 × 万元的资金缺口，因此申请对该项目进行专项资金的补贴，补贴金额 × 万元。

九、项目完成后预计新增经济指标：

新增就业人数：× 人

出·版·四·重·奏

年销售收入：×万元

年利润：×万元

年税收：×万元

附：教育部基础教育教材审定工作办公室有关大象出版社送审的新课程标准实验教科书审核意见的通知（略）

大象出版社有限公司
二〇〇九年十二月五日

FU LU

附录

出·版·四·重·奏

· 附 录 ·

《历代全集丛刊》前言

　　无论是思想体系的发展，还是社会的进步，在一定的时间段之内，都会经历从宏观到微观的发展过程。这一过程也是一个漫长的不断演化、完善的进程，其间会经历曲折、反复，甚至可能出现倒退，但终将走向巅峰，从而进入一个更高级的阶段。

　　春秋战国时期，诸子争鸣，百花齐放，从而建立了中国的各类学术思想体系。这些学术思想体系的诞生，为之后两千多年中国学术思想的发展定型，创制基本架构。从西汉开始，儒学确立统治地位，随之而来的是以经学、文学、史学为代表，逐渐开始微观化研究、实践、发展，在不断融合外来文明的同时，持续补正、深化本民族的本体学术思想体系。在此期间，汉代、唐宋、明代可称为代表，而清代则登峰造极，把中国传统学术思想体系从各个方面全面梳理、归纳、综覈。到清末民初，近代思潮勃兴，中国学术思想体系进入了一个新的发展时期。

　　从政治制度上讲，先秦以来，随着疆域的扩张，人口的增加，经济的发展，政治理论不断创新、完善，新的机制、新的运行框架不断出现，逐渐形成了适应这片辽阔土地的成熟制度，也让以农业为主体的中国成为世界上的几大强国之一。其中，汉、唐、明、清仍是代表时期。可以说，一个王朝、一个国家的兴盛发达、长治久安必然伴随着政治制度的改革和创新，而这都离不开微观化的研究和实践。

进入现代社会，无论是政治制度，还是学术思想体系，都随着社会的巨大变化，社会分工的不断细化，也都呈现出越来越微观化的显著特征。影响到对传统文化的研究，也同时呈现出局部、行业、专题、个体性等等的微观化趋势。

每一次的社会进步、学术思想的繁荣，都必然出现集大成者、标志性的人物。这些人物历来都是学者研究的重点，也是每一个人效仿的标杆。随之而来的就是个人全集的兴起。

唐宋时就有汇辑某一个人各类著作的全集出现。到明代，无论是编辑前人著作全集，还是汇编本人著作全集，抑或是编刻当代人物全集，都已经成为那时的时尚风气。进入清代以后，编纂家族成员全集更是几乎成为每一个家族的使命，也是学者的一个必然追求。这一风气一直影响到当代中国。

《历代全集丛刊》正是顺应当代学术研究趋势的一个选择。

该丛刊选取唐以来在各个方面、各个时期有价值的个人著作全集，其来源有三类。一类是以往刊刻的全集，一类是过往丛书中已经全部汇集刊刻但未命名的全集，一类是我们据已刊散本汇编的个人全集。

这些全集均以影印方式出版。除了尽量选取最好、最全的版本，如有近人辑录的逸文、逸作，也尽量以附录的形式补入。

个人全集不仅是研究某一个重要历史人物的最重要、最原始的资料，更是某一个历史时期、某一种学术领域的代表性载体，其中往往记载了最原始的细节过程，若取一个时期众人的记载，我们就

· 附　录 ·

能够还原一段岁月，因此，从某种程度上，可以说这就是一段历史，而且是无比具象化、能引领人们身临其中的一段历史。

新中国以前的全集都是以个人、家族、地区性人物著作集形式小规模刊刻，尚未有大规模集成出版者。《历代全集丛刊》算是顺应当下学术研究和社会的需求而生，或能于国学的勃兴、学术的繁荣贡献一臂之力。

2017 年 11 月

出·版·四·重·奏

《中国地方志分类史料丛刊》出版说明与凡例

中国地方志以起源早、持续久、类型全、数量多而享誉世界，保留了大量有关当地疆域沿革、历史地理、生态环境、政治军事、社会经济、风土人情、艺文金石、各色人物、纪事杂录等方面弥足珍贵的一手资料，是不可多得的地方综合性的百科全书，具有研索信史、鉴古知今、足资参证的史料价值。

然地方志数量巨大、包罗宏富、门目众多，备参翻检不易，多数仅处于入藏状态，未能充分发挥其应有的作用和价值。早在1983年4月，中国地方志指导小组在洛阳召开新中国成立以来的全国首次地方志规划会议，曾拟定《中国旧方志整理规划实施方案》，呼吁开展地方志二次文献的编纂工作，如编纂方志目录、方志提要、方志索引和地方志分类资料等。为此，本社特聘专家学者，经长期筹备，组编此部《中国地方志分类史料丛刊》，首选一千二百余部地方志（旧志），将其中史料分八类四十八卷影印出版，以期便于人们备参翻检，使之在历史研究及求实致用方面发挥更大的作用。

由于所选史料底本年代较为久远，当时印刷水平较低，在保存和流传的过程中会有虫蛀磨损、书页残缺、墨迹晕散、字体模糊等情况，此次影印出版，为了保持底本原貌，使读者能看到真实的一

· 附 录 ·

手资料，故未对底本进行修复处理。此种缺憾，希望以后通过对资料的进一步搜集和扫描修复技术的改进得以弥补。因出版时间较紧，工作量较大，又受编辑水平所限，难免会有所疏漏和错误，不足之处，敬请读者批评指正。

2013 年 10 月

出·版·四·重·奏

凡例

张研

壹 编排

（甲）本丛刊整体分为地理、政治、军事、经济、教育、社会、人物、艺文八类；

（乙）各类之下为卷，共四十八卷。具体如下所示。

地理类：（一）疆域星野卷；（二）路桥津渡卷；（三）名胜古迹卷；（四）气候卷；（五）山水卷；（六）物产卷；（七）沿革卷；（八）舆图卷；（九）灾祥卷。

政治类：（一）城池卷；（二）官署卷；（三）纪事卷；（四）区划卷；（五）政治文献卷；（六）职官卷。

军事类：（一）兵防卷；（二）驿递卷。

经济类：（一）仓储卷；（二）经济文献卷；（三）生业卷；（四）食货卷；（五）市场卷；（六）水利卷。

教育类：（一）教育文献卷；（二）选举卷；（三）学校卷。

社会类：（一）慈善卷；（二）方言卷；（三）坊表亭园卷；（四）风俗卷；（五）礼仪教化卷；（六）社会文献卷；（七）坛庙卷；（八）团体卷；（九）杂记卷。

人物类：（一）方技卷；（二）宦绩卷；（三）列女卷；（四）耆寿卷；（五）仙释道隐卷；（六）乡贤卷；（七）孝友卷；（八）寓贤卷；（九）忠义卷。

艺文类：（一）金石卷；（二）诗文卷；（三）序跋卷；（四）著述卷。

（丙）各卷之下为篇，每一省为一篇，或囿于版面衔接编排原因，

· 附 录 ·

两省或多省组合为一篇。篇下为该一省或多省所属府州县方志中的该卷史料，以府州县名称的汉语拼音为编排顺序。篇下视史料多寡编排有一册或若干册，每册编有汉字数字序号，共一千六百六十二册。

（丁）本书刊另编纂目录卷一册，包括全书的分册目录用参考文献。目录按每册汉字数字序号排序，册中征引方志按汉语拼音排序，同一地区方志按纂修时间排序。参考文献分别列明征引方志的名称、版本及修纂者。

贰 内容中需要说明的部分

（甲）地理类

（一）疆域星野卷包括"岛屿""形胜"；（二）路桥津渡卷包括海港；（三）名胜古迹卷包括"茔墓"；（四）气候卷包括"潮汐"及气候谚语；（五）与图卷除绘制地图外，并包括民国方志的照片；（六）灾祥卷的内容，一些方志混杂在"纪事"中，此种情况可查"纪事"部分。

（乙）政治类

（一）官署卷包括刑法、行政、政治、司法的相关资料；（二）纪事卷除编年体纪事外，并包括如《赤溪开县事纪》等专题纪事；（三）政治文献卷包括与政治类各卷及军事类各卷有关的文献，如修城、建署、分区、任官、官箴、告示、剿匪、守土等；（四）职官卷包括"历代封建"。

（丙）军事类

（一）兵防卷包括团练、堡寨等民间防卫组织和设施；（二）驿递卷包括民国方志的邮电系列。

（丁）经济类

（一）经济文献卷包括与经济类各卷有关的文献，如修河、免赋、赈济、建仓、业等；（二）水利卷包括"水井""河工"。

（戊）教育类

（一）教育文献卷包括与教育类各卷有关的文献；（二）选举卷包括荐举、捐纳、封赠及民国新式学校毕业生；（三）学校卷包括学官、文庙系列，以及属于文教方面的文体、新闻出版等。

（己）社会类

（一）礼仪教化卷包括祀典、乡约、民国礼仪、纪念日等，然文庙祀典在教育类学校卷，民间四礼在社会类风俗卷；（二）社会文献卷包括与社会类各卷有关的文献；（三）团体卷包括民间政治类、社会类、经济类团体，并宗教团体，红十字会、万字会、水龙会等在社会类慈善卷。

（庚）人物类

（一）宦绩卷，只为外地人到本地做官者之资料，本地人到外地做官者之资料在乡贤卷；（二）孝友、忠义资料有的方志不单列，夹杂在列传、人物传中，此种情况统一收入乡贤卷；（三）忠义卷的"忠义"标准，保留并一如原方志的标准。

（辛）艺文类

敕、谕、疏、表尽管属政治类、经济类、社会类、教育类，但如较为宏观、而非具体地方性的内容，亦以不同文体的代表，放入诗文卷。

（壬）因各省地方志编排体例、版面分布各不相同，在对方志进行分类影印时，由于技术原因，有时会出现彼卷内容夹杂在此卷

· 附 录 ·

的情况，如"疆域星野卷"中有"沿革卷"内容，"团体卷"中有"路桥津渡卷"的内容等。遇有这种情况，使用者只需稍加细勘，即可很快析辨出所需的史料。

2018 年 11 月

出·版·四·重·奏

后　记

　　刚刚参加完第 29 届北京国际图书博览会，回到熟悉的城市，熟悉的小区，熟悉的书桌，我打开电脑，想给这本早就想好了书名的书写一篇后记，以感谢我过往职业生涯中所遇到的人和朋友。此时，窗外下着细雨，给溽热的夏季带来了丝丝凉意，我的心情也一如这天气，凉热自知。

　　自 1986 年在北京展览馆创办第一届北京国际图书博览会以来，我见证了几乎所有届的 BIBF 活动。如果从博览会的主角——书籍的出版形式而言，37 年来，书籍出版经历了纸质出版、音像出版、电子出版、数据库出版、多媒体出版、互联网出版、数字出版、移动互联网出版、有声书出版、视频出版等多种出版形式和发展阶段。而当下，我们正处在书籍出版多种呈现方式并存的时代，在本届 BIBF 上，我们几乎可以目睹到一种书籍的各种出版形式，正是书籍出版形式的这种多样化，在追求书籍语种多样化的同时，也越来越多地吹旺了版权交易的热情之火。换个视角而言，也可以说 BIBF 见证了书籍是如何从纸质印刷一步步走向数字化的，书籍正是在 BIBF 的一场场慷慨激昂的掌声里完成了它的数字化路程。如果从书籍的传播角度出发，书籍交易经历了订货、主发、批发、零售阶段，网上书店阶段和直播带货阶段，而本届 BIBF 是 2020 年新冠疫情以来

· 后　记 ·

兴起直播带货最热闹的一年，甚至我们可以将第29届BIBF视为博览会直播传播的元年。就我所在的出版集团，6月15—18日第29届北京国际图书博览会（BIBF）期间，云书网充分利用直播、短视频等新媒体传播方式，通过逛播以及在直播间互动连线、有6奖竞猜等方式，对"中华文脉——从中原到中国"丛书已出版的23种图书及豫版精品图书进行了专场直播推介。为期4天的直播期间，直播间进场人数208.30万人，直播曝光次数3273.40万次，观看人次238.36万，互动评论84385次，新增粉丝数18776人，达成订单7870单，最高在线人数1354人，实现销售实洋17.25万元，销售码洋42.28万元。这些数字也许并不一定惊艳，但如果这些数字仅仅是几千场甚至上万场直播中的一个，那么，直播的总量则毫无疑问是惊人的。

　　当下就是未来。正是一次次当下的创造，累积了我的生命厚度。第一届BIBF举办时，我刚入职一年，那时还是纸质书籍占据绝对优势的年代。而现在，尽管我们看到的大多数还依然是纸质书籍，然而，实际上在线的电子书籍已经远远超过了纸质书籍。据《2022中国网络文学蓝皮书》统计，2022年网络文学新增作品300多万部，而同期出版纸质新书数量是19万多种，二者数量之悬殊，触目惊心。如果我们将1998年视为中国网络文学元年的话，距今也不过区区25年，网络文学的发展已经大大超越了我们的想象。2003年，起点中文网开启VIP付费阅读模式，由此而激发了中文网络小说的井喷之势。收费阅读网页标志着以网络小说为代表的数字大众出版找到了盈利模式，这一模式的成功开创了中文网络小说的持续繁荣，在世界文学的盛宴上，中文网络小说占有重要的席位。2003年，我时任大象出版社总编辑，我向社里提议建立电子图书编辑室，由此而开启了探索数字出版之路。而我这本集子，正是我和我的团队20年来探索纸质出版与数字出版的一个总结。

收入这本集子中的文章，2/3 未发表或公开出版，正可见其原生态和探索性。"视点""序跋"和"评论"是我独自思考的文字。"创意"部分，基本是策划方案、项目申报书和出版凡例与说明，大多属于出版背后的文字，全部是在我创意和主持下由编辑团队完成起草工作的，其中有一半是我独自起草的。附录部分也全部是我的创意，文字是由团队或主编起草的。我之所以将团队或主编起草的文字也收入本文集，最重要的原因是在互联网时代，数字出版的根基就是兼容、分享和协作，创意落实，非团队而不可为也。在这里，我也想尽可能原始地完整地展示团队思考和工作的结果，以让同道和读者了解我们这一代出版人的观点和精神。在这里，我要感谢大象出版社的同事和同道，他们的代表是杨吉哲、王晓、张前进、李光洁、吴韶明等；感谢中原大地传媒公司出版部与国际合作部、数媒部、大项目办公室的同事和同道，他们的代表是郭孟良、李志强、王子敬、王建新等；中州古籍出版社的张存威等，他们都是策划方案和项目申报书的重要起草人和出版项目的落实者，没有他们忘我的工作，这些重大出版项目是不可能落地完成的。为这本集子结纂付出大量精力的有成冰骢、陆斌、张国庆，在此也一并深谢。

还需要特别说明的是，在"创意"和"附录"部分，有9个创意是没有实现或仅仅部分实现的，我之所以甘愿献丑，是真诚地期待同道或读者在批评的基础上，宽容出版路上的思考，甚至在修正它们的路上共襄其事。

·后　记·

近年来，随着直播时代的来临，出版创意和编辑观点、书籍评论和营销文案越来越走向新媒体的应用空间，我之所以将这些年来的出版应用文结集成册，也是想给年轻的同人留一些最原生态的史料。我顽固地认为，出版人必须是研究者，必须是某一方面的专家，只有如此，出版人才能依靠自己的眼睛形成自己的视点和观点。出版人必须是动手派，必须是亲力亲为者，只有以我手写我心才能形成切实可行的策划文案。出版人必须是评论家，必须具备对一部作品的批评能力，识见是出版人的核心竞争力。出版人必须是作家，必须是作者，只有成为作者，出版人才能知己知彼。因此，我认为出版人要具备研究能力、创作能力、评论能力和规划能力，只有将四者有机结合才能成为一个合格的出版人。

最后，我要特别感谢魏玉山院长和刘向鸿总编辑，两位先生让这本书找到了读者，深谢！同时，感谢李频先生的序，他让我看到了不同的自己。

2023 年 6 月 23 日